"十三五"普通高等教育金融系列规划教材

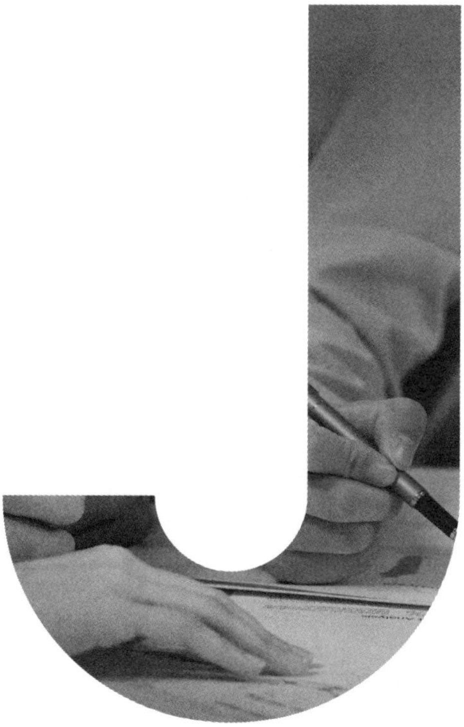

JINRONG JIGOU JINGYING GUANLI ANLI FENXI

金融机构经营管理案例分析

主　编　许世琴　骆志芳
副主编　薛　薇　黎　毅

中国财经出版传媒集团
经济科学出版社
Economic Science Press

图书在版编目（CIP）数据

金融机构经营管理案例分析/许世琴，骆志芳主编．—北京：经济科学出版社，2021.2
“十三五”普通高等教育金融系列规划教材
ISBN 978-7-5218-2297-7

Ⅰ．①金…　Ⅱ．①许…②骆…　Ⅲ．①金融机构-经营管理-案例-高等学校-教材　Ⅳ．①F830.3

中国版本图书馆 CIP 数据核字（2020）第 267820 号

责任编辑：刘　丽
责任校对：齐　杰
责任印制：范　艳　张佳裕

金融机构经营管理案例分析
主　编　许世琴　骆志芳
副主编　薛　薇　黎　毅
经济科学出版社出版、发行　新华书店经销
社址：北京市海淀区阜成路甲 28 号　邮编：100142
总编部电话：010-88191217　发行部电话：010-88191522
网址：www.esp.com.cn
电子邮箱：esp@esp.com.cn
天猫网店：经济科学出版社旗舰店
网址：http://jjkxcbs.tmall.com
固安华明印业有限公司印装
787×1092　16 开　17.75 印张　400000 字
2021 年 2 月第 1 版　2021 年 2 月第 1 次印刷
ISBN 978-7-5218-2297-7　定价：52.00 元

前言
PREFACE

近年来，我国金融机构已经成为现代金融体系的核心，为实体经济的快速发展提供了金融服务支撑。目前，金融机构在其经营管理过程中，面临着互联网金融、智能金融、云计算、大数据金融等金融科技迅速发展的新形势，不断应对经营环境变化和提升经营管理水平已成为金融机构迫在眉睫之事。所以，编写金融机构经营管理中的典型案例，对于学习和研究金融机构的未来发展具有很重要的现实意义。

当今在金融机构经营管理中发生了许多值得研究和探讨的典型案例，如何将这些案例收集、整理并编写出来供教学所用，是教师必须思考的问题，尤其是在以实践能力为培养目标的专业硕士教学中，案例教学至关重要。所以，任课教师在教学过程中，引领和组织学生编写、讨论与修改案例，经过三年的时间，2016 级、2017 级、2018 级三届金融专业硕士学生撰写了大量案例，我们从中遴选出 26 篇较为优秀的案例，并认真修改，汇集成书出版，将对金融机构经营管理课程的教学起到非常重要的作用。典型案例的学习，有助于学生更好地理解和掌握金融机构经营管理的基本理论知识。基于此，根据《金融机构经营管理》教材的框架体系，编写这本配套的《金融机构经营管理案例分析》。

本书围绕金融机构经营管理课程内容撰写，共 10 章，涉及金融机构战略管理、金融机构组织管理、金融机构资本管理、金融机构负债业务管理、金融机构资产业务管理、金融机构资产负债综合管理、金融机构中间业务管理、金融机构市场营销策略管理、金融机构风险管理、金融机构经营绩效管理等方面的案例，目的在于通过案例进一步深化和丰富课堂教学，帮助学生理解金融机构经营管理的基本原理和基本知识，促进学生将理论与实践相结合，培养学生分析和解决实际问题的能力，进而提高课堂教学质量。

本书的编写审定情况如下：1.1 由王溥、黄俊林、郑伟编写，1.2 由骆志芳、郭紫嫣编写；2.1 由许世琴、何梦怡编写，2.2 由许世琴、康璐编写；3.1 由李在宁、骆志芳、邓雍、黄晓编写，3.2 由许世琴、黄靖雯编写；4.1 由许世琴、陈廖筠编写，4.2 由许世琴、吴杭编写；5.1 由骆志芳、殷玲燕编写，5.2 由骆志芳、王鹏编写，5.3 由骆志芳、周茜敏编写；6.1 由黎毅、黄丹编写，6.2 由黎毅、刘开妮编写，6.3 由黎毅、王姝编写；7.1 由黎毅、杨潇编写，7.2 由黎毅、胡鑫编写，7.3 由黎毅、龙满潇编写；8.1 由骆志芳、刘中宪编写，8.2 由骆志芳、龚政编写，8.3 由骆志芳、钟志成编写；9.1 由薛薇、杨金凤编写，9.2 由薛薇、王倩兰编写，9.3 由薛薇、易雯頔编写；10.1 由薛薇、李杰编写，10.2 由薛薇、王淑敏编写，10.3 由薛薇、夏少廷编写。全书由许世琴副教授、骆志芳教授、薛薇副教授、黎毅副教授共同审阅、修改、总纂和定稿。校对工作由研究生刘奕杉、刘星宇、郑应平、张帆、黄韫璐、李娅、张栋一、王诗书、袁玉霞、何泰锋负责完成。

本书可供财经类经济管理专业的高年级本科生、研究生、MBA 和 EMBA 学员等不同层次学习者阅读，也可供金融从业人员和对金融感兴趣的社会各界人士参考。

本书参阅了大量同类案例和相关著作，并借鉴了相关内容，谨向文献的作者表示崇高的敬意。感谢经济科学出版社刘丽老师的支持和辛苦工作。感谢重庆工商大学金融学院各位领导和同仁的支持和帮助。

由于编者水平有限，书中难免存在疏漏之处，敬请广大读者批评指正。

编　者

2020 年 12 月

目录
CONTENTS

第1章　金融机构战略管理案例分析

1.1　浦发银行从“应变自变”到“自变应变”

随着外部环境的日益复杂化和动态化，企业面临越来越多的生存挑战，为了应对环境的威胁，保障自身的可持续发展，很多企业需要作出战略转型决策，而上海浦东发展银行（以下简称浦发银行）正是在金融市场不断地变化中逐渐壮大起来的一员，它如今所拥有的优秀成果与其适时适当的战略转型决策密不可分。

1.1.1　浦发银行的成长之路

浦发银行是1992年8月28日经中国人民银行批准设立、1993年1月9日开业、1999年在上海证券交易所（以下简称上交所）挂牌上市的全国性股份制商业银行，总行设在上海。良好的业绩、诚信的声誉，使浦发银行成为中国证券市场中备受关注的上市公司。

浦发银行自创建以来，就积极地开展各项业务。为促进企业的进一步发展，突破自身区域发展限制，浦发银行开始在全国大中型城市开设分行。1993年1月9日，浦发银行的第一家分行——北京分行正式成立。1994年3月28日，浦发银行杭州分行成立，杭州分行是第一家进入浙江的股份制商业银行。至2019年9月末，浦发银行已在全国设立了41家一级分行，近1 700家营业机构，拥有超过5万名员工，架构起全国性商业银行的经营服务格局。为了适应市场环境的不断变化，取得企业的稳定发展，浦发银行也加快了国际化、综合化经营的步伐。以香港分行开业、伦敦代表处成立为标志，浦发银行向国际化经营迈出了实质性的一步。此外，以投资设立浦发村镇银行、浦银金融租赁有限公司、浦发硅谷银行等机构为标志，浦发银行也积极地推进综合化经营。

浦发银行当前的成绩，不仅来自企业的不懈努力和开拓创新，更来自顽强拼搏的精神。秉承“笃守诚信，创造卓越”的核心价值观，浦发银行积极探索金融创新，资产规模持续扩大，经营实力不断增强。截至2019年年末，公司总资产规模突破7万亿元。

上市以来，浦发银行连续多年被《亚洲周刊》评为“中国上市公司100强”。2019年1月，英国《银行家》杂志发布“全球银行品牌500强”排名，浦发银行位列第18，居上榜中资银行第7位，品牌价值132.52亿美元；6月，美国《福布斯》杂志发布“全球企业2 000强”排名，浦发银行位列第65，居上榜中资企业第13位、中资银行第9位；7月，英国《银行家》杂志发布“全球银行1 000强”排名，根据核心资本，浦发银行位列全球第24，居上榜中资银行第9位；同月，美国《财富》杂志发布“财富世界500强”排名，浦发银行位列第216，居上榜中资企业第56位、中资商业银行第8位。

在深耕金融服务的同时，浦发银行积极践行社会责任，致力于打造优秀企业公民。2018年，浦发银行获评中国银行业协会“最佳精准扶贫贡献奖”“最佳社会责任特殊贡献网点奖”，2017年获评中国银行业协会“最佳绿色金融奖”。

1.1.2 我国银行市场的竞争格局

在加入世界贸易组织之前，中国银行市场的竞争主要是在国内银行之间进行。2001年12月，中国加入了世界贸易组织，这意味着中国银行业将对外开放，使得中国银行市场进入一个新的历史阶段。在这一时期，加入世界贸易组织的承诺是自加入之日起，我国向外资银行开放对所有客户的外汇业务，逐步扩大外资银行经营人民币的地域和客户范围，并逐步放松对外资银行在华经营的业务限制。不过，2001—2006年属于过渡时期，这给国内银行一个缓冲期。我国政府在履行承诺的同时，还实施了一系列积极自主的开放措施，如鼓励外资银行在东北和中西部地区发展，放宽外资银行业务领域限制，允许境外战略投资者入股中资银行等。这一切，都加强了我国银行市场的竞争，给新兴的商业银行带来了巨大的挑战。

随着2006年年底的到来，中国金融业保护期面临终结，这意味着我国将对外开放银行业市场，取消所有现存的对外资银行所有权、经营和设立形式进行限制的非审慎性措施，同时还将逐步放宽对新兴商业银行的限制。外资银行通过参股和建立营销网络的方式加快对中国市场的抢占，新兴商业银行也将通过引进国外战略投资者和设立新银行的途径加快扩张的步伐。

外资银行、新兴商业银行将和四大国有商业银行站在同一起跑线上，进行全面的竞争，从而使中国银行业呈现出多元竞争的格局。

1. 外资银行：抢滩中国

为了分享中国改革开放的成果，抢占银行业市场，在全球范围内优化资产配置，以延长盈利的增长期。从20世纪90年代中期开始，外资银行就已经逐步进入中国。随着我国加入世界贸易组织以及金融业保护期的结束，外资进入中国的速度进一步加快。

外资银行抢滩中国市场，最为典型的例子是：2004年5月29日，新桥资本与深圳发展银行（以下简称深发展）正式签订了《股权转让协议》。股权转让后，新桥资本拥有合计3.48亿股的深发展普通股股份，约占已发行普通股的17.89%。由于深发展股权比较分散，新桥资本成为它的第一大股东。同时，深发展成为中国历史上第一家由外资控股的中方银行。此外，2003 年 9 月，花旗银行海外投资公司购买浦发银行 18 075 万股，占浦发银行总股本的 4.62%，成为第四大股东。同时，这也是 A 股市场首例外资成功收购上市银行股权案。

截至 2019 年 8 月，已有来自 54 个国家和地区的 217 家银行在华设立了 995 家营业性机构和 155 家代表处。在华外资银行的总资产超过 3.3 万亿元，相比 2001 年加入世界贸易组织之初增长了 9 倍多。

2. 新兴商业银行：异军突起

我国的新兴商业银行包括股份制商业银行和城市商业银行。股份制商业银行是 20 世纪 80 年代后期陆续组建的，其服务对象主要是快速发展的非国有经济。城市商业银行是 1995 年由城市信用社改制后成立的，其目的是为当地政府、企业集团提供金融服务，以支持区域经济的发展。经过十几年的改革，我国新兴商业银行得到了飞速的发展，除通过引进境外战略投资者扩张规模外，新银行数量也逐年增加。

2004 年 1 月 11 日，经中国银监会批准，平安信托和汇丰银行分别以不超过 2 000 万美元的资金收购福建亚洲银行 100% 的股份，其中平安信托持股比例达到 73%，汇丰持股比例为 27%，并将新成立的银行命名为“平安银行”。平安银行发展十分迅猛，在标准普尔公布的 2014 年最新商业银行排名中，其以 1.26 万亿元的总资产排名中国商业银行第 12 位。2004 年 7 月 28 日，第 12 家全国性股份制商业银行——浙商银行成立，排名中国商业银行第 23 位。2005 年 8 月 25 日，由上海农村信用社改制而成的全国第一家省级农村商业银行——上海农村商业银行股份有限公司成立，2014 年总资产排名中国商业银行第 22 位。2008 年 6 月 29 日，在原重庆市信用联社和 39 个区县信用社、农村合作银行基础上组建而成的重庆农村商业银行，是继上海、北京之后我国第三家，也是西部首家省级农村商业银行，2014 年总资产排名中国商业银行第 20 位。2010 年 4 月 20 日，中国银监会批准原克拉玛依市商业银行更名为昆仑银行，2014 年总资产排名中国商业银行第 47 位。2013 年 11 月 12 日，徽商银行（HK03698）在香港联合交易所（以下简称香港联交所）挂牌交易，每股定价为 3.53 港元，净募集资金约 85.57 亿港元。

新兴商业银行如雨后春笋般成立，在活跃银行市场的同时，更进一步加深了银行市场的竞争。

3. 互联网金融：强势发展

近年来，随着互联网技术和移动终端设备的广泛使用，借助网络实现资金支付、融通和信息中介服务的互联网金融飞速发展。互联网支付技术渐趋成熟，使网络信贷、众筹融资、互联网支付及余额宝为代表的互联网理财产品等得以快速发展。余额宝自 2013 年 6 月推出上线至 2020 年 7 月，已坐拥 6.68 亿用户，总规模达到 1.23 万亿元。与此同时，互联网支付发展势头同样迅猛，其应用范围从网上购物、缴费等传统领域，逐步渗透到基金理财、航空旅游、教育、保险、社区服务、医疗卫生等行业。

互联网金融的迅速发展，有助于改善小微企业融资环境、优化金融资源配置、提高金融体系包容性、发展普惠金融等，但也使得以银行业为代表的传统金融业的发展面临一定的冲击。

4. 四大国有商业银行：仍占主体

面对外资银行的抢滩和国内新兴商业银行的崛起，四大国有商业银行的绝对垄断优势日趋下降。然而，四大国有商业银行在长期经营中形成了广泛的分支机构网络、雄厚的客户基础和经营优势以及政府的强力支持，大大增强了四大国有商业银行的竞争实力，从而使中国银行业的竞争格局向有利的方向发展。外资银行和新兴商业银行虽然发展较快，却依然没有能力与四大国有商业银行展开全面竞争。

此外，四大国有商业银行经过几十年的积累，还形成了各自独特的业务优势。具体而言，中国银行具备国际化优势，拥有全球布局的金融服务网络；中国工商银行是我国金融市场最大的人民币结算行、证券及期货交易清算行、个人住房按揭银行和基金托管银行，在城市存贷款业务方面领先；中国建设银行在房地产贷款方面有优势；中国农业银行营业网点分布最广，在城乡存贷款业务方面具有优势。四大国有商业银行的这种网络、客户和业务的经营优势是外资银行和新兴商业银行无法企及的，它们强大的实力奠定了四大国有银行在我国银行体系中的主体地位。也正因如此，尽管新兴商业银行与外资银行的特点鲜明、发展迅速，却依旧无法撼动四大国有银行在我国金融市场的主体地位。中国银行业协会公布的2019年中国银行业榜单见表1－1。

表1－1　　2019年中国银行业榜单

排名	机构名称	核心一级资本净额/亿元
1	中国工商银行	22 320.33
2	中国建设银行	18 893.90
3	中国农业银行	15 839.27
4	中国银行	14 657.69
5	交通银行	6 348.07
6	招商银行	4 823.40
7	兴业银行	4 403.65
8	上海浦东发展银行	4 351.20
9	中国邮政储蓄银行	4 216.78
10	中国民生银行	4 157.26

资料来源：中国银行业协会．2019年中国银行业100强榜单［EB/OL］.（2020－03－09）［2020－09－20］. https：//www.china-cba.net/Index/show/catid/14/id/31202.html.

从表1－1可以直观地看出，四大国有银行与其他银行相比所具有雄厚的实力，而且四大国有银行的核心一级资本净额远远高于其他任何一家商业银行。与其他商业银行相比，四大国有银行具有无法比拟的优势。

1.1.3　市场变化引出的危机

市场的变化，有的是企业可以预测的，而更多的却远远超出预料。浦发银行的发展，同样面临着不可预测的市场风险的威胁。那么对浦发银行的发展产生不利影响的因素又有哪些呢？

1. 政府政策

2010 年，对于银行业而言，是传来不好消息的一年。在这一年，中国人民银行（以下简称央行）一共六次调整存款类金融机构人民币存款准备金。此外，还进一步上调了存贷款基准利率。中国银监会在 2009 年实施《固定资产贷款管理暂行办法》和《项目融资业务指引》的基础上，于 2010 年进一步实施《流动资金贷款管理暂行办法》和《个人贷款管理暂行办法》，并要求“加强房地产信贷风险管理”“严格执行房地产项目资本金要求”“严禁对不符合信贷政策规定的房地产开发企业或开发项目发放房地产开发贷款”，对商业银行资产经营的各个环节进行了更为严格的规范，对商业银行的风险管理、运营内控、客户维护等产生了不利的影响。

与此同时，从“严禁对不符合信贷政策规定的房地产开发企业或开发项目发放房地产开发贷款”，到后来变成了房屋贷款批准金额限制，这些措施都给银行的贷款业务造成了极为不利的影响。

从图 1.1 中可以清晰地看到，政府的政策对银行房地产贷款产生了消极的影响。2010—2012 年，受到国家房地产紧缩政策的影响，浦发银行房地产贷款处于低落期，给浦发银行造成了压力，影响着银行的发展。但在浦发银行战略调整后，房地产贷款从 2013 年后持续上升。

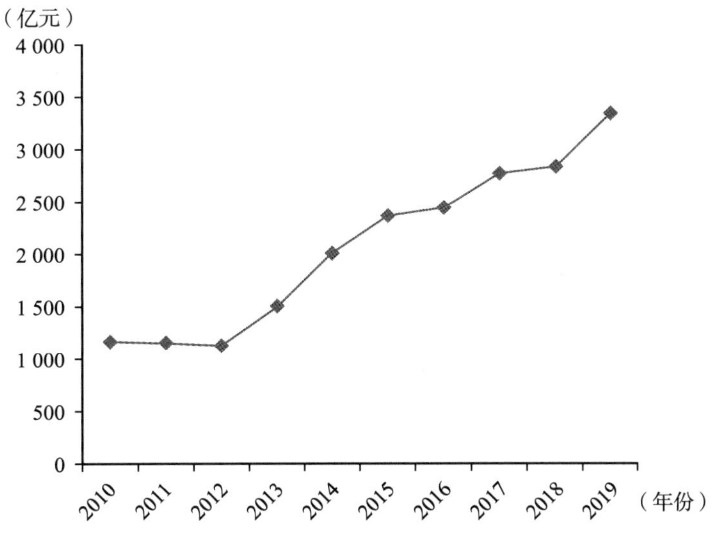

图 1.1　2010—2019 年浦发银行房地产贷款

在2013年，浦发银行的房地产贷款出现了很大的增长，这同样是政府的政策所导致的。2013年，政府出台了新“国五条”，这促推了二手房交易市场的火爆。在新“国五条”实施之前，众多有购买意愿的购房者都积极投入房地产交易市场中，而这也导致了房产交易所出现了办理房产人员突然增多的现象。为了及时把买到的房子过户到自己名下，房产交易所前出现了凌晨排队的现象，交易厅的人数也大幅上涨。

由于房产交易的火爆，推动了房地产贷款数量的增加，这也是浦发银行在2013年房地产贷款激增的一个重要因素。但是，由于银行目前房产贷款额受到限制，势必会再次影响银行的贷款业务。

2. 竞争对手

在我国加入世界贸易组织之前，浦发银行主要的竞争对手来自国内，而且主要是国有四大银行，其他的商业银行还处于起步阶段。但是加入世界贸易组织之后，2006年11月，国务院发布《中华人民共和国外资银行管理条例》。2006年11月24日，中国银监会公布了《中华人民共和国外资银行管理条例实施细则》，自2006年12月11日起，取消对外资银行经营人民币业务的地域和客户限制，取消对外资银行在华经营的所有非审慎性限制。同时，鼓励外资银行在华分行转制为法人银行。我国银行业实施全面的对外开放，外资银行在我国享受“国民待遇”，这无疑给处于发展阶段的浦发银行，带来了更为强劲的对手。

外资银行进入我国后，得到了广泛的认可。特别是一些进行对外贸易的企业，外资银行给其业务的开展提供了方便。此外，外资银行最大的优势是其金融产品的创新与灵活性。外资银行根据市场调整产品的速度和敏感度更高，可以根据利率和汇率等市场信息灵活调整经营策略。然而，对于浦发银行，或者是国内众多的银行而言，创新性和灵活性却是他们的软肋。

除了外资银行，国内其他的商业银行与浦发银行之间的竞争更为明显。面对相同的市场，各商业银行为了争夺有限的市场空间，不得不进行激烈的竞争。

在表1-1中，可以看到除四家国有银行外，第5~10名的商业银行之间的差距就显得相对较小。而这五家银行的整体情况较为接近，在当时的市场环境中面临着彼此之间的激烈竞争。浦发银行要想在这几家银行中取得发展先机，获取更多的市场份额，就必须做出战略性的转变。如果不主动寻求变化，而选择紧跟市场变化，那么浦发银行就很难在这场激烈的竞争中继续前行。

3. 互联网金融的挑战

2013年6月13日，一款名为余额宝的增值服务引起了金融界的广泛关注。余额宝，仅仅用了一个月的时间，其资产规模就超过了100亿元。这显示了“碎片化”理财的巨大能量——如果能让碎片化的资金集结并流动起来，它的收益将难以估量。与此同时，传统银行业开始饱受所谓的“钱荒”之苦。

2013年，在央行发布的《2013年10月金融统计数据报告》中显示，2013年10月，我国住户存款减少8 967亿元，住户存款在一个月之内失去近9 000亿元。然而，最大的冲击不是来自余额宝，而是网络支付、P2P、众筹等互联网金融。他们与货币基金联手，近 5% 的收益率和高流动性让不少闲钱纷纷加入。如天弘基金公司官方微博发布博文称，截至 2013 年 11 月 14 日 15 点，天弘余额宝的规模突破 1 000 亿元，用户数近 3 000 万户。天弘余额宝成为国内基金史上首只规模突破千亿关口的基金产品，在全球货币基金中排名第 51 位。尝到互联网甜头的阿里巴巴正在酝酿发布余额宝二代，将和天弘、南方、工银瑞信、易方达、道富、德邦六家基金公司合作，为阿里定制不同时间段的理财产品。

除了余额宝，各大互联网公司也将目光瞄上了这块蛋糕。2014 年 10 月，百度和华夏基金联手推出针对个人的网络基金产品，短短 4 个小时，10 亿限额被抢购一空。银联商务与光大保德信基金联手推出的“天天富”产品将目标客户群扩展至银联收单的 200 万商户。被马云视为最头疼“敌人”的腾讯也进来“搅局”，据《投资者报》记者了解，微信版的类余额宝产品的首批合作对象基本确定，分别为广发基金、易方达、华夏基金和汇添富。

自从阿里巴巴推出余额宝以来，其迅猛发展的态势冲击着银行的神经。“被革命还是自我革命”，处于垄断地位的银行在互联网金融的冲击下，不得不面对这种艰难选择。对此各大银行立即进行回应，回应的方式主要有以下几种：①上调存款利率，主要针对短期，对中长期存款，利率则不变；②发行超高收益率的理财产品；③推出与之类似的产品。

2014 年，浦发银行也推出“微信银行闪电理财”。它可即时完成资金在活期账户和开放式理财产品“天添盈”之间的转入或转出，可获得远高于活期利息的收益，购买当日即可计算收益，无论申购还是赎回均无手续费，可通过浦发微信银行办理。

然而，仅仅这些措施还是不够的。如果只是顺应市场的变化——应变自变，跟在市场变化的后面被动地去适应，那么浦发银行就难以得到持续不断的发展。要做到“自变应变”，通过自己的变化去带动市场的变化，浦发银行就必须做出改变。

1.1.4　浦发银行的战略转型

浦发银行自 1993 年 1 月 9 日正式成立到 2019 年，已经有 26 年的历程。在这 26 年中，浦发银行经历了各种因素的影响，然而这些外在因素都没能阻挡浦发银行前行的脚步。是什么样的原因促使浦发银行能够不断地发展，是什么让浦发银行能够在危机面前从容而过呢？不可否认，就是浦发银行敢于创新、敢于求变的精神。银行根据自身的情况，探索出适合当前阶段的模式和业务。更为重要的是，浦发银行从“应变自变”的战略模式积极地向“自变应变”的战略模式转变。在浦发银行 26 年的发展历程中，浦发银行都进行过哪些战略转型呢？

1. 实行“应变自变”的战略（1993—2006 年）

（1）实行“应变自变”的重组上市的战略转型（1993—1999 年）。1999 年 11 月 5

日，中美签署了中国加入世界贸易组织（World Trade Organization，WTO）的双边协议。在我国加入WTO之前，银行间的竞争主要是四大商业银行的竞争，资本金也是由国家确定的，资本充足率的意义没有那么重要；加入WTO后，监管将向国际惯例靠拢，要求银行提高资本充足率。浦发银行迫于市场环境变化的压力，选择了实施重组上市的战略转型。此次的“应变自变”的战略转型，不仅关系到浦发银行的持续发展，也关系到各位股东的切身利益。改革前的浦发银行一直致力于建立和完善现代商业银行的治理结构与运行机制，着力拓展市场，严格控制风险，倡导自主创新、演化机制变革，努力与国际接轨，朝着建设国际上较好的商业银行的目标前进。

（2）实行“应变自变”的竞合战略转型（1999—2006年）。在这一阶段，浦发银行采取了两类“应变自变”战略：一是采取了以培育重点客户并兼顾中小企业客户的“三位一体”的综合营销战略；二是采取了与竞争对手既竞争又合作的“竞合战略”。

浦发银行在1999—2000年根据市场变化，采取措施培植重点大客户和优质客户群。利用公司金融、个人金融、机构金融“三位一体”的综合营销战略，通过梯度营销、总分支行联动营销，以及与中国银行、光大证券等同业进行全面合作等途径，与一批重要客户建立了战略合作伙伴关系，有效扩大了市场份额。此外，全行通过实行客户经理制、柜员制以及不断推出新产品、新服务等途径，充分发挥干部员工的主观能动性，千方百计地挖掘市场潜力，使浦发银行得到了有效的发展。

此外，为了确保浦发银行效益与质量的同步增长，早在2002年，浦发银行就提出了未来五年的战略发展目标：一是提出“立足上海，辐射全国，走向世界”的目标，并力争在2005年争取实现总资产4 000亿元。二是合理开拓融资渠道，持续补充资本金，扩大劳动资本规模。在此阶段，持续补充资本金为其重要的发展战略。三是优化客户结构，开创特色服务的竞争策略。四是提升科技含量，增强银行竞争力。其中，重点是企业实施“走出去”战略和开展个人“消费金融”业务。

在2003年，为了应对社会资本趋紧造成的经营困难，也为了进一步深化VIP客户管理，浦发银行积极推进“百强优质大客户联动营销工程”的战略，为其在2006年实施零售业务战略创造了条件。

2004—2006年，随着金融市场竞争的日益加剧以及国外银行的不断进入，为了在竞争激烈的金融业中站稳脚跟，实现战略目标，浦发银行提出由“传统的单纯竞争模式”向“竞争合作模式”转变的竞争理念，即通过合作双方的博弈，形成新的伙伴关系，在利益相容、优势互补的前提下，最终实现“双赢”目标的“竞合战略”。如2002年，浦发银行与花旗银行建立伙伴关系，这是浦发银行战略中引入战略投资者跨出的重要一步。借助花旗银行的品牌，两家银行联合推出了信用卡——东方卡。东方卡，更是国内第一张融合借记卡和信用卡功能及优势的轻松理财金银卡。这一措施为浦发银行的信用卡业务的推广和开发，作出了重大贡献。

2. 实行“自变应变”的战略转型（自2007年至今）

2007年，浦发银行抓住国家保持经济增长的机遇，通过做大做强主营业务，实现了银行市场份额的提高。

2008 年，浦发银行积极推进“新思维 · 心服务”的服务理念。它力求浦发银行每一位员工真正用“心”为客户服务，用“心”感动客户，真正把服务融入自己心中。服务理念的转变，是浦发银行主动应对市场变化，获取客户支持的重要保障。与此同时，浦发银行在全国的品牌宣传统一启用蓝色“浦发银行”字样并配以“SPDBANK”英文标志。浦发银行简化并更换标志在某种程度上体现了浦发银行从“应变自变”到“自变应变”的战略转型。

2009 年，浦发银行全行统一的中小企业金融业务专营体系建成。2011 年 10 月，国务院有关部门出台了新的小微企业扶持政策，这在改善小微企业经营环境的同时也为商业银行的经营转型创造了较好的政策环境，而浦发银行早在 2009 年就做好了准备，提前捕捉到了市场机遇。

2010 年，浦发银行与中国移动达成战略合作。中国移动通过全资附属公司广东移动持有浦发银行 20% 的股权，双方签署协议将在包括现场支付及远程支付在内的手机支付领域开展合作，并将联合研发和推广多种金融服务的手机金融软件，还将充分利用双方的客户资源优势，在客户服务和渠道资源共享等领域展开合作。

2012 年，在国内率先完成 NFC－SWP 手机支付产品的研发，双方在渠道及网点共享方面取得实质性进展，在 200 余家营业网点实现渠道共享，在国内独家推出总对总代缴中国移动话费业务，并在公司 6 000 余台自助设备上实现了跨省、跨行代缴中国移动话费。

2013 年，手机支付领域实现历史性突破，第一季度 NFC－SWP 手机支付首次实现全国性业务贯通，并推出了我国第一张基于 SIM 卡的具有自主知识产权的手机支付银行卡。

2014 年，首创银行与财务公司国内双保理暨“银财保”业务，由浦发银行和财务公司基于应收账款转让而共同为财务公司所在集团成员单位的上游供应商提供“1＋N”供应链融资服务。

2015 年，推出“SPDB＋”互联网金融品牌，促进公司经营服务模式全面提升；创新移动金融应用模式，与中国银联推出 HCE“云闪付”，成为苹果 Apple Pay 首批合作银行。

2016 年，全面推进“SPDB＋”互联网平台建设，推出集团统一新版门户网站，实现门户网站、网上银行网站和信用卡网站的“三网合一”，与集团旗下各子公司网站实现对接，形成集团统一的 PC 端在线入口；推出新版个人网银，突破“先登录、后浏览”金融服务模式，将理财、融资、支付、汇划等金融服务开放式呈现给互联网用户；实施移动端服务流程的数字化改造，推出新版手机银行，创新“刷脸登录”“财智机器人”等数字化金融服务新模式。

2017 年，推出全新的智能投顾“极客智投”，应用大数据和深度学习模型，实现客户分析、策略制定，给客户提供更专业的财富顾问服务。推出智能 App，通过声音、人脸识别等方式进行交易验证，通过会话即可选择并购买理财产品；完成开放式金融平台的基础构建，与京东金融、马上理财等平台开展“靠浦 e 投”合作。

2018 年，公司围绕打造一流数字生态银行的战略目标，发布智能语音银行 App 并持续快速地迭代创新，在业内率先引入文本和随机数声纹认证，实现理财和基金频道数字化改版，提升主渠道的数字化服务能效；依托 API 技术和Ⅱ、Ⅲ类账户连接外部平台，将金融产品与服务广泛融入互联网场景，助力数字生态圈建设；加快网点智能化建设，落实减柜增智工作方案，创新推出 i－Counter 智能柜台，优化厅堂动线，促进柜面业务迁移和人员释放。

浦发银行通过实施“自变应变”战略转型，主动适应和影响金融市场，为企业自身的发展，奠定了坚实的基础。表 1－2 列出了 2007—2018 年浦发银行实施“自变应变”战略转型以来公司的经营情况。

表 1－2　2007—2018 年浦发银行实施“自变应变”战略后各项经营考核指标　单位：%

年份	盈利能力 成本收入比	平均总资产 回报率	不良贷款比	资本充足率	拨备覆盖率	资产增长率
2007	36. 86	0. 69	1. 46	9. 15	191. 1	32. 73
2008	36. 69	1. 13	1. 21	9. 06	192. 5	43. 11
2009	35. 99	0. 9	0. 8	10. 34	245. 9	23. 93
2010	33. 06	1. 01	0. 51	12. 02	380. 6	35. 05
2011	28. 79	1. 12	0. 44	12. 7	499. 6	22. 51
2012	28. 71	1. 18	0. 58	12. 45	399. 9	17. 17
2013	25. 83	1. 21	0. 74	10. 97	319. 7	16. 99
2014	23. 12	1. 20	1. 06	11. 33	249. 09	14. 02
2015	21. 86	1. 10	1. 56	12. 29	211. 40	20. 22
2016	23. 16	0. 98	1. 89	11. 37	169. 13	16. 12
2017	24. 34	0. 92	2. 14	12. 02	132. 44	4. 78
2018	25. 12	0. 91	1. 92	13. 67	154. 88	2. 48

资料来源：浦发银行公开披露的年报。

根据表 1－2，可以绘制 2007—2018 年浦发银行盈利能力变动趋势，如图 1. 2 所示。

根据图 1. 2 可以看出，浦发银行的平均总资产回报率基本上每年都增长。2008—2009 年平均总资产回报率降低，主要是因为受到了国际金融危机的影响，对银行的发展造成了不良的影响。2009—2013 年，平均总资产回报率依旧保持着较快的增长。与此同时，成本收入比却在逐年下降。综合来看，浦发银行的盈利能力在不断增强。

同时，根据表 1－2 可以绘制 2007—2018 年浦发银行抵御风险能力趋势，如图 1. 3 所示。

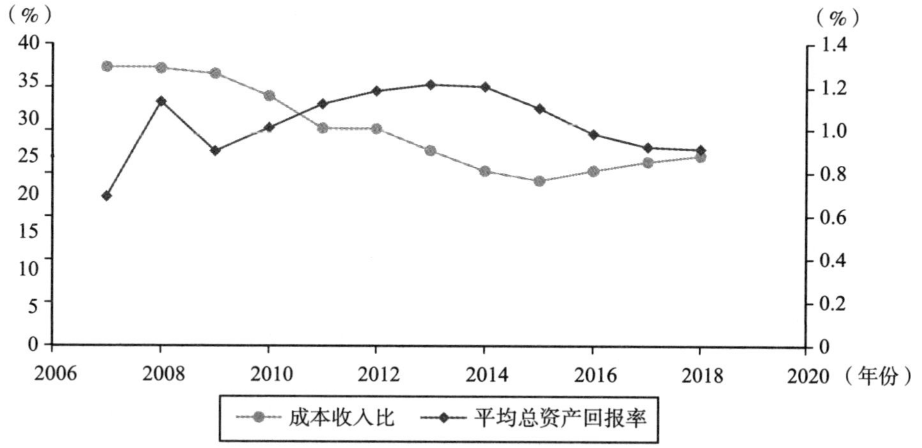

图 1.2　2007—2018 年浦发银行盈利能力变动趋势

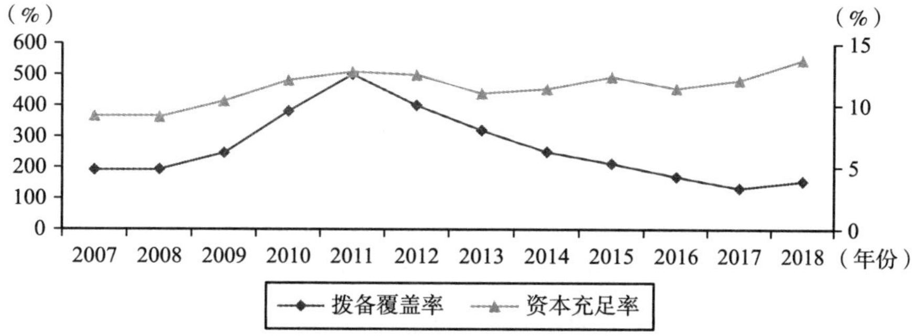

图 1.3　2007—2018 年浦发银行抵御风险能力趋势

根据图 1.3 可以看出，2007—2018 年浦发银行的抵御风险能力在不断增强，但在 2011 年却出现下降的现象。这是因为 2010—2011 年，政府对房地产进行了调控。在此之前，浦发银行对房地产有大量的贷款。尽管抵御风险能力有下降的现象，但是浦发银行当前的资本充足率与拨备覆盖率都较高。综合来看，浦发银行的抵御风险能力较强。

根据表 1-2 可以绘制 2007—2018 年浦发银行业务发展能力趋势，如图 1.4 所示。

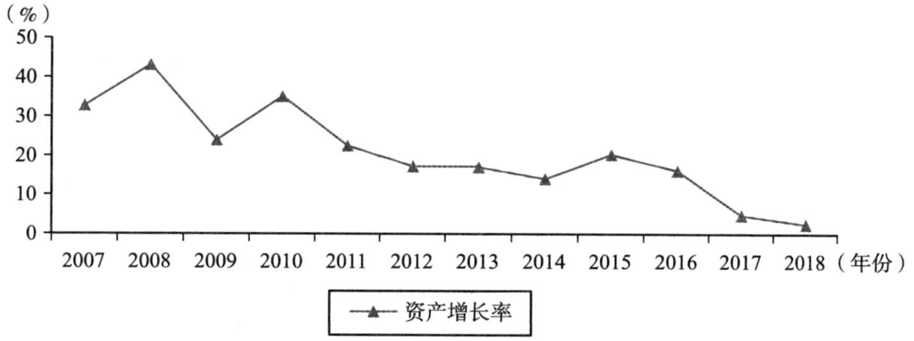

图 1.4　2007—2018 年浦发银行业务发展能力趋势

根据图 1.4 可以看出，2007—2010 年浦发银行的资产增长率出现了上下波动的情况。这也是由于受到金融危机的冲击，出现了增长速度的波动。然而，从 2010 年开始资产增长率却呈现下降的趋势。资产增长率增长缓慢，首先是因为自身已经发展到一定程度，想要继续保持更高速度的增长，具有一定的困难，然后是其他商业银行以及外资银行的发展对浦发银行造成了影响。尽管浦发银行在这几年，资产增长率有所下降，但仍旧保持着正增长。总的来看，浦发银行通过不断开拓，与其他企业合作，银行的业务能力将会得到不断加强。

通过表 1－2 以及图 1.2～图 1.4 可以发现：浦发银行在实施“自变应变”的战略转型之后，浦发银行在盈利能力、抵御风险能力以及业务发展能力这几个财务指标得到了明显的提升。虽然有的指标有波动，却是由于客观环境的显著变化造成的。浦发银行通过积极主动的措施，使企业在动荡的环境中仍旧保持着前行。此外，这也表明从实施“自变应变”的战略转型后，浦发银行得到了全面稳定的发展。

1.1.5 未来之路

浦发银行多年来经过不断的探索，找到了一条适合自身发展的“自变应变”战略转型之路。但应该看到的是，目前国内外金融市场的竞争仍十分激烈，浦发银行仅仅依靠现有的规模与实力，并不能与国内外实力雄厚的银行相抗衡。

市场的变化难以预测，如不能及时发现市场中存在的机遇，落后市场变化的节奏，那么企业的发展将陷入极为被动的境地。因此，浦发银行应当积极落实“自变应变”的战略，并不断地强化与完善，走在市场变化的前面，或者引领市场的变化，使企业在竞争中处于有利地位。具体来说就是：第一，彻底贯彻“自变应变”战略，将“新思维・心服务”的理念深入员工心中，并不断地通过行为来体现；第二，继续引入战略投资者，创造新的适合消费者需求的金融产品，提升企业影响力和美誉度；第三，进行企业组织改革，调整组织治理模式，保持组织的灵活性；第四，完善人力资源的管理，激发员工的工作热情。

浦发银行自采取“自变应变”的战略转型以来，取得了令人称赞的成果，资产规模得到了不断的扩展，银行网点增多且分布广泛，市场竞争力得到不断增强，但未来之路不会平坦。浦发银行在当今竞争激烈的国内外市场环境中，尤其是在互联网金融迅速发展的新环境下，如何积极应对市场不确定变化带来的机会与挑战，即如何才能抓住大数据时代的机遇，利用网络技术提升小微企业融资及个人客户服务能力；如何才能较好地发挥自己的优势，弥补自身劣势，迎接新的挑战，这仍是值得思考的问题。

参考文献

[1] 马腾跃．浦发银行：绿色信贷在行动 [J]．中国金融家，2012 (7)：122－123.

[2] 赵书生．浦发银行“投贷宝”助力中小企业快速成长［J］．金融经济，2013（13）：25－26.

[3] 李清如．浦发银行：回归本源　聚焦实体［J］．中国金融家，2018（9）：62－63.

[4] 黄飚，孔令鸿．浦发银行以创新优势助力湘西精准扶贫［J］．金融经济，2018（17）：24－25.

[5] 谢香玲．调结构　防风险　聚焦实体：浦发银行谋求高质量发展［J］．中国信用卡，2018（10）：53－55.

案例使用说明

一、教学目的与用途

（1）适用课程：金融机构经营与管理、商业银行经营与管理、企业战略管理。

（2）适用对象：本案例适合金融硕士研究生、MBA 以及一些银行从业的管理者学习，也适合金融学、工商管理各本科专业相关课程教学。

（3）教学目的：帮助案例使用者运用金融机构经营管理、商业银行经营管理和企业战略管理的相关知识，分析商业银行在发展中面临的挑战，思考如何进行战略转型以及转型后的效果，从而达到培养学生运用所学理论知识思考问题、分析问题和解决问题的能力。

二、启发思考题

（1）当前我国金融市场的竞争格局是怎样的？

（2）外资银行享有本土银行一致的待遇，对本土银行会造成什么样的冲击？外资银行与本土银行相比，具有哪些竞争优势？

（3）浦发银行进行战略转型的依据是什么？战略转型后取得的效果如何？

（4）除了战略转型，浦发银行的发展还得益于什么因素？

（5）互联网金融的发展会对传统银行业造成哪些冲击？而传统银行应该如何应对？

（6）列举一家你所熟悉的商业银行，将其与浦发银行进行对比，分析两者之间各自战略所具有的特点和优势、劣势。

三、分析思路

（1）学生在着手进行案例分析时需要结合课程教学内容设计及学习目的要求认真通读本案例的内容，明确本案例提出的需要思考的问题。

（2）结合案例内容及提出的重点问题，学习或复习与案例内容相关的金融学、商业银行经营管理、互联网金融、战略管理等相关课程的理论与方法；重点开展战略分析（产业竞争性分析理论、SWOT 分析工具）、战略选择（战略类型、战略转型理论）、战略控制等理论与方法的学习或复习。

（3）结合案例提出的思考问题开展浦发银行战略发展历史资料的收集与分析；开展反映我国金融市场竞争格局资料的收集、整理与分析；浦发银行面临的外部宏观环境资料的收集、整理与分析。

1.2 平安银行“蛇吞象”是喜是忧？——中国平安并购深发展过程、整合与后续效果

追本溯源，中国平安的掌舵者马明哲，一直心存一个大金融梦想——建立一个完善的客户服务系统，真正实现“一个客户多个产品”。在他的眼里，大金融梦想就是“大平安战略”。马明哲希望在完善的客户服务系统中，一个客户多个产品中，大家唯一承认的名字是“平安”。马明哲，1994 年 4 月出任中国平安董事长，2001 年 4 月出任中国平安首席执行官至今，为人果断凌厉，有中国平安内部员工曾私下开玩笑说：“平安的大事基本上都是马明哲决定的，别人基本说不上话。”平安银行这些年来的壮大之路，与平安集团的鼎力支持密不可分。近些年，平安银行信用卡销售大部分都来自平安集团的交叉销售，存款和贷款业务的部分也都来自平安集团，平安银行的总资产是持续上升的。马明哲对平安银行的品牌投入的信心由此可见一斑。同样，原平安银行的诸多问题不容忽视：分支机构太少，业务的扩张速度太慢，导致总资产、存款贷款等都增长较慢，比如总资产的增长率、净利息收入的增长率，都远远低于上市的城市商业银行。平安集团在观摩了几家上市股份制商业银行后，选择深圳发展可以说是一个必然。但选择深圳发展（以下简称深发展），就等于注销平安银行这个招牌吗？未来究竟是什么情况？会不会出现“蛇吞象”的金融并购奇迹呢？

1.2.1 收购背景——天时、地利、人和

1. 新桥投资退出深发展

2009 年 6 月，新桥投资决定退出深发展，新桥投资是美国得克萨斯州太平洋投资集团（Texas Pacific Group，TPG）专注于亚洲地区投资的子公司，主要从事战略性投资，曾经收购韩国第一银行。2004 年 12 月，新桥投资以每股 3.54 元收购深发展 17.89%的股权成为第一大股东后，承诺了五年锁定期。新桥投资自 2004 年进入深发展后，一直未放弃引进新的战略投资者，为日后的退出寻找接盘者，曾先后与深发展正式签署战略入股协议的就有美国通用电气公司（General Electric Company，GE）、中国宝钢集团。截至 2009 年 6 月，新桥投资总共拥有 5.2 亿股深发展股份，占比 16.76%。早在 2008 年 7 月，就有报道称新桥投资已经启动退出计划，中国平安也有意接替新桥投资。新桥投资作为战略投资者，以获取高额溢价回报为目的，不可能长期持有深发展股票。按照深发展 2009 年 6 月的股票市值来看，新桥投资至少能获得 4 倍以上的利润，五年锁定期将满，目的也已经达到。因此，新桥投资选择这时退出具有可行性。新桥投资所持约 1.3 亿股限售股份在 2009 年 6 月中下旬解禁，该批股份解禁后，新桥投资所持深发展全部股份的 65%将处于上市流通状态。剩下约 1.8 亿限售股将于 2010 年 6 月解禁。

2. 中国平安并购背景

2006 年中国平安被美国花旗和中国人寿联合踢出广东发展银行的重组。2008 年 10 月 2 日中国平安公告证实，已放弃出资 21.5 亿欧元收购比利时富通集团旗下资产管理公司 50% 股份的计划。中国平安 2008 年的年报显示，在海外扩张计划中，因投资富通巨亏 200 亿元，所以未来几年，中国平安不会再投资国外动荡的金融机构，开始将重心向国内倾斜。“保险、银行、投资”三大主业并驾齐驱是中国平安综合金融战略的目标，但是并购深发展前，中国平安旗下的平安银行规模较小，尚不能成为平安的三大业务支柱之一，中国平安一直有收购全国性商业银行牌照的意愿。截至 2009 年 6 月，中国平安仅持有平安银行 90.75% 的股份，以及深发展 4.68% 的股权。根据 2009 年中国平安的年报资料显示，银行业收入在中国平安中的比重仅为 2.9%，银行业净利润在中国平安中的比重约为 7.45%，银行板块明显偏弱，急需增强，“三驾马车”才有可能并驾齐驱。如果并购成功，三大主业中的银行短板将得到显著增强，能够获得 14 个新城市和近 300 家银行网点分销能力，银行网络对集团客户覆盖率将从 28% 提高至 80%，中国平安综合金融战略将大步向前。

中国平安之前已经是深发展的中小股东，刚好这时新桥投资退出，给了中国平安一个很好的机遇，并且并购是增强规模最快捷的方式。中国平安对深发展的公司治理、经营状况等有直接且深入的了解，深发展又属于全国股份制银行，中国平安收购它的意愿非常强烈，收购后，中国平安将弥补新桥投资退出深发展的空缺，取代新桥投资成为深发展新的战略投资者和第一大股东。

3. 深发展被并购背景

深发展是我国第一家股份制银行，引进新桥投资作为战略投资者后，其在业务创新、风险管理、流程改进方面取得了显著的成效，不良贷款急剧下降，坏账率大幅下降，资本充足率从 2% 提高到 8% 以上，成为一家市场化程度较高的商业银行，新桥投资给深发展带来了内涵式增长。但是，当时的深发展迫切希望实现扩大业务规模的外延式增长，因此资本就成为深发展最重要和最迫切的需求。

新桥投资退出后，深发展就缺少了战略投资者，它急需引入战略投资者的重要原因是该公司急需补充资本金。截至 2009 年 3 月末，深发展资本充足率为 8.53%，核心资本充足率为 5.23%。分析人士指出，深发展急需通过股本融资提高核心资本，从而达到资本充足率 10% 的监管要求。

对于深发展来说，引入中国平安，能够获得长期稳定的资本，长久提升它的资本实力和资本充足率，增强其核心竞争力。其实早在 2008 年 8 月 21 日召开的深发展半年业绩大会上，深发展的董事长兼首席执行官纽曼就向中国平安伸出橄榄枝，表示“如果中国平安来投资我们，我们就会成为一个比其他银行更好的投资对象”。

急需发展银行业务的中国平安和急需扩大资本充足率的深发展，有了一拍即合的条件，同城又是其他投资机构不具备的先天优势，中国平安的入主将不会和新桥投资一样谋求短期利益，它的意图是想成为真正的、长期性的战略投资者。中国平安并购深发展已经具备了天时、地利、人和的良好条件，所以并购深发展是势在必行的。

1.2.2 “平深恋”开始上演

中国平安与深发展的收购整合共有三步：收购新桥投资股份、深发展向中国平安定向增发、深发展再次向中国平安定向增发。中国平安以持有的平安银行股权和部分现金支付，实现平安银行入主深发展。

1. 充当接盘侠：股份转让暨收购新桥投资所持深发展股份

2009 年 6 月 12 日，按照中国平安与新桥投资签订的《股份购买协议》，中国平安受让新桥投资持有的深发展 5.2 亿股股份，占深发展目前总股本的 16.76%。中国平安以增发 H 股作为支付对价方式，以中国平安新发行的 2.99 亿股 H 股的方式支付即换股收购，增发 H 股作为对价具有以下原因。

（1）《中华人民共和国公司法》对增发股份有限售期的规定而 H 股没有限售期的强制性规定，因此 H 股更便于新桥投资套现。

（2）新桥投资更看好 H 股的上升空间。因此，新桥投资将中国平安增发的 2.99 亿股 H 股作为支付方式。

2. 恋情愈演愈烈：股份认购暨定向增发

深发展与平安寿险于 2009 年 6 月 12 日在深圳签署《股份认购协议》，深发展拟向平安寿险非公开发行股票，发行数量不少于 3.70 亿股但不超过 5.85 亿股，发行价格为定价基准日前 20 个交易日公司股票交易均价，即 18.26 元/股，募集资金金额不超过 106.83 亿元，募集资金在扣除相关发行费用后全部用于补充资本金。

同时中国平安在公告中指出：“在上述两笔交易完成时（以后者为准）及上述两笔交易完成前的任何时点，中国平安将采取合法和可行的措施，保证其拥有权益的深发展股份不超过深发展当时已发行股份的 30%。”之所以附加该限制条件，是因为按照我国《证券法》及《上市公司收购管理办法》的相关规定，30% 为要约收购的触发条件。收购人持有一个上市公司的股份达到该公司已发行股份的 30% 时，继续进行收购的，应当依法向该上市公司所有股东发出收购上市公司全部或者部分股份的要约。

3. 恋情开花结果：再次定向增发

平安银行注入深发展，完成控股和初步整合。

2009 年 6 月 30 日，深发展和中国平安同时发布公告：因与平安银行进行重大资产重组，连续停牌。9 月 1 日，交易双方公告了本次交易的方案：深发展以非公开发行方式向中国平安定向发行 16.39 亿股。中国平安的支付对价方式为：以其所持有的平安银行全部股份即 90.75% 的股份和 26.92 亿元现金（该现金相当于平安银行约 9.25% 股份价值的认购对价），即以平安银行的全部价值认购深发展非公开发行的约 16.39 亿股。交易完成后，加上中国平安之前持有的 10.42 亿股，合计持股 26.81 亿股，对深发展的持股比例将达到52.4%，成为其控股股东。按照公告日前 20 日交易均价，本次定向增发的价格为每股 17.75 元，合计 291 亿元。

1.2.3　“蛇吞象”后如何消化吸收

截至 2012 年年中，原深发展和原平安银行完成吸收并购，更名为新的平安银行，国内金融史上规模最大的收购兼并宣告完美收官，通过业务整合、人员整合和文化整合，集团的组织结构得到进一步完善。

1. 业务整合

2012 年 7 月 27 日起，深圳发展银行股份有限公司中文名称变更为平安银行股份有限公司。中国平安战略投资深发展的目的是推动保险、银行、投资三大业务的均衡发展，实现“一个客户、一个账户、多个产品、一站式服务”的经营战略。从 2010 年开始进行业务整合，平安银行充分发挥协同优势，打造综合金融平台。2013 年 1 月，该公司公告，将业务服务系统整合，新的系统将兼容并购前两家银行的服务范围，此举将原有客户资源合二为一，便于后续的深耕和管理。比如在零售银行业务中整合一账通。平安一账通是创新式综合金融理财平台，通过一账通，仅需要一个账户、一套密码、一次登录，就可管理所有平安账户和 50 多个其他机构的网上账户，轻松实现保险、银行、投资等多种理财需求。

平安银行合并深发展之后，立刻将原深发展客户免费升级为一账通用户，直接提高了客户的体验满意度。通过这一平台，平安银行可以与平安集团内部其他金融机构实现服务和产品资源共享，展开交叉销售，客户可以通过银行业务入口满足保险和投资等需求，从而满足客户对于资产的多样化配置要求，对于中国平安更能拓展营销渠道。同时，通过三大核心业务客户资源之间的互通，实现了客户迁徙，发挥平台共享的协同效应。

2. 人员整合

人员整合是对企业的一次“基因改造”，整合的好坏往往影响着企业并购整合的效果，如果整合得好，新的员工会为企业带来新的管理思想与管理技术，以及新的业务和新的资源。但不管如何，对于企业的老员工而言，人员整合往往可能会带来负面的影响。

本次人员整合，中国平安充分吸取了整合深圳城商行时的经验教训。在稳定现有的团队的同时，以循序渐进的方式进行内部人员整合，往往会对整体整合产生事半功倍的效果，中国平安首先解决过渡期的人员稳定问题。肖遂宁于 2007 年 6 月至 2012 年 7 月任深发展董事、行长，2012 年 8 月起任平安银行股份有限公司董事长。原深发展行长变身为平安银行董事长，中国平安希望借此能在企业并购整合过渡期间，稳定深发展的高管团队。而在2012年9月24日原中国民生银行副行长邵平接任平安银行行长，精于并购的理查德辞任平安银行行长一职（此人为原深发展行长）以后，管理团队实现稳步交接，并购整合结束，肖遂宁才辞去平安银行董事长一职，并继续担任平安银行的金融顾问，直到2013年11月才离开平安银行。2016年10月，平安银行董事长孙建一、行长邵平辞职，谢永林和胡跃飞接任董事长和行长，平安银行较为平稳地完成了管理团队的整合交接。

虽然高管团队的交接过程达到了预期效果，但是对于中层管理者，却出现由大面积“换血”而带来的波动，出现了分行高管大面积跳槽的情况，最为主要的是原深发展的职员对新环境的抵触情绪未被及时得到很好的控制，导致大面积的离职。在深发展部分员工看来，中国平安更像是一个入侵者，这或许是保险与银行的“基因”差异导致的结果。中国平安董事长马明哲曾说：“银行的人是躺着吃饭的，证券的人是坐着吃饭的，我们保险的人，是跑着吃饭的。”一下子让“躺着”的银行人“跑起来”，肯定会带来一些不适与冲突。新的平安银行实行的是中国平安的保险文化，矜持的银行人也用起了在他们看来“没有底线”的保险营销模式，加上严格的绩效考核管理制度，这些让原深发展员工怨声此起彼伏，这种紧张的关系使得整合效果打了一定的折扣，而这些也是我们在以后的企业并购中所需要注意和解决的问题。

中国平安控股深发展以后，积极调整人才战略，通过对治理结构和内部人事的不断调整，使得中国平安与深发展在管理文化、管理制度等方面进一步融合，通过企业垂直管理的模式，改变原有各分支机构各自为战的局面。为了进一步提高运营效率，中国平安制定了“竞争、激励、淘汰”的人事机制，赏罚分明，建立起一套完整、客观、透明的人才考核机制。同时，学习深发展先进管理经验，对管理层推行国际化战略，吸引全球人才，引入国际化的运营管理机制与经验，建立了一支高水平的国际化专业管理团队。中国平安副董事长孙建一曾将中国平安的国际化战略解释为三外：外资（资本国际化）、外脑（人才国际化）、外体（管理国际化）。排名前100的高管中，61位来自海外，他们活跃在中国平安的各级管理部门中。通过大量引进国外先进的公司治理结构和经营运营体制，吸纳全球人才、积极利用海外资源，并将“国际化标准，本土化优势”视为中国平安的战略内核。

3. 文化整合

长期以来，并购企业文化的不相容往往是并购失败的重要原因之一。企业文化，或称组织文化，是一个组织由其价值观、信念、仪式、符号、处事方式等组成的特有的文化形象。它包括文化观念、价值观念、企业精神、道德规范、行为准则、历史传统、企业制度、文化环境、企业产品等。

中国平安和深发展，同为两家在深圳设立的金融机构，有着相近的改革创新价值观“基因”，正是这种相同的价值观为后续的整合过程提供了文化价值基础。企业融合过程中，中国平安将“保险”文化植入平安银行，产生了一定的冲突。在这种融合的初期阶段，企业并没有开展足够的心理疏导和预防，导致深发展职员对于绩效考核、业务模式和营销方式的诸多不适，严格的绩效考核和服务营销标准导致基层员工频繁跳槽，企业内部甚至出现冲突。要从观念和文化上重新塑造一个已经有 20 余年历史的全国性商业银行，是需要很长一段时间的。从后面的发展来看，文化的移植为后续平安银行的高效发展提供了良好基础，在这一方面仍需要进一步加强和提高。

1.2.4　“蛇吞象”是喜是忧

1. 平安银行新征程

通过此次并购，平安银行规模迅速扩大，2011 年平安银行网点数量为 317 家，比 2008 年增加了 3 倍多，到 2015 年平安银行网点数量达到 997 家。平安银行的资产总额由 2008 年的 1 460 亿元跃升至 2011 年的 12 613 亿元，在 2015 年达到 25 071.49 亿元，资产规模已经不可同日而语，也使得其业务的发展如虎添翼，游刃有余。同时，资源也得到合理的配置，平安银行打破原有银行网点的地域限制，由集中分布在华南、华东地区转变为以华南、华东、华北为重点分布区域，西南、西北、离岸为补充，打开了一扇平安银行平衡发展的大门，使其向建设全国性股份制商业银行迈出了坚实一步。

但是，本次并购并未显著增强平安银行的盈利能力，其风险控制能力也有所下降，究其原因，主要是原平安银行在与深圳发展银行合并之前，资产质量较差、盈利水平较低、管理能力与深发展相比稍显不足，影响了合并之后整体新平安银行的业绩表现。另外，由于部分业务的重叠和竞争关系，部分资产无法有效合理利用，造成银行资源的浪费，导致资产盈利水平下降。

2. 平安集团打造新品牌

首先是补短板。这次并购解决了并购双方在经营与发展中遇到的问题，对于平安银行来讲，由于银行业务发展缓慢，制约了整个集团的经营发展和盈利水平，所以集团要通过并购一家全国性股份制商业银行来扩充其银行业务。从深发展的角度而言，其资本金不足，流动性与清偿能力差一直是其经营过程中的软肋，同样也制约了其自身发展，这就促使双方有强烈意愿相互联合补短板。

其次是调结构、保增长。平安银行希望通过本次并购调整集团业务结构，将更多的资源投入到其银行业务上，尽快使“保险”和“银行”两条腿走路，形成发展双引擎。市场因素也是促成本次合并的一个重要因素，在区域市场中，平安银行与深发展高度竞争，两行的合并使得其在重点区域市场中独占鳌头，同时在全国范围内，两行又有互补作用，符合双方的长远战略发展利益，合并自然水到渠成。同时“银行”与“保险”强强联合，形成合力，产生协同效应，通过渠道共享、客户迁移和交叉销售，使银行业务在增强的同时带动其他业务共同发展。

最后是控风险。中国平安需要通过银行带来稳定的收益，降低企业盈利风险，平滑收益；而深发展则需要通过资本金的补充，提升清偿能力与流动性，提高风险控制水平。

从企业品牌角度来看，中国平安集团的战略目标是以保险、银行、投资三大业务为支柱均衡发展，打造“一个客户、一个账户、多个产品、一站式服务”的综合金融服务平台。此次并购，除巩固保险专业品牌外，更促进了银行品牌的发展。保险业务方面，2015 年，平安寿险保费收入的市场份额为 13.7%，在中国保险公司中位列第 2，平安产险以 18.9% 的市场份额成为仅次于中国人保的第二大产险公司。同时，平安养老险企业年金业务处于行业领先水平。中国平安的保险业务形成了以平安寿险、平安产险、平安养老险、平安健康险四家子公司为核心的体系。保险品牌的实力在集团加强金融控股公司战略布局的情况下没有减弱反而进一步得到巩固。银行业务方面，2015 年，根据《当代金融家》发布的中国银行排名，平安银行的总资产规模位列全国商业银行第 14，公司价值位列第 15。平安银行作为银行品牌越来越受到大众的关注与认可，银行品牌得到有效强化。

3. 混业经营新局面

混业经营实施效果已经显现。由于实现了各部分资源的整合，建立起能够提供综合金融服务的统一平台，因而能够很好地满足日趋多样化、复杂化、定制化的服务要求。中国平安建立的这一平台，实现了不同金融服务间的汇合与互通，并可进一步地进行金融服务的优化与创新，扩大服务群体范围，针对不同的客户群，提供针对性的金融解决方案，不断吸引新的消费者。

但是本次并购仍有部分目标尚未达成，整合需要更加深入。其中银保合作尚未实现理想效果，特别是银行业务发展对于保险业务的发展的带动效果并不明显。此次并购虽然很大程度上让寿险业务的银保合作网点有所增加，由 2008 年的近 4 万个突增至 2011 年的 6.2 万多个，但是银行对寿险的渠道贡献度占比却在下降，不得不说是一种遗憾。同时，从保险的发展情况来看，其对集团整体的利润贡献度并没有显著增加，近几年由于外部环境和保险市场的不稳定，出现了一定程度的波动，银保全面合作尚需时日进行改进和观察。通过对中国平安的盈利性和增长性分析来看，其交叉销售能力仍显不足，并购前后交叉销售水平并未显著提高，特别是集团寄予厚望的银行寿险销售渠道，并没有产生协同效应。

1.2.5 “涅槃重生”的平安银行

2012 年，经过一项 A 股史上最大规模金融并购案，在吸收合并原深圳商业银行、深圳发展银行后，新组建的平安银行获得新生，不仅补齐了平安集团的银行短板，更是在 6 年内，总资产规模从 1.5 万亿元翻番，超过 3 万亿元，跻身一线股份制银行之列。

在平安集团综合金融战略下，2017 年年初平安银行开始了波澜壮阔的零售银行转型。这次转型，不仅依托集团开拓渠道实现零售业务的快速突破，更引入金融科技实现智能零售银行的转型突破。

1. 科技引领，全力打造零售智能化银行

近年来，平安银行围绕三大核心策略，坚定不移地推进智能化零售银行的战略转型与升级，全力打造以“SAT（社交 + 移动应用 + 远程服务）+ 智能主账户”为核心的零售银行服务体系，借助大数据分析为零售转型提供技术与数据支持。据悉，2017 年上半年，平安银行在科技方面投入了 12 亿元支持设备购置、平台搭建，在整体业务费用下降的情况下，科技投入同比增长 20%。同时，还引进了数百名 IT 人才，整合、打造了一支专属的零售 IT 团队。当前平安银行的 IT 员工人数，从原先的 200 多人增加至 1 800 余人。科技以人为本，金融科技也不例外，平安银行所做的尝试和探索，都基于对用户体验的深度洞察，全面以客户为中心，以客户体验的改善、优化为前提，利用创新科技不断搭建、完善互联网科技平台，持续提升金融的服务能力。

2. 智能驱动，线上线下打通无边际综合金融服务

平安银行也致力于提升线下客户的服务体验，利用“金融 + 科技”的手段，通过打造智能新门店，为客户提供线上与线下连接、融合的无边际服务，有效延伸了服务时间和空间。作为平安银行零售智能新门店的广州流花支行已开业亮相，它在设计时融入了“零售门店”的概念，向轻型化、社区化、智能化、多元化转型。客户在这里可以一站式办理银行零售业务及综合金融业务；同时新门店还在空间、家具等各方面通过嵌入智能化、人性化的配套设备，构建以“智能化 + O2O + 客户体验”为核心的服务体系，打造“更懂你”的标杆式银行。

当客户进入新门店时，不用显示身份证就可以通过生物特征进行识别，从而进行精准的服务与交流。这归功于数据 O2O——客户线上线下旅程数据的无缝打通，包括客户预约信息、客户 360 视图、客户断点等，通过柜面系统、口袋银行、行员 App 等进行 O2O 交互，实现对客户的精准识别及信息的实时呈现。

3. 未来展望：打造“不一样”的智能化零售银行

“我们做零售的背后是一个强大的核心团队，我们打造了从队伍到产品、到模型、到数据、到新科技一整套强有力的风险管理体系。”平安银行董事长谢永林表示。

平安银行零售转型的另一终极武器是金融科技，这得益于股东——中国平安强大的科技力量。中国平安旗下已孵化出四家科技独角兽企业，体现了强大的科研能力。每年，中国平安都会将收入的 1% 投入研发，过去 10 年总计已投入 500 亿元用于金融科技研发，仅 2017 年就投入 70 亿元。按此趋势，未来 10 年中国平安将至少投入 1 000 亿元到研发领域。

中国平安建立了强大的数据处理工厂，可以为所有专业子公司提供数据和技术支持。平安银行基于集团力量构建了一套行业领先的机器学习算法，凭借长期积累的数据，不断优化调整风控模型，逐步打造一个应用人脸识别、设备指纹、声纹识别等新科

技的智能风控体系，实现主动筛选、主动识别、自动审批、差异定价、实时反欺诈，大大提升了审批效率和风险管理能力。

与其他以财富管理为特点的零售银行的特色不同，平安银行以信用卡、新一贷、汽车金融为其“大零售”转型“三大尖兵”。在贷款规模、信用卡发卡量快速增长的情况下，平安银行的不良贷款率始终保持稳定，智能风控体系功不可没。

平安银行为加速金融科技落地，组建了一个2 100人的专属零售IT团队。2017年，平安银行在零售业务各领域大力引进互联网技术、产品和营销专业人才244人，其中中高级管理人员26人。有了专业、实干、有凝聚力的核心团队，平安银行零售转型就有了强力的“火车头”。

在线上，整合原手机银行、直销银行及信用卡三大渠道App后，平安银行2017年8月上线了全新的平安口袋银行4.0版本。该版本集合贷款、理财、信用卡、支付等业务功能，几乎承载平安银行全零售产品线，目的在于连接客户的生活、消费、金融场景，成为零售获客的重要入口。

在线下，平安银行推出纯零售网点——智能门店。本次零售战略转型过程中，平安银行将对公业务实行分行集中管理，所有线下网点转型为零售网点，客户在这里可以一站式办理银行零售业务以及综合金融业务。

未来，平安银行将继续深入推动零售智能化的转型与升级，致力于打造智能化零售银行新标杆。随着转型的逐步深入，平安银行凭借独有的综合金融和金融科技优势将进入新一轮业绩爆发期。

参考文献

[1] 景晶，阮青松．深发展与平安银行的并购效率研究［J］．经济论坛，2012（9）：94－96.

[2] 李进中．中国平安并购深发展的协同效应分析［J］．财务与会计（理财版），2012（8）：23－24.

[3] 邵春燕．中国平安收购深发展对中国金融业并购的启示［J］．财务与会计（理财版），2012（8）：21－22.

[4] 丁保祥．平安银行：三元能否归一［J］．商界（评论），2013（5）：38－43.

[5] 申宁．中国平安并购深发展绩效研究［J］．商业会计，2014（20）：48－50.

案例使用说明

一、教学目的与用途

本案例教学使用说明是以将此案例应用于金融机构经营管理课程中的资本管理的教学为基础撰写，如将本案例应用于其他课程教学安排则需要进行相应的调整，本案例使用说明可作为参考。

（1）适用课程：金融机构经营管理、金融企业战略管理、金融并购与重组实务等课程。

（2）适用对象：金融专业硕士（MF）、工商管理硕士（MBA）、经济管理类研究生以及高年级金融专业本科生。

（3）教学目的：对金融企业并购案例进行学习，了解金融企业的并购过程及绩效，将有利于机构管理者认清其发展方向，有利于企业未来进行更多有序、有效、有益的并购，使其摆脱并购只是单纯为了在二级市场上套利的原始利益驱动，真正地实现了金融企业并购带来的战略目的要求和整体价值的提升。

二、启发思考题

（1）结合其他银行发展壮大过程，评价平安银行并购深发展的举措是否符合一般金融机构发展的规律，此次并购的优劣势体现在哪里。

（2）结合并购背景分析平安银行并购深发展的原因是什么，体现了什么理论依据。

（3）平安银行并购深发展后是如何进行整合发展的？是否符合一般的并购整合理论？其整合的特殊之处体现在哪些地方？

（4）平安银行整合壮大后的发展轨迹是怎样的？未来发展前景如何？

（5）平安银行的发展对整个平安集团的意义在哪里？对其他金融机构的发展有哪些启示和借鉴？

三、分析思路

（1）了解一般金融机构的发展历程，总结发展轨迹和规律，分析平安银行并购深发展的背景、必要性以及与其他银行发展轨迹的不同之处。

（2）从理论上分析一般企业并购的原因，再具体分析平安银行并购深发展的背景及原因。

（3）从理论上分析企业并购整合过程，再具体分析平安银行并购之后的整合发展举措，与一般企业比较分析其特殊之处。

（4）分析平安银行并购深发展的并购绩效及后续发展效果，预测发展前景。

（5）分析平安银行对整个平安集团的重要性及意义，以及对其他金融机构的发展可供借鉴的经验。

第2章 金融机构组织管理案例分析

2.1 山西证券股份有限公司组织结构改革

在我国金融市场的发展过程中，伴随着资本市场规模的扩大和证券业务的增加，证券公司的规模大幅增长，其所能从事的业务也从单纯代理买卖股票发展到目前证券经济业务为基础，资产管理业务、投资银行业务等多种新兴业务并存。随着证券公司从单一区域走向全国市场，事业部制的组织内部结构在证券公司内逐步建立起来。组织结构的改变，使得证券公司各项业务的发展水平得到显著的提高，各管理层的管理水平也得到了提升。然而，组织结构的复杂化又产生了新的矛盾和问题，譬如管理层决策效率低下、各机构职能重叠、风险控制水平与业务发展相脱离等。因此，改革与创新证券公司的内部组织结构，对于解决证券公司存在的组织结构难题具有重要意义。案例以山西证券股份有限公司（以下简称山西证券）组织结构改革为研究对象，在介绍山西证券改革前的组织结构和特点的基础上，剖析组织结构改革的原因和事业部制改革的过程，分析组织结构改革后的效果及完善事业部制的对策。

2.1.1 山西证券简介

山西证券成立于1998年。2001年12月，公司与山西省内五家信托公司证券类资产合并重组，实施增资扩募，经中国证券监督管理委员会（以下简称中国证监会）批准，组建了新的证券公司，注册资本金增至13.038亿元人民币，是中国证监会批准设立的综合性专业证券公司。该公司于2010年10月19日经中国证监会《关于核准山西证券股份有限公司首次公开发行股票的批复》核准，首次向社会公众发行人民币普通股3.998亿股，并于2010年11月15日在深圳证券交易所（以下简称深交所）上市，股票代码：002500。新公司股东构成集中体现了山西省内多家优势企业的强强联合，重组后的公司业务结构更趋合理，市场份额不断扩大，管理水平日益提高，创新能力持续提升，经营实力稳步壮大。但随着公司资产规模的不断扩大，业务收入的不断提升，全国范围内区域分公司及直属营业部的增加，以往单纯事业部制的组织结构已经成为公司发展的桎梏。因此，2014年年底山西证券董事会决定对公司的组织结构进行改革。

2.1.2 山西证券改革前的组织结构

1. 改革前山西证券的经营情况

山西证券作为全国首批证券公司之一，经过 20 多年的发展，已经成为一家经营状况良好、管理规范、业绩优秀的全国性证券公司，并且于 2010 年 11 月 15 日在深交所成功上市，成为山西省内唯一一家通过 IPO 上市的券商。

在挑战与机遇并存的 2013 年，作为中西部地区最大的券商之一，山西证券取得了良好的业绩。2013 年山西证券实现营业收入 13.16 亿元，同比增长 25.57%；实现利润总额 3.47 亿元，同比增长 81.18%；实现归属于母公司股东的净利润 2.59 亿元，同比增长 82.36%。截至 2013 年 12 月 31 日，公司总资产 165 亿元，同比增长 28.93%，增幅高于行业平均 7.9 个百分点，净资产 73.26 亿元，同比增长 14.81%，增幅高于行业平均 5.8 个百分点。公司在 2013 年证券公司分类评价中首次被评为 A 类 A 级。

山西证券的经营范围包括：证券经纪、证券自营、证券资产管理、证券投资咨询，与证券交易、证券投资活动有关的财务顾问，证券投资基金代销，为期货公司提供中间介绍业务。公司各单项业务资格为：网上证券委托业务资格、经营外汇业务资格、开放式基金代理销售资格、全国银行间债券市场成员、全国银行间同业拆借市场成员、中国证券登记结算有限责任公司结算参与人资格、代办股份转让主办券商业务资格、报价转让业务资格和大宗交易系统专场业务资格。

该公司可以设立全资子公司，也可以与其他投资者共同出资设立子公司；该公司可以设立从事直接投资业务的子公司，也可以设立从事证券监督管理机构批准的其他业务的子公司。

2. 改革前山西证券的组织结构

改革前的山西证券在组织层次上一直沿用“总公司—分公司—营业部”的直线职能型层级设置，仍以模块化管理为核心，采取了功能型组织化及分散的区域性事业部模式。其采取总部—分公司—营业部三级管理模式，每个管理层面的部门设置按照职能块不同划分。同时，上下级管理层之间实行部门对口管理：总部对分公司的管理主要通过制定政策和下达任务的方式；分公司在重点业务的选择以及组织管理上具有很强的自主性，分公司总经理直接向董事长汇报；分公司是区域利润中心，其营销职能分散在各营业部。

（1）部门设置。总公司下设 14 个职能部门，分别为董事会办公室、人力资源部、计划财务部、稽核考核部、风险控制部、合规管理部、党委办公室、综合管理部、资产管理部、零售业务总部、机构业务总部、投资管理总部、财务顾问部、场外市场部，如图 2.1 所示。其中董事会办公室是公司领导机构，零售业务总部负责全公司零售业务的管理与营销推广，机构业务总部负责全公司机构业务的营销与推广，投资管理总部负责全公司投资自营业务的审批与管理工作。其他相关职能部室分别负责各自领域的保障支持功能。

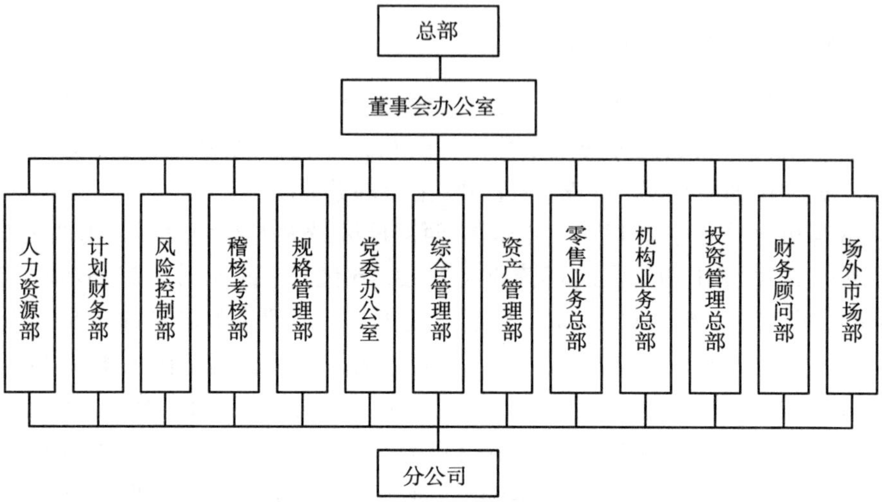

图 2.1　山西证券总部组织结构

资料来源：山西证券官网。

山西证券在分公司的设置上重点布局全国各大省会城市、直辖市以及全国重点城市，目前有部分分公司仍在建设当中。其中，在分公司职能部门设置上遵循“多而全”的原则，参照总公司相关部门的设置，分公司下属各职能部门同时受分公司总经理以及总公司相关职能部门的双线领导。分公司机构设置包括管理层、运营保障部、业务运行部、客户服务部、营销部等。

（2）山西证券改革前组织结构的特点。山西证券改革前组织结构明显呈现出以下特点。

①组织层次为“金字塔”形组织结构，等级严明，总部结构以职能型为主，不直接面向市场和客户，管理半径过大，指挥链过长。

②以职能为体系构建组织体系，在部门设置上追求“全面而非专业化”，各层级职能部门设置呈现出完全的“块状分割状态”，明显体现着国有企业一贯的“行政化”特色。

③组织结构内部虽然按照“前台、后台”的部门系统设置，但是后台支撑部门工作细分程度过高、岗位过多，导致组织结构臃肿。分公司作为独立的利润中心，经营重点以及经营政策往往偏向营销岗，导致部分岗位实际运作中兼岗严重，同岗位级别员工收入、劳动强度差别过大。

④作为公司利润中心的业务开展部门，其设置反而过于简单，没有细分相关市场实现专业化服务，并且对于相关营销人员的业务知识掌握程度要求过高。

⑤作为证券公司，经营管理的风险管理体系设置不科学，未将风险管理部门从经营

机构独立出去，风险管理体系不垂直、不独立，不利于排除干扰因素，提升风险管理质量。

2.1.3　山西证券组织结构改革的原因

通过对山西证券改革前组织结构的分析，我们不难发现改革前的组织结构存在着很明显的缺陷，这已难以适应目前金融市场环境的变化及公司业务转型的需要。

（1）组织运作效率低下，事务处理流程过长，经办岗位过多，市场反应能力差；机构臃肿，管理层人员数量庞大，部分部门则划分过细，而部门之间职能重叠，责任界定不清，部门之间“踢皮球”的情况时有发生；部分员工仍没能树立现代券商企业的企业价值观，不能认同企业文化，“官本位”思想根深蒂固；内部绩效考核方面只注重下发指标的完成以及行政目标的实现，忽视在目前多变的宏观政策及市场环境下根据市场及时对企业经营目标的调整。

在经纪业务费率下降、客户个性化产品需求增加、迫切要求业务转型的环境下，陈旧的组织结构弊端使得证券公司的经营理念难以适应现代经营特点和市场需求等方面的变化。

（2）获取信息成本偏高。市场经济下，能够及时地得到相关的信息，企业及时采取应对措施成为企业做大做强的关键。采集、分析信息和应用所得的信息成为企业相关部门日常工作的重要内容。对券商来讲，只有及时获得正确的市场信息，管理层才能及时地作出正确的决策，相关金融产品通道的设立、上市公司的股权服务都是建立在对信息的充分掌握之上的。以往的组织机构模块化分明，在遇到具体情况时讲究业务对口，对于业务是否能做、产品是否能够设立的判断只是基于本部门所掌握的材料或者上级领导的授意，是典型的行政化组织机构。这种组织结构运营的结果是员工只对上级负责，而不会对市场和客户负责，割裂了业务部门之间以及总部与营业部之间的联系。因此，山西证券此前的组织机构与部门之间信息共享的要求是不适应的。同时，也不能很好地面对客户和市场，对市场的变化和客户的需求无法快速、准确地反应。

（3）企业监管成本高、效果差。基于公司内部的监管机制并不能对下属分公司带来相应的约束。企业组织结构发展的根本原因是企业要求在降低生产费用的同时提高资源配置的效率。山西证券多层管理的组织结构，导致管理层级增加、人员岗位设置过多，前后台工作强度以及薪酬待遇差距过大导致的消极心态，部分分公司在会计核算上弄虚作假，骗取费用指标或者虚增利润等情况都极大地增加了生产运营费用，降低了资源配置的效率。为了加强监督，减少操作风险和道德风险，山西证券内部设立了工作检查小组以及各级审计部门，对于公司内部的各部门以及各分公司进行检查。但由于监督的独立性差，各种违规违纪现象不能消除，反而增加了人员费用。

（4）不利于资源的市场化配置。按行政区域设置分支机构，将发达与不发达地区分支机构捆绑在一起，统一发行同样的金融产品，不利于满足不同经济发展水平市场的多样化、多层次的服务需求，导致公司资源配置的分散化。在我国，区域经济发展水平差距较大，在经济发达地区由于各种金融机构竞争的激烈性，客户对于金融投资的收益要求较高，而欠发达地区的客户则对资金的安全性要求更高。因此，按行政区域不同设置分支机构与市场化资源配置的要求存在一定的矛盾。

（5）经营水平偏低，市场竞争能力弱，人才培养及人才储备相对落后。市场营销及客户维护的职责主要由基层营业部承担。基层营业部由于人员设置问题，对营销人员掌握的业务知识以及自身素质要求都较高，而山西证券过去作为经济欠发达地区的区域性证券公司，薪酬体系、人才培养、岗位晋升通道等相关制度均落后于现代化管理程度较高的证券公司，导致发达地区分公司人才流失严重，企业竞争力受到很大的影响。

2.1.4 山西证券事业部制改革

山西证券股份有限公司是依照《公司法》和《证券法》及其他有关规定，经中国证监会批准，由山西证券有限责任公司依法变更为股份有限公司，在山西省工商行政管理局注册登记并取得营业执照。公司为永久存续的股份有限公司。总经理为公司的法定代表人，由公司股东大会审议后，报中国证监会审批。公司全部资产分为等额股份，股东以其所持股份为限对公司承担责任，公司以其全部资产对公司的债务承担责任。公司接受中国证监会的监督管理。公司董事、监事、高级管理人员或员工持有或控制本公司股权，应事先取得中国证监会的批准，并向股东大会报告。

1. 基于权变理论的组织结构设计思路

权变理论认为：没有一种组织形式是一成不变的最好的组织形式，组织需要根据所处环境的变化而发生变化，在组织结构与环境之间存在一种“最适状态”，在一种环境下适用的组织形式不一定适用于另一种环境。组织需要通过主动变化以适应新的环境；否则，不适应新环境的组织的运行效率必然低下，并最终被环境淘汰。最后能够生存下来的企业组织结构必然是那些能够适应新环境变化的组织结构，这就是“自然选择”原则。

基于权变理论的企业组织结构动态设计思路就是企业要根据外部环境和内部条件的变化不断地对组织结构进行动态调整。按企业对环境变化的反应方式不同可分为适应型调整和预见型调整。适应型调整是指企业是为了适应外部环境的变化而不得不进行的调整；预见型调整是指企业为了提高市场竞争能力，通过提高企业对未来环境变化的适应能力，有意识地预先进行的企业组织结构创新。根据该思路，山西证券选择了事业部制。

2. 山西证券组织结构调整

（1）调整原资产管理部。

①资产管理一部：负责资本市场投资相关业务（包括但不限于新股产品、二级市场

投资、定向增发等）。

②资产管理二部：负责固定收益业务（包括但不限于信证合作业务、股权质押业务等）。

③资产管理三部：负责资产证券化和实业投资（包括但不限于企业资产证券化、信贷资产证券化、实业融资等业务）。

④资产管理四部：负责私募业务和新三板业务（包括但不限于私募 FOF、第三方投资顾问、新三板投资等业务）。

⑤资产管理五部：负责银证合作通道及定向业务和资管业务的运营支持。

（2）撤销原零售业务总部，根据需要新设多个部门。

①财富管理部：管理公司经纪业务各分支机构；负责公司财富管理制度体系建设、产品体系建设、投资顾问团队管理及协调公司分支机构财富管理工作等。

②客户服务中心：负责互联网金融平台的建设，针对公司中小客户提供标准化服务及投资者保护相关工作。

③新设互联网金融部，作为公司一级部门，主要负责互联网金融相关业务的设计、运行、协调与管理等工作。

④机构业务总部更名为机构业务部。

⑤原投资管理总部更名为投资管理部。

⑥原财务顾问部更名为并购投资部，职能不变。

⑦新设做市业务部，作为一级部门，承担公司做市业务相关职责，并纳入投资管理总部统一管理。

⑧设立衍生品经纪业务部，作为一级部门，整合个股期权及目前隶属于零售业务总部 IB 业务和量化交易支持团队，承担公司衍生品经纪业务的管理职责。

⑨原场外市场部更名为中小企业金融业务部，整体负责新三板推荐挂牌、质量控制及挂牌后的定增、并购及督导。

⑩新设质控督导部，负责项目操作质量及挂牌后企业的持续督导及培训。

⑪原并购融资部并入中小企业金融业务部，在中小企业金融业务部下设并购融资部，为一级部门，为已挂牌的企业提供定向发行、并购重组、战略咨询、股权激励等服务。

⑫如图 2.2 所示，根据区域不同划分挂牌业务，在中小企业金融业务部下设六个业务部门，分别为中小企业金融业务一部（北京部）、中小企业金融业务二部（太原部）、中小企业金融业务三部（上海部）、中小企业金融业务四部（西南部）、中小企业金融业务五部（深圳部）、中小企业金融业务六部（东北部），对京津冀、山西、长三角、西南、珠三角及东北地区的挂牌业务进行拓展和管理。其中，原场外市场太原部更名为中小企业金融业务二部（太原部），保留一级部门设置。

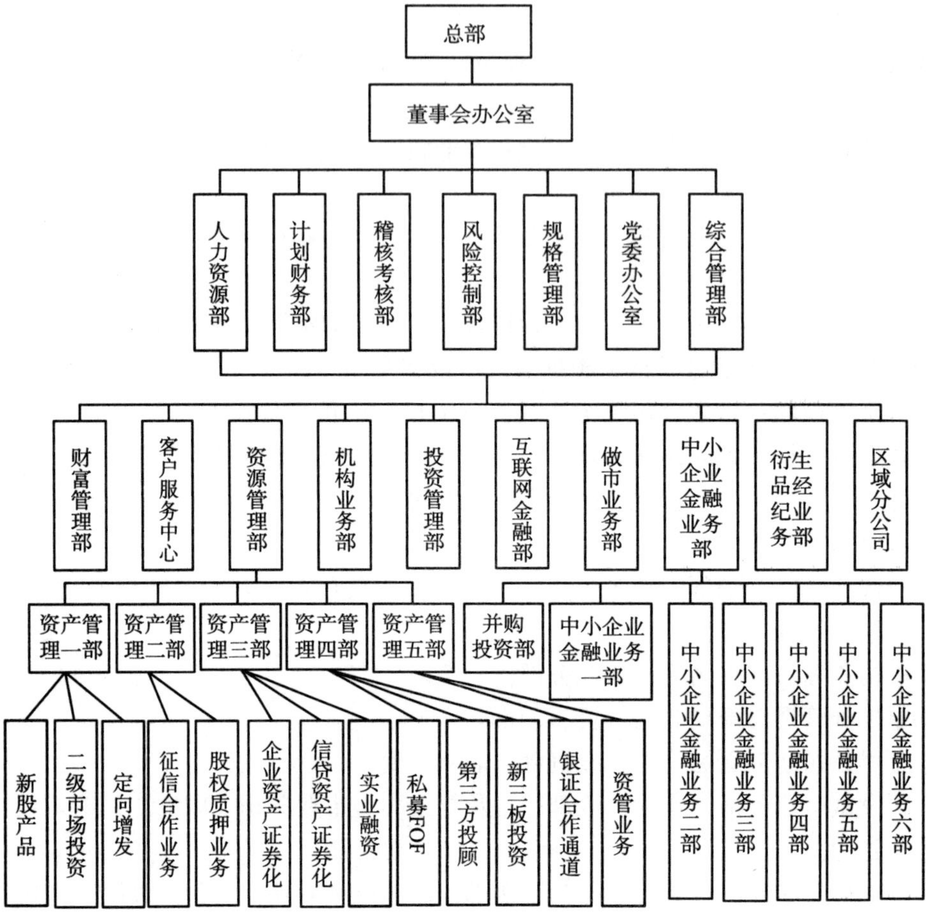

图 2.2　山西证券改革后的组织结构

资料来源：山西证券官网。

2.1.5　山西证券组织结构改革后的绩效

如表 2－1 所示，将组织结构改革后的山西证券主要经营数据与行业对比，山西证券在营业收入、代理买卖、证券投资收益方面低于行业平均增速；在承销与保荐、资产管理、融资融券利息方面则明显高于行业同期水准。

表 2－1　　山西证券中期对比情况

主要经营指标	2014 年 1～6 月/亿元	2015 年 1～6 月/亿元	同比增速/（%）	行业同比增速/（%）	与行业同比增速对比
营业收入	8.75	24.33	178.99	255.27	低于 78.28%
代理买卖	2.76	11.57	319.39	393.50	低于 73.91%
承销与保荐	1.48	3.42	131.12	46.60	高于 84.32%

续表

主要经营指标	2014 年 1 ~6 月/亿元	2015 年 1 ~6 月/亿元	同比增速/(%)	行业同比增速/(%)	与行业同比增速对比
资产管理	0.057	0.176	208.77	159.70	高于 49.07%
证券投资收益	1.97	6.41	225.31	241.10	低于 15.79%
融资融券利息	0.79	4.06	410.23	313.87	高于 96.36%

资料来源：巨潮资讯网、Wind 数据库。

由表 2 -1 和表 2 -2，对证券行业主要经营指标行业竞争力排名进行分析，发现虽然在营业收入增速上，山西证券低于行业同比增速，但是在行业竞争力排名中营业收入反而上升了 9 位，而净利润更是上升了 11 位。其中作为证券行业目前重点发展的业务，山西证券的承销与保荐业务收入高于行业平均增速 84.32%，行业排名也由 2014 年的 29 位迅速提高到 2015 年的 16 位，正式进入该类业务行业第一梯队。在 2015 年上半年 A 股大牛市的背景下，作为行业内中等规模的券商，山西证券不仅没有在激烈的竞争环境中掉队，反而通过积极的组织变革与人员调整，大大提高了自己的行业竞争力。

表 2 -2　　山西证券行业竞争力排名

主要经营指标	2014 年（全行业排名）/位	2015 年上半年（全行业排名）/位	位次变化
总资产	45	43	上移 2 位
净资产	30	34	下移 4 位
净资本	47	40	上移 7 位
营业收入	53	44	上移 9 位
净利润	46	35	上移 11 位
客户资金余额	39	48	下移 9 位
代理买卖收入	40	43	下移 3 位
承销与保荐	29	16	上移 13 位
资管业务净收入	74	69	上移 5 位
融资融券利息收入	39	39	平行

资料来源：巨潮资讯网、Wind 数据库。

2.1.6　完善事业部制改革的措施

山西证券事业部制改革的整体基础仍比较薄弱，仍然有大量的改革工作需要完成。总公司在事业部制改革中，必须正视改革所面临的各种问题，进一步统一思想、坚定信念，结合事业部制改革的实际情况，不断提升对改革的整体适应能力，从风险管理体系建设、绩效考核评价体系、内部管理体制、业务管理流程优化、IT信息系统建设等方面不断调整和完善，为事业部制改革创造了良好的内外部条件，确保了事业部制改革的顺利完成。

（1）提升整体适应能力。任何一项变革必然要经历短暂的“阵痛期”。改革过程中必定会出现各种问题与矛盾冲突，公司内部短期内适应能力不足的局面会客观存在。因此，山西证券董事会必须及时转变观念、加强人才队伍建设，不断提升公司对改革的适应能力，确保事业部制改革顺利推进。

（2）建立健全科学的绩效管理评价机制。跨部门业务的绩效核算：在目前的金融环境下，证券行业创新类业务的开展经常需要跨部门协作，共同推进。例如，企业新三板包装上市就有可能涉及分公司、投行部、资产管理部等公司内很多部门。推行事业部组织模式改革的基本前提之一就是能正确、客观评价各事业部的经营业绩，这需要对事业部产生的绩效通过科学、健全的评价体系进行正确的评判，要做到结果公平、公正、公开，让所有参与部门对最后的绩效核算心服口服。

（3）建立收益与风险相匹配的绩效评价体系。目前公司在对风险和业绩进行评价时仍过多地采用传统的方法，主要倾向于对收益的评价，忽视对风险的评估。而改革后期需要重新制定对经营业绩、资本占用与承担风险匹配程度的评价体系，并对公司相关人员的过度投机冒险行为进行限制，有助于增强对公司经营风险的防范和管理。

（4）完善内部配套管理制度。山西证券目前仍处于事业部制改革全面完成之前的中间阶段，进一步完善各项内部配套制度建设，及时出台各项内部管理制度，妥善处理区域性事业部及业务事业部之间的关系，是确保事业部制改革顺利完成的重要手段。

（5）优化业务及企业内部流程。山西证券进行组织结构调整、对于业务部门实行事业部经营的重要目的之一就是优化各种业务流程，因此组织结构的调整必须与流程再造相结合，坚持面向客户、面向市场的业务流程改革策略，通过一体化、标准化的组织体系设计，明确各部门和分支机构在管理流程上的职能角色，合理进行风险授权，在改革中设置风险控制点，完善各部门的直接沟通渠道，逐步将总部的角色转型为规划企业发展方向、制定考核体系及营销策略的引导型机构。

参考文献

［1］张敏．全面提升综合服务能力，山西证券五条主线抓发展［N］．证券日报，2014－05－30（第C02版）．

［2］［美］弗莱蒙特·E．卡斯特，詹姆斯·E．罗森茨韦克．组织与管理：系统方法与权变方法［M］．4版．傅严，等，译．北京：中国社会科学出版社，2000：45－63，101－123．

［3］李刚．企业组织结构创新的机理与方法研究［D］．武汉：武汉理工大学，2007．

［4］王岸欣．论我国证券公司组织结构缺陷及优化［J］．上海金融学院学报，2005（4）：32－35．

［5］山西证券官网（http：//www.i618.com.cn/）．

案例使用说明

一、教学目的与用途

本案例使用说明是以此案例用于金融机构经营管理课程中的金融机构组织结构的教学为基础撰写，如将本案例应用于其他课程教学安排需进行相应调整，本案例使用说明可作为参考。

（1）适用课程：金融机构经营管理、金融市场与金融机构、企业组织管理等。

（2）适用对象：金融硕士，可用于金融学硕士、工商管理硕士（MBA）学生案例教学，也可供金融学类及工商管理各专业本科生使用。

（3）教学目的：本案例以描述山西证券组织结构改革为主线，通过对案例的深入分析，使学生理解、掌握和思考组织结构改革的原因、组织结构模式选择、组织结构改革过程以及如何解决组织结构改革中面临的问题等，使学生达到运用组织结构理论并结合证券公司实践进行分析问题、解决问题和提升批判性思辨能力的目的。

二、启发思考题

（1）山西证券为什么要进行组织结构改革？

（2）事业部制与直线职能制相比，有什么优缺点？为什么事业部制更适合山西证券？

（3）山西证券在进行事业部制改革后的发展如何？

（4）山西证券改革后存在什么问题？

（5）山西证券还将持续改革，如何进行？

三、分析思路

（1）从山西证券组织结构改革之前的经营情况、所采用的组织结构以及存在的缺陷，分析其组织结构由直线职能制改革为事业部制的原因。

（2）从山西证券组织结构改革的背景和原因入手，使学生理解组织结构改革是公司发展到一定阶段的必然选择。

（3）通过阐述其具体的改革过程，让学生了解适用于公司当前发展的组织结构的具体设计，以及结合理论知识，让学生理解使用事业部制的原因。

2.2　安信信托与中信信托“六年长跑”重组失败后的组织架构调整

在我国金融市场的发展过程中，伴随着信托业的发展、规模的扩大，自身组织架构也亟须进一步优化和调整。以往信托公司的组织架构和一般的上市公司一样是直线职能型，而经过对组织结构的调整以及加强风险控制之后，信托公司开始正视风险，逐渐地提升运营效率。信托公司现在的组织架构有其自身的优点，但也不乏需要改进之处。因此信托公司需要采用更优的组织管理模式来实现各部门之间的有效协调、信息的有效传递，最终实现更好的经济效益。

2.2.1 背景

1. 公司简介

安信信托是全国第一批股份制非银行金融机构，成立于1987年，1992年转制为股份有限公司，1994年在上交所上市（股票代码：600816），2004年迁址上海，是最早一批金融类上市公司，也是目前国内仅有的两家上市信托公司之一。作为金融信托机构，安信信托经历了艰难的创业和发展历程。安信信托始终坚持科学管理、规范运作、稳健发展的经营方针，不仅在行业多次整顿引发的剧烈变革中保存了自己，而且适时把握政策转型和资本市场快速发展带来的市场机遇，不断发展、壮大。公司以社会责任为导向，以信用建设为基础，以风险控制为前提，以创新服务为动力，以价值实现为目标，以差异化经营为特色，在促进公司可持续发展的同时，致力于成为信托法律关系框架下，服务于实体经济、关注民生的金融服务商。

2. 安信信托与中信信托的重组失败

安信信托自2006年年底开始正式启动向特定对象发行股份购买资产暨重大资产重组事项，长达6年，安信信托与中信信托的联姻重组最终以失败告终。2006年年底，按照当时的计划，安信信托拟以4.3元/股的价格向中信集团、中信华东（集团）及大股东上海国之杰投资非公开发行13.64亿股，购买上述前两家公司持有的中信信托100%的股权。重组完成之后，中信信托借壳安信信托实现上市，中信集团将成为安信信托的控股股东，安信信托将持有中信信托100%的股权。

2008年，上述重组方案获得证监会并购重组审核委员会“有条件通过”，但公司迟迟未拿到批文。2012年1月16日，中国证监会2012年第二次并购重组审核委员会工作会议，审核并否决了安信信托经调整后的，向特定对象发行股份购买资产暨重大资产出售方案。为保证重组继续推进，安信信托于2012年1月6日召开2012年第一次临时股东大会，同意将经调整后向特定对象发行股份购买资产暨重大资产出售方案的有效期延长1年。

2013年1月7日是正式重组方案的最后一个有效期日。然而，截至重组方案最后有效期，公司及上海国之杰投资发展有限公司未收到交易相关各方关于再次调整向特定对象发行股份购买资产暨重大资产重组方案的任何书面文件。事实上，早在2012年年末，市场就开始担心安信信托与中信信托的重组最终会陷入僵局。如今看来，市场的担心最终还是应验了。安信信托在公告中表示：公司及公司控股股东承诺在未来3个月内不再商议、讨论前述重大资产重组事项。

2013年1月8日，安信信托发布公告称，根据公司于2012年12月21日所披露的《安信信托投资股份有限公司重大资产重组的进展公告》以及《中华人民共和国公司法》《中华人民共和国证券法》《上市公司重大资产重组管理办法》等法律法规的相关规定，截至 2013 年 1 月 7 日，公司向特定对象发行股份购买资产暨重大资产出售方案已经到期失效。这意味着，中信信托重组安信信托的计划以失败告终。

2.2.2　重组失败后组织结构调整

1. 重组失败后的安信信托出现“只赚规模不赚钱”

与中信信托重组失败的安信信托，对整个战略方向作出了调整。2012 年的第三季度财报显示，尽管安信信托总资产同比增长 31.17%，但是净利润较同期仅增长 9.83%，营业收入更是仅增长 0.9%。据了解，调整了业务结构，增加了单一类信托项目的规模和数量，由于此类业务利润薄，因此净利润数额并不高。

业务结构调整的背后是安信信托的组织结构曾进行过一轮调整。2013 年年初安信信托增加了一名合规总监和总裁助理。至此，安信信托已有 7 名总裁助理，而一般信托公司为 1 ~ 3 名。

2013 年 10 月 26 日，安信信托披露第三季度业绩。数据显示，安信信托第三季度末总资产 12.48 亿元，比上年年末增长 31.17%，实现净利润 1.42 亿元，比上年同期增长 9.83%，似乎交出了一份满意的答卷。具体来看，安信信托营业总收入 2.99 亿元，仅比上年同期增长 0.9%；加权平均净资产收益率为 20.72%，同比减少 1.32 个百分点。另一家上市信托公司陕国投 A 发布第三季度财报显示，第三季度末总资产 37.65 亿元，比上年度末增长 5.74%，实现净利润 2.3 亿元，比上年同期增长 20.05%，第三季度末营业收入 6.06 亿元，较上年同期增长 64.39%。

2013 年安信信托加大了自有资金的投资，其中发放贷款暴增，由年初的 1.4 亿元增加至 7.05 亿元，这直接使得利息收入增速达到了 71.71%。而作为信托公司主营业务的信托业务，在前三季度却表现得不理想。前三季度安信信托手续费及佣金收入为 25 256 万元，相比去年同期仅增加了 0.5%。

相对而言，第三季度情况有所好转。第三季度安信信托利息净收入 1 879 万元，同比增长 75.79%，手续费及佣金净收入 5 327 万元，同比增长 11.2%；而陕国投则表现得较为平淡，利息净收入同比增长 14.27%，手续费及佣金净收入 8 985.02 万元，同比略增长 0.3%。

安信信托上半年财务数据显示，新增设信托项目 120 个，新增信托规模 414.44 亿元，但其中新增集合类信托项目仅 13 个，实收信托规模 98.04 亿元；新增单一类信托项目达到 107 个，实收信托规模为 316.40 亿元。而净利增幅出现 1.9% 的负增长，手续费及佣金收入仅为 1.89 亿元，同比下降 2%，出现“只赚规模不赚钱”的窘境。

2. 组织结构调整弱化大股东影响

安信信托在 2012 年前后做单一信托较多，这类产品利润低，但是对于扩大规模来说是一种很好的方式。在与中信重组的六年中，安信没有像其他信托公司一样谋求扩张，错过了行业发展的最佳时期。尽管现在各类资管参与市场竞争，但是短期内影响有限。安信信托抓住现在的时机，不断扩大市场份额，扩大自身的资产规模。据了解，在与中信信托长达六年的重组无奈告终后，安信信托整个战略方向发生了转变，从公司的法人治理、资产剥离、金融牌照更换到战略定位，都开始进行调整。

2012 年 11 月底，安信信托召开临时股东大会，快速重组了新的管理结构。原董事长兼总裁张春景退隐，迎来新的董事长王少钦和总裁杨晓波；同时聘任了两个副总裁和六个总裁助理。

据 2012 年安信信托年报披露信息显示，在职员工数量达到 101 人，其中高级管理人员 11 人。而在 2011 年，公司有员工 59 人，高级管理人员 2 人。

此外，公司的架构也在新的管理层组建以后做了较大的调整，取消原有的各个中心，统一划为前台、中台和后台三大类。前台以业务部门为主，包括信托业务 1 ~ 10 部，负责投行、资产管理；中台负责合规、风控、信息科技、创新发展以及客服五大类别；后台则主要是计划和信托财务、行政等职能部门。

而新聘任的两位副总赵宝英和梁德清都是由安信信托内部提拔。聘选的六位总裁助理中，陈劲、姜晓彤、栾雅钧是从内部升迁，而董玉舸、魏立明、付红宁则分别有银行、信托业内的履历。改革的一个特点是弱化股东对公司运作的影响。股东方国之杰背后的董事长张春景、董事宋沈建离任，仅留邵明安、高超担任董事，马惠莉出任监事长。

“原来等着和中信信托重组，主业经营相对弱化。等到后来对重组不抱有希望时，公司整个战略方向就发生了改变。”安信信托一名内部人士曾这么表示过。不久，安信信托人事架构又有新的调整，聘任朱文为合规总监，焦美华为总裁助理。其中，朱文是从安信内部提拔，担任风险管理部总经理；而焦美华则是来自肇丰（中国）有限公司，担任高级副总裁，从事法律事务工作。

3. 新增高管加强风险控制

“总裁助理都是专职的，这样能让大家分工更清楚、明确。现在业务规模、团队人员都比以前增加了，增加管理人员，能让大家分担工作，更有利于专注某几个部门。”安信信托相关负责人曾在接受《理财周报》记者采访时表示。但从新增的两位高级管理者的背景来看，此次人事变动预示着安信信托对风险控制的加强。毕竟安信信托以前发生过与交易方的信托产品纠纷，包括财产权信托纠纷第一案昆山纯高案和温州泰宇项目。

上述两个纠纷还在上海高级人民法院诉讼中。2012 年 9 月中旬昆山纯高案的二审庭审环节已经结束，双方均提出上诉请求，判决结果暂时还没有出炉。而原定于 2012 年 9 月 29 日开庭的温州泰宇项目案件因为开庭前被撤销，具体进展还不明朗。

早前的两个纠纷暴露出安信信托风控方面的不足。现在安信信托已经调整战略方向，对业务来说风控是第一位，况且现在还处于新金融牌照换发申请中，管理层不敢出一丝纰漏。

2.2.3　组织结构现状

安信信托的组织结构为直线职能型，与一般的上市公司一样，安信信托的最高权力机构为股东大会，董事会对股东大会负责，另设监事会负责公司的行为及业务规范。董事会还设立了七个委员会，包括战略委员会、提名委员会、薪酬与考核委员会、风险控制与审计委员会、关联交易委员会、信托委员会及执行委员会。董事会直管总裁，总裁办下也设立了业务决策委员会、内控建设小组、绩效考评委员会、产品定位与发行委员会、反洗钱小组。公司内部还设立工会，工会主席直接对总裁进行汇报和负责。下设的副总裁和总裁助理分别负责前台、中台及后台的业务部门以及营业部门的管理运营。其中还设合规总监，对法律合规、资产保全、资金运营等进行负责和管理。风控总监负责信托公司的风险及信息科技，跨越了中台和后台的管理。另外，董事会下设的董事会秘书管理着安信信托的社会责任办公室及董事会办公室，董事长及副董事长负责稽核审计部。

按照管理资金性质的不同，前台业务部门包括管理信托公司自有资金的固有业务部门和代他人管理资金的信托业务部门。信托公司的主营业务是信托业务，长期以来监管鼓励信托公司发展信托业务，并将信托业务收入占比作为监管评级和行业评级的重要指标。基于此，前台业务部门中通常只有一个是固有业务部门。而安信信托就是按照地域设置部门，再辅以其他特殊业务部门。

2013 年 10 月，公司为了更好地实现项目全过程风险控制，成立了投资监管部，将检查工作延伸到现场，对公司多个存续集合资金信托项目进行了投贷后检查工作，对可能存在的市场风险、信用风险和流动性风险进行动态监测，及时出具风险提示函进行风险警示。另外，公司信托业务系统在报告期内正式上线，包括综合业务管理系统、信托合同登记系统、资产管理系统、估值核算系统、资金交收系统。随后，反洗钱系统、CRM 及营销管理系统、网上信托系统也先后上线投入运营。

公司调整信托业务评审委员会结构，引入外部专家委员，较大程度弥补了公司现有人员专业知识的缺陷，提升了公司业务评审的质量，从源头上对项目可能存在的风险进行了有效的把关和控制。公司内控工作开展顺利，为公司建立了良好的内部控制环境，堵塞风控漏洞，消除隐患，及时发现并纠正错误，保证公司经营管理合法合规、资产安全、财务报告及相关信息真实完整，提高经营效率，促进公司实施发展战略。

在 2015 年，资产保全出现在安信信托的组织架构中，资产保全部的设立表明信托行业开始从战略层面正视风险、着手处置风险。经济下行周期出现风险项目或潜在风险项目是不可避免的事情，成立专门的部门管理和处置风险项目是可行且必要的。可以预见，未来会有更多的信托公司成立资产保全部或类似部门。

安信信托总裁杨晓波曾表示："安信信托在注重业务创新的同时，将进一步加强和深化对存续期项目的风险管理工作。随着市场信托产品出现各类兑付风险压力，公司未雨绸缪地采取了针对性措施，对公司存续项目的过程管理、风险排查及潜在风险进行化解。”

2.2.4 组织结构的分析

针对安信信托这一组织结构进行分析，它的职能型组织结构的特点包括：①各级治理机构和人员实行高度的专业化分工，各自履行一定的治理职能。因此，每一个职能部门所开展的业务活动将为整个组织服务。②实行直线—参谋制。整个治理系统划分为两大类机构和人员：一类是直线指挥机构和人员，对其直属下级有发号施令的权力；另一类是参谋机构和人员，其职责是为同级直线指挥人员出谋划策，对下级单位不能发号施令，而是起到业务上的指导、监督和服务的作用。③治理权力高度集中。由于各个职能部门和人员都只负责某一个方面的职能工作，唯有最高领导层才能综观企业全局，所以，生产经营的决策权必然集中于最高领导层，主要是管理层上。

这么一来，这一组织结构的优点包括：首先，政策、工作程序和职责规范十分明确，指令下达快速；其次，垂直型权责结构能实现很好的工作控制，能够省去很多的沟通环节；最后，治理权力高度集中，便于最高领导层对整个企业实施严格的控制。

有优点就会有缺点，直线职能型的组织结构不可避免的缺点包括：没有明确的负责人，项目确立后，总裁办公室受总裁的委派来做项目计划，然后把工作分派到各个职能部门。项目执行过程中有一个协调员来做一些协调性工作。这种情况下谁对项目负责说不清楚，实际上就是没有人对项目负责。

各职能部门（如研发部、项目部、市场部）都很重视本部门的专业技术（业务），但没有对完成项目所必需的项目导向的重视，职能部门经理经常倾向于选择对自己部门最有利而不是对项目最有利的决策，因此所做计划经常是出于职能导向而很少考虑正在进行的项目。

因为不存在客户问题处理中心，因此所有的沟通都必须经过上一治理层。上一治理层充当了客户关系中心，并把复杂问题通过垂直指挥链分配到各个职能部门的治理者。解决问题的方案要获得各有关部门的一致同意，因而效率低下。由于信息必须经过多个治理层的传递，所以也容易失真。

各部门之间的协调十分困难，对于需要跨部门协作的项目，组织协调工作很重要，假如项目的技术趋向复杂，这种协调将变得十分困难。职能型组织中虽然也有人做协调工作，但作用有限。做协调工作的人，其身份通常是项目联络员或项目协调员。项目联络员是项目成员之间的沟通联络员。项目协调员则有一定的决策权，但也仅限于可以定期组织项目调度会议之类的工作。

这种组织模式主要具有以下特点。

（1）集中指挥、统一协调。信托公司以信托业务和自有业务两大系统为主体，围绕两大主体，设置了一个决策、控制系统，一套服务系统，一个产品销售渠道；人员统一调动，资金统一管理；根据市场竞争规律，公司内部实行目标管理和指令性工作方式，由公司总裁统一管理、统一思想、统一号令。

（2）业务部门专业化，管理部门综合化。信托业务部门按照业务种类设置不同的专业部门，如房地产业务部、PE 业务部、证券投资业务部、基础设施业务部等，创新业务部肩负研发和新业务推广职能，一旦新业务具备成功的条件即分离出创新业务部，成立新的专业的业务部门。各业务部门分开设置，有利于实现工作技能标准化、工作过程标准化、工作成果标准化，更好地提高工作效率和产品质量。管理部门综合化减少了职能部门服务环节，提高了工作效率，但是并不意味着管理部门不需要专业化，管理部门应该实现部门内部的专业化。

（3）各业务部门，实行经济承包合同制。信托公司按业务种类不同划分各专业部，任务明确，流水作业，提高工作质量和效率，实行按劳分配，充分调动员工的工作积极性。

（4）设立独立的市场部门。市场营销是企业成功的关键因素之一，独立的市场部门能够从公司整体角度开拓市场，而不是像业务部门那样只从业务的角度开发市场，很显然设立独立的市场部门能促使信托公司建立科学的市场营销战略、完善的市场营销体系、充满活力的市场营销队伍和全面的市场营销渠道，这些都是业务部门所无法完成的。在信托业务部门与市场部门的分工上，信托业务部门负责项目搜寻与管理、方案设计、信托产品的标准化等，而市场部门负责新投产品的销售。

（5）逐步实现制度管理。信托公司应健全各种企业管理制度，如决策制度、财务制度、职工培训制度、干部聘任制度等。实行制度管理，使各职能部门相互配合，既有分工，又有协作；既提高了各自的工作效率，又照顾了公司的整体利益和目标。制度化的管理能帮助信托公司建立强大的动力机制，同时也建立一套自我约束机制，最终保证企业的正常运转。

（6）思想政治工作与奖罚严明的组织纪律结合。信托公司要实行总裁办与员工的对话制度，与员工及时沟通思想、交流感情。公司领导要高度重视员工的观念转变，重视思想认识上的统一，将思想政治工作渗透到研发、信托业务和营销等各项工作中去。

2.2.5　组织结构调整后的绩效

安信信托近年来积极回归信托本源，以实业布局立身，倡导践行“脱虚向实”。2014—2018 年，安信信托主动管理比例从 24% 提升至 70%，且深度参与服务国家战略、促进各类实业繁荣发展。截至 2018 年年末，安信信托管理信托资产的 50% 以上投向实业。目前，安信信托已经构建起包括高端养老、互联网基础设施建设、城市更新、现代农业、现代医药、现代物流在内的实业布局。

安信信托响应党中央号召，致力于解决中小企业融资难、融资贵的问题。2018 年全年，安信信托通过贷款、股权、收益权等渠道，新增支持中小微企业 92 家，支持金额 448.05 亿元。

2018 年全年，安信信托的信托业务净收入 15.38 亿元，位居全行业前 30%；自

2014 年连续三年净资产收益率（Return On Equity，ROE）全行业排名第一。截至 2018 年年末，安信信托管理资产总规模达 2 336. 78 亿元，累计为投资者分配利润 777. 14 亿元。

参考文献

［1］刘伟．六年长跑难成正果　安信信托联姻中信无奈告吹［N］. 北京商报，2013 - 01 - 09.

［2］刘伟．安信信托 6 年转型记［N］. 时代周报，2015 - 08 - 04.

［3］安信信托官方网站（https：//www. anxintrust. com/）.

［4］周松清．股价异动遭停牌“双信恋”五年长跑终点未明［N］. 21 世纪经济报道，2012 - 12 - 20（014）.

案例使用说明

一、教学目的与用途

（1）适用课程：金融机构经营管理、金融市场与金融机构、企业组织管理等。

（2）适用对象：金融硕士，可供金融学硕士和 MBA 学生使用，也可供金融学类及工商管理各专业本科生使用。

（3）教学目的：对信托的组织架构做一个大概了解，从理论层面来看，组织架构设计是企业根据组织目标和组织活动的特点，对组织的组成要素及其连接方式进行设计，划分管理层次、确定组织系统、选择合理的组织形式的过程。

二、启发思考题

（1）安信信托与中信信托为什么会重组失败?

（2）重组失败后，安信信托组织架构调整的原因是什么?

（3）安信信托为什么选择直线职能型组织模式?

（4）安信信托组织架构的调整对我国信托行业有什么启示和借鉴?

三、分析思路

（1）在了解安信信托公司基本情况的基础上，根据重组相关理论，分析安信信托与中信信托重组失败的原因。

（2）重组失败后，安信信托对组织架构进行了哪些调整?

（3）在进行组织结构模式理论分析的基础上，根据安信信托自身情况，应该选择什么样的组织模式?

（4）分析安信信托组织架构调整后的效果。

第3章　金融机构资本管理案例分析

3.1　重庆银行"三步走"资本管理战略

中国的金融改革始于1979年，改革的目的是增强企业激励和预算约束"拨改贷"；经历了至1984年的中央银行与国家专业银行分设的政企分离改革，打破了"大一统"的旧的银行体制；1997年亚洲金融危机后，金融秩序的整顿、金融风险的化解，提高了各级政府的金融风险意识，弱化了行政干预，股东负责的股份经济原则得到认可；2003年开始的国有商业银行的股份制改造是金融改革的历史性突破，国家注资、处置不良资产、引进战略投资者、择机上市等一系列的改革措施，取得了显著的成果。

在1992年中国共产党第十四次全国代表大会确立社会主义市场经济体制改革目标的推动下，中国经济体制和企业管理体制的市场化改革趋向已经成为潮流。与实体经济改革相适应，金融领域的改革也由起初的放权让利和经济激励，发展到建立股份制企业制度和规范公司治理等与资本密切联系的产权制度改革，并通过信息披露和公开上市，不断增强外部市场约束和社会监督。20世纪90年代中期陆续组建的城市商业银行虽然采用了股份制的方式，但名不副实，经过几年运转后，普遍存在公司治理缺失、管理水平低下、坏账缠身、经营困难的通病，而21世纪初经济环境改变和国有商业银行改革的效果，无疑对城市商业银行问题具有极大的鼓励和示范作用。城市商业银行如何建立现代股份制企业制度，走出资本不足、经营困难的泥潭，已经成为包括重庆银行在内的所有城市银行迫在眉睫的重大课题。

3.1.1　重庆银行"三步走"战略的起步

1. "三步走"战略实施前的重庆银行

重庆银行于1996年9月18日成立，是中国西部和长江上游地区最早的地方性股份制商业银行；成立时的注册名称为"重庆城市合作银行股份有限公司"；1998年5月经中国人民银行批准，更名为"重庆市商业银行股份有限公司"；2007年8月，经中国银监会批准，更名为"重庆银行股份有限公司"，总部坐落在重庆市的商业中心——解放碑。重庆城市合作银行是由老重庆市35家城市信用合作社的原股东、10家地方财政局、39家企事业共计84个单位，共同以发起方式设立的股份制商业银行。由于承接了城市信用社的不良资产包袱和化解信用风险的历史责任，重庆银行从一开始就面临重重压力和困境，比较突出的有三个方面：一是资产质量极差。1996年是城市合作银行组建之年，当年财务报表反映的年末资本总额为2.37亿总股本，资产总额为46.8亿元、存款40.4亿元、贷款27.3亿元，不良贷款5.3亿元，不良率19.37%（四级分类，不包括当时尚未统计的非信贷不良资产）。随着潜在的不良资产逐渐暴露，不良贷款在2000年达到33.67亿元，不良贷款率57.4%，虽经2001年核呆，但力量有限，不良贷款率仍然高达48.01%。到2002年年底，全行总资产148.7亿元，按五级分类，不良资产39.1亿元，不良资产占比49.3%，其中不良贷款33.1亿元、非信贷不良资产6亿元，而股本总额仅2.88亿元，扣除拨备后模拟的资本充足率为-27.1%，每股净资产为-7.4元。此后两年，随着一些资产状况的继续恶化，最高点时不良资产总额达到48.2亿元，不良贷款率接近50%，已经处于严重的资不抵债的境地。二是资本规模小，资本充足率低，经营管理困难重重。从城市信用社组建为股份制商业银行，股东分散且质量并没有显著改善，公司治理刚刚起步，建章建制任务艰巨，领导班子面临着业务经营和规范管理的双重压力。虽然总资产、存款、贷款规模均维持两位数的增长，但由于不良资产巨大且剥离困难，找不到新的资本注入，股权极度分散，公司治理严重滞后，1996—2002年净利润的平均增长速度为-16%。虽然政府和监管当局几次调整其领导班子，整顿内部机构，加快业务发展，但由于没有从根本上解决资本不足、治理结构问题和历史遗留的旧账，其发展依然举步维艰。三是面临退市风险。由于资不抵债，2001年，中国人民银行将重庆银行列入全国七大抢救银行之列；2002年6~12月，中国人民银行重庆营管部派驻整改小组督促整改；2003年被评为5类行实施6类行（最差银行）监管；2004年7月中国银监会对重庆银行亮出黄牌，提出了退市警告。在此之前，海南发展银行被中国人民银行宣布破产关闭。人们纷纷猜测，重庆银行会不会步其后尘。

2. “三步走”战略思路的提出

正在社会各界就重庆银行的生存状况议论纷纷时，2003年2月8日，羊年春节后第一天，时任重庆市委常委、常务副市长黄奇帆来到重庆银行。他说：“在重庆未来的发展中，金融要先行。重庆10年后要发展成为长江上游的经济中心和金融中心，如果重庆银行这种地方性股份制商业银行没发展好，甚至倒闭了，无论如何都是一大败招。与其办丧事花买棺材的钱，不如重组治病，花买药的钱，通过重组改造，重庆银行完全可能脱胎换骨。”

当时重庆银行领导班子在狠抓业务发展的同时，也在多方寻找补充资本金和处理坏账的路子。行内组建了专门处置不良资产的部门，通过多种手段降低不良资产占比，也曾经有一家外资银行愿意在没有大规模剥离不良资产的状况下，购买重庆银行新增发行的股权，但价格极低。经领导班子反复讨论并请示政府领导后，选择了放弃，其理由有三：一是外资银行以极低价格入股，且受制于20%占比的政策限制，募资吸收的资本金杯水车薪，仍然不能解决资本金和大量坏账的问题；二是老股东的股权被进一步稀释，投资价值更难体现，对投资人信心打击更大，不利于后续发展；三是处置不良资产，改善财务指标的时间将被拖长，与外资银行的磨合以及制度上的差异可能会加大处置的复杂程度和延缓处置进度，不利于抢抓上市的机遇。

面对人们的疑惑和思考，黄奇帆借鉴国有商业银行的改革思路，抛出了经过深思熟虑的、有针对性的“三步走”的资本管理战略：增资扩股、剥离不良、引资上市。

为什么要实行三步走，且必须依序进行，环环相扣？

因为重庆银行没有引资上市的吸引力，所以就不可能启动增资扩股和剥离不良两个步骤；如果不完成前两个步骤，引资上市就是空中楼阁。培育上市，成为重庆银行全体员工和投资人努力的方向和动力。先增资后引资的目的和功能不同，所以顺序不能颠倒。增资，是增加国内投资人做股东，补充资本金，改善股权结构，优化治理结构，增强剥离不良的资本实力；引资则是引入国际资本，实现引智、引技，提高管理能力、创新能力和竞争能力，加快融入国际资本市场的步伐。所以，先增资既有减小剥离不良资产的不良影响，以实现持续盈利，争取上市，也有引入海外资本以奠定治理基础的作用。

通过增资扩股、剥离不良，解决了重庆银行的生存困境，保证了国有资本的主导地位，提振了股东和员工信心；而引资上市则增强了重庆银行的持续发展能力，引入先进的经营理念、治理技术和业务技术，促使其步入良性发展的轨道，提高了重庆银行和重庆市在国际市场的知名度。

正是黄奇帆高瞻远瞩地将补充资本金、剥离不良和引资上市通盘考虑，将重庆银行的美好愿景与“三步走”的具体措施紧密联系，使重庆银行走出困境有了切实可行的方向和路径，鼓舞了全行员工和投资者的信心，在逆境中看到了光明。在市委、市政府和中国银监会及重庆银监局的正确领导下，在中介机构的支持下，从制定、报批重组方案，动员、吸收本地企业参股，剥离、清收不良资产，到引进香港大新银行，实现内部管理和业务经营的跨越式发展，并于 2007 年 9 月正式向中国证监会递交上市申请，历经 4 年艰苦努力的奋斗和脱胎换骨式的巨变，重庆银行基本完成了“三步走”战略任务，跨入全国城市银行的先进行列。

3.1.2　“三步走”资本管理战略的实施过程

1. 三次增资扩股

按惯例，一般对困难企业先是实施债务重组，剥离不良资产，待企业财务指标改善后，才是增资扩股，吸引新老股东认购新股，扩充资本金。如果不这么做，有谁肯为一家病入膏肓的企业投入真金白银？

国有商业银行的股份制改造，就是先剥离不良，由财政部发行特别国债收购不良资产，然后由中央汇金公司注入资本金，代表国家履行出资人责任。然而，重庆财政没有这种实力，也没有像汇金这般有实力的国有独资公司。一次性剥离不良资产，既无人接受，也会对银行的财务指标带来巨大影响，不利于实现上市目标，所以重庆银行必须另辟蹊径，找到适合自己的路径。在当时，缺乏有实力、有远见的投资人，找不到承接不良资产的实体，是阻碍许多城市商业银行实施资本战略的两大拦路虎。

重庆银行选择了先增资扩股，增加资本实力，扩大经营规模，提高盈利水平，再剥离不良资产的道路，此招一出，举座皆惊。然而在黄奇帆看来，先剥离不良资产再增资扩股，无异于先手术后输血，看似“市场惯例”，但这可能造成“病人”在手术中休克甚至死亡，重组失败的风险极大。

增发新股，扩充资本金，通过改变股权结构这一根本的利益基础，构筑新的公司治理结构，增强资本实力，使重庆银行站立起来，激发出新的活力。因此，说服投资者出巨资认购新股，成为“三步走”战略第一步的关键。

（1）第一次增资扩股。为了化解退市风险，经市政府和中国银监会批准，在重庆市企业工委（企业工作委员会）的主持下，经过充分准备，重庆银行配合企业工委的领导，组成多个工作小组深入国有和民营的目标企业进行宣传、动员，于2003年10月完成了第一次增资扩股。

为构建合理的股权结构，在投资主体的选择上，在每个企业的投资额不超过重庆银行总资本金的15%的前提下，坚持既以国有企业为主，又向民营资本敞开大门的方针，选择本地有实力的国有和民营资本，广泛动员重庆的社会力量参与搭建重庆自己的资金融通平台。政府的决心和重庆银行的发展计划鼓舞了投资人。2003年10月，政府带头，重庆市财政的2亿元资金首先到位，接着重庆路桥2亿元资金到位、城投集团2亿元资金到位、水务集团1.5亿元资金到位、高投公司5 000万元资金到位、力帆集团1.5亿元资金到位、南方集团8 000万元资金到位……，在短短3个多月的时间就成功募集资本金12.14亿元，资本总额从2.88亿元扩充至15.02亿元，当年红股送配后，年末达到15.18亿股，初步缓解了资本压力，使重庆银行在国内城市商业银行的资本金排位跃居西部第一，全国第六。

（2）第二次增资扩股。2005年，国家开发银行（以下简称国开行）重庆分行向重庆渝富资产管理集团有限公司（以下简称渝富集团）发放21亿元的收购重庆银行不良资产的专项重组贷款。作为对国开行的补偿条件并得益于国开行当时的市场化改造思路，国开行又向重庆地产集团和水利投资集团发行各2亿元的软贷款，用于代持重庆银行股份，待将来政策允许时，以市价转让给国开行。

2005年12月，重庆地产集团和水利投资集团两家公司用4亿元购买重庆银行新增发行的4亿股，重庆银行总股份增加到20亿元。同时，为了配合重庆银行化解不良贷款，全体新老股东减持约20%即4亿元股份，用于核销4亿元不良资产，总股本再次回归到16亿元。

（3）第三次增资扩股。以渝富集团收购重庆银行不良资产为条件，2006年6月，重庆银行以1∶1的价格，向其定向新增发行4亿元股份，用于参股重庆银行，待将来重庆银行引进海外战略投资者时，出售给外资银行，其售股份收益全部用于偿还部分软、硬贷款。重庆银行总股本再次达到20亿元。2007年6月，渝富集团根据股份转让协议，以 2.02 元/股的价格，向香港大新银行出售了约占重庆银行总股本 17% 即 343 505 163 股股份，交易资金为 693 880 429 元。到 2007 年年底，重庆银行股本结构（按股东性质分类）见表 3－1。

表 3－1　　2007 年重庆银行股本结构

股东性质		股东数/户	股份/股	占比/(%)
法人	国家股	3	2 926 548	0.1448
	国有法人股	72	1 100 980 882	54.4873
	外资股	1	343 505 163	17.0000
	社会法人股	184	516 381 766	25.5556
自然人	个人	2 170	26 253 553	1.2993
	职工	925	30 570 692	1.512
合计		3 355	2 020 618 604	100

资料来源：重庆银行内部资料整理。

2. 三次不良资产处置

处置不良资产，改进资产质量，提升股东价值，丢掉包袱，轻装前进，是资本管理的重要内容，也是重庆银行涅槃重生的关键环节。处置多大数量？谁买单？采用哪种交易方式？是当时必须面对的问题。

在解决第一个问题上，重庆银行聘请德勤的不良资产管理团队对重庆银行打包的不良资产进行核查和评估，在摸清家底的基础上，按照处置的可行性，提出了出售、利润核销、银行清收转化等分散打包处置的多途径方案。

面对第二个问题，谁愿意且有实力购买这个几乎没有收益的资产包？重庆银行曾经思考过国际上通行的股权与不良资产搭售方式，但在当时人们普遍不看好重庆银行未来前景的情况下，根本找不到交易对手。也曾有人建议政府买单，但财力尚不算雄厚的重庆市显然无力支付这笔巨额费用，且政府资金收购一个并非国有独资的混合所有制的股份制企业的没有回收价值的不良资产包，还具有国有资产流失的嫌疑，国有专业银行的处置模式不适用具有多元股权结构的重庆银行。最后的目光聚焦在重庆唯一的专门从事资产经营的国有独资企业，且与重庆银行有股权关系的渝富集团身上。

在交易方式上，选择了渝富集团用贷款获得的资金来收购不良资产并购买股权的方式，然后通过股权溢价、处置回收、税收补贴等多种方式获取收益来偿还贷款，弥补财务费用。

至此，拉开了处置不良资产的大幕。

（1）第一次不良资产处置。率先处置 12.5 亿元的不良资产包是一场攻坚战，在当时国内尚没有先例的情况下，这考验着决策者的智慧和魄力。2004 年 8 月 20 日，造诣颇深，被誉为“金融市长”的黄奇帆亲自出马，与副市长周慕冰主持了研究重庆银行不良资产置换问题的专题会议。会议明确了渝富集团作为不良资产处置的平台，用贷款方式承担不良资产收购任务，重庆银行则具体承担逐笔不良资产的处置工作。他还提出了化解不良资产、解决资金瓶颈的思路，一是用重庆银行今后几年上缴的地方税收返还部分来补贴渝富集团因收购不良资产产生的财务费用；二是用渝富集团持有的重庆银行股权的溢价收入冲抵贷款及其财务费用；三是重庆银行清收、重组一定比例的不良资产后，再用自身利润消化余下的坏账。

最后会议议定：为了从大局出发帮助重庆银行摆脱困境，维护地方金融的稳定和发展，首先由渝富集团向重庆银行贷款 12.5 亿元，专项收购重庆银行等额坏账；重庆银行在 2004—2009 年的应缴市级地方税收留成部分，由市财政列收列支给渝富集团用于支付贷款利息和部分本金。剩余贷款本金用渝富集团国有土地处置的经营收益偿还（此路径因多种原因未能实施）；重庆银行通过转换机制、引资上市，做大做强，大幅度提高股权市值来实现国有资产的保值升值，渝富集团最终通过股权溢价收入弥补偿贷缺口和其他财务费用。会议还议定了具体的贷款操作办法，并对重庆银行引资上市、强化经营考核提出了要求。根据《市政府专题会议纪要》（2004—182 号），并经中国银监会同意，渝富集团向重庆银行贷款 12.5 亿元，收购了 12.5 亿元的不良资产。

在后来的实际操作过程中，德勤在审计中提出，渝富集团向重庆银行贷款收购重庆银行的坏账，而处置的任务由重庆银行承担，这笔贷款对重庆银行而言，是一笔或有负债，风险仍然留在银行，不是真剥离。为此，为符合审计要求，经市领导同意，贷款改由国开行提供，重庆银行对外公告不良资产包的剥离，并按照法定程序向渝富集团移交不良资产，渝富集团专门成立一家名为“国地”的子公司处置该不良资产，由这家子公司委托重庆银行的专业团队代为处置，以发挥银行熟悉情况，有利于提高处置效率的优势，以后均沿袭了这种处置方式。

实行上述剥离后，重庆银行将 12.5 亿元不良资产剥离到政府设立的“渝富”平台上，卸掉了不良资产包袱。渝富集团收购资金的最终来源既不是市财政的直接拨款，也不是渝富集团的自有资金，而是重庆银行未来上缴地方财政的“现金流”和股权溢价。

2004 年 9 月的首轮不良资产剥离后，重庆银行的不良资产降至 35.5 亿元，不良贷款占比从 32% 大幅下降到 20%。

（2）第二次处置不良资产。作为一家由国有、民营和自然人投资构成的股份制企业，出现如此巨大的坏账，全体股东也有一定的责任，在政府牵头积极化解坏账的同时，按照市场原则和章程规定，全体股东应当动用自己的股权为不良资产埋单。通过测算，第二次不良资产剥离，拟由全体股东缩股 20%，即“缩”出 4 亿元资本金用于核销等值的不良资产。为了确保剥离的顺利进行，重庆银行组织专门力量，一方面向股东宣传股东的责任；另一方面告知股东，待财务指标好转后，会放宽监管对分红的限制，股东能够获得实际利益，同时通过数据测算向股东展示“缩股”后，虽然股份数减少了，但每股净资产可由现在的 0.53 元升至 1.18 元，银行的资产盘活了，不良资产减少，盈利资产增加，拨备减少，利润上升，新增的收益足以覆盖剥掉的股份的损失，股东的投资价值不降反升。通过与股东的广泛沟通及国有股东的带头，大多数股东表示理解和支持，对极少数确实不愿意缩股的，由银行组织员工或其他国有股东回购其股份。

按照市领导原来的设想，这 4 亿元缩下来的资本金由全体股东自愿赠送给渝富集团，将来转让后，用于弥补渝富集团收购不良资产的财务费用。但操作中发现转赠股本需要每一个股东亲自签署同意意见，当时全行有 3 000 多股东，要完成全部签字工作，不仅工作量巨大、耗费时间长，且许多股东处于失联之中，不能达到预期目的。为此，经与律师和会计师磋商，拟改由股东大会通过决议，将缩下来的 4 亿元资本金直接核销坏账。为了尽可能减少核销过程的时间，缩减用于核销坏账的 4 亿元资本金和两家国企股东新增 4 亿元资本金在同一天完成，以确保当日总股本不发生任何变化。这项改动得到了上级主管部门和监管机构的同意。

2005 年 12 月，重庆银行董事会向股东大会提交了一份议案。根据该议案，总股本已达到 16 亿元的重庆银行再次向重庆地产集团和水利投资集团各定向增资 2 亿元，使总股本达到 20 亿元，在同一时刻，全体股东缩股 20% 的资本金即 4 亿元用于核销不良贷款。

重庆银行在全国开创了全体新老股东减持 19. 923% 共计 4 亿股股份，核销 4 亿元不良资产的先例。

（3）第三次处置不良资产。为了吸引优质的海外投资者，并提高上市的溢价能力，以优化财务报表为目的的第三次不良资产剥离被提上议事日程。由于此次拟剥离的 10 亿资产包相对回收率较高，且有一定的交易前景，因此，第三次剥离采用了市场化的手段。经过询价和比较，第三次剥离的不良资产仍然由渝富公司收购。由国开行在给予重庆市政府的开发性金融合作信用额度内，向渝富集团发放硬贷款 10 亿元用于收购重庆银行的 10 亿元不良资产；发放 4 亿元软贷款购买重庆银行 4 亿元股本。渝富集团的还款资金来源为：该 10 亿元不良资产包预计可清收回 6 亿多元用于偿还 6 亿元贷款本金及利息；余下的 4 亿元贷款本金及利息，由重庆银行按每股 1 元的价格向渝富集团定向增发 4 亿元股份，然后由渝富集团在重庆银行引资时，向海外战略投资者以不低于 2 元/股的价格转让此股份，所得 8 亿多元资金全部用于偿还软、硬贷款及利息。

2005 年 12 月，上述方案顺利实施，渝富集团用国开行的 10 亿元贷款再次收购了重庆银行 10 亿元的不良贷款，完成了第三次不良资产剥离。

（4）不良资产处置"开花结果"。从 2004 年到 2006 年年底，通过三次剥离和自身的清收、转化、核销，渝富集团先后贷款 22. 5 亿元收购了重庆银行 22. 5 亿元不良资产；全体股东减持 4 亿股股份核销了 4 亿元不良资产；重庆银行自身清收转化 11 亿元，用经营利润核销 5. 4 亿元。重庆银行不良资产由此前累积的 48. 2 亿元，下降到 2006 年年底的 5. 3 亿元，不良贷款占比下降到 1. 53%，资本充足率提高到 12. 07%。

2002—2007 年年底的不良资产、经营利润的变化情况如图 3. 1 和图 3. 2 所示。

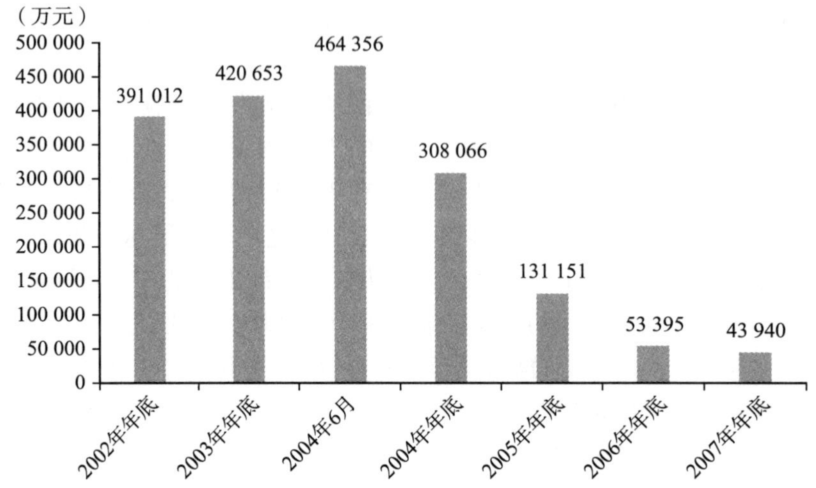

图 3.1　2002—2007 年年底不良资产余额

资料来源：重庆银行内部资料整理。

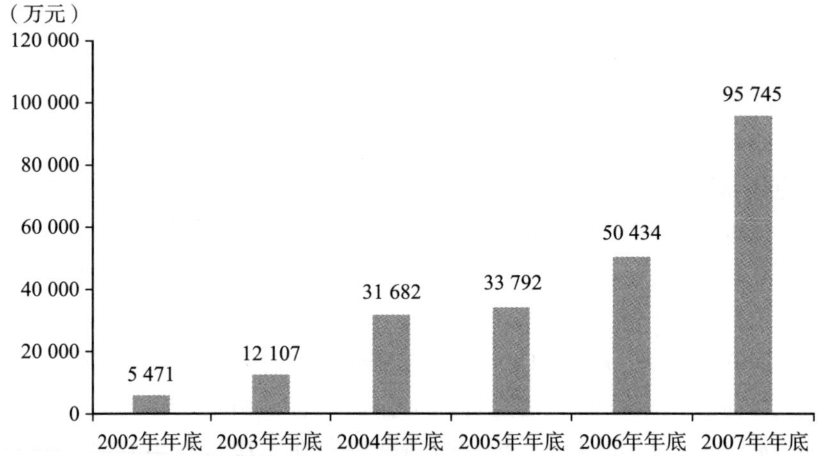

图 3.2　2002—2007 年年底经营利润

资料来源：重庆银行内部资料整理。

重庆市政府是赢家。重庆银行重组成功，政府的一个沉重“包袱”变成了“香饽饽”，市财政多了一个税收大户，重庆市经济多了一个融通社会资金的“血库”，工商企业多了一个提供优质金融服务的商业银行。国有资本实现了保值增值：仅以 2003 年 9 月第一次增资扩股时的 10 家财政和国有企业以 1∶1 入股 7.26 亿元，再加上重庆地产集团、水利投资集团两大集团第二次入股 4 亿元，合计 11.26 亿股，缩股后为 90 167 万股，按上市后 2013 年年底每股净资产 4.98 元计，静态市值 449 031.66 万元，升值 2.99 倍。

渝富集团是赢家。作为处置重庆银行不良资产主力及重庆银行第一大股东的渝富集团，不仅帮助重庆银行完成了资本管理战略，还积累了资本运作的经验，取得了良好的资本运作业绩。渝富集团作为重庆银行重组的平台公司，累计投入 26.5 亿元收购了重庆银行 22.5 亿元的不良资产和 4 亿股股权。通过出售 4 亿股权，渝富公司溢价回收资金 8.5 亿元；22.5 亿元不良资产清收回 7 亿元；2004—2007 年，重庆银行累计实现经营利润 21.17 亿元，累计上缴税收 7.7 亿元（含个人所得税 2 909 万元），重庆地方分成的 4.52 亿元列支给了渝富集团，上述 3 项渝富集团合计回收 20.02 亿元，余下 6.48 亿元的处置缺口和相应的财务费用。截至上市前的 2012 年年底，“渝富” 持有重庆银行 40 701 万股，按 2012 年每股 4.09 元净资产计算，静态市值达 166 467.09 万元，扣除 1.249 元/股，即 50 835.55 万元的股份原始成本，股权溢价 115 631.54 万元之多，足以弥补渝富集团 6.48 亿元的处置缺口及财务费用。

重庆银行是赢家。昔日差点成“弃儿”，重庆银行如今却成为人见人爱的“重庆美女”，员工们充满自信和自豪。公司治理更加完善，风险管理不断加强，业务规模和经营利润成倍增长，社会信誉显著提高，给重庆市经济源源不断地输送着资金的血液。在推动重庆经济发展，向股东分配股息红利，向国家上缴税收的同时，从 2006 年起至 2015 年年底止，重庆银行已向社会无偿捐赠了近 2 000 万元，开始有能力践行回馈社会的企业责任。重庆银行正从一家地方性银行向着一家西部地区的现代城市商业银行迈进，力争成为西部地区的标杆银行。

3. 引进战略投资者

2005 年年初，黄奇帆再次到重庆银行调研，要求同步推进引资上市工作；并明确提出先引进战略投资者，再公开发行，上市融资。

（1）排除隐患，进一步改善财务指标和监管指标。重庆银行选聘了国际著名的投资银行——雷曼兄弟公司作为引资顾问，按照国际银行标准着手实施战略引资。尽管增资剥离成效显著，但与海外投资者接触中，重庆银行贷款集中度、关联交易严重超标，尤其是拨备覆盖率严重偏低的问题，逐渐成为影响引资工作的最大障碍，最关键的是洲际酒店大楼一笔近 5 亿元的不良贷款。这笔贷款若能转化成功，重庆银行的不良贷款占比将一举降到 3% 以下，拨备覆盖率将足足提高 30 多个百分点，达到 60% 以上。但是，洲际酒店大楼贷款的利益关系错综复杂、金额巨大，涉及银行、国有企业和民营企业等多方主体，还涉及一批个体户和企业职工上亿元的拆迁安置费，处理起来颇为棘手。十几年过去了，人们想尽各种办法，付出种种努力，但问题始终没有解决。

有过成功解决重庆烂尾楼经验的黄奇帆干脆利落地提出了处置意见：分割资产、划分债务、稳妥转化。所谓分割资产，就是洲际酒店大楼资产分割为主楼和裙楼两部分，将裙楼出售获得的款项用于归还重庆银行贷款和解决遗留问题，而主楼承担的负债通过酒店开业后产生的经营现金流逐步偿还，由于有了现金流并逐年还本付息，其贷款性质就变正常了。4 天后，洲际酒店大楼贷款问题取得了实质性的突破。重庆银行先期收回了对洲际酒店大楼的 3 亿元不良贷款，加上清收的其他 4 亿元贷款，重庆银行的不良贷款再次减少 7 亿元。各项财务数据随之大为改观，资产负债表一下子漂亮了许多。

2005 年 9 月雷曼兄弟公司正式进驻后，按照国际好银行的标准，雷曼兄弟公司针对重庆银行经营管理实际进行了全方位地“诊断”，提出了许多改进公司治理、制定战略目标、强化风险控制、改善财务管理、理顺内部规章制度的建议和措施，对规范公司行为发挥了至关重要的作用。

（2）引进战略投资者。经重庆市政府、中国银监会批复同意的《重庆市商业银行重组方案》的统筹安排，2005 年年初，通过比较和筛选，重庆银行聘请德勤华永会计师事务所担任财务审计师，聘请重庆索通律师事务所和南京世纪同仁律师事务所为法律顾问，对全行进行了法律、税务、财务等整体梳理和规范；按国际和国内两个标准开展了三年一期的审计工作；进行了固定资产的清理和评估。经过一系列扎实而充分的准备后，2005 年 9 月正式启动了引进战略投资者的工作。重庆银行在 2006 年 10 月向世界各地的商业银行、投资银行发出了信息备忘录。所谓信息备忘录，其实质就是招股说明书。按照雷曼兄弟公司拟订的国际惯用的工作流程，重庆银行通过雷曼兄弟公司向欧洲、亚洲、澳洲和美国、加拿大的 70 家银行及全球 7 家投资银行发出了招股的信息备忘录，与其中的 61 家签订了保密协议。经过与 20 多家外资银行和投资机构多次交流接触，并进行路演，向投资者着重介绍了重庆优越的投资环境，重庆银行在战略方向、经营特点、客户开拓、财务指标和团队管理等方面的优势和亮点，设置了全面、系统、规范的资料室向投资者开放。先后有 7 家机构递交了投标书，其中 6 家做了尽职调查，包括投行专家、会计师、律师、税务师在内的调查人员向重庆银行总计提出了 1 200 多个问题。随后，6 家机构投出了 1.1 ~ 2.23 倍市净率的报价。报价最高的意大利联合银行和捷克 PPF 金融集团后来因战略布局改变、国有公司单户贷款过高和国开行代持股份等原因相继退出；中国台湾两家银行则因为其政策限制无法跟进。

最终进入谈判的只有美国凯雷银行和中国香港大新银行。

从 2006 年 5 月开始尽职调查、情况沟通，9 月 28 日正式谈判，历经近 3 个月的反复较量，于 2006 年 12 月 20 日签署了《战略合作协议》《业务合作协议》，与渝富集团签订了《股份转让协议》。2006 年 12 月 31 日，重庆市政府批准了这 3 个协议。2007 年 3 月，中国银监会批准了大新银行的入股资格；凯雷银行因入股条件尚不具备而未获得批准。2007 年 4 月 4 日，大新银行与重庆银行重新签署了《战略合作协议》《业务合作协议》，与渝富集团重新签订了《股份转让协议》。4 月 24 日，大新银行以每股 2.02 元人民币的价格向渝富集团支付了 693 880 万元，购买了重庆银行总股本 17% 的股份。

为什么是 2.02 元/股的价格？一是要弥补渝富集团因收购不良资产的财务费用，必须高于 2 元/股；二是双方按照国际通行的市净率方式确定。德勤依据国际审计准则进行审核，重庆银行 2005 年的每股净资产为 0.792 元。在此之前的全国性商业银行出售股份的市净率为 1.16 ~ 2.18 倍，城市商业银行为 0.78 ~ 2.2 倍，如北京银行为 0.99 倍、杭州银行为 1.66 倍，时间距离最近的宁波银行为 2.2 倍。参考上述银行的情况，以 2005 年年底每股净资产 0.792 元的 2.53 倍作为价格谈判基础是符合当时的市场状况和重庆银行实际的情况，在当时也是全国最高的。在价格谈判僵持在究竟 2 元多少双方能够接受时，参加谈判的重庆银行董事长指着在场的重庆银行一位主管引资工作的领导说：就以他的车牌号尾数 202 作为交易价格吧！一句玩笑话，既打破了谈判僵局，又达成了预期目标。

随着香港大新银行的入主，重庆银行形成了国有、民营和外资共同参股的股权结构，优化后的重庆银行的股权比例结构大小适中，更加趋于合理，能够较好地体现各类投资人的意愿，公司治理更趋完善。

（3）选择大新银行作为战略投资者的原因。依据中国银监会“长期持股、优化治理、业务合作、竞争回避”的四项引资原则并结合实际，重庆银行拟定了引进战略投资者的四条要求：第一，投资者财务状况和经营业绩优异，对入股重庆银行有足够的诚意和长远的打算；第二，投资者作为商业银行的合作伙伴入股，按同股同权原则享有相应的权利和义务，不应有特殊和例外的要求；第三，投资者愿意向重庆银行转移市场营销、信用管理、IT 技术、财务管理、风险管理、资金运营等重要业务技能；第四，投资者在业务领域上和重庆银行有共同性和互补性，既要有一般商业银行的业务专长，又要在零售业务等重庆银行相对薄弱环节有特色产品。

在考虑战略投资者时，有的主张选择欧美银行，认为其经营理念、管理制度、技术手段都处于世界前列，可以带动重庆银行的高水平发展；有的主张选择大银行，认为大银行实力雄厚、经验丰富、人才济济，可以以大带小，快速提升重庆银行的实力；有的主张选择文化相近、语言相通、体量相差不过分悬殊的亚洲区域内具有华人背景的银行，有利于无障碍的平等交流、利益共享。由于这类银行规模不是特别大，在重庆银行的投资会引起其高度重视，从利益角度出发，他们会投入较大的精力，派出比较优秀的人员，真心帮助重庆银行发展。经过大家讨论，后一种观点被大家接受。

最终选定的香港大新银行，是大新集团王守业家族控制的股份制商业银行，成立于1947 年；1987 年成为在香港上市的大新金融集团的全资附属银行；2004 年分拆成为在香港上市的大新银行集团的全资附属银行。大新金融持有大新银行集团 75% 的股权，主要股东王守业家族持有大新金融 39% 的股权。大新银行 2006 年的总资产为 996 亿港币（127 亿美元）、资本充足率为 16.17%，当年在全球银行 1 000 强中排名 482 名，大新银行与重庆银行“地方的银行、市民的银行、中小企业的银行”定位相近，在企业管治、风险管理、产品及服务创新、零售银行、员工培训特别是中小企业服务和银行卡业务方面能够给予重庆银行切实的帮助。选择大新银行作为战略伙伴，能够起到互利互助的作用。

2007 年 5 月，大新银行提名的 3 名董事经股东大会选举进入董事会。这 3 名董事，一名是大新银行的副董事长兼总裁、资深的银行家，银行经营管理经验非常丰富；另一名是风险管理专家，曾在多家知名银行从事风险管理特别是零售银行的风险管控工作；还有一名是资深的金融市场专家，长期担任市场方面的主管，负责业务运作。

新的董事进入重庆银行后，重庆银行相继发生了新的变化：一是董事会成员的专业结构互补，来源结构分布合理。15 名董事由 5 名独立董事、4 名执行董事、6 名股东董事组成；专业上有法律、财务会计、金融管理和企业管理方面的专家；董事中有国有大企业的高管，有民营企业家，有大学的经济理论专家，有大新银行提名的 3 名金融专家，董事会的决策能力大大提高。二是董事会和监事会的组织结构健全，责任明确。董事会设置了战略、审计、风险管理、关联交易、提名与薪酬和信息科技 6 个专门委员会；监事会设置了监督、提名两个委员会。大新银行的 3 名董事分别进入了战略、审计、风险管理、信息科技、关联交易 5 个委员会。董事会和各委员会组织制度健全、功能齐备，能够较好地发挥专业决策和参谋咨询的作用。三是外方董事和委派人员依据香港银行的经验，对重庆银行的公司治理、战略定位、发展目标、风险管理、内部审计、IT 规划、零售业务营销、信用卡建设提出了积极的建议和相关的改进意见，推动了重庆银行的业务发展。困扰多年的集中度、关联度问题基本得到解决。四是开展了全面业务合作。重庆银行与大新银行建立了业务合作委员会及其 7 个业务合作小组；先后开展了公司治理、零售业务、中小企业业务、中间及资金业务、风险管理、财务管理、稽核等业务的专项培训和跟班培训；启动了全行中层干部分批到海外学习的计划，同时由香港银行业协会对 100 名理财师进行培训。

4. 赴港上市

2006 年年底，重庆银行在引进战略投资者的同时，按照市政府的安排，紧锣密鼓地准备赴港上市，走向国际资本市场。2007 年年初，由于证监会上市政策的原因，重庆银行转向国内 A 股市场。当年 4 月，聘请了高盛高华及海问律师事务所，严格按照上市要求，梳理制度、规范管理、控制风险、优化指标，通过艰苦努力，完成了股权清理和三年又一期的财务报表审计，撰写了《招股说明书》和《法律意见书》，制定了五年战略规划，各项经营管理指标达到上市要求。2007 年 8 月，中国银监会出具了同意重庆银行申请上市的监管意见书；9 月，中国证监会正式受理重庆银行的上市申请。

从 2007 年 9 月开始，由于几家刚刚挂牌的上市城商行股权出现瑕疵，一些职工股东上市后一夜暴富的现象引起舆论哗然和高层关注，为规范职工持股比例及解决其他股权瑕疵，证监会暂停了城商行的上市进程。之后又因为制定中小银行上市规则以及股市长期动荡及其他多种原因，城商行的上市进程至今未恢复。

在长达七年的等待期间，重庆银行作为拟上市公司，始终坚持培育上市的目标，对照先进的上市银行，不断改进公司治理，由形似向神似转变，在银行制度建设、三会一层的组织建设、董事会专委会建设、董监事履职考核、构建科学的决策、监督体系方面做出了特色。

在资本管理上，递交上市申请后的审核期间，股本总额、股东数量、股权结构等方面不能发生大的变化。重庆银行资产规模从 2006 年的 326 亿元扩大到 2012 年的 1 560 亿元，但股本总额依然停留在 20 亿元的原点上。资本不足与业务规模扩大的矛盾十分尖锐。为了既不违反上市规定，又确保资本支撑业务发展，确保资本充足率达标，重庆银行坚持实施资本占用考核，坚持结构调整，采取资产转移定价等多种手段，鼓励低风险、低资本占用的业务优先发展，控制高风险、高资本占用业务的增长，坚持资本导向、风险导向、资源导向，推进全面、全程、全员的风险管理体系建设，落实新资本管理办法，建立严格的财务核算和考核制度，加强成本控制，同时通过发行长期金融债券、小微企业债券，大力推进小微业务、个人业务、资金业务和中间业务的发展，使盈利能力保持在比较先进的水平。2012 年，重庆银行进入亚洲银行资本回报率前 10 名。

近年来，受经济周期和世界经济衰退的影响，中国经济进入三期叠加的调整时期，银行经营也面临严峻的挑战，建立稳定的资本补充渠道更显重要。重庆银行始终密切关注着国内外资本市场的动态，敏锐地捕捉到 2013 年下半年世界经济有向上波动的可能性，而 A 股市场仍然没有放行城市商业银行上市的迹象。于是立即请示有关领导，经同意后，果断转道香港主板市场，在市政府、中国银监会和中国证监会的支持下，协同券商、律师事务所等各类中介机构，按照香港联交所的规程和要求，启动了 H 股的上市进程。2013 年年初，内外部积极行动、多方沟通，当年 6 月 7 日及 9 月 29 日，进行全球发售的申请就分别获得了中国银监会和中国证监会批准；7 月 16 日向香港联交所递交了申请表，随后接受了联交所四轮提问；同年 10 月 3 日通过香港联交所上市委员会聆询；10 月 7 日开始与基石投资者协议谈判，10 月 17 日签订基石投资者认购协议；10 月 18 日递交招股书给联交所做最后审阅；10 月 23 日注册 H 股招股书并召开新闻发布会；10 月 24 ~ 29 日在香港公开发行；11 月 6 日在香港 H 股市场挂牌，以每股 6 元港币的发行价格发行 6.7 亿股，此后 12 月 4 日，部分行使超额配售选择权，按每股 6 元港币超额配售了 14 608 901 股，两次共计发行 684 608 901 股，扣除各项发行费用后，净募集资金 30.98 亿元人民币，全部用于补充资本金，成为首家在香港上市的城市商业银行。2014 年，重庆银行成为第一家入选摩根士丹利国际资本中小企业指数（MSCI）的中国城市商业银行。

参考文献

[1] 黄奇帆．“龙虾三吃”让重庆银行华丽转身［J］．领导决策信息，2011（23）：7.

[2] 黄宁．妙手主刀“龙虾三吃”：记重庆银行党委书记、董事长张复［J］．经营管理者，2007（11）：102 - 105.

[3] 张梅．重庆银行核心竞争力研究［D］．成都：西南财经大学，2010.

[4] 重庆银行官网（www.cqcbank.com）.

[5] 王芝培．西部城市商业银行上市研究［D］．成都：西南财经大学，2011.

案例使用说明

一、教学目的与用途

本案例教学使用说明是以将此案例应用于金融机构经营管理课程中的资本管理的教学为基础撰写，如将本案例应用于其他课程教学安排则需要进行相应调整，本案例使用说明可作为参考。

（1）适用课程：金融机构经营管理、金融企业战略管理、金融并购与重组实务等。

（2）适用对象：金融专业硕士（MF）、工商管理硕士（MBA）、经济管理类研究生以及高年级金融专业本科生。

（3）教学目的：

①通过本案例学生可以了解金融机构资本管理的基本概念、资本管理流程和资本管

理方法；重点掌握金融机构的资本管理方法；学会选择资本的筹资路径，比较分析各个资本渠道的利弊；学会制订资本计划，掌握制订资本计划的具体步骤。

②基于案例的三次增资扩股，了解增资的具体操作内容，培养学生选择筹资路径的决策能力；基于三次资产重组的过程，培养学生对于处置金融资产的综合分析能力，引入战略投资者。

③了解并购重组动因、方案设计、流程掌控等方面知识。

二、启发思考题

本案例的启发思考题主要对应的是案例教学目标中知识的运用以及相应的拓展，启发思考题与案例同时布置，另外要让学生尽量在课前阅读熟悉相关知识点。因此，在案例讨论前需要布置学生阅读教材中资本管理的内容，重点掌握金融机构资本管理的流程、金融机构资本管理的方法等相关内容。

（1）重庆银行改革发展的“三步走”战略是什么？为什么要选择该资本管理战略？

（2）重庆银行三次增资扩股的内容是什么？扩股对重庆银行有什么利弊？

（3）重庆银行是如何处置不良资产的？这种处置措施有哪些优缺点？

（4）重庆银行是如何进行引资上市的？成功的关键是什么？

三、分析思路

（1）本案例从资产质量、资产规模、退市风险三个角度进行了重庆银行当时的经营状况的分析。针对增资扩股战略实施之前所面临的突出问题，分析了其采取政府与银行相结合的“三步走”资本管理战略的原因，进一步了解重庆银行具体的战略实施步骤，特别是先进行增资扩股再处理不良资产的战略部署的具体原因。

（2）分析增资扩股的战略实施过程，梳理三次增资扩股实施的主要内容，抓住三次扩股中投资对象的选择、融资平台的建设、融资方式的选择、补偿机制的完善、股本结构的变化等问题，分析战略实施中这些问题的不同表现，探讨如何通过资本结构的重新规划来实施这些内容。要将资本与战略匹配的要素通过讨论梳理出来。

（3）对比分析“第二大步”中三次不良资产处置的收购资金的来源问题，在作出战略变革时所考虑的地方税收、处置平台、银行自行消化等的关联问题，以及最终制订不良资产处置方案后各方的协调配合。重点把握渝富集团的战略地位、市场化的重组特色，以及全面分析债务重组的共赢局面。

（4）结合前两步的战略规划，实施先引进战略投资者，再公开发行，上市融资战略。关键在于洲际酒店大楼5亿元的不良贷款的成功转化，为吸引外资，实现引资、引智、引技的有机结合奠定基础。最终选择大新银行作为战略伙伴，能起到互利互帮的作用。

3.2 光大永明人寿保险公司资本管理

资本是影响保险公司安全性和效益性的重要因素之一，因此资本管理已经成为保险公司经营管理中的核心任务。保险公司资本是其从事经营活动必须具备的前提条件，可以用来填补保险公司的经营亏损，缓冲意外损失，维持保险公司的正常经营，为保险公司的注册、组织营业以及保费进入前的经营活动提供启动资金等。

保险公司的资本有效管理对公司具有极其重要的意义，主要体现在提高资本使用效率的同时保证资本的充足率，在减少成本的基础上增加保险公司的盈利收益。以光大永明人寿保险公司（以下简称光大永明人寿）的资本管理情况为例，根据国际和国内的监管标准，建立资本管理体系，同时以资本管理为中心，拓宽有效资本补充渠道、建立健全全面风险管理、提高资本使用效率，增强光大永明人寿的可持续发展能力。

3.2.1 公司简介

光大永明人寿成立于2002年4月，由中国光大集团和加拿大永明金融集团联合组建，是中国北方第一家合资寿险公司。为了实现更快的发展，2010年7月，经中国保监会批准，光大永明人寿完成了股权结构变更，现有股东包括中国光大集团（50%）、加拿大永明金融集团（24.99%）、中兵投资管理有限责任公司（12.505%）和鞍山钢铁集团公司（12.505%），光大永明人寿转制为由中国光大集团控股的中资寿险公司。

光大永明人寿的注册资本为54亿元人民币，资本实力位于国内寿险公司前列，已在全国开设了22家省级分公司，120多家经营机构，通过多种销售渠道，满足客户养老、意外、医疗、教育、资产管理等多方面的保险保障和财富管理需求。2012年2月，光大永明资产管理公司获准开业，迈出了保险集团化发展的第一步。2012年9月，光大永明人寿获得第三方评级机构给出的最高AAA信用评级。未来，光大永明人寿将最大限度地利用各方股东的优势资源，依托光大集团综合性金融平台，快速发展成为一家大型保险集团公司。在资本管理方面，光大永明人寿资本管理的主要目标是保障该集团的持续经营，能够通过制定与风险水平相当的产品和服务价格并确保以合理融资成本获得融资的方式，持续为股东提供回报。同时，该集团根据相关法律及监管机构的批准通过发行次级债券以补充资本，以提高其偿付能力。此外，光大永明人寿受限于其他国内有关资本的规定，需要存储规定数量的资本保证金。

3.2.2 光大永明人寿资本需求影响因素

1. 未来的商业发展计划

光大永明人寿作为一家主营人寿保险业务的公司，在商业发展上有自己独立的见解和计划。该公司致力于通过公司上下的共同努力，发展成为一家布局合理、结构优良、管理先进、管控科学、规模和效益快速均衡发展、具有强大核心竞争力、独特鲜明的企业文化、管理资产规模位于行业前列、具有广泛市场影响力、盈利能力良好的大型保险集团公司。

2. 公司的盈利能力

根据光大永明人寿2017年利润表显示，营业收入中保险业务收入为7 081 055 738.96元，投资收益为973 303 536.51元，营业利润为46 233 142.68元，净利润为20 677 804.38元，相较于2016年亏损的净利润123 443 949.09元，盈利状况转好，盈利能力增强。

3. 公司的风险状况

根据中国保监会的风险分类，光大永明人寿主要对经营过程中的六类风险进行识别，包括市场风险、信用风险、保险风险、流动性风险、操作风险和声誉风险等。

（1）市场风险。从利率上看，2014年年底央行开始实行宽松的货币政策。至2016年进入了“低利率”环境，1年期存款基准利率维持在1.5%，1年期贷款基准利率维持在4.35%不变。低利率环境下对保险公司准备金的影响将在未来持续释放，进而对公司利润造成不利影响。2016年下半年，在宏观经济政策“去杠杆”“挤泡沫”的指导下，货币市场短期端利率变动幅度较大，债券即期收益率上浮明显。截至2016年年底，各账户的资产负债久期缺口见表3-2。

表3-2　资产负债久期缺口

账户	资产久期	负债久期	久期缺口	上年久期缺口	变化
传统	2.93	10.41	-7.48	-9.32	1.84
分红	3.25	8.58	-5.33	-4.09	-1.24
万能	4.75	3.97	0.78	2.05	-1.27

资料来源：光大永明人寿2017年度信息披露报告。

由此可见，传统账户的久期缺口最大，但较上年度的久期缺口而言有所下降。同时，由于分红账户和万能账户的持续萎缩，在保证流动性的情况下，没有充足资金可用于资产重新配置，进而导致久期缺口情况变化不佳。

除万能账户外，分红账户、普通账户资产久期均短于负债久期。传统账户久期缺口收窄较为明显，主要由负债久期下降引起的；分红账户久期缺口有所扩张，主要是由负债久期的增加导致；万能账户整体资产负债久期匹配情况较好。2016年公司资产久期下降，主要是由于2014年以来各账户增加了的另类资产配置，拉低了整体资产久期；同时负债久期增加，主要是由公司长期险业务销售规模增加，长期期缴产品的存量规模占比不断提高引起的。

（2）信用风险。公司信用风险关注公司固定收益类资产的信用评级和与公司有业务往来的再保险公司的偿付能力、外部评级情况。截至2017年年底，存款最多的前五家银行占比合计85.08%，集中度较高。存款行信用评级状况良好，见表3-3。

表 3-3　　存款信用分布

银行存款	评级	存款成本占比/(%)
中国农业银行	AAA	33.37
浙商银行	AA+	16.24
杭州银行	AAA	13.74
恒丰银行	AAA	13.54
华夏银行	AAA	8.19

资料来源：光大永明人寿 2017 年度信息披露报告。

按照中国保监会认可的评级机构评级结果，截至 2017 年年底公司所持仓的债券、债权计划、信托、信用评级均在 AA 级以上。截至 2017 年年底，公司持仓的债券、债权计划和信托产品中，前五大发行人的合计占比为 22.44%（见表 3-4），集中度风险较低，且外部评级均为 AAA，信用评级状况良好。

表 3-4　　债券、债券计划、信托信用分布

发行人	投资成本/百万元	占比/(%)
南京公用控股（集团）有限公司	600.00	5.02
山西路桥建设集团有限公司	580.00	4.85
中飞租融资有限公司	503.06	4.21
北京北辰地产集团有限公司	500.00	4.18
北京远创置业有限公司	500.00	4.18
前五合计	2 683.06	22.44

资料来源：光大永明人寿 2017 年度信息披露报告。

（3）保险风险。公司 2017 年 12 个月银保渠道的保费额大幅上升，经代渠道、个险渠道、电销渠道基本持平。而 2017 年全年的短期险综合赔付率为 62.67%，比去年减少 15.34 个百分点。

（4）流动性风险。依据公司建立的内部流动性风险测算模型：未来 1 年，公司有效业务的问题将被解决。公司将内部流动性覆盖率作为流动性风险偏好的测算指标，公司每月对流动性风险偏好的执行情况进行测算，2017 年未发生突破风险偏好限额的情况。

（5）操作风险。在合规风险方面，2017 年总公司电销渠道及 3 家分公司受到监管行政处罚。在反洗钱风险方面，2017 年总公司及 3 家分支机构接受了中国人民银行的现场检查和监管走访，未受到行政处罚。在公司投诉方面，2017 年公司共受理监管转办的客户投诉案件 199 件，主要为部分保单进入满期给付高峰，客户对满期保单金额不满，发生个别投诉，未出现群体性事件。公司总体客户满意度超过 99.55%。

（6）声誉风险。根据部门职责，2017 年全年度每日监控舆情，全年共监控出 10 则

敏感新闻，未出现重大声誉风险事件。

4. 公司的产品结构

公司主要针对的客户群体分为个人客户和团体客户两类，因此，公司的产品结构大致分为面向个人的产品和面向集体的产品。细分来看，向团体客户推出意外类、寿险类、健康医疗类、年金类，如光大永明永葆健康团体终身重大疾病保险、光大永明2011 团体重大疾病保险、光大永明学生平安保险等险种，而对于个人客户则热销家庭保单类、意外类、寿险类、健康医疗类、少儿专属类、退休养老类、保险理财类，如光大永明理财年金保险、光大永明真心真意（尊享版）健康保障计划等险种。

3.2.3 光大永明人寿的资本结构

在保险公司的同业竞争中，资本的高低在很大程度上影响了保险公司的整体竞争力。亚当·斯密在《国富论》中谈到资本对保险经营的重要性："保险要想与他人以保障，他自己就必须要有很大的一宗资本。"因此，足额的资本是保证保险公司安全的一种手段。本案例主要从光大永明人寿的需求资本和实际资本的构成来分析该公司的资本结构。

1. 需求资本的构成

需求资本要求承担保险公司现有业务所引起的债务，也要维护保险公司能够持续经营。它是存货和应收账款减应付账款的余额。如果流动资产中包括预付费用，流动负债中包括预提费用，那么净投资就是流动资产减流动负债的差额，但不包括现金。因为现金是公司全部投资剩下的部分，全部投资包括营运资本需求。同样，营运资本需求也不包括短期借款。短期借款是为支持公司的投资而筹集的，这里也包括为营运资本需求而筹集的。短期借款为公司的营业循环筹集资金，但不是营业循环的组成部分。营运资本需求完全可以与企业的经营效率联系在一起。当我们衡量一个企业的效率时，现实中的指标太散，需要做大量的分析，直观度不够，需要一个综合性的指标，能将企业管理的各方面都涵盖。只要企业的应付账款、存货、预付款、应付账款出现变化，营运资本需求就会变动。因此，我们可以通过营运资本需求的核算，判断出企业在当期或者上一期的效率。公司应收账款和应付账款见表 3 –5。

表 3 –5　　公司应收账款和应付账款　　单位：元

项目	2015 年	2016 年	2017 年
应收账款：			
应收利息	458 468 744. 72	346 771 409. 832	224 027 400. 01
应收保费	84 049 355. 18	177 060 973. 11	165 648 015. 15

续表

项目	2015 年	2016 年	2017 年
应收账款：			
应收分保账款	211 033 552.49	98 503 538.27	150 754 421.15
应收分保未到期责任准备金	20 953 060.06	20 125 444.82	29 199 313.78
应收分保未决赔款准备金	10 411 500.25	21 026 277.15	15 482 311.50
应收分保寿险责任准备金	11 331 945.01	10 337 456.38	8 078 538.77
应收分保长期健康险责任准备金	19 532 109.21	24 061 093.67	25 832 654.03
应收款项类投资	2 853 399 164.00	16 338 724.55	
应付账款：			
应付利息	3 810 952.25	5 413 049.34	2 954 802.16
应付手续费及佣金	97 138 823.51	75 726 497.87	81 987 428.28
应付分保账款	182 524 677.92	105 865 744.04	178 983 018.68
应付职工薪酬	275 282 167.80	253 744 493.49	205 097 618.16
应交税费	90 936 869.41	18 858 789.24	8 207 885.11
应付赔付款	362 692 875.24	523 494 057.16	627 948 764.15
应付保单红利	240 981 370.17	233 507 684.93	212 020 296.71
应付债券	900 000 000.00	900 000 000.00	

资料来源：光大永明人寿 2017 年年度信息披露报告。

在资本结构上，公司营运资本成本减少，其原因在于减少存货和应收账款的资金占用，现金流通加速，同时公司的收益提高，效益也有所增加。

2. 实际资本

根据《巴塞尔新资本协议》的规定，资本金由一级资本和二级资本构成。

二级资本也称附属资本或补充资本，是指银行资本基础中扣除核心资本之外的其他资本成分，是衡量资本充足状况的指标。公司的核心一级资本包括实收资本或普通股、资本公积、盈余公积、一般风险准备、未分配利润等。二级资本分为高档二级和低档二级，高档二级包括一般储备金、永久性累积优先股和重估储备；低档二级包括次级债券和定期、可累积优先股等。该公司作为一家主营人寿保险业务的保险公司，其二级资本的占比比较少。偿付能力主要指标见表 3－6。

表 3－6　　　　偿付能力主要指标

主要指标	2016 年 12 月 31 日	2017 年 12 月 31 日
实际资本/万元	710 460.56	650 668.86
最低资本/元	177 142.03	260 870.74
综合偿付能力充足率/(%)	401.07	249.42

资料来源：光大永明人寿 2017 年年度信息披露报告。

由表3-6可以发现，2017年年度公司偿付能力充足率下降的主要原因为公司于2017年偿还了次级债，实际资本有所下降，同时，公司投资结构的变化，导致公司市场风险和信用风险的最低资本上升。综合来看，公司偿付能力充足率虽较上年度有所下降，但仍远高于监管部门要求的健康水平。所有者权益见表3-7。

表3-7　所有者权益　单位：元

主要指标	2016年	2017年
实收资本	5 400 000 000.00	5 400 000 000.00
资本公积	278 670 455.04	278 670 455.04
其他综合收益	(57 392 457.35)	450 230 353.51
未弥补亏损	(1 190 968 965.97)	(1 170 643 095.65)
所有者权益合计	4 439 669 849.75	40 837 999 045.91

资料来源：光大永明人寿2017年年度信息披露报告。

由表3-7可知，光大永明人寿的所有者权益在2017年与2016年之间也存在一些变化。两年的实收资本与资本公积数相同，分别为5 400 000 000.00元和278 670 455.04元，而2016年的未弥补亏损为-1 190 968 965.97元，2017年为-1 170 643 095.657元。所有者权益合计上看有所减少。

3.2.4　光大永明人寿的资本管理分析

在市场经济条件下，保险公司要想提高竞争力就必须进行资本管理，其根本原因在于保险公司安全性目标与价值最大化目标的冲突。从安全性角度，保险公司经营对象是风险，而保险公司的经营方式又是高负债经营，这些因素决定了保险公司面临着很高的风险。如果只从安全的角度考虑，保险公司应该持有尽可能多的资本，以抵御不利损失的影响，并保证公司经营的稳定性。而不管保险公司是否愿意，其安全性目标都被监管机构所强制要求，也就是说，在存在监管的情况下，保险公司持续持有足够的资本去满足监管要求。在考虑资本成本的情况下，保险公司显然是不能无限制地持有资本，其必须以公司的价值最大化为目标选择一个最优的成本。因此，保险公司需要在满足监管要求的前提下去做一个最优资本的安排。

本案例主要通过计算资本充足率、存出资本保证金、股东权益比率、资本负债比率、资本负债比率来分析判断该公司的资本持有情况是否合理。

1. 资本充足率

根据公司年度信息披露报告，2017年实际资本下降8.4%，其主要原因是金融市场波动导致；最低资本增加47.3%，主要原因是本年度市场利率不断下滑，市场风险增加。因此 2017 年年末，该公司的偿付能力充足率为 249.42%，相比 2016 年年末，下降了 151.65%，下降比例为 37.8%。

2. 存出资本保证金

公司按《中华人民共和国保险法》规定将公司资本金的 20%（2016 年共计人民币 1 117 992 000.00 元，2015 年共计 1 110 128 000.00 元），以期限大于或等于 1 年的定期存款形式存入符合中国保监会要求的银行作为资本保证金，这些存款需经中国保监会批准才可提用。

3. 股东权益比率

$$股东权益比率 = \frac{股东权益总额}{资产总额} \times 100\%$$

该公司 2017 年所有者权益总计 4 067 351 844.78 元，资产总额为 40 837 999 045.91 元，由公式可得公司的股东权益比例为 9.95%。2016 年所有者权益总额为 4 439 669 849.75 元，资产总额为 51 693 359 858.39 元，因此其股东权益比例为 8.59%。可见 2017 年的该数值比 2016 年所有上升，股东的权益相对更大。

4. 资产负债比率

$$资产负债比率 = \frac{负债总额}{资产总额} \times 100\%$$

该公司 2017 年负债总额为 36 770 647 201.13 元，资产总额为 40 837 999 045.91 元，由公式可得公司的资产负债比率为 90.04%。2016 年负债总额为 47 253 690 008.64 元，资产总额为 51 693 359 858.39 元，因此其资产负债比率为 92.0%。可见 2017 年的该数值比 2016 年下降。从债权人的立场看，负债比率越低越好，企业偿债有保证，贷款不会有太大风险；从股东的立场看，在全部资本利润率高于借款利息率时，负债比率越大越好，因为股东所得到的利润就会增加。

站在公司的角度上具体看，如果举债很多，超出债权人心理承受程度，企业就借不到钱。如果企业不举债，或负债比例很小，说明企业畏缩不前，对前途信心不足，利用债权人资本进行经营活动的能力很差。从财务管理的角度来看，企业应当审时度势、全面考虑，在利用资产负债比率作出借入资本决策时，必须充分估计预期的利润和增加的风险，在二者之间权衡利害得失，作出正确决策。

5. 资本负债比率

$$资本负债比率 = \frac{负债合计}{股东权益期末数} \times 100\%$$

该公司 2016 年的负债合计 47 253 690 008.64 元，股东权益期末数为 4 439 669 849.75 元，则其资本负债比率为 10.64%；2017 年度公司的负债合计 36 770 647 201.13 元，股东权益期末数为 4 067 351 844. 78 元，则其资本负债比率为 9. 04%。可见该数值较小，主要原因在于公司这两年的负债较少。2017 年相比 2016 年，资本负债比率波幅不大，比率变动比较平稳。

3. 2. 5　光大永明人寿资本管理中存在的不足

面对日趋严格的资本监管，以及自身机构和业务的不断扩张，光大永明人寿的资本充足率近两年来呈现下降的趋势，资本管理仍存在一些不足，主要表现在以下几个方面。

（1）资本管理的经营执行效果有待增强。随着资本监管越来越严格，资本约束的经营理念逐渐深入人心，保险公司对资本管理的重视程度和投入力度不断加大，相关公司治理架构、内控体系逐步建立，但是，受到人力、财力因素的影响，光大永明人寿保险公司的资本管理水平还不高，各种资本管理基础有待进一步夯实。

（2）资本使用效率仍然有待提升。保险公司资本管理理论通常从监管者、经营者、风险管理者和股东等多维度分析保险公司资本管理。光大永明人寿的资本使用效率仍然有待提升。根据公司提供的年度财务信息披露，公司负债占比较大，其中 2015 年负债总额为 53 301 346 720. 88 元，而 2016 年企业负债 47 253 690 008. 64 元，2017 年负债合计 36 770 647 201. 13 元。相较于前两年来看负债金额有所下降，但整体来讲占比还是比较高，借款占比大，使用效率不高，资本的使用效率有待提升。

3. 2. 6　光大永明人寿资本管理建议

近些年来，光大永明人寿的业务发展较快，这也是导致其公司资本不足的首要原因，公司股东权益比率、资产负债比率较大，资本负债比率大，公司偿付能力指标下降，加之公司面临着多种风险，合理规划公司的发展战略是避免公司面临更多更大的不必要风险的必然措施。

（1）保持业务增速与资本相匹配。光大永明人寿在制定公司发展战略时，应充分考虑其资本现状，保持业务增速与公司的资本相匹配。过快的发展速度与资本数额的差距反而会影响公司的整体发展，给公司带来更多的风险。因此，公司需要适当调整其发展战略，根据资本的约束确定一个合适的发展节奏，以保证公司的价值最大化。

（2）调整资本运作节奏，加强风险控制。积极的资本运作可以增加保险公司的利润及提高资本的使用效率。根据公司每年所必须面临的种种风险，必须采取积极的措施加强风险控制，加强对各种风险的研究，不仅从当前的环境去考虑，还要从一个更加长远的周期去考虑，在保证资本安全的情况下运作。

（3）合理配置资产，适当减少负债。由光大永明人寿的资本负债比率和资产负债比率可见，该公司的负债数额远大于公司的股东权益和资产总额，公司存在过度负债的嫌疑。因此，该公司需要重视公司的负债情况，合理配置资产，搞清楚大量负债的原因并加以解决。负债虽然会给公司带来更多的资金流，创造更多的业务机会，但是负债比率过大，公司面临的风险就会越大。光大永明人寿的负债比率过大，是值得去重视和改进的。

参考文献

[1] 高志强，张梦琳．保险公司价值最大化下的最优资本研究［J］．中南财经政法大学学报，2009（3）：84－88，144.

[2] 高志强．保险公司基于资本成本的EVA评价模型［J］．统计与决策，2009（4）：131－133.

[3] 高志强．基于风险的保险公司偿付能力框架研究［J］．保险研究，2008（9）：52－55.

[4] 余洋．我国保险公司资本成本问题分析［J］．保险职业学院学报，2008（1）：32－35.

[5] 徐华，周游．我国非寿险业资本结构使用效率的实证研究［J］．财经科学，2008（1）：49－56.

[6] 占梦雅．中国寿险业最低偿付能力额度要求研究［J］．财经理论与实践，2007（4）：24－27.

[7] 何艳，张庆洪．合理确定经济资本，夯实保险公司“做大做强”的基础［J］．上海保险，2006（11）：54－56.

案例使用说明

一、教学目的与用途

本案例教学使用说明是以将此案例应用于课程中的资本管理部分的教学为基础撰写的。本案例主要是以保险公司为主体进行资本管理案例分析，也可为其他金融机构的资本管理案例作参考。

（1）适用课程：金融机构经营管理、保险学等。

（2）适用对象：金融专业的本科生、硕士研究生等。

（3）教学目的：通过案例学会分析资本结构以及影响资本需求的因素，特别是对公司资本管理的分析；在对资本结构和资本关系分析的过程中，明确资本结构的构成条件，强化学生对资本管理中各要素的理解；通过对资本结构和资本关系的分析，掌握公司资本管理中存在的问题，并针对问题提出合理的资本管理建议。

二、启发思考题

（1）分析光大永明人寿的资本结构以及影响其资本需求的因素。

（2）通过对光大永明人寿资本管理要素的分析，发现该公司在资本管理中还存在哪些问题。

（3）针对光大永明人寿在资本管理中存在的问题，还能采取哪些合理且有效的措施来帮助公司进行资本管理？

三、分析思路

案例分析的基本思路是通过阅读案例相关情景材料，按照教师事先设立好的提问逻辑，引导和控制案例讨论过程。因此，本案例分析是通过提问逻辑进行设计，案例的建议措施是案例分析的关键线，建议采取的措施和资本管理的影响因素分析是教学目标。

（1）光大永明人寿资本需求的影响因素包括哪些内容？分别分析这些影响因素对该保险公司的影响。作为一家实力雄厚的保险公司，光大永明人寿在资本需求上主要受到四个方面的影响，分别是未来的商业发展计划、公司的盈利能力、公司的风险状况以及公司的产品结构。

（2）分析光大永明人寿的资本管理情况，找出该保险公司资本管理中存在的问题。通过结合光大永明人寿的资本充足率、存出资本保证金、股东权益比率、资产负债比率、资本负债比率发现该保险公司资本管理中存在的问题。

（3）应采取怎样的应对措施？近些年来，光大永明人寿的业务发展较快，这也是导致其公司资本不足的首要原因，公司股东权益比率、资产负债比率较大，资本负债比率大，公司偿付能力指标下降，加之公司面临着多种风险，合理规划公司的发展战略是避免公司面临更多更大的不必要风险的必然措施。保持业务增速与资本相匹配，调整资本运作节奏，加强风险控制，合理配置资产，适当减少负债。

（4）光大永明人寿的资本管理对其他金融机构的资本管理提供了什么启示与借鉴？启发学生思考。

第4章　金融机构负债业务管理案例分析

4.1　在利率市场化进程中工商银行的负债管理

1988年，工商银行率先开始试行负债管理制度，1994年开始推行贷款限额控制下的资产负债比例管理方式，该管理方式并未改变指令性指标控制规模的实质，商业银行不能真正控制贷款规模，因此并不能推行真正意义上的负债比例管理制度。1998年1月1日起，中国人民银行取消了贷款限额管理，推行资产负债比例管理和风险管理，工商银行实行的是比例管理中的信贷管理体制。2005年12月，为加强对商业银行风险的识别、评价和预警，有效防范金融风险，中国银监会制定了《商业银行风险监管核心指标》，同时废止了原先的资产负债比例管理指标体系。《商业银行风险监管核心指标》是中国银监会进行非现场监管的主要方式，是站在监管者角度对我国商业银行的资产负债管理进行监管的参照体系，通过对该监管核心指标的分析，银监会将适时对商业银行采取必要的监管措施。2011年，由工商银行自主研发的全球市场风险管理系统（Global Market Risk Management，GMRM）成功投产运行。依托于该系统，运用工商VAR模型，工商银行能够更有效地量化管理交易账户的市场风险，工商银行的负债管理水平也因此得到提升。经过几十年的发展，工商银行已经形成一套较为成熟的负债管理体系和方法，但是面对不断变化的国际国内经济形势，特别是受到当前利率市场化进程的影响，工商银行的资产负债管理也暴露出许多问题，接下来以工商银行为例，对其负债管理进行分析。

4.1.1　工商银行简介

在工商银行成立之前，中国人民银行既承担着中央银行的政策制定职能和监管职能，又作为商业银行从事具体的储蓄业务和信贷业务的经营。为了顺应我国金融体制改革，国务院决定中国人民银行只履行中央银行的职能，其余业务交由工商银行承担。1984年1月1日，工商银行正式成立。2005年10月28日，工商银行又顺利完成了股份制改革。2006年10月27日，工商银行在上交所和港交所同日成功挂牌上市。

经过30多年的改革发展，工商银行已成为国内最大的商业银行，并成为全球领先银行。2020年，《中国500最具价值品牌》分析报告中，工商银行排名第3位；2020年《财富》世界500强排名第24位。

工商银行在保持传统资产负债业务的稳定盈利水平的情况下，正在积极推动经营管理转型，当前，零售金融、资产管理和投资银行逐渐成为工商银行所依赖的拉动利润增长的“三驾马车”。

4.1.2 工商银行存款负债业务

由银行的资产负债表可知，其会计科目和一般的工商业企业差别很大，银行的资产负债表有其自身的特点。例如，银行的主营业务是存贷款，与一般制造业企业的生产、加工、销售商品有很大的不同，其资产负债表中不存在存货科目。并且在银行的报表上被归为“资产”的贷款，在收到这些贷款的企业的报表上被归入“负债”。另外，银行的资产负债表上也有特殊的一些会计科目，比如吸收存款科目，该科目用于核算银行吸收的除了同业存放款项的其他各种存款，这也是银行资金的主要来源。

1. 存款是工商银行最主要的负债业务

银行负债主要就是客户存款。由表4－1可知，工商银行的存款在负债中的占比一直维持在80%左右，所占比例相当大，因此，客户存款是工商银行资金的主要来源。

表4－1　　工商银行存款在负债中的占比

指标	2014年	2015年	2016年	2017年	2018年
存款占比/(%)	84.5	83.1	82.9	81.6	79.8

资料来源：中国工商银行官方网站。

不仅是工商银行，我国商业银行负债的主要形式也是存款，主要原因有以下几点。

首先，受传统观念的影响，人们投资意识相对薄弱，尤其是2008年金融危机后，人们深刻认识到投资的风险性，而银行由国家信用作担保，其存款相对安全，人们普遍倾向于储蓄。因此，我国商业银行的主要负债业务是存款。

其次，随着中国经济的飞速发展，人们生活水平快速提高，物价水平也不断升高。由于我国社会保障制度还不完善，人们在教育、医疗、住房等方面压力很大，风险性投资的比例相对较小，认为把钱存入银行安全可靠，因此，大多数人会把多余资金存入银行。

除此之外，虽然我国银行业有了快速发展，但是与国外成熟的银行业相比，仍有待发展完善，现阶段有很多银行受大环境的影响，依然奉行存款立行的观念，努力通过各种渠道增加存款。目前，我国还未放开存款利率，利率还未完全市场化，存贷差仍然有较大的运作空间。因此，商业银行会以存贷差为主要收入。

2. 个人存款与对公存款旗鼓相当

虽然工商银行存款规模扩大，但是其占总负债的比重降低，这说明我国主动负债增长相对较快。随着我国金融市场的不断完善，在建立存款保险制度的大背景下，我国商业银行吸收存款的成本增大，流动性风险增加，利率市场化进程加快，货币市场和资本市场的繁荣也使人们更加注重投资理财，而不是仅仅把多余资金存在利率很低的银行里。我国互联网金融发展迅速，以余额宝为代表的一大批产品进入人们的视野，以其高收益率和实时赎回性受到了广大群众的欢迎。人们纷纷把资金转到货币基金市场，存款的分流使银行负债相对减少，存入银行的资金和转到货币基金市场上的资金以同业负债的形式回流到银行，使银行的负债结构发生了变化。

图 4. 1 是工商银行存款结构，可知工商银行的存款总额也一直处于增长状态，并且公司存款和个人存款规模相当，大概都占到存款总量的 50% 左右。这说明，随着利率市场化进程的深入推进，商业银行同业之间的竞争日趋激烈，工商银行在这一经济新形势下，积极应对外部经济环境变化，维护老客户、拓展新客户，适时推出新型存款产品，如节节高、大额存单等产品，并且逐渐将经营战略的重心从对公业务转移到零售业务，以促进存款平稳增长。

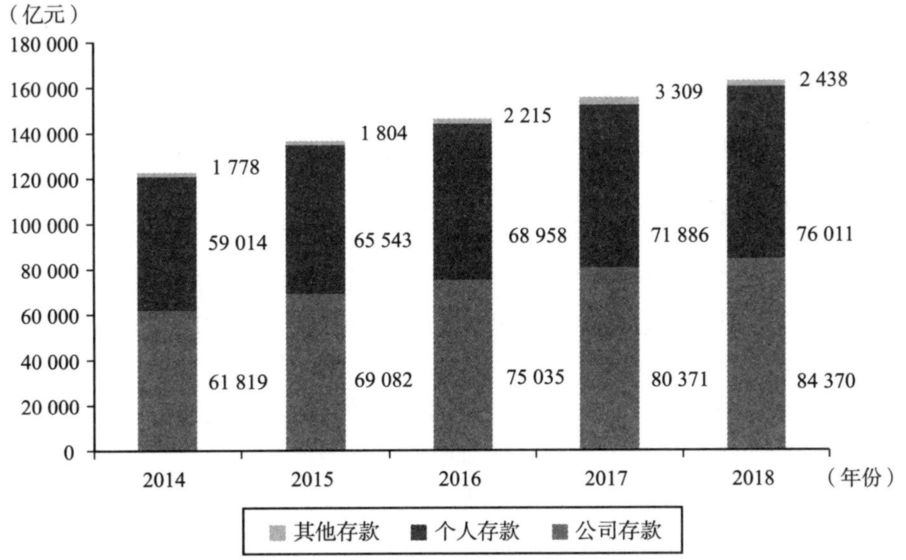

图 4. 1　工商银行存款结构

资料来源：中国工商银行官方网站。

3. 利用优势向对公存款发力

工商银行的对公存款占总存款的比重高于对私存款6个百分点，且这个差距有扩大的趋势。随着我国利率市场化进程的加快，受金融脱媒等因素的影响，我国商业银行吸收存款的成本增大。为了优化负债结构，提高银行经营效率，更多商业银行扩大成本低、收益高的对公存款规模，降低存款成本，对公存款与对私存款占比差距拉大，主要是因为商业银行受利率市场化等因素的影响，推出更能吸引企业的对公理财产品。

4.1.3 工商银行的非存款负债业务

1. 减少向央行的借款

2006—2009年工商银行均未向央行借款，2011—2013年虽然向央行借款，但是其占总负债的比重很小，为0.21%，近几年几乎未向央行借过款，那么可以认为向央行借款并不是工商银行负债的主要资金来源。因为向央行借款是商业银行在头寸不足需要调剂时，以再贷款和再贴现的形式向央行借款而形成的临时性存款，只是为了临时补充流动性。工商银行向央行借款占总负债比重很低，说明工商银行负债管理水平在逐步提高。

近年来，工商银行向央行借款，主要是央行通过再贴现业务，增加中小企业的票据贴现，引导金融机构扩大对小微企业和“三农”的信贷投放。随着我国利率市场化进程的加快，工商银行与国际市场接轨，其负债管理理念发生了新的变化，向国际化、开放化方向发展。工商银行更加关注负债结构是否合理，重视资金的成本和稳定性。

2. 同业负债增长快

同业业务主要反映金融机构之间资金的相互流通情况。这里的同业负债指的是工商银行的负债表中的同业及其他金融机构存放款项、拆入资金与卖出回购款项这三项的总和。近年来，我国金融市场快速发展，金融创新活跃，银行等金融机构之间的同业业务持续高速发展，同业负债属于主动负债，同业负债的增加使商业银行主动负债明显增加，不仅改变了商业银行的负债结构，也增加了银行的风险。

2006—2019年，工商银行同业负债增长较快，2015年工商银行同业负债规模最大为20.22万亿元。这主要是因为在利率市场化和金融脱媒的新形势下，商业银行吸收存款成本高，存贷利差收窄，只能通过业务的创新或转型来寻求新的收益增长点。自2010年以来，同业业务逐渐发生了质的变化，发展成商业银行利用同业拆入资金或吸收理财资金，扩大各种表外资产，开拓出各种各样的同业业务，科目不断变化，除了传统的同业存放、同业拆借、同业票据转贴现，又衍生出同业代付、同业偿付、买入返售等各种“创新”业务。同业业务有很严重的期限错配问题，因此很容易产生流动性风险；同时同业业务有交易资金大、杠杆率高的特点，一旦资金价格有所波动，很容易产生市场风险；同业业务涉及行业广，不仅有银行业，而且还有证券、基金和保险等行业，一旦一个行业有风险，会波及很多行业，形成系统性风险。

3. 金融负债的快速增长

工商银行负债表中的以公允价值计量且其变动计入当期损益的金融负债是指在以公允价值为管理基础的金融工具组合中，已发行的保本型理财产品的那部分。2010—2017 年，金融负债占总负债的比重不超过 0.5%，尤其在 2010 年占比最少为 0.1%，这期间金融负债占比降低，其规模也在不断减小。2010 年工商银行金融负债规模为 323 亿元左右，2017 年降低到约 193 亿元，说明这段时间工商银行没有把金融负债作为主要的负债手段。工商银行的金融负债由 2010 年的 172 亿元增长到 2016 年的 5 727 亿元，增加了 32 倍多，金融负债规模有了跨越式增长。2010—2013 年增长迅速，尤其 2010 年比 2009 年同比增长 971.1%，2012 年和 2013 年的同比增长率也在 70% 以上。工商银行金融负债持续高速增长，主要是因为近年来我国资本市场发展迅速，金融衍生品市场也有所发展，在经济大环境良好的情况下，工商银行大力开展金融负债业务，并取得了很好的成绩。

金融负债的快速发展不仅增加了工商银行的负债来源，增加了主动负债，调整了负债结构，也有利于金融创新，提高工商银行主动负债的能力，加强其负债经营管理，加速银行业改革。

4. 债券负债占比少

2010—2018 年，工商银行债券负债在总负债中所占比重较小，为 1% 左右，说明工商银行的债券负债能力不强，并没有把债券负债作为负债的重要手段。2010—2014 年工商银行债券负债规模均保持在 350 亿元左右。债券负债规模由 2010 年的 765 亿元增加到 2013 年的 3 836 亿元，增加了 4 倍多。2013—2015 年工商银行的债券负债业务有了较大提高，债券负债规模持续增长，但是其占总负债的比重仍然较小。工商银行已经积极开展债券负债业务，调整负债结构，积极探索负债管理，使其负债结构更加合理，提高银行经营管理水平和促进未来的可持续发展。

4.1.4　存贷缺口和存贷比分析

存贷缺口指的是银行存款与贷款之间的差额，该指标反映了存款和贷款在总量上是否匹配合理，如果存贷缺口过大或过小，意味着银行的融资渠道和信贷渠道在总量上不能完全匹配，需要加强银行的资产负债管理。图 4.2 所示为工商银行 2014—2018 年的存贷缺口。

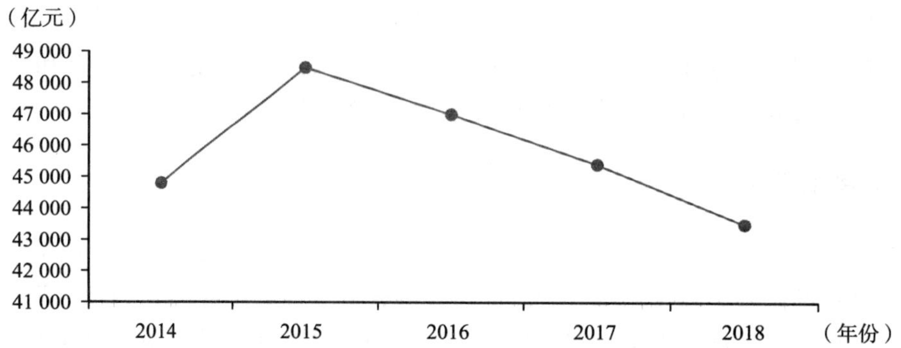

图 4.2　工商银行存贷缺口

资料来源：中国工商银行官方网站。

从存贷缺口来看，从 2015 年开始工商银行的存贷缺口一直呈下降趋势，这表明，随着利率市场化进程的不断推进，在存贷利率管制逐渐放开的过程中，工商银行的存款增长速度小于贷款的增长速度。究其原因，一方面，这应该与利率市场化后各银行间竞争加剧，各商业银行都努力加强自身吸储能力，导致工商银行吸收存款的能力相对下降有关；另一方面，也有可能是工商银行为了提高盈利水平，主动增加贷款规模。

但是，如果存贷缺口过小，将给银行的日常兑付带来压力，从而不得不在拆借市场拆借资金，甚至动用自身的资本金。因此工商银行应使存贷缺口保持在一定的合理区间，这样才会更好地实现工商银行的经营目标，即流动性、盈利性、安全性这“三性”的有机统一。

存贷比是指商业银行贷款总额与存款总额之比。即

$$存贷比=\frac{贷款总额}{存款总额}$$

存贷缺口是实际的存款和负债之差，但是并不能通过存贷缺口得出一家商业银行的存贷缺口是偏大还是偏小的结论，因此采用存贷比这样一个比率指标对存贷款规模进行分析。存贷比具有一般比率分析法的优势，该比例越大，表示以存款形式吸收的资金形成贷款资产的比例越高，资产流动性越差。

从图 4.3 所示的工商银行存贷比的变化趋势来看，自 2014 年起工商银行的存贷比一直呈上升趋势，虽然从 2015 年 10 月 1 日起，为了提升我国银行业放贷能力，全国人大常委会（中华人民共和国全国人民代表大会常务委员会）表决通过了关于修改《中华人民共和国商业银行法》的决定，删除了实施已有 20 年之久的商业银行的 75% 存贷比监管指标，这意味着中国银监会已经不再强制要求我国商业银行的存贷比必须低于 75%。

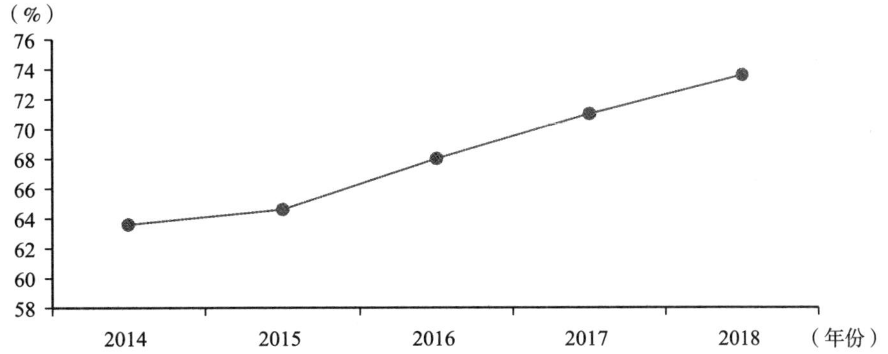

图 4.3　工商银行存贷比

资料来源：中国工商银行官方网站。

尽管如此，仍旧可以采用 75% 这一度量基准对工商银行的存贷比指标进行分析，工商银行的贷款增长速度大于存款的增长速度，存贷比在近五年来逐渐逼近 75% 这一原有的监管红线，存贷款总量出现了不能匹配的趋势。从银行的角度去看，存贷比越大，盈利能力越强，因为贷款收入是银行收入的主要来源，增加存贷比意味着银行运用更多的资金去放贷，所以银行站在盈利的角度希望存贷比越高越好，但是，无限制增加存贷比，将会使银行兑付能力减弱，流动性变差，所以工商银行在进行资产负债管理时需要注意这一点。

综上所述，工商银行应该保持信贷端和融资端的平衡，使存贷缺口保持在一定区间内，同时，工商银行的存贷比指标虽然并未达到原来 75% 的监管指标上限，但是已经越来越逼近 75% 了，需要引起足够的重视。工商银行可以适时采取适当措施，改善自身的存贷款结构。

4.1.5　流动性风险管理

可以从工商银行流动性风险管理的视角，去分析工商银行资产负债期限结构是否匹配。流动性风险是指虽然有清偿能力，但无法及时获得充足资金或无法以合理成本及时获得充足资金以应对资产增长或支付到期债务的风险。资产和负债的金额或期限的不匹配，均可能产生流动性风险。工商银行由于资产负债数量上的不匹配而产生的流动性风险已进行过分析论述，在此主要讨论工商银行期限结构的不匹配所导致的流动性风险。

根据流动性原则的定义，商业银行应当随时具有满足存款者支取现金和贷款者申请贷款要求的能力，具有较好的货币清偿能力。流动性危机不仅会使银行出现经营亏损，严重的还会影响银行的信誉和生存能力。目前，主要度量银行流动性风险的方法包括流动性缺口分析和流动性指标分析。下面采用银行常用的流动性财务指标对工商银行的流动性风险进行度量，主要选取了流动性比例与流动性缺口、存贷款期限结构指标对工商银行进行分析。

流动性比例表示流动性资产与流动性负债之间的比例，该比例越高，代表每单位流动负债的偿债能力越强。我国商业银行流动性比例的监管标准是大于25%，从图4.4可知，2014—2018年，工商银行的流动性比例大致稳定，并且一直维持在25%以上，近三年呈现小幅上升的趋势，这说明工商银行偿债能力还是比较强的。

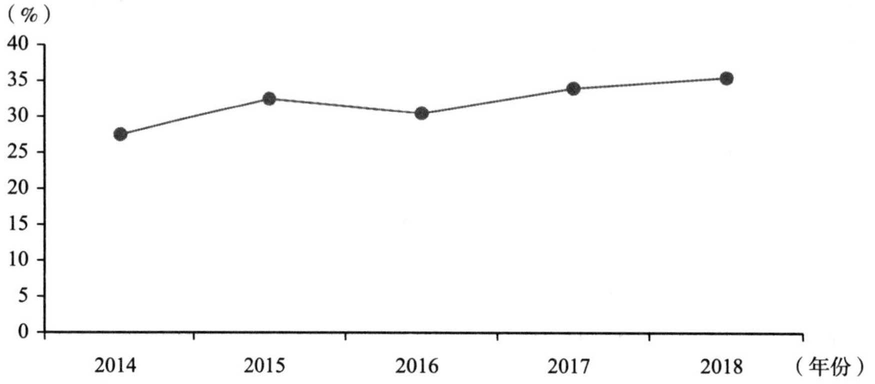

图4.4　工商银行流动性比例

资料来源：中国工商银行官方网站。

流动性缺口是衡量商业银行流动性状况及其波动性的核心指标之一，静态流动性缺口的计算公式为

静态流动性缺口 = 一定时期内到期的资产 - 相同期限内到期的负债（含活期）

一般采用90天内到期的表内外资产减去90天内到期的表内外负债的差额来计算流动性缺口。

表4-2是工商银行资产负债表日90天内到期资产和负债，表4-3是工商银行流动性缺口。

表4-2　工商银行资产负债日90天内到期资产和负债　单位：亿元

时间	2014.12.31	2015.12.31	2016.12.31	2017.12.31	2018.12.31
90天内到期资产	24 819.62	33 216.28	33 724.95	37 742.31	41 927.57
90天内到期负债	102 665.34	112 309.84	120 487.23	128 413.69	137 968.69

资料来源：中国工商银行官方网站。

表4-3　工商银行流动性缺口　单位：亿元

时间	逾期/即期偿还	1个月内	1~3个月	3个月~1年	1~5年	5年以上	无期限	总额
2014.12.31	-79 584	-3 259	-7 829	-4 791	30 823	46 283	33 730	15 373
2015.12.31	-93 858	3 226	-5 409	262	31 970	51 367	30 446	18 005
2016.12.31	-103 913	430	-4 904	-3 781	33 639	64 995	33 346	19 811
2017.12.31	-107 935	-2 003	-5 955	-8 296	34 522	76 195	34 883	21 411
2018.12.31	-120 574	4 327	-6 747	-18 848	44 121	87 939	33 230	23 449

资料来源：中国工商银行官方网站。

由表 4 - 3 可知，2014—2018 年工商银行流动性缺口一直为负缺口，并且负缺口正在逐渐增大，这表示工商银行在该期限内到期的资产无法偿还到期的债务，需要以其他方式筹集资金偿还到期债务，银行部分非流动性资产由波动资金来源提供，流动性不足。

负缺口产生的主要原因可能是，随着利率市场化进程的不断推进，市场利率不断下降，此时如果银行流动性缺口为负缺口，银行负债利息成本的增加将小于资产利息收入的增加，银行的净利差会得到改善，这也说明流动性风险会直接影响银行的利率风险和收益水平。但是还需要注意到，在计算流动性缺口时，将活期存款列入即期偿还资产，事实上，如果由静态分析改为动态分析，活期存款余额其实是在连年增长的，并且一部分活期存款作为商业银行的短期负债是具有一定稳定性的，因此并不能简单地认为活期存款都是必须即时兑付的。

工商银行进行负债结构的调整，应该减少对存款的依赖，降低存款占总负债的比重，并不是让存款流出银行，而是让存款以其他的形式留在银行。同时应设计金融产品来满足不同客户的需求，这样不仅可以增加主动负债规模，提高负债管理水平，还可增强我国商业银行自主性，减少对被动负债的依赖。同业业务的发展会增加银行的资金来源，改善负债结构。稳健增加负债，但是不能通过盲目扩大同业业务来提高其主动负债能力。减少对存款的依赖，应重视发展同业业务带来的风险隐患，加强内部监管，使同业业务稳定发展。建立完善有效的负债业务风险管理体系，如培养相关人才，提高负债业务风险管理意识，加强内部风险监管，提升风险管理地位等。

参考文献

[1] 李文. 利率市场化对我国商业银行的影响及对策 [J]. 经济研究导刊，2018 (16)：80，108.

[2] 韩雪峰，唐燕. 利率市场化下商业银行资产负债业务的管理创新 [J]. 现代经济信息，2015 (24)：250.

[3] 张潇. 浅议我国商业银行如何应对利率市场化 [J]. 开封教育学院学报，2017 (1)：266 - 267.

[4] 高霞. 利率市场化改革对商业银行资本结构的影响分析 [J]. 经济研究导刊，2017 (4)：65 - 67，80.

[5] 完善资金定价机制　促进全行协调发展：中国工商银行资产负债管理工作会议在北京召开 [J]. 中国城市金融，2009 (3)：81.

[6] 张爱玲. 市场利率化背景下商业银行经营管理创新探讨 [J]. 现代商业，2015 (17)：167 - 168.

[7] 上海证券交易所网站 (http：//www. sse. com. cn/).

案例使用说明

一、教学目的和用途

(1) 适用课程：金融机构经营与管理、商业银行学、公司金融。

（2）适用对象：金融学专业本科生及研究生、会计硕士（MPACC）、工商管理硕士（MBA）。

（3）教学目的：运用利率市场化、商业银行负债业务、商业银行负债管理等基础知识，帮助学生理解利率市场化对我国商业银行经营环境的影响，思考宏观经济环境是怎样影响微观主体的；分别从纵向和横向深入了解商业银行负债业务的构成，并给予评价。

二、启发思考题

（1）以工商银行为例，如何优化资产负债结构，以防范流动性风险？

（2）分析一家外国银行的负债管理方式，比较其与我国商业银行的不同，并指出值得我国商业银行借鉴的地方。

（3）除了从资产和负债两个方面考虑，还可以通过哪些方式提升商业银行的负债管理方式？

三、分析思路

（1）在了解商业银行负债业务种类和负债管理理论的基础上，分析利率市场化对中国工商银行负债业务结构的影响。

（2）提出工商银行负债管理的优化措施以防范流动性风险。

（3）讨论工商银行负债管理对其他商业银行的启示。

4.2　曼氏金融破产案

"我真的不知道这些钱去哪了，也不知道账本为何对不上。"当全球曼氏金融（MF Global Holdings Ltd，以下简称曼氏金融）的前CEO乔恩·科尔津（Jon Corzine）重返美国国会时，这回可并不是来找某位议员朋友吃茶聊天的，而是来接受自2008年雷曼兄弟倒闭以来，美国最大的金融公司破产案——曼氏金融破产案的听证传讯。曼氏金融于2011年10月31日宣布破产，11月开始清算。2012年4月，受托的清算公司表示，客户在曼氏金融上的损失高达16亿美元。

4.2.1　曼氏金融的历史

1. 早期历史

曼氏金融的历史可以追溯到1783年，它历经了两百余年沧桑变换，其历史只比美国的历史短了7年。当年，詹姆斯·曼在英国开创了糖果贸易。到了20世纪80年代，它的业务范围越来越大，逐渐发展成大宗商品交易公司。

2. 飞速发展

曼氏金融的前身是ED&F MAN，从20世纪70年代末，企业开始实施多元化战略，想要由以前的纯粹做大宗商品的公司发展为商品期货公司。在1981年成立了Anderson Man期货经纪公司，后来更名为“ED&F Man International”，再后来更名为“Man Financial”。其中，ED&F Man的企业模式为合伙人制度。经营到20世纪70年代，公司早已经不再满足于国内的市场，开始了轰轰烈烈的国际化扩张。到了1983年，公司职工增加到650名。最后，ED&F Man迎来了IPO，于1994年在伦敦证券交易所上市。到了2000年，公司更名为“Man Group”，不过，它的农产品生意还是保留着ED&F Man的名字，并于同年卖给了当时的管理层。

曼氏金融从1980年开始，投资部门开始飞速发展，特别是新兴的对冲基金管理业务，而其他的经纪业务的地位渐渐降低。曼氏金融从1989年开始，发起了一系列的并购，旨在提高服务水平和突破生意的地理障碍。其中包括了许多的著名企业，诸如Geldermann，Tullett & Tokyo Futures，First American Discount Corp.，Australian Ord Minnett and GNI。

2002年购买GNI的交易是曼氏金融最大的并购案之一，为其之后发展合同差价市场和GNI交易平台奠定了基础。到2005年，曼氏金融花了3.23亿美元，发起了对瑞富的收购。当时的瑞富正在美国金融服务集团的崩塌浪潮中风雨飘摇。对瑞富感兴趣的不止曼氏金融一家，还有一个主要的竞争对手，是一家私募股权公司，即博龙资本。不过笑到最后的依然是曼氏金融。这桩生意的成功，标志着曼氏金融在零售业务和机构业务上的规模大大提升。

3. 分拆上市

在2007年以前，曼氏金融是英仕曼集团（Man Group）的经纪人业务部门。2007年，英仕曼集团决定把经纪人业务和投资业务分拆，英仕曼认为这有利于两个部门各自专注于自己的市场，更有利于公司的发展。2007年6月，曼氏金融经过IPO，最终成为上市公司。同时英仕曼集团将其从资产管理业务的经纪人业务中剥离了出去。不过，当时单独存在的投资业务保留了英仕曼集团的名字。

百慕大群岛是理想的避税港，是公司离岸注册地点首选地之一。和很多国内的想要奔赴美国上市的公司一样，曼氏金融这家公司最初也是在百慕大注册的，不过后来将注册地和总部都迁到了美国境内。

2008年2月28日，MF Global公布了一项坏账准备，高达1.415亿美元。这一坏账准备是某个分支机构的交易员的一笔未被授权的交易所致，前一天，该交易员在其个人账户上，以大幅超过授权给他的交易限额进行小麦期货交易。曼氏金融在28日上午召开了电话会议，讨论此事。最后，美国商品期货交易委员会就此事给曼氏金融开出了100万美元的罚单，芝加哥商品交易所也对曼氏金融处以495 000美元的罚款。

2008 年 3 月 17 日，由于公众对其股票产生担忧情绪，曼氏金融的股价暴跌。曼氏金融本身的内部控制已经开始暴露出巨大的问题，而在次贷危机的影响下，人们的心理变得异常脆弱，对看跌的趋势起了极大的助推作用。芝加哥商品交易所、洲际交易所、纽交所和美国商品期货交易委员会联合发表声明称曼氏金融符合监管要求和财务要求。

2010 年 3 月，曼氏金融来到了一个重要的时间节点——任命乔恩·科尔津为新一届的 CEO。

4.2.2 破产风云

1. 激进投资

2010 年 3 月，乔恩·科尔津出任曼氏金融的 CEO。科尔津交易风格激进，就像他当年在高速公路上不系安全带，把车开到 150 码（1 码 = 0.9144 米，150 码 = 138 米）一样。科尔津对曼氏内部循规蹈矩、缺乏创新与激情的氛围非常不满意，他奉行“把汽车开到 150 公里，不系安全带”的激进投资风格。上任之后，马上开始争抢信用和股票市场人才。当时的华尔街和欧洲的金融机构都在相继去杠杆，美国刚通过了“多德—弗兰克法案”，各地的投资银行都在裁员。科尔津却是那个逆行的人。

2010 年 5 月 10 号，欧盟联合 IMF 宣布出台总额高达 7 500 亿欧元的援助计划，市场恐慌情绪得到缓解。曼氏金融大幅削减开支，同时市场环境回暖。8 月，曼氏金融实现了 18 个月以来的首次盈利，股价回升了大概 25%。2011 年 2 月，科尔津信心满满地宣布了将在未来的五年内将曼氏金融转型为投资银行的计划。

但是和科尔津当年在高速路上不系安全带，把车开到 150 码，最后出了车祸如出一辙，他和曼氏金融再一次倒了大霉。科尔津用公司的自有资金疯狂地购买“五国联盟”，即葡萄牙、意大利、爱尔兰、希腊、西班牙的债券。2009 年的 10 月，希腊新首相宣布其前任隐瞒了巨额的财务赤字，市场一片恐慌。12 月，三大评级机构相继下调希腊的债券主权债务评级，欧债危机伊始。2010 年年初，葡萄牙和西班牙相继身陷困境。2 月 10 号，巴克莱资本声称，美国银行业在希腊、爱尔兰、葡萄牙和西班牙的风险敞口高达 1 760 亿美元。2011 年 9 月 20 号，意大利的主权信用评级也被标准普尔下调。至此，欧债危机全面爆发。

五国联盟最开始不包括爱尔兰，指的是地理位置很近，并且文化也相近的南欧四国。南欧四国历史悠久，古希腊和罗马文明一直影响到今天的世界，西班牙和葡萄牙是大航海时代的急先锋，曾几何时，整个南美洲及大部分非洲，尽数落入西、葡两国囊中。进入现代以后，尽管前进步伐落后于美、英、德、法、日，但总体还是沿着欧洲列车的轨道运行发展，而且幸运的是，他们没有像第二次世界大战的英、法、德、日一样被摧残成一片焦土，欧盟成立后，他们又顺理成章地成为第一批成员。其国民生活富足安逸，懒散休闲，生活质量高，贫富差距小。表面上看，公共债务债台高筑，GDP 增长抵不上债务增长幅度，是造成四国经济危机的成因；实际上，经济结构不合理、公共开支巨大，财政长期性的入不敷出，以及周边欧元区国家对资金、技术及人才等要素的吸附作用，才是让他们爆发欧债危机的深层次原因。

科尔津认为欧洲债务危机正是其大展宏图的时候，他梦想大发国难财。于是开始与市场豪赌，他认为欧洲领导人一定会以高利率发债来援助五国联盟。不料欧盟的货币政策根本没有办法统一，特别是大量印刷欧元会损害德国的利益，各国只能用财政政策一条腿走路。而当时最好的牌恰恰是货币政策。随着欧债危机愈演愈烈，科尔津想在2012年坐收高息的白日梦彻底破碎。截至2011年9月30日，曼氏金融累计持有63亿美元的欧债敞口，占公司总资产410.5亿美元的15%。其中，意大利的主权债券32.13亿美元，西班牙的主权债券11.11亿美元，比利时的主权债券6.03亿美元，葡萄牙的主权债券9.97亿美元，爱尔兰的主权债券3.68亿美元。曼氏金融的债权人分为安全和非安全类别，安全级别的债权人拥有优先的清偿顺序，而非安全级债权人中有两大债主，分别是摩根大通和德意志银行，这两大机构投资者分别持有12亿美元与10.2亿美元，另外还有约20家非安全级债权人。其间的9月1日，美国金融业监管局（Financial Industry Regulatory Authority，FINRA）和芝加哥期权交易所（Chicago Board Options Exchange，CBOE）曾通知曼氏金融需要修改特定回购的资本条件，并增加持有欧债敞口所占用的净资本数额。后来，曼氏金融补足了约1.5亿美元的净资本缺口。

2. 风雨飘摇

2011年10月25日，曼氏金融公布了第二财季报告，净亏损1.916亿美元，同比增加0.97亿美元，而罪魁祸首正是“有毒”的欧债。一周之后，纽约的一家券商首次向芝加哥商品交易所（Chicago Merchantile Exchange，CME）和商品期货交易委员会（Commodity Futures Trading Commission，CFTC）报告了曼氏金融缺失了数亿美元的隔离的客户保证金。同一天，客户账户全面冻结。第二天，曼氏金融公布，截至10月28日，客户保证金账户缺失了891 465 650美元。根据托管人的审查，缺口大约在16亿美元。曼氏金融的股票价格在10月的最后一个星期里下降了2/3。更糟糕的是，穆迪将曼氏金融的评级下调至Ba2的“垃圾”级别，穆迪给出的原因是：激进的风险策略以及公司在欧元区政府债务的风险敞口。惠普随之将其发行人违约评级下调至BB+的“垃圾”级，并列入评级负面观察名单。标准普尔也早将其列入BBB-的最垃圾级别，曼氏金融面临的融资成本空前膨胀。

3. 巨头陨落

2011年10月31日，美国股市开盘前，曼氏金融股票停牌，宣布破产。与此同时，证监会开始调查客户缺失的数亿美元。科尔津辞职，并且拒绝了价值1 210万美元的解雇补偿金。至此，美国历史上十大破产案之一终于告一段落。科尔津梦想将曼氏金融变成高盛那样的航空母舰，最后却步了雷曼的后尘，触礁而亡，让人唏嘘。

曼氏金融进行了大量的复杂而具有争议的回购交易，极大地提高了杠杆，当欧债危机愈演愈烈的时候，曼氏金融的流动性出现了极大的危机，而客户保证金的不翼而飞，让人难免怀疑被用作再抵押品。

次贷危机之后，美国银行业的平均杠杆率是10倍。当年雷曼破产时，杠杆率大约是30倍；而曼氏金融破产时，杠杆率却超过了30倍。虽然曼氏金融无法和雷曼那样千亿美元级别的航空母舰比较，但是曼氏金融的触礁，也让市场狠狠地捏了一把汗。曼氏金融破产之日，道琼斯、标准普尔和纳斯达克都纷纷下跌。特别是在大宗交易市场，价格波动变大，成交量极低，大部分人都谨慎观望，特别担心引发大规模的清仓，因此空方的压力很大，伦敦金属交易所（London Metal Exchange，LME）铜价跌到8 000美元/吨之下，下跌幅度高达3.16%。而私自挪用数亿美元的客户保证金，使金融市场一片哗然。芝加哥商业交易所、洲际交易所（Intercontinental Exchange，ICE）、美国期货部门、伦敦金属交易所、德意志交易所、新加坡交易所以及香港证券交易所都将曼氏金融列入了禁止名单，曼氏金融的交易员无法进入交易所进行场内交易，而曼氏金融的客户则只允许进行平仓交易。这笔保证金的去向，一时更是成为谜团。如果有客户在曼氏金融进行一项标的资产相同、数量相同、方向相反的对冲交易时，曼氏金融作为期货公司的总头寸就会被抵销掉，而如今那笔保证金将不用上交期货交易所。而曼氏金融拿到这笔保证金之后可以投放于隔夜拆借市场，白白地赚取一笔利息。这本来是一笔无本的好买卖，可是2008年金融危机之后，美国实行宽松政策，宣布进入“零利率”时代。而隔夜拆借市场的利率更是长久维持在25基点（Basis Point，BP）以下。

实际上，美国《破产法》和清算流程与我国总体相似，但在细节上有一定的差别。

在中国人的思维里，一个有限责任的企业要申请破产保护，那么这个企业必定是资不抵债了，才会这么做。其实，很多破产案例并不是这么做的。只要一个公司预期在不远的将来会资不抵债，并且短期内丝毫没有好转的迹象和可能性，它就会立马着手破产重组。破产重组的作用是让公司将其债务重新组合，其中一些债务会被免除，为的是让公司拥有现金流，这样才能获得盈利，有能力偿还债务。

4. 客户保证金之谜

我国和美国现行的《破产法》中都有“破产管理人制度”。破产管理人即托管人，是指在破产案件中，在法院的指挥和监督下全面接管破产财产并负责保管、清理、估价、处理和分配的专门机构。曼氏金融破产以后，约有6万个账户被转移到其他境外经纪商手中。历经3年多的时间，破产委员会才完成了客户资产的赔偿。调查结果显示，曼氏金融违规操作挪用客户保证金一事的复杂性，远超过大多数人的预料。

曼氏金融向法院申请破产保护后，CME、CFTC、美国参议院等机构先后针对其涉嫌挪用客户保证金的违规行为进行了调查听证。这笔钱的规模有多大、流向何方等问题成为美国市场监管、司法机构以及投资者共同关注的焦点。

科尔津坚称没有挪用这笔保证金。在一次法庭辩论会上，他表示大部分客户保证金在一些与曼氏金融有商业往来的金融机构手中，他们手握这些资金以保全自身的利益。

另外，在英国破产法的监管下，共计7亿美元的客户保证金被锁定在曼氏金融的英国分公司账户中。

科尔津的说法在2012年得到了曼氏金融破产托管人詹姆斯·吉登斯（James Giddens）的证实。他向美国参议院银行委员会递交报告称，他和他的团队已经对曼氏金融破产案中消失的客户保证金流向有了较为全面的了解。

根据詹姆斯·吉登斯的陈述，消失的客户保证金分为三笔，其中约有7亿美元的资金被锁定在曼氏金融位于英国的分公司。但是他也坦言，要拿回这笔资金将非常困难且耗时漫长，他不能保证是否成功。

另有2.2亿美元的客户保证金“莫名其妙”地从曼氏金融证券客户的账户转移到大宗商品客户的账户。这笔资金的归属方是争议的焦点。最后，还有6.8亿美元的资金被转移到与曼氏金融有合作关系的其他金融机构，其中大部分资金被转移到摩根大通。摩根大通是曼氏金融最大的债主，它持有曼氏金融12亿美元的债务。2011年10月31日那天，曼氏金融破产的消息公布后，摩根大通的股价也跟着下跌了5%。直到2013年3月，摩根大通才终于妥协，答应向破产案中受损失的客户归还5.46亿美元。由此，曼氏金融最终清算计划开始提速，并于2014年年底完结。摩根大通的这些暗地里的小手段难免让人厌恶唾弃，资本都是追逐利益的，而追逐利益的过程中，难免会损害他人的利益。摩根大通出于自身利益的考虑，竟然占用了大量的客户保证金，侵犯了大量中小投资者的利益，这是对社会很不负责的做法。摩根大通早已经不是当年的摩根银行了。摩根银行的创始人摩根（John Pierpont Morgan，2012）曾经一个人扮演起美国的中央银行，力挽狂澜。而后辈却把祖辈的荣耀和人们的尊重挥霍殆尽。金融监管在保护投资者利益，特别是中小投资者利益的路上，还有很远的路要走。特别是大金融机构天生就有“大而不倒”的光环，再加上巨头们的雄厚资本实力，金融监管机构很容易走到中小投资者的对面。不过雷曼的倒闭泼了狂妄自大的金融机构一脸冷水，虽然雷曼的倒闭导致次贷危机演变为金融危机席卷全球，美国和世界都为之付出了惨重的代价。但是，美联储放弃雷曼，就是对“大而不倒”的潜规则说不，金融机构必须加强自身的风险控制，以及保持合理的杠杆，才能长存，不能总想着有央行兜底而胡作非为，投资高收益、高风险的项目，把收益放到自己口袋，把风险转移给央行和社会。

4.2.3　原因分析

1. 主要原因：欧债投资失利

曼氏金融在科尔津的带领下，在欧债危机迷雾重重的时候大举进攻，而且几乎全是高风险的“五国联盟”债券，约59.24亿美元，在欧洲一共买了62.92亿美元的主权债务。曼氏金融对欧债国家的风险敞口占其总资产的15%左右。科尔津是那个发生火灾时仍然逆行的人。他当然不是消防员，他是去寻找财宝的。他盘算着到2012年欧洲的债务问题可以解决，从而大赚一笔。然而市场是无情的手，拍打着科尔津和曼氏金融。

欧债危机愈演愈烈，从希腊传到五国联盟，然后彻底席卷欧洲大陆。欧债危机已经彻底演变为系统性风险，曼氏金融持有的债券的价格不断下跌，损失巨大。

2. 根本原因：负债管理不当，风控失灵

曼氏金融在破产之前市值为12.32亿美元，而总资产高达410.5亿美元，其中的负债为396.8亿美元，经营杠杆率近33倍，在2007年和2009年年底甚至一度高达80倍和46倍。2008年，美国次贷危机之后，美国的投行普遍开始去杠杆，平均杠杆率为12倍。连像高盛这样往日里的“杠杆玩家”，也开始一改往日作风，变得保守起来。

美国监管当局早在2010年6月向曼氏金融发出警告，告诫他们需要提高资本储备，也就是降低杠杆率，并且询问了有关欧债的高风险交易，但科尔津拒绝接受这些警告。随着欧债危机愈演愈烈，曼氏金融不得不在2010年9月按照监管当局的要求补足了1.5亿美元的净资本缺口，但是曼氏金融的高杠杆率也成倍地放大了风险，五国联盟债券的下行压力也成倍地放在了曼氏金融的头上，而提高资本储备也跟着高杠杆，变成了无底洞；而降低资本金又会减少交易收入，加大破产的风险。负债管理可以比作曼氏金融在暴风雨中漂泊了200余年的巨轮的主帆，而在后金融危机时代，主帆彻底断了，船的沉没只是迟早的事情。

曼氏金融大量地采用了回购协议来融资，而回购协议在金融危机这样的恶劣环境下，只会加大企业面临的系统性风险。当那些流动性差的资产用于抵押，来签署回购协议时，会面临巨大的折价空间，恐慌情绪蔓延的市场环境中，没多少人愿意持有流动性差、风险高的资产。大家都青睐于流动性好、风险低的资产，例如短期国债。回购协议融资的方式无疑让曼氏金融承受巨大的压力。

罗伯特·默顿（Robert Merton，2015）认为现代金融理论有三大支柱，分别是资金的时间价值、资产定价和风险管理。而在金融实践中，风险管理是金融机构的核心。

曼氏金融拥有200多年的历史，是全球最大的期货交易商之一，理应拥有完备健全的风控系统。但事实证明，在科尔津大刀阔斧的投行转型之路上，风控系统和风控意识远远没有跟上步伐。从管理层对宏观经济的把握和资产配置的决策，到部门职员违规操作造成巨额损失，都透露出自上而下的风控系统的重大问题。而科尔津只顾着以高杠杆在欧洲市场建立投资组合，却忽略了系统性风险。科尔津俨然成了一名赌徒，而曼氏金融的前途也不再光明。

曼氏金融还“巧妙地”利用到期回购的方式，将债券用来做担保融资。这些交易都被视为出售处理，相关资产和负债都从其资产负债表上移除，从而主权债务的风险敞口并不包含在其对风险值的计算中，这很好地掩盖了公司核心业务疲软的真实情况。高盛在2008年金融危机中岿然不动，也在某种程度上激励了科尔津，毕竟他的目标是打造“小高盛”。但是曼氏金融却远没有高盛严密的风控系统，高盛拥有强大的资金实力和信息技术系统、高素质的风控人才，而且企业内形成了自己的风控文化，甚至风控经理敢于质疑高管，但科尔津在曼氏金融却是几乎没有受到任何约束。

3. 外部原因：评级下降的加速效应

评级机构下调曼氏金融评级，引起市场恐慌情绪，一方面投资者信心大幅波动，纷纷出售曼氏金融的股票和债券，公司股价大跌，筹资成本上升；另一方面交易对手要求追加保证金，经纪商暂停与它的回购业务，客户开始撤回资金甚至注销账户，使公司筹措资金压力急剧上升，流动性风险呈现。

过度自信和过度悲观的情绪在金融市场反反复复地交替着，有经济学家坚信人们的预期就是未来，投资者可以根据现实生活中的事件，不断地修正自己的预期，然后预期就变成了未来的现实。当然能够变成现实的是市场的预期，不是个人的预期。市场的预期在证券市场上，往往是看多力量和看空力量的来回博弈。在美国这样成熟的资本市场，信息可以快速地反馈到股票价格上，而曼氏金融的股票按照有效市场论，就是其真实的价值。虽然股价已经跌了很多，但曼氏金融还在苦苦挣扎。2011 年 10 月，随着穆迪、惠誉、标准普尔把曼氏金融纷纷下调至垃圾债券后，投资者紧绷的神经崩溃了，可以说评级下调是曼氏金融衰落的推手，加速了曼氏金融的死亡。但是，换个角度，评级机构只是做了分内的事情。随之而来的是，股价大跌，融资成本加速提高。而经纪商也开始暂停和它的回购业务，客户开始平仓，公司流动性风险巨大。压死曼氏金融的最后一根稻草，表面上看是评级机构的评级下调，实际上却是人们的信心。信心有时确实比黄金还要重要。曼氏金融成功地熬过了 2008 年的金融危机，那时的美国人心惶惶，从实体经济的各行各业，到金融机构，美国进入了漫长的去杠杆阶段。而欧洲的经济周期明显滞后于美国半个节拍，科尔津却忽视了美国和欧洲经济的高度相关性。

4. 直接原因：挪用客户保证金

美国商品期货交易委员会主管曼氏破产案的委员吉尔·萨摩斯（Jill Samos，2015）在听证会上说，曼氏金融违反了禁止挪用客户独立存管账户资金的规定。曼氏金融在申请破产保护之后，曾经积极地寻找买家，试图走上收购兼并的道路。本来曼氏金融已经开始和潜在的买家盈透证券接触了，但是挪用几个亿的客户保证金的消息不胫而走，谈判也跟着崩溃了，监管机构也停止了救助计划，没人愿意买下这么一个烂摊子。客户保证金被挪用的事件屡见不鲜，这也从侧面印证了曼氏金融的风控失灵，客户保证金的隔离不仅是内控问题，还极大地影响了曼氏金融的声誉。

参考文献

[1] 常燕．曼氏金融，梦断欧债［J］．金融博览：财富，2011（12）：70－71.

[2] 张颖．全球曼氏金融破产的原因和警示［J］．金融博览，2011（23）：42－43.

[3] 刘立新，高媛．全球曼氏金融公司破产的原因及启示［J］．银行家，2011（12）：94－96.

[4] 袁春旺，徐鑫，马捷．美国曼氏金融破产始末、原因及启示［J］．金融发展评论，2012（8）：57－60.

[5] 刘华．破产的曼氏金融公司内控分析及启示［J］．财务与会计：理财版，2012（2）：49－50.

[6] 刘琳．企业内部控制分析：以曼氏金融为例 [J]．经营管理者，2015 (24)：184.
[7] 王丽颖．曼氏金融申请破产保护　华尔街“失守”欧债危机 [J]．中国贵金属，2011：5-6.
[8] 朱玉霞，徐鑫．曼氏金融破产警示及借鉴意义 [J]．吉林金融研究，2012 (11)：26-30.
[9] 君水．曼氏金融 CEO“下课” [J]．环球人物，2011 (30)：68.
[10] 崔晓火．“曼氏”震荡余波 [J]．中国新闻周刊，2011 (43)：39-41.
[11] 罗三秀，王吉如．曼氏破产的启示 [J]．金融世界，2012 (1)：62-67.

案例使用说明

一、教学目的与用途

（1）适用课程：金融机构经营管理、金融机构风险管理、公司治理。

（2）适用对象：金融专业硕士、MBA 和 EMBA。

（3）教学目的：帮助学生在了解曼氏金融的发展历史的基础上，分析曼氏金融破产的原因；了解乔恩·科尔津的生平，理解他在曼氏金融破产中所起的作用；掌握负债管理在应对金融危机中的作用。

二、启发思考题

（1）曼氏金融破产的原因有哪些？乔恩·科尔津为何执着于购买欧债？

（2）商业银行和投行在资产负债管理上有什么区别？回购协议的优缺点是什么？

（3）案例中提到了哪些细节，暗示曼氏金融的风控隐患严重？

（4）评价乔恩·科尔津。

（5）历史上还有哪些著名的主权债务危机？主要原因是什么？

三、分析思路

（1）在了解曼氏金融的发展历史和乔恩·科尔津的生平的基础上，分析乔恩·科尔津在曼氏金融破产中所起的作用和曼氏金融破产的原因。主权债务危机的本质是什么？为什么科尔津要执着于购买欧洲主权债务？

（2）利用负债管理理论，分析曼氏金融运用回购交易来融资的优缺点及其在应对金融危机中的作用。商业银行和投行在资产负债管理上的区别有哪些？回购协议是如何加杠杆的？回购融资协议的优缺点有哪些？

第5章　金融机构资产业务管理案例分析

5.1　从民生银行案例解读如何发展小微金融业务

小微金融主要是指专门向小型、微型企业及中低收入阶层提供小额度的可持续性金融产品及服务的活动。根据小微企业的特点及其资金需求，现行商业银行的小微金融业务主要有以下特征：一是小微客户群数量众多，但单户业务量相对较小，银行的经营管理成本较高。部分商业银行为降低小微企业的营销成本和管理成本，采取了批量营销的模式，如前述提及的民生银行专业市场授信业务。二是贷款定价往往较高。一般要求有抵押物担保或有商业银行认可的、较有实力的企业或个人提供担保，且贷款定价较高，导致小微企业的财务成本比中大型企业的财务成本高。贷款形式通常以不超过一年期的流动资金贷款为主，少有固定资产贷款。三是适合小微企业的信贷产品依然较少，目前主要集中于商圈模式、供应链金融模式、合作社模式以及“挖潜”存量零售客户模式。四是小微金融业务经营效率较低。小微企业的资金需求一般是短、小、频、急，但在实际业务开展过程中，银行放贷效率仍然不高，其原因包括银行内部审批链条过长，因信息不对称导致对小微企业的调查和风险评估占用时间过长等。

近些年，地方政府逐步提高了对小微企业的重视程度及加强了政策支持，针对小微金融，在利率市场化、金融脱媒的倒逼之下，小微金融已经成为商业银行一条可取的转型之路。由于小微金融成本高、风险大，商业银行普遍走上了一条批量化、规模化的道路。目前各大银行及其他非银行类金融机构竞争逐步趋于白热化。当前经济形势下，小微授信业务也成为各金融机构业务转型的重点。国有银行及各大股份制商业银行加大力度开拓和抢占服务小微企业的市场，亮出优势。一时间，资产多、负债少的优质客户成为各家商业银行争抢的对象。此外，正规小额贷款公司在民间借贷中也扮演着越来越重要的角色，门槛低、放款快、品种丰富等优势慢慢吸引着小微企业主的目光，至此，小微金融市场呈现出百家争鸣的局面。

5.1.1 各大银行的小微金融业务基本情况

1. 工商银行的小微金融业务

截至2019年5月末，工商银行线上小微融资余额突破1 500亿元，较年初增长近600亿元。并且，“e抵快贷”已经推向全国140多个城市，半年时间已经为2.4万户小微企业提供融资440多亿元，贷款增速和不良率均保持在较好水平。

为帮助企业进一步有效降低融资成本、提高收益率，该行近年来不断推出专门针对小微企业而设计的融资创新产品。以小企业“网贷通”产品为例：“网贷通”是中国工商银行通过网上银行渠道向中小企业客户提供的网络自助式循环贷款服务，客户只要一次性签订循环贷款借款合同，在合同规定的有效期内，就可通过网上银行自助进行合同项下的提款和还款业务申请，系统自动处理，资金实时到账。该产品除了具有期限灵活、手续便捷、网络操作的特点，最大优势在于企业可通过网银自主决定借款和还款时间，实现资金的随借随还，最终实现成本的自主控制，降低融资成本。小微企业一般具有“小、频、急”的“快餐式”融资需求，但同时企业自身也存在财务报表不规范、资产的产权不明晰、银行流水较少等问题，因此小微企业融资难。为帮助小企业更迅速地走出经营困境，工商银行一方面从外部工作着手，积极建议政府相关部门及中小企业服务机构加快组织建设小微企业信用信息查询平台，并积极参与地方政府组织的各类中小企业金融服务宣传活动；另一方面从内部努力，立足于当地资源，结合本地特点，有针对性地拓展小微企业市场，在贷款产品和贷款担保方式上积极探索、积极创新，开发一系列新产品，寻找新的担保方式，有效解决了“瓶颈”。目前工商银行推出的重点扶持小企业特色产品除上述的“网贷通”产品外，还有“小额便利贷”“三专”市场融资创新方案、小企业“工商物业贷”“工商租业贷”等。

2. 中信银行的小微金融业务

小微企业的发展艰难，几乎没有可能公布于众，它们的规模决定了其兴奋点总是比国有大中型企业要微弱很多。融资难、担保难已困扰小微企业多年，真正解决小企业发展难题绝不是一朝一夕的事。信用危机一直是银行与小微企业之间一个最大的难题。这一问题的出现带动的是小微企业发展思维、银行对小微企业金融服务理念、小微企业面临的金融生态环境甚至是整个社会的诚信体系建设等多层面问题。中信银行依托多年深耕对公业务形成的大行业、大客户、大项目独特优势，构建“核心企业+上下游+生态圈”的经营模式，将大企业信用延伸至小微企业，开发了包含“链e贷、政e贷、票e贷、信e链、信秒贴”等一系列供应链融资产品，解决了小微企业主体信用难以评估和缺少有效抵质押担保的难题。中信银行普惠金融部负责人表示，仅2019年上半年该系列供应链融资产品的贷款增量就超过了100亿元。根据2019年半年报，截至6月末，中信银行“两增两控”考核口径普惠金融贷款余额1 672.46亿元，较年初增加308.93

亿元，增速为22.66%，高出各项贷款增速16个百分点；有贷款余额客户数9.56万户，较年初增加1.35万户，增速为16.39%。同时，中信银行积极落实相关收费减免政策，建立差异化利率定价机制，将利率定价保持在合理水平，上半年投放的普惠金融贷款平均利率5.19%，不良率0.88%，较年初下降0.61个百分点。

3. 民生银行的小微金融业务

目前国内商业银行积极开展小微企业融资业务，民生银行对于小微企业客户金融服务的定位无论从自身实力方面，还是业务发展方面都处于国内领先水平。首先，民生银行作为我国全国性民营股份制商业银行的一个重要代表，可以通过其在全国的分行触及国内任何一个省份。民生银行是我国首家由民营企业出资成立的全国性股份银行，成立之初，和国内的其他股份制商业银行一样是综合性银行，主要客户也是大型企业。但是随着近年来各项业务的快速发展，民生银行开始大力推进小微金融业务发展，迅速提高了小微企业金融服务业务在整体业务的比重。目前，民生银行已经成为我国为小微企业提供专业、系统金融服务的最大信贷机构之一。民生银行董事长董文标最先意识到小微金融业务的广阔发展前景，在2008年就提出“小微金融服务”的理念，并在第二年将民生银行的业务进行改革，重新定位成小微企业的银行。此后，民生银行率先发展小微金融业务，率先推出了专为小微企业提供快速融资、资金管理、高效资金流转的金融产品——商贷通。商贷通的运作效率提高了将近一倍，解决了广大小微企业的融资难、找不到贷款的问题，获得了小微企业和社会的一致好评。

截至2017年，民生银行全口径小微企业信贷余额5 865.43亿元。多年的小微金融探索与实践，铸就了民生银行小微金融的特色品牌。在中国银行业协会发布的《中国银行家调查报告2016》中，民生银行小微信贷业务处于同业领先水平；在《商业银行小微金融经理人调查报告》中，民生银行连续两年蝉联“小微金融服务最佳银行”称号。截至2018年6月末，民生银行小微企业贷款余额（全口径）达到6 500亿余元，较年初新增近565亿元，新客户逾期率保持在0.5%以下，户均贷款规模仅60万余元，持续为近740万户小微商户提供了融资、结算、理财等综合性金融服务。

4. 小结

综上所述，相比于其他的股份制银行，民生银行的小微金融业务发展得相对较好，有其独特的定位，所以本案例主要对民生银行成功的小额金融业务进行详细分析，并从中总结出经验和建议。

5.1.2 民生银行公司简介

民生银行于1996年1月12日在北京正式成立，是中国第一家主要由民营企业发起设立的全国性股份制商业银行，也是严格按照中国《公司法》和《商业银行法》设立的一家现代化金融企业。2000年12月19日，中国民生银行A股股票（代码：600016）

在上交所挂牌上市。2005年10月26日，中国民生银行完成股权分置改革，成为国内首家实施股权分置改革的商业银行。2009年11月26日，中国民生银行H股股票（代码：01988）在香港证券交易所挂牌上市。上市以来，中国民生银行致力于完善公司治理，大力推进改革转型，取得了良好的经营业绩，成为中国证券市场中备受关注的上市公司。

成立23年来，伴随着中国经济的快速发展，在广大客户和社会各界的支持下，中国民生银行砥砺奋进，开拓创新，从当初只有13.8亿元资本金的一家小银行，发展成为资产总额6万亿元、净资产逾4 300亿元、分支机构近2 800家、员工超过5.8万人的大型商业银行。在英国《银行家》杂志2019年7月发布的全球1 000家银行排名中，中国民生银行位居第28；在美国《财富》杂志2019年7月发布的世界500强企业排名中，中国民生银行位居第232。

随着中国经济由高速增长阶段转入高质量发展阶段，中国银行业面临的经济金融环境发生了深刻变化，商业银行纷纷加快战略转型步伐。2015年2月，中国民生银行正式启动全面转型变革的顶层设计——“凤凰计划”，并于2015年6月全面开工，全部39个项目陆续进入项目设计和落地实施阶段。中国民生银行以实施“凤凰计划”为主线，按照“做强公司业务、做大零售业务、做优市场业务、有序推动国际化和集团化发展”的经营思路，加快战略转型和业务结构调整，努力成为服务民营企业和小微金融的银行、互联网金融和财富管理领先的银行，不断增强持续发展能力和竞争优势。2017年年底，“凤凰计划”30个项目全面完成并取得预期成效。2018年4月，中国民生银行董事会审议通过《改革转型暨三年发展规划方案》，明确了“民营企业的银行、科技金融的银行、综合服务的银行”三大战略定位，全面推进改革转型落地实施，推动全行高质量发展。

5.1.3 民生银行小微金融的营销策略

民生银行坚持做好小微金融必须做好零售业务的理念，以小微企业为中心，重点发展两个方向；第一个方向是做好做强传统零售，围绕小微企业发展零售业务，打造私人银行品牌；第二个方向是围绕小微企业做好区域产业链金融。民生银行坚持以小微业务为根本出发点，持续着力发展“一圈一链”的商业结构，围绕“一圈”，深度挖掘小微企业的营销、服务和管理的功能；抓住“一链”，强强联合打造“公私联动”，不断提升服务理念，坚持做批量，从而降低业务运营成本。在小微金融业务的信贷流程方面，民生银行抓住客户最根本的需求，开创统一标准化流程，从而将小微业务进行集中管理，统一快速有效审批；坚持“收益覆盖风险”和“大数定律”两条基本原则，建立有效的数据模式来估算信贷样本可能的违约概率，用小微贷款价格来弥补银行潜在的综合经营成本，深度挖掘高净值的客户群，创新金融服务内容，同时发挥总分协作这一模式的优点，共享优势资源和信息，产生规模效应，扩大自己的收益。

从2009年至今，民生银行紧密围绕“一圈一链”的营销策略，以客户需求为导向，不断强化技术创新、升级业务模式，努力提升自身服务水平，为小微金融的可持续发展添砖加瓦，贡献自己的力量。截至 2018 年 6 月，民生银行全口径小微企业信贷余额 6 500 余亿元。董文标结合这些年民生银行的小微金融发展的经验，高度概括和总结出五条原则。第一，坚持单个客户贷款金额要小，尽量控制在 100 万～150 万元，充分分散经营风险；第二，根据大量的风险管理的法则，即大数定律，坚持以行业为分析基础，加强全面风险预测；第三，把风险量化技术运用到实践中去，差异化定价贷款产品，用价格来覆盖风险；第四，采用信贷工厂的模式，对贷款进行集中管理，同时努力培养一批高素质的专业队伍，实行专门化和专业化；第五，坚持批量化、规模化，创新担保机制，集中对一个产业群或一整条产业链进行整体授信，发展规模经济来降低运营成本。

5.1.4　民生银行小微金融模式

作为国内小微金融服务的领军者，民生银行的战略定位为“小微企业的银行”，以 2009 年“商贷通”面世为标志，创新商业模式，变革作业模式，打造核心竞争力，小微贷款规模每年都增长，一年上一个台阶，2012—2018 年，民生银行民企客户信贷资产规模从 4 000 多亿元增至 15 000 多亿元，年均新增近 2 000 亿元。此外，小微企业也属于民营企业范畴，截至 2018 年年末，民生银行小微企业贷款余额达到 4 000 多亿元。彰显了该行在小微金融领域专业的管理能力和全面的服务能力。民生银行正以更快的步伐向国内最大、最具特色的小微金融服务商这一发展目标稳健迈进。

1. 从“一圈一链”到“聚焦小微　打通两翼”

“一圈”指的就是“商圈”，指由各个地方商业比较发达的区域，结合商品流通和人缘关系组成的商业网络而形成的商圈，包括无形商圈和有形商圈。“一链”就是指产业链，是各个地方的特色经济区域的集中展现，主要以当地大型核心企业为重点，银行提供全方位的专业金融帮助，由此形成销售链金融和供应链金融。对于商圈的小微企业而言，行业内部各个商户之间的关系一直相对稳定，相互的合作关系健康，信用良好，只要通过银行的资金协助就可以扩大销售资金规模，可以大幅度地增加商户的利润。以武汉市为例，武汉市的小微企业，一部分主要集中在与广大市民生活相关的行业，另一部分存在于以大型企业为核心的产业链中，武汉本地缺乏大型优质的核心企业，因此配套的相关小微商户比较少。据此，武汉分行因地制宜，发挥地缘优势，集中精力在商贸服务流通领域，重点关注老百姓的米袋子、菜篮子。

2009 年下半年，民生银行提出了“做民营企业的银行、小微企业的银行、高端客户的银行”的战略定位，三年多来三大战略成功推进。2009 年下半年，民生银行董事会开始制定《五年发展纲要》，董文标提出，民生银行未来的发展战略要强力聚焦小微金融，分行转型就是要以小微企业金融为突破口，实现传统零售银行和产业链金融的两翼突破，深度开发。通过对金融服务商业模式的转换，把分行做强，把支行做大。

民生银行从“一圈一链”到“聚焦小微 打通两翼”，从单一产品到综合金融，创新商业模式，摸索并找到一条可持续发展的小微金融之路；并持续深化“一圈一链”批量开发模式。在批量开发模式的深入践行下，该行在全国性大型商圈内、重点产业链条上均有较高的市场渗透率。实现批量开发的同时，不仅提升了金融服务效率，有效控制了贷款不良率，还降低了运营成本，基本破解了小微金融“风险大、成本高”的难题。

2. 客户整合模式

创新客户整合模式，推出城市商业合作社和互助基金担保贷款。民生银行在 2012 年 4 月向各级单位印发《中国民生银行城市商业合作社联谊组织建设工作指导方案》，要求各级分行认真学习文件提出的统一城市商业合作社关于各方面制度建立的细则，要求全行积极主动将市场中无序、零散、独立、各自为战的小微企业整合在一起，让小微企业形成有组织、有合作、有交流的一个团体；开创会员互利共惠的美好局面。民生银行从行业、区域、规模等多个维度，把众多小微企业组织在一起，形成共同的经济体。在商业合作社中，入社会员依托合作社这个平台，抱团发展、互帮互助，降低了行业波动风险；民生银行可以为合作社会员提供专业化全方位的金融服务，通过批量开发小微企业，不仅降低了营运成本，还提高了效益空间、降低了经营风险；此外，民生银行还可以通过入社会员开发其上下游企业，不断挖掘潜在的客户群，增强自身的竞争力。通过小微城市商业合作社平台，让商圈内分散的企业实现物流、结算、产品、基金、信息五大平台的共享，进而实现了客户资源的整合和批量开发的整合。这一创新型客户整合模式为小微企业抱团发展提供机会。

民生银行小微金融业务的优势不仅在于特色产品比较丰富，而且各类产品的运作效率很快。加入合作社的会员，可以通过入社会员之间的相互担保在短时间内获得贷款。小微企业互助担保基金，是由满足民生银行相关要求的会员自愿发起成立的，各小微企业主之间互帮互助，共享互助基金的利益，一起承担与自己实力相匹配的风险，并委托专门的机构来管理，是一个互相合作组织。互助担保基金突破过去保守担保的方法，运用基金有限责任的属性，各成员以互助基金的出资份额为根本点，只需要承担相应的责任来对其他企业进行担保，避免联保体一个主体经营出现问题，导致其他会员单位产生连锁反应；该基金不仅有效地阻断了金融风险在会员单位之间传导，还可以最大限度地帮助小微企业抱团发展。除此之外，互助基金贷款的方式比一般产品灵活，可以一次提取贷款，也可以把额度循环授信使用，每个会员一次最高可获得 500 万元贷款，可以有效满足小微企业的短期资金需求，是民生银行担保方式的又一创新。

3. 产业链模式

民生银行相关战略规划部门经过多次实践研究发现，全国各地区都有发展成为地方特色产业集群的潜力，部分地区已经借助相关平台，渐渐成长为全国闻名的重要产业区域，如珠海附近的三角区域、长江中下游区域等。但是很多地方既没有相关政策刺激，又缺乏一个有力的平台助推他们的发展。在这个方面，民生银行无疑走到了前列。以渔业产业链为例，2011 年 10 月 17 日，农业部发布《全国渔业发展第十二个五年规划》，国家将加大对现代渔业建设的财政支持，争取到 2015 年渔业产值达到 10 000 亿元，年均增速为 8.3%。民生银行经过细致的市场调研，发现金融需求都集中存在于海洋捕捞、养殖、加工、销售、贸易，冷藏等产业链的各个环节。民生银行青岛分行行长赵志敏说："我们针对这些环节，设计了一篮子综合金融服务方案为商户拓宽融资渠道。"据介绍，基于海洋渔业的行业特性，民生银行在接受原有不动产抵押、担保公司担保的传统模式的同时，将船舶、船舶所有权证、海域使用权、冷链产品、市场租赁权、商标权等纳入可接受的抵质押范围。在交易结构上，创新各种授信产品，如购船按揭贷款、船舶融资租赁、出海贷 + 委托交易中心收款、建店融资贷款、经销商贷款、应收账款质押和核心企业保购等。赵志敏表示："每个小客户都有'产业链'，除了贷款服务，我们还为渔业企业提供结算服务和其他诸如财务顾问、理财顾问、资讯提供等增值服务，金融服务的多样化，也给分行带来了存款的成倍增长。"

4. 经营管理模式

创新经营管理模式，形成特色化的专业支行运营模式。依托专业支行在对所属区域的产业结构、主导行业、商业业态和特色经济分析的基础上，围绕其周边商圈、主导产业链的经营特点和规律，进行有效综合开发，并结合支行资源和地缘优势，提供融资、存款、结算和售后服务等一体化服务。小微专业支行模式特别适合具有特色产业的专业城镇或专业市场，还可以协助管理该特色产业的行政机构做好基础管理工作。以民生银行福州分行推出的"海融通"产品为例，福建地处沿海，拥有广阔的渔业资源优势，福州分行根据地区渔业资源丰裕、海洋产业链完整发达的特点，成立对应业务的专业支行，以当地客户根本需求为出发点，成立了对应的金融活动部门并配套一系列满足需求的软硬件设施，集中支行所有优势资源，深入到渔民和广大鱼企中，倾听小微客户的心声，找到企业发展的瓶颈；经过半年的努力，开发出满足客户实际需求的"海洋投行通"等产品，既解决了当地渔民的资金需求，也提升了民生银行在当地的服务口碑和质量。目前经民生银行总行认证授牌的专业支行已经超过 100 家，以此为重要节点，覆盖全国的小微金融各行各业、全产业链研究和产品创新服务网络正在形成。

5. 小结

综上所述，我们可以看到民生银行在推进小微金融的过程中能够与时俱进，勇于打破传统的单一模式，向综合服务发展；创新客户管理模式，不仅降低了自身成本、提升了效益，还解决了小微企业的难题；打造产业链模式，深度挖掘区域特色；创新经营管理模式，深度挖掘区域优势，并形成了具有特色化的专业支行。

5.1.5 民生银行小微金融的成功经验

1. 找准客户、抢占商圈

民生银行来自民营企业，服务民营企业。民生银行把服务于民营企业特别是中小型、高科技民营企业作为市场定位，既符合民生银行成立的宗旨，也符合经济发展对金融服务的需求。第一，因为自己的股东有80%来自民营企业，而且目前绝大多数股东仍是民营企业。所以，民生银行与它们有密切的联系，充分了解民营企业的需求，能够更好地为民营企业发展提供服务和支持。第二，民营企业可观的市场发展空间，也让民生银行愿意集中精力去做好做大这块蛋糕。2018年，我国民营企业对国民经济的贡献率超过60%，民营工业企业完成规模以上工业增加值以及规模以上工业利润的一半以上。第三，受到资金实力等的限制，民生银行难以与国有银行竞争大客户、大项目，而大力支持民营企业有利于扬长避短，发挥自身机制灵活、决策链较短、贴近中小民营企业的优势。

从民生银行的经营思路可以看出，不论是占领商圈、打开两翼、打通一链，还是推出特色金融、合作社的模式，民生银行都是以区域集群或产业集群，抑或一整条产业链作为开发对象，全方位地为这些企业提供服务。根据大数定律，足够大的群体可以完整体现个体的特性，可以防范小微企业信息不透明，而且可以通过一整条交易链有效地掌控物流、信息流和资金流，解决银行信息不对称问题。

2. 开发新产品，满足市场需求

民生银行成立了专门负责产品创新的认定委员会，对新产品进行全面评估认定，并制定相应的奖励政策，加大对新产品开发的激励。从买方付息票据贴现业务、外汇票据买断业务到保理业务、民生集团网，再到账户信息即时通、住房二次抵押贷款以及个人委托贷款、理财风暴、“一桶金”小企业主经营贷款，不断推出的新的金融产品，已形成民生银行独具特色的、有市场竞争力的金融产品体系，强化和提升了民生银行的品牌内涵。其他商业银行也可以根据自己的实际情况来挖掘自己的产品模式。

3. 抓住互联网浪潮

与传统服务手段相比，网络服务的运营成本低、反应速度快，可以大大简化保险理赔服务的程序，节省顾客主动联系保险公司的隐性成本。所以，除了利用电视广播媒体、展览、产品目录、24小时电话服务热线等传统服务方式，保险企业还可以搭建本公司的网络服务平台，本着“方便顾客”的原则，充分利用社会化网络媒体的即时性、互动性的特点，随时为顾客提供快捷服务。近两年，以阿里巴巴为代表的互联网金融横空出世，名震一时的余额宝对传统的银行业带来了巨大的冲击，互联网金融这一概念风靡一时。随后，众多的互联网金融公司纷纷创立，P2P、众筹等新的模式敲响了银行服

务方式改变的警钟。截至 2019 年 6 月末，全国共有小额贷款公司 7 797 家，贷款余额 9 241 亿元。民生银行及时根据市场走向，抓住互联网金融蓬勃发展的良好机遇，迅速推出自己的互联网金融产品，像手机银行、微信银行以及线上支付，强调互联网思维，加大网络金融投入和建设力度。

近年来，小微企业融资难问题一直是世界性难题，已经引起相关部门的注意，银保监会和财政部接连出台相关刺激政策鼓励小微企业的发展。此外，随着利率市场化的逐步实现，各银行的利润点收窄，小微金融将是各家银行必争之地。同时大客户的融资渠道也逐渐转向间接融资，银行对公信贷业务正在逐渐呈现饱和状态；银行的收益受到了影响，所以，开展小微金融对股份制银行来说，是一个实现业务转型的重要机遇。民生银行在小微金融业务上的成就为我国商业银行提供了有力的参考。商业银行可以在民生银行小微金融的成功经验上结合自身实际情况来开展小微金融业务。

参考文献

[1] 高曙东．民生银行打造全国领先的专业小微企业服务银行［J］．中国金融电脑，2012（11）：18－19.

[2] 李琪．做小微企业的银行——专访民生银行行长洪崎［J］．中国银行业，2014（Z1）：86－90.

[3] 彭惠新．民生银行小微金融业务的转型之路［J］．中国信用卡，2014（7）：25－27.

[4] 杨凤梅．对小微企业信贷业务的调查分析——以民生银行长春分行为例［J］．吉林金融研究，2018（5）：36－38，41.

[5] 刘雪清．小微企业创新型融资渠道分析——以民生银行为例［J］．财会学习，2019（30）：226，228.

案例使用说明

一、教学目的与用途

（1）适用课程：主要适用于金融机构经营与管理、商业银行经营学课程，也适用于工商管理各本科专业相关课程。

（2）适用对象：金融硕士研究生以及一些银行从业的管理者，工商管理各专业本科生。

（3）教学目的：主要以民生银行为研究对象，介绍了民生银行的小微金融业务的发展情况，从营销策略、营销模式等几个方面进行描述和思考，总结出关于民生银行小微金融业务的成功经验，为商业银行发展小微金融业务提供了有力的参考。

二、启发思考题

（1）比较中国工商银行、中信银行以及中国民生银行的小额信贷业务在贷款余额、客户数量、客户分布以及不良贷款等方面的差异是什么？

（2）分析为什么民生银行能够在众多股份制商业银行中在小额信贷业务上取得领先地位，它的明显优势是什么？

（3）民生银行的小微金融模式有哪些特点？

（4）民生银行在小额贷款业务上的成功为商业银行发展小额信贷业务提供了什么启示和借鉴？

三、分析思路

（1）将一些商业银行的小额信贷业务的发展状况挖掘出来，可包含城市、农村商业银行，国有股份制银行或者股份制银行等，本案例只列举了中国工商银行、中信银行、中国民生银行三家银行的小额信贷业务发展的状况。此外，老师可鼓励学生列举其他国有商业银行（如中国银行、中国建设银行、中国农业银行等）、股份制商业银行（如招商银行、浦发银行、华夏银行等）、城市商业银行或者农村商业银行的小额贷款业务的发展现状。

（2）应该进行两个方面的分析：一是将所挖掘出来的银行自身小额贷款业务发展的优劣势进行 SWOT 分析；二是将所挖掘出来的银行和民生银行在营销策略、小额贷款模式等进行对比分析，这也是本案例教学的重点，在分析过程中，要紧密结合案例正文提供的素材，激发学生主动将所挖掘的其他银行的小额贷款业务发展的情况和民生银行做对比分析，并积极讨论，发表自己的观点。

（3）同学们已经找到了其他银行和民生银行的不同之处，即民生银行能够在小额贷款业务上取得成功的优势之处，所以老师应该激发同学们讨论的热情，将每个人总结出来的民生银行的优势进行列举。据此，结合其他银行的特性，总结出启示和经验。

5.2 金融科技浪潮下微金融机构的变革之道——基于中兴飞贷的案例研究

以交易成本和信息不对称为基础，金融中介理论根据默顿提出的“功能观”视角和逻辑来解释金融中介的存在和竞争优势。近年来，传统金融中介理论的研究领域尽管得到了拓展，却仍然无法回答“小微企业融资难”的问题。随着时代发展，以银行为代表的传统金融中介机构在信息技术、风险控制等方面取得了长足进步，极大地降低了交易成本并缓解了信息不对称问题。然而银行的快速发展与小微企业的融资需求之间却显得更加对立，小微企业融资难仍是世界性难题，在我国也不例外。

学界为回答上述问题，引入了“微金融”的概念作为对传统金融中介理论的补充。理论上，微金融理论弥补了传统金融中介理论难以研究小微企业融资的缺陷；实务上，依托微金融理论诞生的微金融机构在一定程度上改善了小微企业的融资状况。

小微企业看似微不足道，但由于数量巨大，已成为国民经济的重要支柱。工商总局数据显示，截至 2017 年 3 月底，全国共登记各类市场主体 8 935.68 万户，其中私营企业 2 405.98 万户，个体工商户 6 052.78 万户，个体私营经济占市场主体总数的 94.7%，个体私营经济从业人员 3.1 亿人。小微企业活跃度不断提升，带动就业的作用越加显著。因此，我国政府十分重视小微企业的融资问题，采取多种政策支持并鼓励小额贷款公司等微金融机构的发展。

近年来，随着互联网的迅速发展，金融科技成为一大热点。依托互联网信息技术，金融科技在发展普惠金融方面具有天生优势，在微金融领域服务小微企业融资本应大有可为，但不同公司对金融科技的理解与实践却存在明显差异。部分 P2P 等互联网金融公司忽视了金融科技的本质，导致微金融行业出现无序竞争甚至爆发风险，在这种背景下以小额贷款公司为代表的传统微金融机构的生存和发展面临严峻压力。

面对残酷现实，变革是微金融机构不得已的选择。那么在金融科技浪潮下，微金融机构的变革之道是什么？如何运用金融科技真正发展微金融，服务小微企业融资？这是本案例分析探讨的第一点。

在众多微金融机构仍在困惑的时候，中兴飞贷已用成功的实践给出了答案。

除此之外，为了继续改善小微企业的融资状况，2017 年《政府工作报告》提出鼓励大中型商业银行设立普惠金融事业部。银行如何做好普惠金融或者微金融？微金融机构能起到怎样的作用？微金融机构和银行间是否存在一个业务边界？这是本案例分析探讨的第二点。

变革过程中，中兴飞贷与银行始终保持着良好关系，从开拓性助贷模式的建立到对自身助贷机构身份的定位，中兴飞贷的案例同样在微金融机构与银行之间的业务边界及相处模式方面给了我们很多启示。

综上所述，作为一个案例研究，聚焦中兴飞贷的变革全过程，旨在讨论以下问题：第一，微金融机构应如何变革，以更好服务小微企业或者说微金融客户，而金融科技在其中又起着怎样的作用；第二，微金融机构与银行应保持何种关系，从而真正缓解小微企业融资难问题。

5.2.1　公司简介

深圳中兴飞贷金融科技有限公司（以下简称中兴飞贷）是一家通过输出移动互联网科技、大数据风控技术、随借随还的微金融信贷产品设计，令持牌金融机构的资金更有效地满足微小企业主和消费人群融资需求的金融科技公司。中兴飞贷面向银行等持牌金融机构和个人，以科技为支撑，以风控为核心，通过和银行等持牌金融机构合作，使得后者的资金更有效地满足小微企业主以及消费人群的融资需求。银行等持牌金融机构通过飞贷可实现更有效的资金配置。借款人通过飞贷可实现以下服务。随时随地：7 × 24 小时业务受理，无须亲临网点，无须提供纸质资料。3 分钟 4 步骤，简单完成贷款申请，获批最高 30 万额度的贷款。随借随还：额度范围内，用户可以任意选择提款金额和贷款期限，还款过程中可选择部分或者全额提前还款、延长或缩短还款期限，且无任何额外费用，还可灵活调整还款日。一次授信，终身使用：授信额度终身有效，不提现不产生任何费用。

中兴飞贷自成立以来始终专注小微信贷领域。梳理其发展历程，中兴飞贷共发生了三次大变革，分别是第一次变革的信贷工厂模式、第二次变革的“飞侠”体系和第三次变革的手机 App 贷款“飞贷”，其中特别是第三次变革令中兴飞贷发生了翻天覆地的变化，并由中兴微贷更为现名。可以说，变革贯穿了中兴飞贷的发展道路，它始终把握住金融科技的内涵，勇于创新，率先变革，探索出一条真正运用金融科技发展微金融的道路，从而保持着微金融行业领跑者的地位。

5.2.2 前两次变革：金融科技的初探索

微金融服务的客户群体的信息特征是软信息，绝大多数没有正规的财务报表，各种用于信贷决策的信息相对欠缺并且比较分散，因此从事小微信贷的微金融机构成为严重信息不对称一方，做好小微信贷业务在技术上存在很大困难。

中兴飞贷的前身中兴微贷初创时，较先进和流行的小微信贷风控技术是国际上相对成熟的德国国际项目咨询公司（International Project Consult，IPC）技术，其流程与传统信贷相仿，但在每个环节的细节方面，充分考虑小微信贷的特点，在尽量简化的同时突出重点，使信贷员掌握对软信息的处理方法。使用 IPC 技术也存在诸多问题，主要表现在：IPC 技术对信贷员的专业水平和道德水平均提出了很高的要求，专业人才的培养速度跟不上业务发展的要求，业务运行效率也难以提高，成为微金融机构的发展瓶颈。如何更高效处理软信息，降低小微信贷中的信息不对称，提高业务运行效率，这成为中兴微贷酝酿第一次变革的出发点。

经过不懈努力，中兴微贷针对微金融特点设计出新的整套流程，并命名为“信贷工厂”。信贷工厂模仿现代化工厂的流水线，将小微信贷的审核审批全流程进行科学的分拆，使每名审核人员专注于其中的一个部分，再运用高科技的嵌入技术将各个部分连接起来，最终形成信贷决策。它不但突破了 IPC 技术的主要瓶颈，而且增加了更多判断信贷风险的维度，再加上多套适用于不同地区和人群的评分模型，使信贷决策更为客观、科学和高效。

在信贷工厂模式中，中兴微贷最自豪的是“准确的模糊化甄别和审批技术”，即通过各种权重设计，将客户的各类模糊信息半智能化地输入拥有自主知识产权的各种评分模型中，从而把客户的非财务信息最大限度还原为财务报表信息，实现软信息向硬信息的转化。这里的“模糊信息”是指由模糊现象中获得的精确度不高、难以定量的信息，这与微金融理论中的“软信息”是相对应的，甚至内涵更加宽泛。

尽管在进行第一次变革时，金融科技的概念刚在国外萌芽，但中兴微贷已运用相关理念，将计算机技术融入传统微金融领域小微信贷的流程，实现了准确模糊化甄别和审批技术，进行了金融科技的初探索，极大降低了信息不对称所带来的道德风险和逆向选择，这是信贷工厂模式取得巨大成功的关键。

中兴微贷依托金融科技在业内率先实现了高效化、无纸化、标准化、批量化的信贷管理流程。截至 2013 年年底，深圳共有小额贷款公司 88 家，贷款余额为 116.77 亿元，中兴微贷起步不到 4 年，贷款余额却达到 11.88 亿元，占深圳整个行业的 10.17%（见图 5.1），从而脱颖而出成为微金融行业的领跑者，这其中金融科技的力量不容忽视。

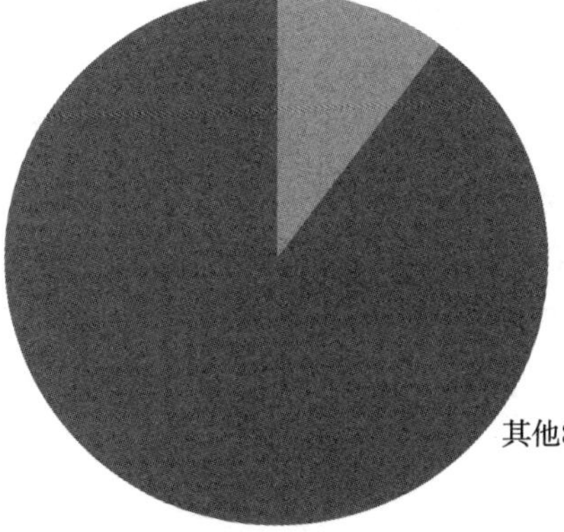

图 5.1　2013 年年底深圳地区小额贷款公司的贷款余额分布

资料来源：深圳市小额贷款行业协会。

但从 2014 年开始，随着互联网金融公司的加入，微金融行业参与者数量开始急剧增加，激烈的竞争使从业人员的心态趋向浮躁和功利。为了业绩和收入，信贷员私自收费或用假材料包装客人等违规做法层出不穷。业务员与信贷员为一人，本是处理软信息以缓解信息不对称的针对性措施，但微金融行业的无序竞争打破了小微信贷中“人”的可靠性，在业绩压力的同时做好风险控制，还可行吗？“人”的使用带来了新的信息不对称问题，这给行业发展提出了严峻的问题：微金融机构的小额贷款一般没有担保抵押，客户如果同时向多家机构申请贷款并且信贷员为这种客户提供便利，那么“多头”贷款就会形成，客户的过度负债使风险逐步积累，可能导致微金融机构的坏账集中爆发。与此同时，业务员的大规模使用令公司的人力成本迅速攀升，微金融机构的利润空间因此被不断压缩。

在这种背景下，中兴微贷选择跟随互联网潮流，展开第二次变革，具体可分为两个阶段。在第一阶段，它借鉴保险行业“保险代理”的众包模式，创造了小微信贷兼职代理人的“飞侠”体系，完成了将获客模式由“物理网点加信贷员”到招募兼职代理人“飞侠”的转变。中兴微贷在 2013 年 10 月正式推出 PC 端“E 贷贷”网站。“飞侠”通过“E 贷贷”网站将借款人的信息提供给中兴微贷，同时将客户的纸质申请资料就近提交给线下网点，一旦客户融资申请获批，“飞侠”就可以获得佣金。互联网成为“飞侠”与中兴微贷间进行客户融资需求信息交互的唯一途径。第二阶段则始于 2014 年 5 月，为进一步建立优势，中兴微贷在 PC 端基础上推出了移动互联网端的手机 App“飞侠”，飞侠们能更便利地将融资需求者的信息传送到中兴微贷的数据中心。飞侠推荐借款人的难度和工作量大幅降低，数量也急增至十余万人，但中兴微贷直属销售团队却由近 2 000 人缩减到近 200 人。

中兴微贷运用互联网科技对微金融行业传统的营销与风险控制理念进行了创新，改进后的“飞侠”模式成为微金融行业第一个基于移动互联网的 O2O 模式，实现了线上获客、线下服务和风险控制的无缝对接。借力金融科技，“飞侠”模式一方面将业务员和信贷员的身份实现了一定程度的分离，缓解了小微信贷中“人”所带来的信息不对称下的道德问题和逆向选择；另一方面通过将业务员“众包”，在快速扩大业务规模的同时，显著降低了人力成本。

小额贷款公司数量从2010年年底的2 614家攀升至2014年年底的8 791家，行业竞争日趋激烈。2010—2014年，小额贷款公司的平均管理资产分别为6 810万元、7 750万元、8 470万元、10 450万元、10 720万元。不难看出，微金融行业从2013年开始发展速度明显放缓。但中兴微贷却始终保持业绩高速成长的势头，仅在2014年就实现了近50%的税后利润增长（见图5.2～图5.5）。可见，中兴微贷通过对金融科技进行初步探索与运用，实现了又一次腾飞。

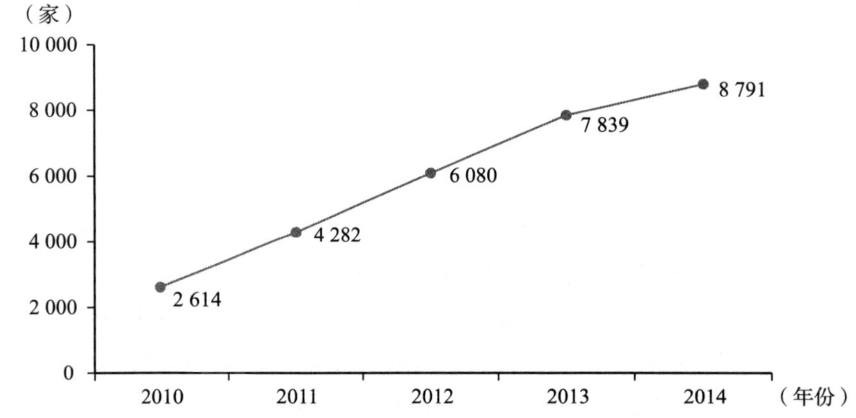

图5.2　2010—2014年小额贷款公司数量发展情况

资料来源：中国人民银行网站。

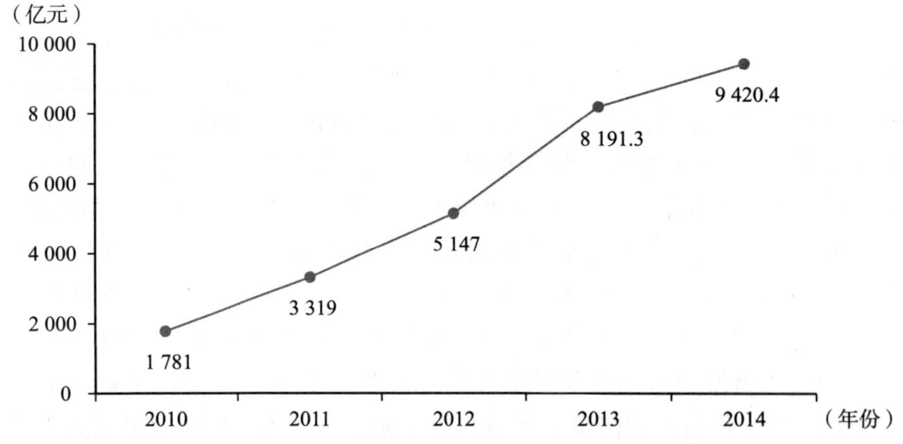

图5.3　2010—2014年小额贷款公司管理资产发展情况

资料来源：中国人民银行网站。

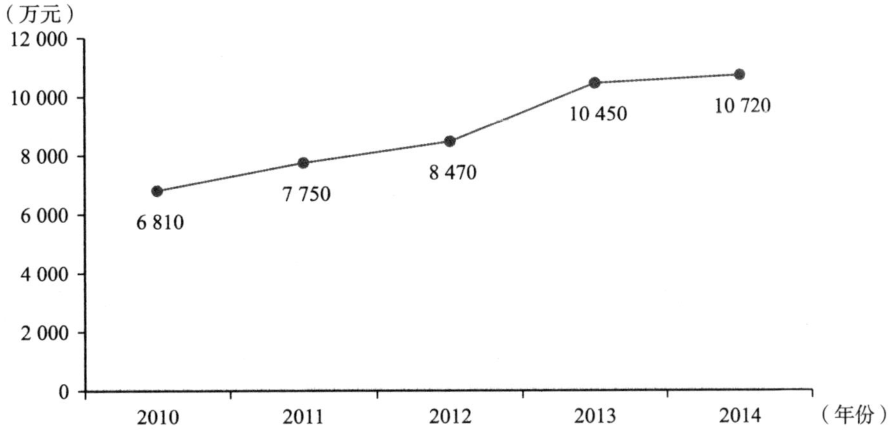

图 5.4　2010—2014 年小额贷款公司平均管理资产发展情况

资料来源：中国人民银行网站。

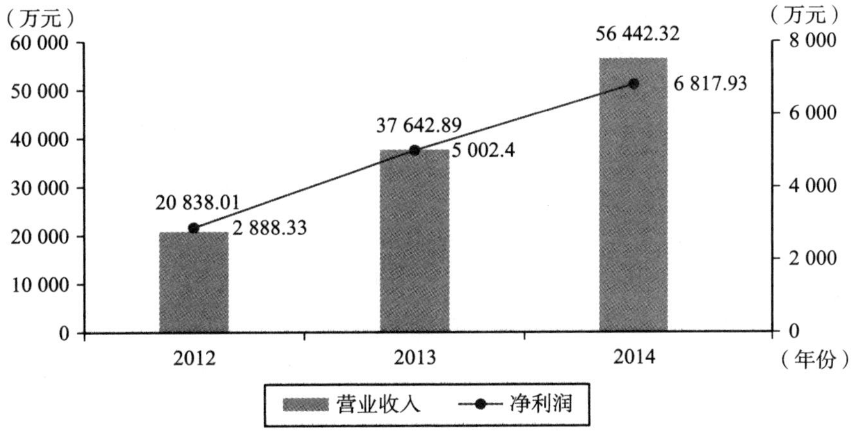

图 5.5　2012—2014 年中兴飞贷（中兴微贷）的营业收入及净利润

资料来源：深圳中兴飞贷金融科技有限公司官网。

5.2.3　第三次变革：金融科技与变革之道

1. 产品为先，确立核心价值

中兴微贷第二次变革推出的“飞侠”模式，根据外部市场反馈和内部运营数据来看是非常成功的。但市场上跟随者迅速涌现，同行开始模仿“飞侠”模式并通过比拼佣金来争抢“飞侠”以获得客户资源，行业陷入新的恶性竞争。在这种情况下，中兴微贷的管理团队很快意识到“飞侠”模式对获得客户方式的创新并没有改变微金融行业同质化竞争的根本现状，危机并未解除。在思考下一步变革的过程中，他们逐渐认识到：金融服务中最能够体现客户价值的就是产品。在互联网时代，金融创新往往与科技相联系，进而产生了金融科技或者说是金融科技创新的概念，但在金融科技浪潮下，金融创新的本质仍然在于产品创新，在于创造出最大限度满足客户利益与需求的金融产品。并且在移动互联网时代，客户拥有更大的选择权，产品只有真正满足客户的利益与需求，才会被客户主动选择。

传统金融机构的产品存在太多显性或隐性障碍，将大量微金融客户拒之门外，直接造成“小微企业融资难”。因此，中兴微贷的第三次变革围绕产品进行创新，并抓住金融产品的核心价值，即始终从客户的利益与需求出发，从而真正解决传统金融产品使客户面对的诸如申请难、获批难、用款难、还款难、再借难等问题。

通过高管带头、公司全体员工参与的大量实地调研，中兴微贷决定将“随借随还”这一特性作为关系微金融客户利益的痛点来设计差异化的金融产品，其团队敏锐意识到，移动互联网是未来的发展趋势，公司应将业务全部放至移动互联网端，做一款“随时随地、随借随还”的手机 App 贷款产品，从而实现双赢。这里所谓的双赢是指：对外而言，客户不再通过任何中间环节直接获得产品和服务，得到良好的体验；对内而言，砍掉线下及 PC 端业务，可以降低成本并提高效率，公司更可能将有限资源全部聚焦到手机 App 贷款上，把产品创新做到极致。为告别过去传统的产品和模式，中兴微贷决定将这款“随时随地、随借随还”的手机 App 贷款产品命名为“飞贷”，公司也一并更名为中兴飞贷，全面展开第三次变革。

2. 金融科技，互联网时代微金融机构生存和发展的核心竞争力

如果产品创新对客户利益需求满足得越多，那么企业内在综合能力面临的挑战也就越大。中兴飞贷想给微金融客户提供“随时随地、随借随还”的良好体验，对其内功的考验不可小觑，相应组织机构、运营管理等都需要做出变革，而其中面临的最大挑战是如何完善小微信贷的风控体系。微金融的风控体系对现代信息技术和科技的要求非常高。

在系统阐述中兴飞贷的金融科技核心竞争力之前，我们有必要回顾近年来在我国异常火热但问题迭出的互联网金融。以我国互联网金融的一大主力军 P2P 为例，资金池、期限错配、资产拆标、自融等行为充斥其中，甚至出现 e 租宝等非法集资、庞氏骗局的现象。问题的根本原因在于众多 P2P 平台不具备基本的风险管理能力，无法建立完善的风控体系，更缺乏微金融领域处理小微贷款模糊信息或者说软信息的技术手段，只用超高收益率吸引资金，却无法将资金与优质的信贷资产相匹配。P2P 平台的本质仍是金融中介，资金端和资产端的不匹配使其无法履行金融中介的功能，投资者的利益自然难以保障，跑路和倒闭也在所难免。

发达国家对互联网与金融关系的理解与我国有着本质差异，其代表是美国的“金融科技”。美国的金融业极其成熟，引入互联网是为了满足传统金融机构难以满足的客户需求以扩大服务面，绝不是为了降低金融业的门槛。互联网时代金融业的门槛并不低，因为金融的核心在于风险，风险识别、风险控制和风险定价都需要极强的专业能力。因此，美国进行的是金融互联网化的过程，不同于我国的互联网金融。

互联网金融的正确落脚点是金融，必须重视风险，而在互联网时代，大数据的运用

使风控越来越依赖互联网和信息技术，金融科技开始成为微金融机构生存和发展的核心竞争力。因此，“飞贷”要想实现“随时随地、随借随还”，毫无疑问离不开金融科技。微金融风控技术和互联网技术成为第三次变革的关键。

3. “天网”风控体系，微金融的“技术范”

为实现第三次变革，中兴飞贷首先在信贷工厂模式自建的核心数据库的基础上，同经过筛选后的外部数据供应商合作，将内外部数据统一接入一个专门的大数据平台，并对它们进行优化组合和精细化技术处理，使之成为评估客户进而作出最终信贷决策的基础。这里必须强调，中兴飞贷在多年专注小微信贷的基础上，积累和构建了一个贷款人行为数据库，它使评估小微贷款客户贷前贷后风险的精确性得到极大提高，这与其他电商互联网的商品交易和社交大数据具有本质差别，因此具有极高的价值。这一大数据平台可以对海量数据在毫秒内进行准确的运算，因而在业内被称为“大数据应用神算平台”。

与此同时，中兴飞贷通过自建和引进共部署了三套决策引擎，分别管控信用风险、欺诈风险、核算及流程，搭建起一整套风控核心决策系统。该系统使用“规则引擎”“建模工具”和“评分分级”等技术，部署和运营独有的“贷款申请”“额度优选”“风险定价”等策略，使其像超级计算机一样，能运用既定规则精准调用对应数据，再结合“大数据应用神算平台”进行分析、运算和判断，以确保对借款客户信用甄别、决策、定价的快速和准确。这套独特而立体的风控体系自此正式确立，并被命名为“天网”。

风控是金融的核心，以往看来风控的关注点在于防范潜在不良客户，但“天网”在此基础上进一步实现了对客户信誉动态、立体的甄别，并快速配以不同的贷款额度和费率，完成了风控领域的一大突破。这在我国当前信用体系的建设无疑是欠缺的。中兴飞贷的风控完全建立在金融科技之上，基于客户的真实行为数据不断更新客户的相应评分，实现动态调额定价，目的是鼓励客户珍视并累积良好的信用记录，因为这些良好的信用记录会使客户在额度提高的同时利率反而下降。这种金融科技之上的风控体系看似冰冷且不近人情，实则是有“温度”的，因为它能做到鼓励诚信并惩罚失信，从而真正唤醒社会的诚信意识，这对推动我国信用体系建设具有重要的示范效应。

“天网”中金融科技的运用使中兴飞贷的风控能力得到明显提高，其信贷违约率从2015年的3.4%下降到2016年的2.9%，在行业内保持领先水平。与此同时，中兴飞贷对金融科技的投入也在持续加大（见图5.6和图5.7）。

在第三次变革中，中兴飞贷对金融科技的运用已经是淋漓尽致了，并且是在清楚理解金融科技内涵下，对产品进行金融科技创新，处处尽显“技术范”，已成为一家专注模糊信息处理的金融科技公司。这次变革更使得微金融行业传统的风险管理理念发生重大改变，金融科技的全面应用极大削弱了小微信贷中“人”的作用，通过对大数据整合，处理软信息的智能化信用度甄别模型、风控策略和程序规则，完成审核审批过程，解决了“如何才能使人可靠”的问题，结果更加真实客观，业务处理效率大幅提高。并且该系统专为微金融业务设计，能够快速高效处理软信息或模糊信息，还通过机器学习等技术手段持续进行改良升级，真正解决了小微信贷中最难以量化的信息不对称问题。

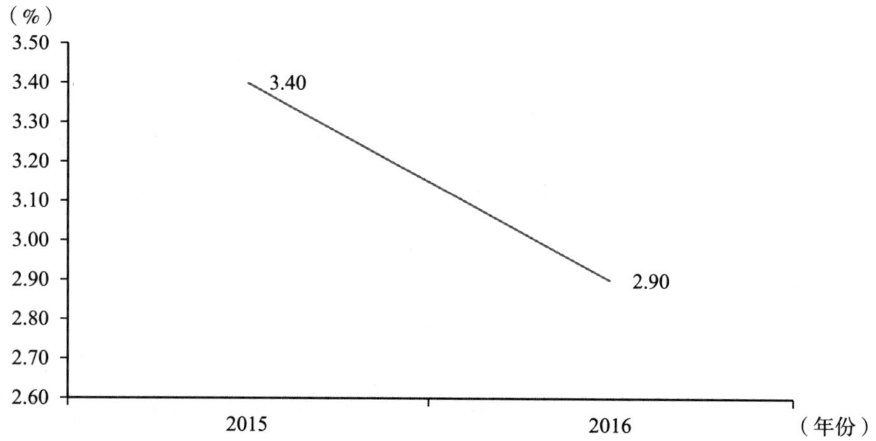

图 5.6　2015—2016 年中兴飞贷（中兴微贷）的信用违约率

资料来源：深圳中兴飞贷金融科技有限公司官网。

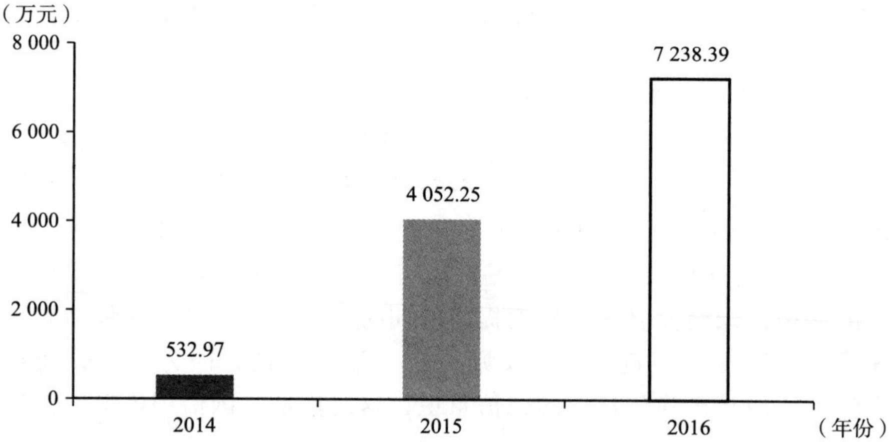

图 5.7　2014—2016 年中兴飞贷（中兴微贷）的金融科技投入

资料来源：深圳中兴飞贷金融科技有限公司官网。

这也延伸出不同规模金融机构是否存在一个相对优势的业务边界的问题。以中兴飞贷为代表的微金融机构，其小微信贷的经营理念与银行存在较大差别，在处理软信息方面存在明显优势。无论是中兴飞贷第一次变革创立的“准确的模糊化甄别和审批技术”的信贷工厂模式，还是第三次变革“天网”运用的“大数据时代计算机模型智能化处理模糊信息”，均能比银行更为准确地甄别微金融客户的信用状态。而大中型银行的信贷业务体系以大中型企业为对象设计，其风险管理体系的设计以巴塞尔协议理念为核心，强调风险承担与经济资本挂钩、抵押和担保的信用增强以及对违约损失的近乎“零容忍”等约束机制，这些与小微信贷都不兼容，使得银行难以模仿微金融机构。因此，金融机构应在各自业务边界内发挥优势，才能形成差异化金融服务，避免低水平、同质化的无序竞争。

中兴飞贷很早便与多家银行建立起“助贷”模式，即大中型银行“打包”批量购买中兴飞贷发放的小微贷款，而这些贷款的贷后风险管理仍由中兴飞贷承担。现如今，中兴飞贷已将自己定位为一家专业助贷机构，通过金融科技创新，助力金融机构，为小微企业和个人提供高效、便捷的融资服务。进一步地，中兴飞贷立志转型成为移动互联网信贷整体方案服务商，发挥自身在产品、风控、科技、营销、大数据等方面的优势，针对以银行为代表的 B 端做零售信贷业务全局性的输出，从而通力合作深耕微金融领域。这一理念和举措为微金融机构和银行的相处模式带来了重大改变。

银行有资金优势，但缺乏微金融机构所需的信贷技术；微金融机构有技术优势，但资金实力不强，因此微金融机构和银行拥有广阔的合作空间。中兴飞贷的“助贷”商业模式将银行原本直接从事的小微信贷进行“两头外包”——小微贷款的贷前客户筛选和贷后风险管理交由专业的微金融机构负责处理，银行成为资金批发供给人，这样充分实现了两类金融机构各自的优势及资源互补。

中兴飞贷第三次变革背后还存在一个中国古代哲学思想所强调的“道”与“术”关系的问题。金融科技是利用科技的金融创新，其中金融是核心，或者说，金融产品是核心，这是金融科技的“道”，具有相对的稳定性。金融科技任何时候都离不开对金融本质的理解，必须重视风险，并遵循基本规律。科技是实现金融创新或者产品创新的工具和手段，这是金融科技的“术”，其具体表现形式会随社会发展不断变化。

因此，金融科技浪潮下微金融机构应积极运用金融科技，并牢牢把握金融科技的内涵，抓住金融产品的核心价值，始终从客户的利益与需求出发进行金融创新，再运用科技实现金融创新，这才是微金融机构的变革之道。

第三次变革的金融科技创新让中兴飞贷彻底转型为一家专注模糊信息处理的金融科技公司，其员工规模和结构发生巨大变化，并且业绩表现突出：2010 年 11 月至 2016 年 3 月，中兴飞贷老产品累计客户数量 4.3 万人，累计放款 60 亿元，而新产品“飞贷”上市一年的新增客户申请数量就达到 550 万人，其中获批额度客户数量 45.5 万人，授信总额攀升至 220 亿元；与此同时，金融科技使中兴飞贷的信贷业务处理能力明显增强，单日平均申请数量、单日平均放款数量和单日平均放款金额均得到大幅度提高。为实现第三次变革，中兴飞贷在 2015 年投入了巨大的成本，为此承受了主动型亏损，终于在 2016 年取得了收获，其营业收入增长远超营业成本增长，净利润因此攀上了新高度（见图 5.8 ~ 图 5.12）。

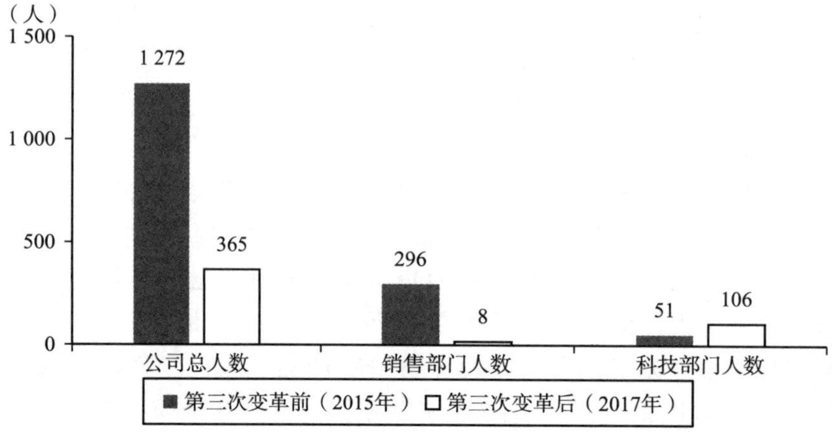

图 5.8　第三次变革前后中兴飞贷（中兴微贷）员工规模及结构对比

资料来源：深圳中兴飞贷金融科技有限公司官网。

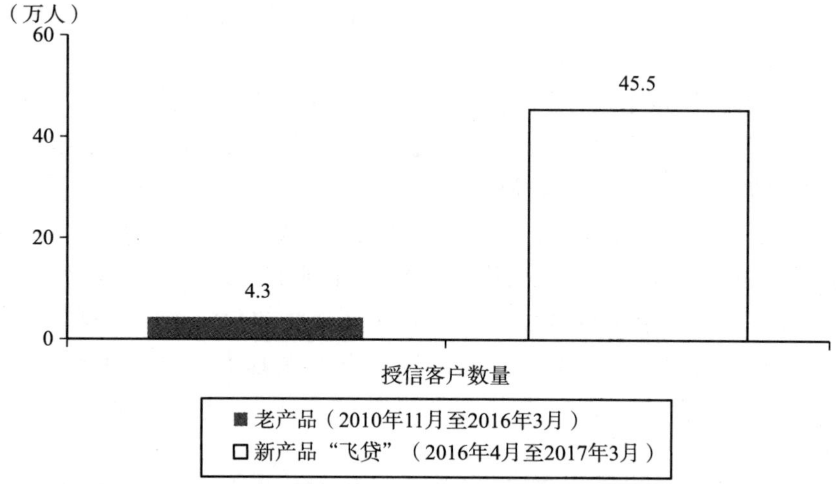

图 5.9　第三次变革前后中兴飞贷（中兴微贷）授信客户数量对比

资料来源：深圳中兴飞贷金融科技有限公司官网。

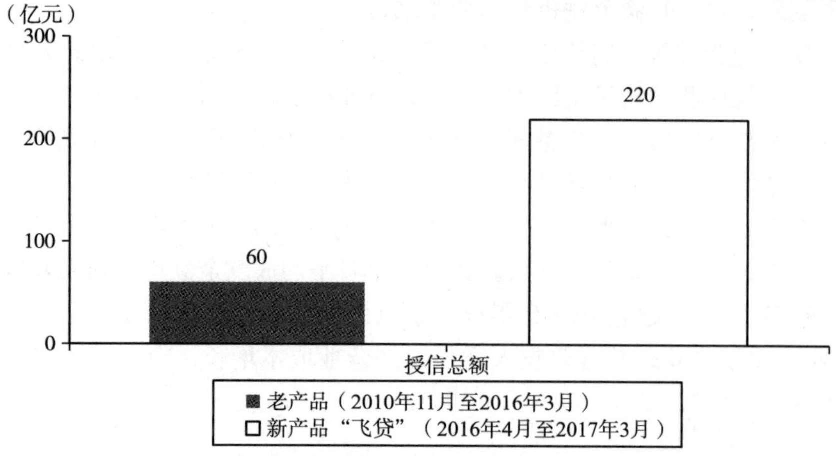

图 5.10　第三次变革前后中兴飞贷（中兴微贷）授信总额对比

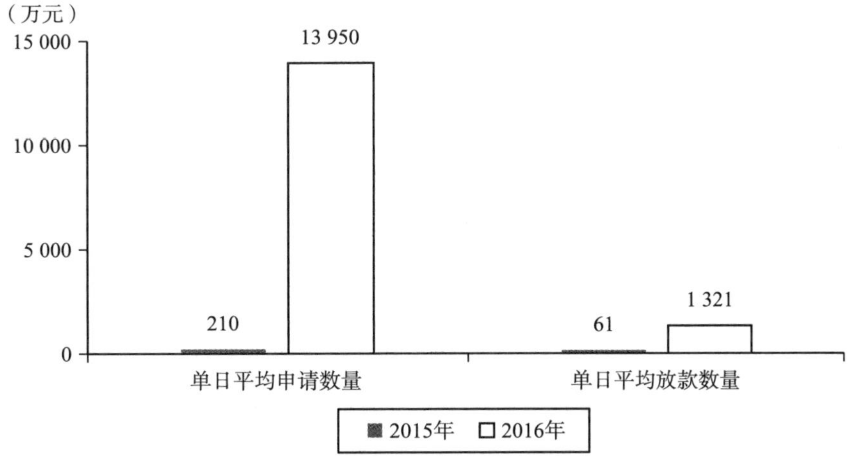

图 5.11　2015—2016 年中兴飞贷（中兴微贷）业务能力的变化

资料来源：深圳中兴飞贷金融科技有限公司官网。

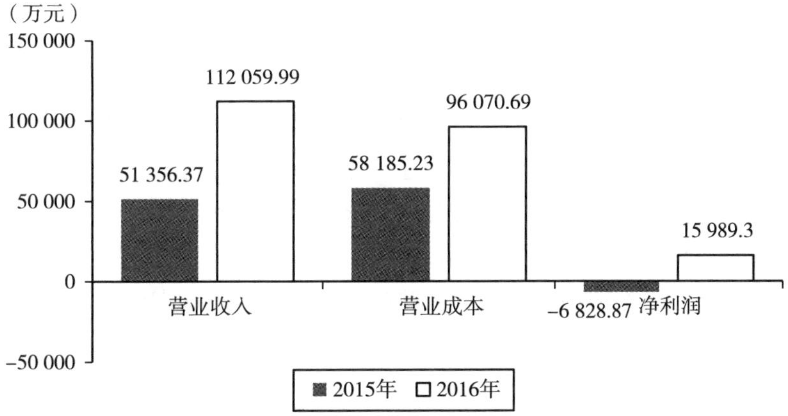

图 5.12　2015—2016 年中兴飞贷（中兴微贷）收入、成本、利润的变化

资料来源：深圳中兴飞贷金融科技有限公司官网。

5.2.4　金融科技下的微金融

金融科技浪潮下，技术带动金融创新创造出全新的业务模式、应用、流程或产品，对金融市场、金融机构及金融服务的提供方式产生了深远的影响。分析中兴飞贷的三次变革，第一次变革的核心是基于“准确的模糊化甄别和审批技术”的信贷工厂模式，第二次变革的核心是基于移动互联网端的小微信贷兼职代理人的“飞侠”体系，第三次变革的核心是基于“大数据时代计算机模型智能化处理模糊信息的天网体系”的手机 App 贷款“飞贷”。三次变革均是技术带动金融创新，因此微金融机构必须积极主动运用金融科技，并牢牢把握金融科技的内涵，抓住金融产品的核心价值，始终从客户的利益与需求出发进行金融创新，并运用科技去实现，从而发挥处理软信息、解决信息不对称问题的优势，最终提供更优质的微金融服务，这才是微金融机构的变革之道。

金融与科技的融合其实可以追溯到很久以前，只是近年来飞速发展的互联网、计算机技术引爆了这一热点，让科技更深层次地融入金融。金融科技浪潮下，微金融领域发生了很多变化，如微金融的业务流程和风控体系出现巨大变化，计算机在很大程度上代替了人，呈现出真实化、客观化、快速化、高效化、智能化的趋势。但科技再发达，拥抱金融科技的微金融机构仍改变不了其金融中介的本质，对软信息处理的优势仍是微金融机构得以发展的原因。

归根到底，我们要应对的还是信息不对称问题，而微金融机构的大数据、量化模型等计算机技术在处理模糊信息方面具有极大的天然优势，所以金融科技使微金融机构能更容易实现对软信息的“硬化”，完成风险识别、风险控制和风险定价等过程，从而减少由信息不对称所带来的道德风险和逆向选择。反观大中型银行，其核心技术是处理“硬信息”下的信息不对称，即基于规范财务报表，通过要求抵押、担保等方式信用增强机制，对授信企业或项目进行风险测度和评估，同时采用严格审贷分离的信贷管理流程和相应的约束激励机制。这套体系与处理小微信贷软信息和风控的系统不兼容。在巴塞尔协议对资本监管的不断强化下，小微信贷占用的经济资本高、技术的不匹配使其贷款违约的损失率也高，世界各国大银行对小微贷款的“天然歧视”普遍强化。

中兴飞贷提出与金融机构系统对接，输出风控策略和移动互联网科技，做专业助贷机构，共同解决小微企业融资难问题的理念。这一开拓性理念不得不让我们认真思考：单纯推动银行成立普惠金融部，实行差别化考核评价办法和支持政策，真是缓解中小微企业融资难问题最有效的措施吗？微金融机构与银行间的业务边界是确实存在的，微金融领域未来可能的理性分工是：更多微金融机构将专注于小微贷款所特有的软信息或模糊信息处理和风险控制，大中型银行则会更多地将自己定位于微金融的资金“批发商”，让更多资金“精准”流向小微企业实体。政府相关部门在制定相关政策时，更应该从微金融机构角度出发，鼓励微金融机构应用金融科技创新并与银行开展广泛的合作，而不是单纯驱使银行从事业务边界以外的业务，而边界外业务的运行系统又与原本的运行系统存在较大差异，这样在规律上并不具有可持续性，其结果往往会“事倍功半”。

通过分析中兴飞贷的案例，希望能为微金融机构理性应对金融科技浪潮，进行创新变革，实现生存发展，共同促进微金融行业良性发展提供参考，并能对政府部门从支持微金融机构与银行合作角度出发制定政策措施，以缓解小微企业融资难问题提供启发。同时，金融科技的发展使微金融领域发生了许多变化，本案例希望给学界对微金融与金融科技的理论结合以及微金融中介与传统金融中介相互关系的研究尽可能提供新的启示或方向。

参考文献

[1] 黄挺，钟阳，王亚喆．金融科技治理与研究 [J]．金融电子化，2014 (12)：69.

[2] 杨丰帆．国内外科技金融的现状与发展前景 [J]．经贸实践，2015 (12)：139.

[3] 郭宏杰．金融科技成为互联网金融增长新动力［J］．中国城市金融，2016（12）：60－62.

[4] 黄宪，程成，张皓瑜．金融科技浪潮下微金融机构的变革之道：基于中兴飞贷的案例研究［J］．珞珈管理评论，2017（4）：89－104.

[5] 武安华．金融科技背景下商业银行的小微金融重构［J］．银行家，2017（11）：26－29.

案例使用说明

一、教学目的与用途

（1）适用课程：主要适用于运营与供应链管理课程，也适用于战略管理、商务模式等课程，还适用于工商管理各专业相关课程。

（2）适用对象：金融硕士研究生、一些银行从业的管理者、工商管理各专业本科生。

（3）教学目的：以中兴飞贷案例为对象，讨论金融科技浪潮下微金融机构如何掌握变革之道，从而实现生存和发展。研究认为金融科技是技术带动的金融创新，金融是根本，不能本末倒置。金融科技的运用降低了小微信贷中信息不对称所带来的道德风险和逆向选择，微金融机构应在把握金融科技内涵的基础上主动进行金融科技创新，提供更优质的微金融服务，这才是微金融机构的变革之道。讨论了中兴飞贷是如何进行变革以适应互联网快速发展的要求，进而取得不错的成效。因此，教学目的主要有：①理解、掌握微金融机构的概念，中兴飞贷最初的模式以及逐渐演变的路径和所需要的条件；②理解、掌握微金融机构与传统银行金融机构的差别及其优劣势；③理解微金融机构如何变革才能更好地服务小微企业或微金融客户；④理解微金融机构如何利用金融科技来发展。

二、启发思考题

（1）分析微金融机构与银行应保持哪种关系，才能真正缓解小微企业融资难问题。

（2）中兴飞贷的“信贷工厂”模式是怎样的？

（3）中兴飞贷三次变革的关键是什么？

（4）微金融机构和银行的经营理念存在哪些差别？

三、分析思路

（1）分析中兴飞贷变革前的行业背景及微金融机构的特征。

（2）从理论上分析微金融机构的优势和劣势。

（3）中兴飞贷进行三次变革的原因是什么？结合案例分析中兴飞贷以后是否还会进行变革以及能否继续在行业内处于领先地位。

（4）微金融机构如何更高效地处理软信息，降低小微信贷中的信息不对称，提高业务运行效率？

5.3 国泰君安证券资产管理业务创新研究

证券业是金融传统四大行业之一，也是国内外金融市场的关键组成部分。证券业在海外的成熟市场已具有很长的历史，而国内证券业还是一个年轻的行业。中国证券市场20多年来在探索中曲折发展。近年来，国内推进全面深化改革，证券公司将在资本市场中扮演更加重要的角色。

证券公司的业务范围包括：证券经纪业务、证券承销与保荐、证券自营、证券资产管理等。证券公司资产管理业务是指券商依照相关规定与投资者签订资产管理合同，根据合同条款对客户资产进行运营，为客户提供投资服务的行为。相对其他业务，资产管理业务在证券公司业务中起步稍晚。在许多发达资本主义国家，归功于各类金融产品创新及政策的支持，加之市场发展起步早，证券公司资产管理业务已相当发达。许多海外证券公司已呈现经纪业务、证券投资银行业务、证券资产管理业务“三驾马车”共同前进的局面，其资产管理业务在收入贡献上也普遍超过了15%甚至达到20%，其中美林证券早在2001年资产管理业务收入便已超过经纪业务收入，收入占比超过25%。

5.3.1 国泰君安证券资产管理业务介绍

1. 国泰君安证券介绍

国泰君安证券股份有限公司是在国泰证券和君安证券合并的基础上发起设立的股份有限公司，是国内历史最悠久、综合实力最强的证券公司之一。自成立以来，国泰君安证券在资本实力、盈利水平和主营业务等方面持续保持在行业前列，并在长期发展过程中形成了较强的综合竞争力和品牌影响力。2008—2018年，国泰君安证券连续七年在证券公司分类评价中被评为A类AA级，为目前证券公司获得的最高评级。截至2018年12月31日，国泰君安证券直接拥有6家境内子公司和1家境外子公司，公司在全国29个省（区市）设有30家分公司和232家证券营业部。国泰君安证券2018年实现营业收入376.31亿元，同比增幅达110.44%，净利润为157亿元，同比增长132.33%，位居行业前三。资产管理业务对营业收入的贡献为5%左右，处于行业平均水平。国泰君安作为国内老牌一线券商，由于“一参一控”问题长期未能解决，公司上市进程一直受阻。缺乏股权融资渠道也令公司包括资产管理在内的多项业务发展受到很大限制，逐渐被后起之秀赶超。公司收购上海证券51%的股权，为上市道路扫清了最后一道障碍，于2015年6月成功登录上交所，成功募资300亿元。公司将打破以往因资金不足导致的业务瓶颈，进一步大力发展资产管理等多元化业务。

2. 国泰君安证券资产管理业务概述

国泰君安证券自 1993 年开展客户资产管理业务，是国内最早从事此项业务的证券公司。目前国泰君安证券资产管理业务主要由上海国泰君安证券资产管理公司开展。上海国泰君安证券资产管理公司（以下简称国泰君安证券资产管理）是在原国泰君安证券资产管理总部基础上组建而成的，是国内首批获得资产管理业务牌照的专业资产管理公司。作为国泰君安证券的全资子公司，公司注册资本 8 亿元人民币，是目前国内注册资本最大的证券资产管理公司。公司现有投资、研究、产品设计、风险控制等员工近 200 人，90% 具有国内外硕士以上学历。公司坚持"诚信、专业、勤勉、创新"的理念，力争为投资者实现资产"绝对收益，复利增长"。公司以严格的管理、规范的运作和优秀的业绩，赢得了市场的认可，资产规模逐步扩大并位居行业前列，见表 5 – 1。

表 5 – 1　　2018 年证券公司资产管理业务规模排名 10 强　　单位：亿元

公司名称	2018 年一季度证券公司月均规模	与 2017 年月均规模相比
中信证券	12 941. 35	– 2 557. 14
华泰资管	8 491. 06	366. 85
国君资管	7 325. 31	– 803. 23
中信建投证券	6 589. 42	400. 35
申万宏源证券	6 426. 47	– 1 136. 26
招商资管	5 809. 03	– 752. 89
中银国际证券	5 126. 84	– 927. 50
江海证券	3 868. 92	827. 94
广发资管	3 553. 54	– 902. 62
海通资管	2 789. 60	– 311. 31

资料来源：中国证券投资基金业协会。

20 多年来经历了中国证券市场多轮"牛熊"考验，国泰君安证券资产管理投资团队具有丰富的投资经验，团队投资经理均具有丰富的实际操作经验和深厚的理论功底，从事证券投资管理业务的平均年限达到 10 年以上；依靠诚信专业的服务汇集了广泛的客户资源和业务伙伴，其客户包括银行、大型国企、事业单位、企业集团及财务公司、企业年金等社会保险类资金、一般机构以及个人客户；业务合作伙伴包括银行、保险公司、信托公司、租赁公司等金融企业。

截至 2018 年 12 月，国泰君安证券资产管理业务规模达到 6 068 亿元，位居行业第 4，产品数量突破 130 只。

近年来，证券公司资产管理业务最重要且具备行业代表性的创新体现在与银行合作资产管理业务及证券公司企业资产证券化业务两大方面。在这两类最重要的业务创新方面，各个券商的业务拓展能力及取得的效果有所差异，有些券商虽有所构思但未有成功案例，国泰君安证券则在这两大类具备行业代表性的资产管理创新业务上均位居行业前三，以下就国秦君安证券在这两类业务创新的实践思路及案例层面具体分析。

5.3.2 国泰君安证券银证合作通道业务分析

1. 国泰君安证券银证合作通道业务思路

早在2012年前，国泰君安证券便充分洞察银监系统监管政策及相关思路。在当时的监管政策下，国泰君安证券认为银证合作通道代替传统的银信合作通道是大势所趋，故最早提出大力拓展银证合作通道业务。借助通道业务的迅速扩张，国泰君安证券早在2014年7月资产管理业务规模就突破了5 000亿元，是继中信证券之后第二家资产管理业务规模突破5 000亿元的券商。

国泰君安证券很快意识到银证合作通道业务作为一项重要的资产管理业务创新，其含金量并不高，收费标准也不断下降。正如国内某券商2015年资产管理业务规模因包揽某银行的通道业务排在全国前五，但其利润水平只有万分之几。国泰君安证券的创新思路往往体现在其作为国内一线券商的业务理念，公司很早就意识到银证合作通道业务如同经纪业务一样，利润水平会不断下滑，因此注重其他资产管理业务的发展。早在2014年年初，国泰君安证券资产管理中固定收益理财业务及银证合作通道业务就双双突破2 000亿元大关。国泰君安资产管理公司总裁涂艳军曾表示，通道业务的规模并不是虚增的，这里面有资产管理业务运作思维和方式的改变。国泰君安不排斥在业内沦为“鸡肋”的通道业务，因为银行有出表的需求，需要特殊目的载体（Special Purpose Vehicle，SPV），通过资产管理产品可以满足客户的需求，也反映了资产管理业务已经由传统的为客户通过投资获取收益，转变为以客户需求为导向。目前整个证券资产管理行业从规模上看，主要以银证通道为主，平均八成以上是通道业务。国泰君安资管的银证通道业务占整体业务的比重较行业平均水平低，从收入上也可以看出，国泰君安并没有因为通道业务的发展而影响主动管理业务的拓展。

银证通道业务提供券商资产管理业务很多的创新思路。一方面，银证通道业务的创新给予证券公司资产管理产品设计思路，资产管理产品一个结构的改变往往会带来一种业务思维，而银证通道业务恰恰是产品结构设计中创新点最多的体现方式，下面还会具体阐述国泰君安受银证通道业务的启发拓展的“泛通道业务”。另一方面，银证通道业务的普及已成为银证合作资产管理的基本模式，依靠通道业务券商和银行可进一步加强业务交流，可以为银证合作主动管理等更多创新业务带来潜在的业务机会及资源。

2. 国泰君安证券银证合作通道业务实践

目前国泰君安证券与银行合作通道业务的主要投向包括信托计划收益权、票据收益权、股权质押、同业理财、协议存款、委托贷款、保理业务、福费廷收益权等

（见图 5. 13 ~ 图 5. 15），其中，股权质押及票据业务方面案例较多。

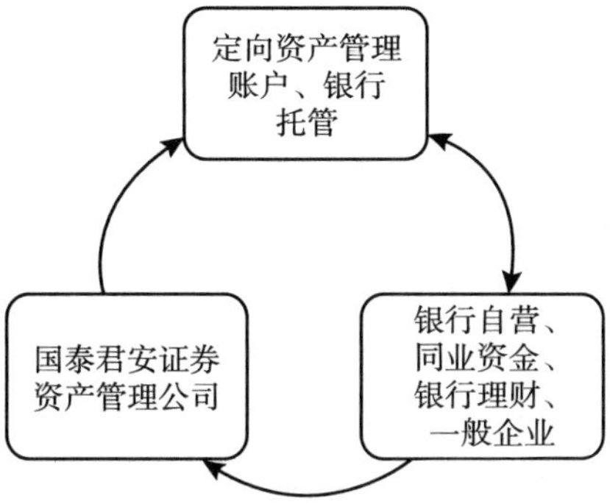

图 5. 13　国泰君安证券银证合作通道业务一般模式

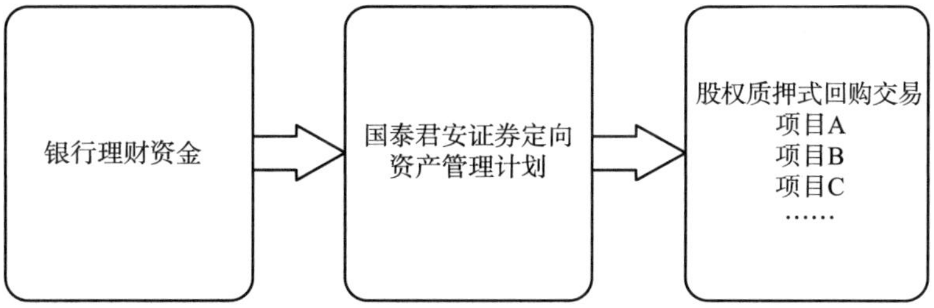

图 5. 14　国泰君安证券银证合作股权质押业务模式

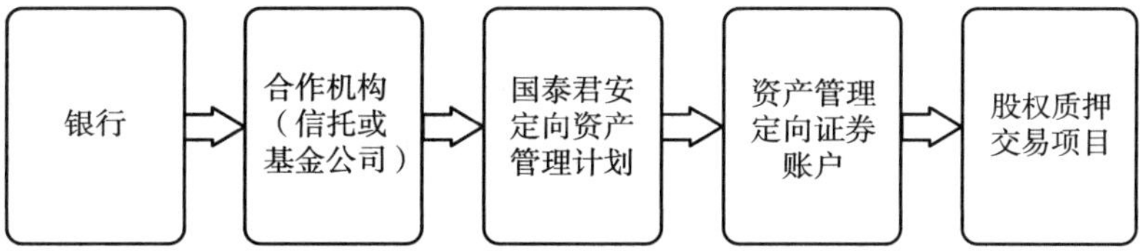

图 5. 15　国泰君安证券银证合作股权质押业务资金流向

股票质押业务是指符合条件的资金融入方以所持有的股票，通过证券交易所向国泰君安资产管理公司产品融入资金，并约定在未来某一日期返还资金，解除质押的交易业务。国泰君安证券作为国内领头券商，曾长期由于公司未上市，从事股权质押自有资金不足，故股权质押业务多通过银证合作通道业务模式，以设立资产管理产品方式对接以上市公司为主的资金需求方，而银行往往是项目资金的提供方。公司自 2015 年 6 月上市后，绝大多数股权质押项目通过自有资金对接。只有特定项目通过银证合作的方式解决，目前国泰君安银证合作产品对接股权质押项目余额为 250 亿元左右。

通过银证合作通道业务模式开展股权质押项目有以下创新性：首先，该业务是维护银证合作关系的重要方式，银证合作股权质押业务的客户来源可以是银证双方互相推荐，国泰君安虽然目前自有资金已非常充裕，但仍通过该业务模式加强与银行的交流。国泰君安自有客户方面，一类是追求较低股权质押融资成本的客户，自 2015 年以来基准利率不断下调，股权质押项目成本也相对下降。但券商自有资金融出要求普遍在7%以上，此时银行资金成本就具备比较优势。为了维护核心客户关系，通过银证合作股权质押方式往往能满足客户低成本融资需求。另一类是证券公司内部审批未通过的项目，证券公司往往侧重上市公司股价综合研究，故一些项目在折扣率及客户平仓和预警线上不能通过券商审核，这时通过银行资金对接往往是寻求项目成功放款的合适路径。然后，对单笔融资额超过五亿元以上的对自有资金占用较大的项目，国泰君安往往也考虑通过银证合作通道业务模式解决。银行自有客户方面，一方面银行需要券商对融资主体股份进行托管；另一方面券商在实施盯市方面相较银行有系统及人才的优势，故银行也会选择银证合作通道业务模式满足自身客户股权质押融资需求。此外，银行的资金往往不能满足客户两年以上质押融资需求，部分银行对于限售股也有所约束，因此经常与券商合作完成股权质押项目放款。股权质押通道业务因该业务流程需要券商对上市公司质押的股份提供证券账户托管、股票盯市管理等配套服务，含金量相对高，故虽项目资金来源于银行，但券商作为通道方并非无任何风险，作为自身义务的代价，股权质押通道业务收费往往在1.5‰以上，远高于其他银证合作通道业务，因此国泰君安在银证合作通道领域较为偏重股权质押业务。

国泰君安证券不断实践资产管理业务的创新，从不排斥银证合作类通道业务。一方面通道类业务的项目运作给予资产管理专业人才更多产品设计及创新的思路；另一方面银行与券商紧密的合作关系往往可以带来更多的资产管理业务创新思路，而通道业务是一个很好的切入点，是双方最容易实现项目共赢的捷径。

3. 国泰君安证券“泛通道业务”实践

“泛通道业务”起源于国泰君安证券对于银证合作通道业务这类创新业务的再构想、再创新。自2014年年末，国泰君安意识到可以将银证合作通道的思路及产品设计广泛运用于与其他机构的合作上，进而扩大公司资产管理业务规模及收入。

国泰君安与信托公司对接，精选行业内知名信托公司的优质非标融资项目，充当产品最外层的通道，也可以是国泰君安挖掘机构类客户融资需求并将其与信托对接，先将项目底层设置为信托计划，再在外部包装国泰君安资产管理产品通道。无论采取哪种模式，上述的包装都使得信托产品变相成为证券公司资产管理产品，信托与国泰君安的双重风险控制体系起到将产品进一步“增信”的作用，更易被市场投资者认可。处于监管合规的考虑，此类纯证信合作通道业务只能通过定向资产管理计划执行，但也有不少优质项目经国泰君安包装并设立了“君享通宝”系列集合类产品。国泰君安将此系列融资类固定收益资产管理产品向公司自有客户及银行客户推介，特别是银行客户，对于非标资产的配置往往有较迫切的需求，该产品由国泰君安的公司声誉做背书，受到了银行广泛的认可与好评。国泰君安自设立“君享通宝”产品起，每月发行一至两期，每期规模为1亿~5亿元，目前已设立102期，募集资金近300亿元。因该类产品国泰君安既充当通道又涉及销售，平均管理费为1%以上，远高于传统意义上的银证合作通道业务，可谓基于行业创新上的再创新。表5-2列示了国泰君安证券“君享通宝”系列产品项目端准入要求，为了维护公司自身在资产管理行业多年的良好口碑，国泰君安对此类证信合作业务的选择标准是极高的，而此类项目除资产管理子公司投资决策委员会审核外，还需要国泰君安证券母公司产品决策委员会全体投票通过方可推广，该委员会成员大多为公司高管及重要部门负责人。

表 5－2　　国泰君安证券“君享通宝”系列产品项目端准入要求

标准	主要类型
主体性质	（1）国有企业、国有控股公司、政府融资平台、优质上市公司、行业龙头公司等； （2）如果完全归属于民营企业，原则上不可介入
行业	（1）积极介入国家鼓励的成熟型行业：装备制造业、环保、新兴农业队及代表未来发展方向的新型产业；能源、基础设施、铁路、棚户区改造、重大保障房建设等政策鼓励的行业也可介入； （2）审慎介入小微企业融资、发展不甚成熟的新型行业； （3）除处于龙头地位的资质非常优秀的国有特大型企业融资外，原则上不介入“两高一剩”行业
区域选择	（1）一般市场化运作的企业视企业自身的运作情况而定，优先考虑东部发达省份项目； （2）政府背景企业：偏向于经济发达、财政实力强的区域，中西部原则上必须选择省属企业或省会所在城市所属企业，县级融资平台主体必须为百强县且资质较好
量化标准	（1）融资主体或担保主体的外部公开评级在 AA 以上，极个别优质的 AA 企业也可介入，或虽无外部公开评级，但融资主体或担保主体为层级较高、政府扶持力度较大的特大型国有企业； （2）财务状况健康，无信用问题； （3）期限以 1 年左右为宜，最长不超过 2 年

资料来源：国泰君安证券股份有限公司。

此外，定向增发类业务也是近年热门业务之一。许多有资金实力的私募机构或个人往往对此类上市公司定向增发感兴趣，但又苦于消息不对称等限制无法参与。国泰君安发现了此类业务契机，并以通道业务的模式创新性地设立定向增发资产管理计划对接市场客户参与该业务的需求，从中收取通道费及少量后端分成。与上市公司有关的通道类业务除定向增发外，近年来国泰君安还重点推广了大股东增持计划、员工持股计划、股权激励计划等资产管理通道业务创新。

近两年，热门的私募基金也有不少借助国泰君安资产管理通道设立产品，以国泰君安资产管理产品模式设立的私募作为投资顾问的产品往往销量及风险控制均可得到更好保障。

5.3.3　国泰君安证券银证合作主动管理业务分析

1. 国泰君安证券银证合作主动管理业务思路

银证合作主动管理业务既是银证合作业务模式的创新，也是券商资产管理业务自身的巨大创新。券商主动管理业务规模及投资回报直接反映了该券商资产管理业务的实力，该业务是券商作为管理人首次管理数亿甚至数十亿庞大规模的单一机构类客户资产，也是券商首次挖掘银行的现实需求，在与银行的合作中占据主动地位。

每项业务的创新往往起源于对市场政策等环境的敏锐洞察，从中挖掘业务创新思路及方向。国泰君安证券具有资产管理业务创新的洞察力，早在2012年就开始银证主动管理业务创新，不断挖掘各类银行客户理财需求。截至2018年12月，国泰君安证券主动管理业务中银证合作类资金已突破500亿元（不含银行直接认购国泰君安资产管理产品），而很多券商在主动管理业务上还处于初步尝试或未有成功案例阶段。

国泰君安证券在2012年制定了银证合作主动管理业务创新思路，即以实现主动管理银行资金（包括自有、同业、理财）目标为主，向银行直销资产管理产品为辅的业务构思，以点带面，总分联动的具体业务拓展方式。国泰君安证券统计了银行资金的相关情况，银行资金投向中以固定收益类标的资产为主。

近年来，城商行理财产品发行总量及增速均超过股份制银行及国有银行，而农村商业银行虽然目前理财总体规模不高，但发展速度不容小觑。各类银行（特别是城商行、农商行）的理财产品发行量是迅速增长的，但监管政策却不断收紧。

2012年国泰君安证券分析了以上情况，就监管层面对于银行资金配置的一系列文件进行分析，对银行投资标的受限将增多，而业务流程也不断趋严。国泰君安证券通过对市场数十家银行调研后发现银行理财、自营等资金的资产配置需求是扩张的，但诸如股份制银行等大型银行面临的优质资产难寻、机制僵化的问题，城商行、农商行除资产难寻的共同难题外，还存在该业务领域专业人才不足、体系未建立、资源稀缺等问题，而银行对于固定收益资产配置的需求恰恰是国泰君安证券的强项，国泰君安资产管理业务固定收益产品多次排名业内第一。银行通过国泰君安证券公司资产管理产品可开设银行间乙类账户，可参与银行间市场正回购，从而以独立记账、合法合规的形式放大理财产品的杠杆，提高理财产品的投资收益。银行将资金委托给国泰君安后，国泰君安可开设交易所债券投资账户，扩大了传统银行理财产品的投资范围，也就增强了产品盈利能力。因此，理论上国内银行业有政策性银行三家、国有五大行、股份制银行十几家、城商行一百余家、农商行三百余家，再有农信社，还有外资金融机构约191家，其潜在资产配置需求都是可挖掘的。

2. 国泰君安证券银证合作主动管理业务实践

在理论上分析了市场环境之后，如何能精准、高效地挖掘银行的现实资产配置需求，如何系统性地拓展银证合作主动管理这一创新业务并在实践中不断复制成功案例，是包括国泰君安在内的较早洞察到主动管理创新业务机遇的券商面临的共同难题。

首先，创新业务的推广需要创新的营销思路，业务创新中营销环节在所难免。在主动管理业务上，国泰君安资产管理固定收益部等部门具备近30位专业人才，但并不足以覆盖全国各地包括城商行、农商行在内的数百家银行。因此国泰君安首先要采用“以点带面，总分联动”的创新营销模式，充分发挥其在全国30余家分公司及200余家营业部网点的营销人才优势。一方面，资产管理子公司驻各省分公司业务专员第一时间向各省分公司及下设营业网点机构业务线员工进行主动管理相关业务培训；另一方面，在各省分公司设立金融市场部专门负责银证合作类业务，该部门人员为 4 ~6 人，由分公司副总经理分管，部门内设总经理一人，部门与资产管理公司驻分公司业务专员对接，负责所在省份城商行、农商行的主动管理业务的拓展，同时做好对辖区各市县营业网点员工的业务培训。

在业务拓展绩效分配上，资产管理公司与分公司对半分成，而各省分公司与提供银行渠道资源的下设机构四六分成，这样的绩效分配模式自上而下有效带动了国泰君安各员工对于主动管理这项创新业务的积极性。拓展业务的实践并不是盲目的，国泰君安在实践中了解到国有大型商业银行的各个分支无法人资格，导致该业务的投资权限完全由总行掌控，故国泰君安证券与国有大型商业银行往往是总对总业务推介，股份制银行的各省级分行的投资权限则有所不同，针对不同股份制银行的省级分行，国泰君安采用各省分公司与资产管理公司业务专员配合，共同营销及维护的策略，一旦了解到省分行无该业务的权限，便交流其他可合作业务。城商行、农商行、农信社等中小银行机构则是国泰君安的公关重点，国泰君安各分支往往与本地该类法人银行保持较好的业务联系，在这一业务操作权限上，银行内部评级三级以上的往往相对灵活，而银行总资产在 500 亿元以上的往往才有可能成为合作客户。如果不满足以上两个条件，则往往会受到当地银监机构及省级农村信用社联合社（简称省联社）的监管，实际上也就较难拓展银证合作主动管理业务。在对主动管理创新业务进行理性分析并使用正确的创新营销方式后，国泰君安证券往往能与大多的银行机构相关部门对接。在与具体项目对接上后，它给予银行的预期收益报价未必是市场最高的，但优秀的业绩往往能吸引风控较为严格的银行，诸如 2017 年债券市场也遇到资产荒的现象，不少券商主动管理债券类产品收益为负，而国泰君安债券类产品平均年化收益率高达 5.5%，排名行业第一。

其次，国泰君安证券在主动管理投资选择上能实现银行、公募基金等不具备的跨市场多元投资，如投资交易所债券。交易所债券可实现随时质押正回购，无须寻找对手方，故更为简便，且以集中竞价方式报价及实行净额结算，信息较银行间市场更透明。在获取债券资源能力上，很多中小券商并不具备优势，甚至无法获取交易所债券资源，国泰君安证券在债券承销排名中多年位居行业前三。丰富的债券标的资源也为主动管理类产品业绩提供了保障。

再次，国泰君安证券在投资管理上有与委托人互动的投资运作模式。具体而言，国泰君安证券每周、每季发送给合作银行主动管理业务相关报告，报告包括主动管理账户现状描述及分析、债市回购、近期已采用策略及成效、债券投资策略展望及拟采用的策略、银行理财市场展望及分析等具体内容，地区业务专员则会每月与银行相关员工当面交流。与大多数券商不同的是，国泰君安银证主动管理业务除了签订的资产管理合同，每笔资金也可根据银行具体的个性化需求签订具备合同同等效力的投资指令。

此外，主动管理业务资产管理投资标的选择上，除了银行对于标准化资产的配置，非标资产配置需求也是银行的关注点。近年来，由于银行理财的规模扩张和非标投资的占比限制，理财资产端的缺口日渐增大，“巧妇难为无米之炊”的困境愈发严峻，目前非标市场可供选择的优质资产不多，而标准市场收益较低。很多向往做大银证合作主动管理创新业务的券商往往遇到非标资产配置难题，使账户整体收益较低。为此，国泰君安证券创新地将各类通道业务与主动管理业务有机结合，例如可将股权质押优先级产品等优质非标资产推介给银行，作为主动管理业务中的投资非标资产标的进行配置，进而提高了主动管理业务账户整体收益。如图 5.16 所示，国泰君安股权质押优先级产品具有较高的安全性及收益。此外，证券公司两融收益权具有期限相对灵活，以及个人客户涉及面广，有助于分散风险等优点，国泰君安在实践中也经常作为对接方主动管理业务投资标的。这一类独具匠心的银证主动管理产品投资标的配置模式是市场大多数券商所不具备的。

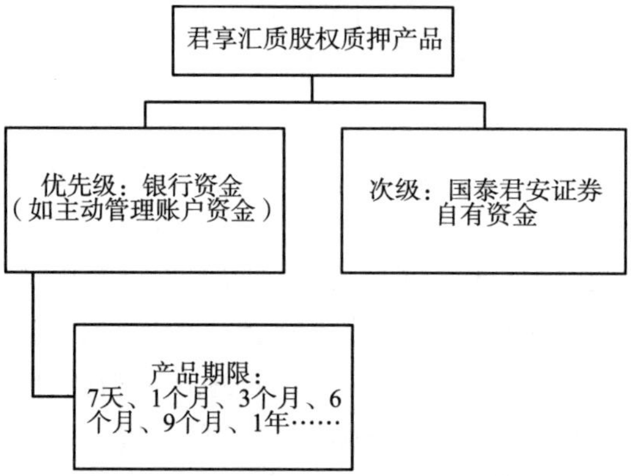

图 5.16　国泰君安君享汇质股权质押产品对应主动管理业务

产品优势：①国泰君安证券自有资金充足，保障银行资金安全；②期限各异，可满足银行资金不同期限的配置需求；③到期自动本息兑付，方便快捷，符合银行理财需求。

最后，关于主动管理创新业务，银行最关心的是券商风险控制体系。在此方面，国泰君安主动管理业务定向管理账户严格实施单独建账、单独核算、单独管理。事前、事中、事后风控均有多人团队专门负责，且每日提供银行分账流水供查验。在投资标的比例方面，国泰君安银证主动管理产品历来重点配置的领域是高等级利率债，而信用债较少，配置于 AA + 及以上的债券比例高达 80% 以上，相应的 AA 级债券的配置比例低于 20%，而行业内个别券商此类业务中配置于 AA 甚至更低等级债券的比例在 40% 以上，对比可见国泰君安对此类业务的投资标的甄选是慎重、细致的。考虑到债券的违约风险，国泰君安均配置于久期两年以下的债券标的。在具体配置的标的资产方面，国泰君安还拥有独特的“黑白名单”筛选制度，很多券商在操作银证主动管理业务时，仅侧重债券信用级别，比较容易忽视债券发行主体本身所处的行业及未来发展。国泰君安的“限制性名单”制度使得一些 AA + 以上高等级债券也可能因为本身所处的行业及未来发展不明朗而被剔除出国泰君安银证主动管理产品投资标的券。

正是有以上敏锐的市场洞察力、创新的业务挖掘能力及营销模式、严谨且高效的业务硬实力，国泰君安证券才能在主动管理创新业务上位居市场领头梯队。即便极个别银行因政策等其他原因无法委托国泰君安证券管理资产，国泰君安资产管理也拥有丰富且收益位于市场前列的资产管理产品线，不少银行也通过直接认购国泰君安理财产品的模式完成资产配置。

目前国泰君安证券在江苏地区与银行合作主动管理业务正稳步开展。江苏地区无国有大型法人银行，一级分行方面经过国泰君安实地联系大多无主动管理业务操作权限，而城商行仅有江苏银行、南京银行、苏州银行三家，农商行相对较多，但实践中发现，由于江苏地区银监机构监管政策比较保守，而省信用联社对于各地农商行管控力度较大，仅有苏南地区如昆山农商行、张家港农商行、常熟农商行、江南农商行、无锡农商行等自主投资权限较大，内部机制灵活，发行理财产品能力较强，总资产及内部评级较高，是国泰君安证券的首选合作对象。江苏地区农商行从事主动管理业务的资金来源主要是银行发行理财产品募集资金，占比高达 80% 以上，也有少部分银行运用自有资金及同业资金对接银证主动管理产品。银行往往配置财富管理中心（部）负责理财产品发行（银证主动管理产品资金）募集，金融市场部负责债券等标的投资及与券商等机构联系银证主动管理业务，资金管理部（同业部）负责同业资金的调配。苏南一些农商行的理财产品发行量绝大多数月度可突破 5 000 万元，产品期限往往在 3 个月以内，此类情形银行往往以滚动发行的模式对应国泰君安银证主动管理短期产品。所谓短期产品即银行与国泰君安签订的合同为框架合同，每笔投资指令具体视当期理财产品发行量及理财产品预期收益率确定。经过实地谈判，国泰君安证券也了解到江苏苏北地区不少农商行评级处于 C 类以下，此类银行一方面内部治理还需改善，另一方面理财产品发行量不佳或无发行资质，银行只能在银监会认可的情况下与国泰君安开展短期小规模产品合作，对应的是自有及同业资金。江苏银行是全国知名的城商行，总资产近 8 000 亿元，具有长期发行理财产品的能力，且销量很好，目前已与国泰君安证券签署银证主动管理业务产品合同。除此之外，无锡农商行、常熟农商行、苏州农商行、海门农商行、淮海农商行也与国泰君安证券在合同签署流程中。表 5 - 3 介绍了国泰君安与江苏银行主动管理业务基本要素。

表 5 - 3　　国泰君安证券与江苏银行主动管理业务基本要素

产品名称	国君资管 1396 定向资产管理计划	委托人	江苏银行股份有限公司
委托资产	20 亿元人民币	管理人	上海国泰君安资产管理有限公司
业绩报酬	管理人提取超额业绩部分的 30%	托管银行	宁波银行股份有限公司南京分行
投资范围	国债、地方政府债、金融债、次级债、央行票据、短期融资券、中期票据、超短期融资券（Super Short-term Commercial Paper，SCP）、非公开定向债务融资工具（Private Placement Note，PPN）、公司债、企业债、可转债、可分离交易可转债的纯债部分、资产支持证券、债券回购、同业存款、同业存单、通知存款、银行存款、货币市场基金等		

续表

投资限制	（1）企业债券、公司债券、中期票据、可转债的纯债部分、非公开定向债券融资工具（PPN）主体外部评级不低于AA；短期融资券主体评级需在AA级（含）以上，债项评级为A－1级（含）以上； （2）债券正回购融入资金总额不得高于前一交易日资产净值的200%； （3）持仓债券的加权平均待偿年限不得超过5年； （4）单一债券持仓规模不得超过委托资产管理规模的30%，且单一券种持仓量不超过其发行量的30%； （5）本定向计划投资的债券若无债项评级，主体评级应在AA级（含）以上

资料来源：国泰君安证券股份有限公司官网。

5.3.4　国泰君安证券企业资产证券化业务分析

证券公司企业资产证券化业务是近年来券商资产管理业务中另一项重要创新，国泰君安证券也较早介入该领域。2012年年初，国泰君安就成立了第一只资产证券化专项计划。自2014年12月，监管机构将资产证券化业务审批制改为备案制后，资产证券化业务市场发展迅速，国泰君安在该业务领域拓展也不断增速。截至2018年12月1日，证券公司企业资产证券化产品发行并完成备案的数量达到140余只，发行规模超过1 000亿元。国泰君安证券自2015年1～12月发行资产证券化产品9只，资产证券化业务总规模超过125亿元。按照资产规模统计，国泰君安企业资产证券化业务规模占行业的12%左右，产品发行数目及规模均位于行业前列。国泰君安企业资产证券化队伍建设始于2010年，当时国泰君安管理层已清晰地认识到资产证券化业务对于券商资产管理业务的多重创新意义。首先，在国内资产证券化作为一种经济转型期诞生的创新融资工具，政策层必然会因推进该业务可深化金融改革、盘活存量资金、提升直接融资的比例进而降低国内资本市场间接融资比例过大的潜在风险等诸多益处而逐步鼓励券商企业资产证券化业务的开展及创新。其次，对于企业来说，企业可把一些收益率较稳定、期限较长的优质资产证券化，由此实现存量转化为增量，可以为企业盘活存量创造一个重要的出口。地方平台等融资较困难，还有一些企业负债率比较高，传统融资渠道往往受限，从而使股权融资周期长。因此，企业资产证券化就为此类融资主体开辟了一条不依赖信用及偿付能力的新融资渠道，且通过资产证券化融资的成本一般与发债差距不大，明显优于信托融资。企业资产证券化模式在操作中不但不会增加资产负债表上的负债，且提高了流动资产和速动资产在总资产中所占的比重。企业通过资产证券化融资可改善负债结构，提高信用等级和偿债能力，可实现长、短期资产比例的调整，优化资产结构并提高资产流动性。对于企业自身，资产证券化创新融资方式的特有优势是大多数融资模式无法媲美的。最后，企业资产证券化业务对于提升品牌形象，丰富公司资产管理产品线也有重大意义。于是，国泰君安证券在2011年正式全面布局资产证券化业务。一项创新业务的拓展首先必须有高效的营销模式。与银证主动管理业务类似，其在资产证券化创新业务的推广及客户挖掘过程中也使用类似的“以点带面，总分联动”的营销思路，即做好对各个营业网点机构业务员工资产证券化业务的专业知识培训工作，充分利用全国200余家网点优势，挖掘有相关融资需求的客户并尝试与潜在客户推介资产证券化这一创新融资模式。具体操作层面，待与拟融资客户就资产证券化相关要素确认后填写《国泰君安证券资产证券化业务项目初审表》。

在项目正式申报之前，推介员工必须确认以下事宜：第一，拟开展的资产证券化项目不属于基金业协会制定的《资产证券化业务基础资产负面清单指引》（见表5.4）的基础资产。第二，基础资产必须不存在质押等情况。第三，为了保障项目的成功概率，国泰君安建议项目涉及的融资主体或担保主体等其他信用主体原则上不应全部为民营企业，若全部为民营企业，则应实力雄厚且评级较高。第四，拟融资的规模不应过小（不应低于1.5亿元），成本不能过低，期限不能过长（不应超过7年）。第五，融资主体或其他信用主体至少有一个评级为AA级以上。

待以上要素确认并正式填制《国泰君安资产证券化业务项目初审表》完毕之后，若项目通过国泰君安资产证券化项目组评估便可正式立项，立项后国泰君安证券资产证券化项目组还需按以下业务流程操作。

（1）根据原始权益人、基础资产、各参与主体的具体情况确定产品的基本交易结构，确定外部评级机构等项目服务中介机构。

（2）根据原始权益人的需求以及拥有的基础资产的情况选择合适的基础资产组建“基础资产池”。

（3）确定产品的风险隔离机制，设立资产证券化专项计划。

（4）根据基础资产的现金流情况以及市场利率情况，确定产品的现金流与收益分配机制。

（5）根据原始权益人的实际情况，确定设计产品的增信措施。

（6）针对产品的主要风险，确定风险防范措施。

（7）与交易所就产品沟通，进行产品备案。正常情况下国泰君安资产证券化项目自正式立项到企业获得融资资金，周期一般控制在两个月以内。

5.3.5　国泰君安证券资产管理其他业务创新介绍

在业务模式创新方面，国泰君安证券也在积极争取获得近两年推出的券商公募基金资格。受制于其已拥有全资基金子公司国联安基金并参股华安基金的监管政策因素，公募基金资格获取进程稍显缓慢。但在创新业务层面，国泰君安证券的意识是清晰的，即必须取得，它清楚地认识到证券公司资产管理业务很大一部分客户来自证券公司自有经纪业务客户的转化，若成功获取公募基金资格，则发行公募产品相较私募基金及证券公司新设集合计划100万元的门槛起点低，可参与客户多，有利于帮助券商成功进入1 000元以下的大众理财市场，有利于丰富产品线、提高竞争力。

而上述“公募基金”管理恰恰是国泰君安证券的强项，因为它以往的大集合产品无论是债券型（如“君得金”）或是货币型（如“君得利”），在产品规模、业绩上均在业内同类排名前三。

在产品创新方面，现金管理类产品方面，近年来市场上诸如“余额宝”“理财宝”等产品层出不穷。国泰君安证券在自己的交易系统、官方网站、App软件等推出“现金管家”“天汇宝”“活期宝”等产品，此类产品主要投资于货币基金、国债回购等，相较部门“宝宝类”产品变相投资于P2P领域，现金管理产品更加安全可靠、收益稳定。保本及保息类产品方面，满足许多机构投资者及一些风险偏好极小的个人投资者的此类需求，国泰君安证券主要发行以自身公司信誉为担保的证券公司收益凭证，此类凭证评级均为AAA级，如“君柜宝”“君享慧客”产品。新类产品方面，国泰君安推出了“君享新利”系列产品，集合广大投资者资金优势的打新类产品收益较个人打新年化收益更高。代理销售产品方面，国泰君安“君弘”网上商城及基金超市已上线经公司财富管理总部审核的各类产品，包括货币类、保本保息类及私募高端理财产品，该创新丰富了公司资产管理的产品线。基金中的基金（Fund of Funds，FOF）类产品也是近年来较热门的创新产品，目前国内券商以资产管理产品单独设立FOF基金的尚属少数，而国泰君安证券目前已设立“君享卓越”“君享精品”等FOF类集合计划达6只。

参考文献

[1] 邹铭杰．国泰君安证券资产管理业务创新研究［D］．南京：东南大学，2016.

[2] 马刚．国泰君安融资融券业务客户信用风险控制研究［D］．兰州：兰州大学，2014.

[3] 胡敬廷．券商资产管理业务在银证合作中的发展探析［J］．中国商贸，2013（15）：85-86.

[4] 陈刚强．证券公司资产管理业务现状与问题研究［J］．现代经济信息，2016（6）：284，287.

[5] 刘文彬．证券公司资产管理业务风险策略研究［J］．时代金融，2016（21）：178.

案例使用说明

一、教学目的与用途

（1）适用课程：主要适用于资产管理、金融学、证券公司经营管理，也适用于金融各本科专业相关课程。

（2）适用对象：金融专业学生，适合有一定工作经验的学员和从业者学习。

（3）教学目的：大资管行业格局重塑下，资管子领域将实现跨部门数据交换，实现监管统一协调，行业间将不断转型以适应新的监管要求，券商资产管理业务有望通过稳定风险与收益的保险产品打开业务空间。券商资管行业内竞争也有所加剧，从多空间积极转型探索。通过本案例学习，对目前证券业资产管理现状有所了解。

二、启发思考题

（1）中国人民银行、中国银行保险监督管理委员会、中国证券监督管理委员会、国家外汇管理局联合发布《关于规范金融机构资产管理业务的指导意见》，自此包括保险资产管理业务在内的百万亿元资产管理业务的监管靴子终于落地，对保险业资产业务有什么影响？

（2）相较于国外较高的渗透率，我国证券市场仍有重组的潜力，包括哪些增长点？

（3）券商资产管理业务行业内竞争也有所加剧，如何发挥先发优势，在委外业务、多元投资等方面占据跑道，积极拓展市场空间？

三、分析思路

（1）大资管新规落地，统一监管大幕拉开，行业回归代客理财本源，打破刚性兑付、推动净值化转型背景下，预计理财产品收益率下行，保险产品更具吸引力。券商资产管理业务早已从多维度进行了政策上的规范，风险控制到位，行业已步入良性发展周期。我们对板块维持“增持”评级，推荐国泰君安、中信证券等。

（2）2003 年我国首家券商资产管理业务公司成立，开启券商资产管理业务市场化进程。主动资产管理业务和被动资产管理业务共同驱动资产规模持续扩张，2018 年 5 月末保险资金运用余额已达 155 000 亿元，市场主体多样，业务能力稳步增强。投资范围不断拓宽环境下，资金配置结构稳健，运用效率有所提升，同时通过资产管理业务计划服务实体经济。长久期配置有利于收益的稳定，通过不同资产的多元布局实现对利率波动的平稳过渡。聚焦上市保险企业，国泰君安证券资产管理业务着力拓展第三方业务。

（3）相对其他业务，资产管理业务在证券公司业务中起步稍晚。在许多发达资本主义国家，归功于各类金融产品创新及政策支持，加之市场发展起步早，证券公司资产管理业务已相当发达。许多海外证券公司已呈现经纪业务、证券投资银行业务、证券资产管理业务“三驾马车”共同前进的局面，其资产管理业务在收入贡献上也普遍超过了 15% 甚至达到 20%，在这其中，美林证券早在 2001 年资产管理业务收入便已超过经纪业务收入，收入占比超过 25%。因此，我国券商资管的时代已经到来，以国泰君安为例的研究可以为后期进一步研究奠定基础。

第6章　金融机构资产负债综合管理案例分析

6.1　中国银行内蒙古自治区分行资产负债综合管理

资产负债管理（Asset and Liability Management）是银行、基金和保险公司等金融机构经常使用的一个概念。北美精算师协会（Society of Actuaries，SOA）对资产负债管理的定义是：资产负债管理是对企业实施管理的一种活动，通过一定的管理手段来协调企业资产与负债所作出的决策。也就是说，资产负债管理是在给定的风险承受能力和既定的约束下，为实现企业的财务目标而制定、实施、监督、修正企业对于其资产和负债有关决策的过程。对任何一家利用投资来对其负债进行平衡的金融机构来说，资产负债管理都是一种十分重要且适用的财务管理手段。

近几年，随着内蒙古地区经济的发展，中国银行内蒙古自治区分行呈现出较好的发展态势，资产负债规模不断扩大，经营能力持续上升。但面对外部经济环境变化，内蒙古地区GDP增长大幅低于近年平均水平，经济从高增速到中度增速，前几年经济的高速增长回归常态，创新驱动凸显，加之同业竞争激烈、资产管控难度提升，中国银行内蒙古自治区分行效益增长压力持续加大。在此背景下，以中国银行内蒙古自治区分行资产负债管理为研究对象，结合个人工作实际，探讨资产负债管理的优化措施，以期在中国银行内蒙古自治区分行完善管理、提升可持续发展能力方面起到借鉴作用。

6.1.1　中国银行内蒙古自治区分行资产负债管理现状

1. 中国银行内蒙古自治区分行经营情况

中国银行内蒙古自治区分行成立于1980年，目前拥有6 650名员工，270家分支机构，覆盖全区14个盟市。随着自治区经济的快速发展，内蒙古自治区分行对组织体系建设按照规模和结构并重、业务与风险兼顾的原则进行了梳理和整合，按照市场和经济发展的需要，组织架构更加科学合理，为业务发展奠定了基础。面对复杂的经营环境和激烈的同业竞争，中国银行内蒙古自治区分行开拓创新、真抓实干，各项业务持续、稳定、健康发展，核心业务在波动中增长较快，业务规模不断扩大，客户结构和产品结构持续改善，品牌价值持续提升；近年来先后荣获“内蒙古服务质量用户满意单位”“内蒙古百姓口碑金奖单位”“首府百姓最满意的国有商业银行品牌第一名”“内蒙古最佳企业公民”等称号；连续3年被自治区政府评为“送金融服务进旗县、进园区、进企业活动”先进单位。

中国银行内蒙古自治区分行按照中国银行总行的整体发展战略，秉承“担当社会责任，做最好银行”的发展理念，紧密结合自治区“8337”发展思路和经济转型升级的战略部署，坚持以科学发展观为指导、以转变发展方式为主线、以战略管理为龙头、以提升内生动力为目标，追求卓越，走高质量发展之路，转观念、调结构，抓机遇、促发展，努力打造“西部地区”最佳银行；总量规模不断扩大，综合实力持续增强，取得了良好的经营业绩。

截至2018年年末，中国银行内蒙古自治区分行人民币一般性存款余额由2016年的1 892亿元增加到1 921亿元（见表6－1），外币客户存款余额近5亿美元，保持市场领先地位；积极围绕自治区经济结构调整布局，支持自治区清洁能源输出基地建设，重点支持了五大电力集团、神华集团、内蒙古能源投资等项目；支持自治区有色金属生产加工基地建设，重点支持了中电投、中国有色、中国铝业等大型企业集团以及包头铝业生态园区、霍林河煤电铝一体化工业园区等经济效益良好的铝业中下游深加工企业；围绕呼和浩特、包头、鄂尔多斯、赤峰等地，支持自治区现代装备制造基地建设，以推进农牧业现代化为发展方向，着重支持全区乳、肉、绒（皮革、皮毛）、粮油、马铃薯和饲料等农牧业支柱产业发展，以及节能减排、新材料等战略性新兴行业的发展。

表6－1　　中国银行内蒙古自治区分行近三年资产负债总额情况　　单位：亿元

指标	2016年	2017年	2018年
资产总额	1 892	1 902	1 921
负债总额	1 875	1 896	1 913

资料来源：中国银行2018年年度报告。

2. 中国银行内蒙古自治区分行资产负债管理现状

（1）贷款余额和存款余额比例。随着地区经济的增长、自身经营规模的不断扩大、客户信贷需求的持续攀升，中国银行内蒙古自治区分行通过积极支持地区支柱产业、落实惠民政策措施、加快新模式业务转型、加速发展个人信贷业务，资产规模屡创新高，与此同时余额贷存比也高居不下，连年保持在90%以上（见表6－2）。人民银行确定的负债管理指标中要求商业银行贷款余额和存款余额的比例（余额贷存比）不超过75%，过高的余额贷存比不利于资产负债结构的调整；而且余额贷存比的下降，需要通过降低新增贷存比实现，同时又不利于新增业务的发展。

表 6－2　　2015—2018 年中国银行内蒙古自治区分行余额贷存比情况

指标	2015 年	2016 年	2017 年	2018 年
人民币各项存款余额/亿元	1 680	1 723	1 837	1 896
人民币各项贷款余额/亿元	1 589	1 674	1 749	1 769
余额贷存比/(%)	97.58	97.16	95.21	93.30

资料来源：中国银行 2018 年年度报告。

（2）利息收入占净收入比重。长期以来，利差收入都是中国银行内蒙古自治区分行的主要收入来源，从近年数据来看，净利息收入占全部净收入的 80% 以上，见表 6－3。净利息收入中，公司贷款业务收入占比比较高，由于 2014 年以来的连续降息，贷款规模快速增长，带动利息收入增长，同时降息因素也影响利息收入增长；存款利率提高及规模增长双重影响导致利息支出增长较快，其中，定期存款占比提高是利息支出增长较快的主要原因。净利息收入占比虽呈现逐年下降的趋势，但并未改变净利息收入对收入增长的贡献度。

表 6－3　　2015—2018 年中国银行内蒙古自治区分行净收入情况

指标	2015 年	2016 年	2017 年	2018 年
净收入/万元	624 740	638 014	672 043	431 716
其中：净利息收入	549 909	557 536	571 010	346 916
非利息收入	74 831	80 478	100 776	84 800
净利息收入占比/(%)	88.02	87.39	84.97	80.36
非利息收入占比/(%)	11.98	12.61	15.00	19.64

资料来源：中国银行 2018 年年度报告。

（3）资产利润率。资产利润率是商业银行资产负债管理中反映盈利水平的指标。从 2015—2018 年中国银行内蒙古自治区分行盈利水平来看，受利润水平下降、资产规模扩大因素影响，资产利润率指标呈逐年下降趋势，见表 6－4。特别是 2015 年利差收窄，不良资产大幅增加，严重影响了利润增长。

表 6－4　　2015—2018 年中国银行内蒙古自治区分行资产回报率情况

指标	2015 年	2016 年	2017 年	2018 年
资产总额/亿元	1 411	1 724	1 816	1 980
净利润/万元	251 946	251 610	264 829	156 000
总资产回报率	1.81	1.51	1.44	1.03

资料来源：中国银行 2018 年年度报告。

（4）拨备覆盖率。拨备覆盖率是指贷款损失准备对不良贷款的比率，主要反映银行对贷款损失的弥补能力和对贷款风险的防范能力。从近几年的数据情况看，中国银行内蒙古自治区分行贷款不良额和不良率逐年上升，拨备覆盖率虽达到监管要求的 150% 以上，却呈逐年下降趋势，见表 6－5。特别是在当前持续下行的经济环境下，资产减值损失大幅增加，拨备覆盖率仍呈逐年下降趋势，可以说在一定程度上高估了资产质量，加大了经营风险。

表 6－5　　2015—2018 年中国银行内蒙古自治区分行拨备覆盖率情况

指标	2015 年	2016 年	2017 年	2018 年
不良资产/万元	61 761	101 857	129 507	259 800
不良率/（%）	0.50	0.74	0.88	1.62
拨备覆盖率/（%）	328	272	228	154

资料来源：中国银行 2018 年年度报告。

3. 中国银行内蒙古自治区分行资产负债管理存在的问题

（1）盈利模式亟待改变。由于利差收入是中国银行内蒙古自治区分行最主要的收入来源，利率市场化后，外部竞争加剧，负债成本明显上升，存贷利差进一步收窄，导致利润下滑，从 2015—2018 年中国银行内蒙古分行净利差和净息差水平来看，分别从 4.01% 下降到 3.48%、4.03% 下降到 3.50%，放缓程度较为明显，传统依靠利差实现收入增长的经营模式难以为继，见表 6－6。因此，必须改变盈利模式，合理把握息差水平，加速创新，拓宽业务范围，提高产品的渗透率和使用率，由规模带动效益向服务带动效益转变，增强客户黏性。

表 6－6　　2015—2018 年中国银行内蒙古自治区分行净利差、净息差情况　　单位：%

指标	2015 年	2016 年	2017 年	2018 年
净利差	4.01	3.51	3.62	3.48
净息差	4.03	3.54	3.65	3.50

资料来源：中国银行 2018 年年度报告。

（2）投入产出比较低。受资产业务的扩张、公司类贷款业务占比高等因素影响，中国银行内蒙古自治区分行风险资产平均权重逐年攀升，由 2015 年的 73.40% 提高到 2018 年的 77.50%，经济资本（Economic Capital，EC）占用不断提高，由 2015 年的 121 亿元提高到 2018 年的 159 亿元。同时受净利润增长乏力等影响，风险调整资本回报率（Risk－Adjusted Return On Capital，RAROC）降幅较大，2015 年风险调整资本回报率水平为 21.90%，至 2018 年年末回报率水平仅为 12.54%，资本投入产出严重不匹配，降低了经营的安全性。2015—2018 年中国银行内蒙古自治区分行经济资本情况见表 6 – 7。

表 6 – 7　　2015—2018 年中国银行内蒙古自治区分行经济资本情况

指标	2015 年	2016 年	2017 年	2018 年
经济资本占用/万元	1 216 097	1 359 117	1 389 396	1 586 191
经济价值增加值/万元	119 692	93 800	97 202	8 604
风险调整资本回报率/(%)	21.90	18.92	19.00	12.54
风险资产平均权重/(%)	73.40	67.77	67.35	77.50

资料来源：中国银行 2018 年年度报告。

利率市场化后，资产业务增长受到资本的约束，随着利润增长的放缓，通过内生发展补充资本难以满足资产投放的需求。通过外部融资要受到资本市场波动等因素的影响，融资难度较大，资本的消耗和补充面临较大压力，需要根据资本承受能力妥善处理好规模与效益、短期与长期、局部与整体的关系。

（3）贷款结构有待优化。截至 2018 年年末，中国银行内蒙古自治区分行各项贷款余额为 1 589 亿元，较 2017 年新增 132 亿元，占总资产比重为 84.36%，较 2017 年年末提高 4.11 个百分点。贷款结构中，资本业务的零售贷款及银行卡占比较低，分别为 25% 和 3.7%。零售贷款占各项贷款的比重在同业排名第二，低于排名第一的中国建设银行。从客户结构方面来看，对公客户中大中型客户贷款占所有对公贷款比重达 85% 以上，虽逐年下降，但占比仍然较高。小型客户贷款时点余额占所有对公贷款比重为 2.5% 左右，微型客户贷款时点余额占所有对公贷款比重为 3% 左右。从贷款期限结构来看，中长期贷款占比处于较高水平，原始期限在 5 年以上贷款占比为 60% 以上，6 个月至 1 年贷款占比为 25% 左右。重新定价结构方面，一年内重新定价贷款金额为 1 500 亿元以上，占比高达 99.67%，降息因素对贷款利息收入产生较大影响，贷款结构有待进一步优化。

（4）负债稳定性降低，负债成本提高。由于宏观经济增速连年下滑，信贷规模和社会融资规模难以大幅度扩张，信贷增速趋缓导致存款增长放缓，同时受多层次金融市场不断完善因素的影响，“金融脱媒”持续发酵，中国银行内蒙古自治区分行面临的存款分流挑战将进一步加剧。且随着金融市场体系和金融工具的不断完善，可供选择的投资渠道不断拓宽，个人金融资产配置将更趋多元化，抑制存款增长，存款结构将发生较大变化。以 2018 年为例，中国银行内蒙古自治区分行储蓄存款定期占比较 2017 年提高 3 个百分点以上，存款付息成本增加。本外币一般性存款付息率为 1.79%，其中公司存款、储蓄存款付息率均高于主要同业。

（5）表外业务潜力有待挖掘。截至 2018 年年末，中国银行内蒙古自治区分行表外业务总量为 492 亿元，表外业务中资本项目占用共计 160 亿元，其中银行承兑汇票、融资性保函和跟单信用证资本占用较大。或有资产负债业务共 203.9 亿元，占比 41.46%，带动非利息收入 0.9 亿元，代理类业务共 156.45 亿元，共带动中收（中间业务收入）1 622 万元，均为委托贷款业务手续费，占全行非利息收入的 1.53%。市场风险类业务共 75 亿元，其中非标理财业务 66.1 亿元，带来中收 1 200 万元。由于表外业务不仅可以丰富银行业务品种，满足客户多元化的金融服务需求，而且还可以有效防范和转移风险，增加中间业务收入。在一定程度上，中国银行内蒙古自治区分行代理类业务有待挖掘，还需通过参与资本市场、资产管理、股权投资为企业融资提供服务，将资产负债和资本管理有效结合，表内外业务协同推进。

6.1.2　中国银行内蒙古自治区分行资产负债管理面临的环境

1. 资产负债管理面临的挑战

（1）经济下行压力持续。受整体宏观环境影响，内蒙古自治区地区经济增速持续放缓，主要宏观经济指标大幅下降，远低于近年平均水平。2015—2018 年，内蒙古自治区 GDP 分别增长 11.7%、9%、7.8% 和 6.9%，平均增长 8.85%；内蒙古自治区一般性财政收入分别增长 14.5%、10.7%、7.1% 和 6.9%，平均增长 9.88%。在国家强化内生动力机制和进一步调整产业结构的大背景下，内蒙古地区金融业不可避免地受到强烈冲击，金融总量增加，但发展呈现放缓趋势，金融机构存款增速从 2015 年的 13.98% 下降到 2018 年的 4.57%，下降近 10 个百分点，金融业进一步发展的空间被压缩。

在当前及今后较长一段时间内，内蒙古地区经济下行的压力依旧存在，企业经营状况难以出现显著的改善，实体经济有效信贷需求也难以出现显著回升，银行信贷投放不具备大幅扩张的条件。自治区能源、化工、有色金属等地区支柱性产业产品的价格无明显利好趋势，行业经营利润持续下滑，企业经营困难；能源、钢铁、化工等主要创收产业低迷，出区物资创收能力下降、进区物资耗资规模上涨，区内资金面紧张；随着各类新材料、新技术引进投产及固定资产投资快速增长，客户信贷需求保持旺盛增长态势，在严格贷款管控的内生动力机制下，资产业务拓展及存量客户维护面临严峻考验。在互联网金融的持续冲击下，银行存款业务稳定性下降、增长速度持续放缓是大趋势，不会改变，负债成本仍有上升的压力，故中国银行内蒙古自治区分行经营发展仍将面临巨大的压力。

（2）业务增速下降和盈利增长放缓将成为常态。随着互联网金融成为信息时代货币脱媒的新媒介，电商 + 非银组合将成为存款、理财等产品的重要竞争者，负债业务发展存在较大压力；随着利率逐步市场化，中国银行内蒙古自治区分行结售汇、国际汇款市场份额将受到冲击，使得传统业务发展空间越来越小。

2. 资产负债管理面临的机遇

（1）战略发展机遇。随着经济发展转型持续推进，高端装备制造、节能环保等战略性新兴行业快速发展，产能过剩转移消化提速，为银行积极介入相关行业、扩大市场份额、筹谋长远发展提供了难得的机遇。扩大对外开放也是实现发展的良好机遇，有助于推动国际业务跨越式发展。中国银行内蒙古自治区分行在扩大对外开放的有利政策下，可以充分发挥外贸业务优势，大力拓展贸易融资业务，特别是拓展跨境人民币贸易融资业务。同时利用中国银行海外机构优势，抓住对外投资快速增长机遇，加强海内外业务联动，结合企业在对外工程承包、海外项目开发、开展跨境投资等多种对外经济行为方面的需求，加大对“走出去”企业的支持力度，包装整合对外直接投资人民币结算、跨境项目贷款、对外担保等服务。

（2）监管政策环境。在引入战略投资者、境内外上市、兼并收购的过程中，银行可以提供专业、全面、差异化的顾问咨询服务，依托产品创新和服务创新，拓展新型投资银行业务。以投资银行业务为重点，深挖增收渠道，加快中间业务转型发展。强化联动营销意识，构建一体化营销服务网络，整合总分行、境内外分行、附属机构、各业务条线资源，重点推进跨境融资、债券承销等业务，与附属机构联动推广上市及再融资、并购、发债、股权投资等业务。通过表外融资撮合交易，有效对接客户融资需求，加大对同业银行、信托、资管、保险等资金渠道的拓展力度，形成更加稳定的外部资金来源，加强短、中、长期产品组合和新产品开发，实现资金与项目的有效对接，打造投行业务新的增长点。

6.1.3 中国银行内蒙古自治区分行资产负债管理的优化措施

（1）优化资产负债发展策略。一是继续坚持存款立行的原则，积极调整负债业务结构。始终维护客户存款的核心地位，坚持发展客户存款不动摇，灵活运用市场化融资工具，差异化发展策略性负债。二是加强存款日均管理，确保存款稳步增长。继续加强存款日均管理，坚持存款偏离度指标管理，改变不计成本高息揽储的行为，降低存款波动影响，对于存款冲时点行为应尽量避免。三是要加强客户金融资产管理，充分发挥表外负债的有益补充作用。应由“就存款抓存款”向“抓客户金融资产”转变，加强对客户金融资产的管理和考核，加快产品创新，充分运用表外理财产品扩大资产管理业务规模。

（2）建立资本约束为导向的管理体制。一是充分挖掘存量业务资本释放空间，积极调整存量业务客户结构，对对公存量客户进行逐笔梳理。二是在新增授信规模分配上，优先投放综合回报高的贷款；尽量选择评级高的客户，提高小微企业客户占比，同时通过信用评级高的担保人降低业务风险。三是进一步加强对客户结构的调整。中小型商业银行应该积极支持和响应国家、地区发展产业和行业，尽可能地降低因为自身或者行业政策的变化对客户造成的影响，加强对资本的使用，降低银行经营的风险。

参考文献

[1] 丁萍．浅谈商业银行资产负债管理与流动性新规影响［J］．商讯，2019（25）：165，167.

[2] 关文杰．资产负债管理的有效性 [J]．中国金融，2017 (5)：22－24.

[3] 薛喜泰，金环．我国商业银行金融创新的形式分析 [J]．时代金融，2018 (32)：143.

[4] 陈刘春．我国商业银行金融创新现状及对策探讨 [J]．时代金融，2018 (36)：80.

[5] 徐明文．我国商业银行资产负债管理研究 [J]．商场现代化，2016 (8)：96.

[6] 沈荣勤．主动负债：利率市场化背景下商业银行负债业务转型的突破口 [J]．清华金融评论，2016 (3)：63－67.

[7] 中国农业银行资产负债管理部主动负债研究课题组．去杠杆背景下商业银行主动负债发展策略 [J]．农村金融研究，2018 (3)：46－52.

案例使用说明

一、教学目的与用途

（1）适用课程：商业银行、资产负债综合管理。

（2）适用对象：高年级金融专业本科生、金融硕士研究生，有一定工作经验的学员和管理者。

（3）教学目的：本案例通过对中国银行内蒙古自治区分行近三年贷存比、拨备覆盖率等指标及主要业务和财务数据的分析对比，提出该行资产负债管理过程中在盈利模式、投入产出、业务结构、业务成本等方面存在的问题。通过研究当前中国银行内蒙古自治区分行资产负债管理中面临的问题和挑战，分析和探讨完善该行资产负债管理的措施，从完善管理体制、改善资产负债结构、调整客户和业务结构、提高定价能力、加强风险管控、平衡短期和长期价值目标间的关系等措施方面进行探讨，希望能为中国银行内蒙古自治区分行优化资产负债业务管理，提升经营水平提供一些思路和建议。

二、启发思考题

（1）科学的定价制度有助于商业银行对自身资金的去向以及流量的控制，这对中国银行内蒙古自治区分行资产负债管理的优化措施有哪些启示？

（2）分析中国银行内蒙古自治区分行在此制度下需要作出哪些调整，以及作出这些调整的理论依据是什么？

三、分析思路

（1）利率市场化条件下，商业银行自主定价权扩大，利率竞争将成为常态。中国银行内蒙古自治区分行要进一步建立科学的金融产品定价机制，审时度势，做好对宏观经济趋势的预测分析，不断摸索利率市场化与业务发展的最佳结合点，切实提高业务定价能力和水平。存贷款产品利率定价要以客观定量为主，以主观定性为辅，平衡成本、风险和收益，强调综合回报。一是强化定价授权制度。一般性存款利率定价权限按照金额、期限和利差情况不同，实行逐级审批制度。大额存单、表内理财等主动负债按照中国银行总行授权和定价策略执行。同业定期存款、财务公司定期存款、协议存款以及通过价格杠杆主动吸收的客户大额存款，定价权限上收至分行，由分行逐笔审批或集体决策决定；二是强化客户综合贡献度分析。在单笔业务测算的基础上，结合客户利润、

RAROC 综合分析，确定定价策略。加大 RAROC 在贷款定价中的应用，对于 RAROC 低于底线回报率的客户从严控制。

（2）在考核方面，全额内部资金转移定价（Funds Transper Pricing，FTP）在分机构、分产品、分客户等不同维度进行绩效评估时提供一致基准，业务条线和二级行均按照全额 FTP 方式进行核算和考核，从而清晰判断盈利来源，提升盈利能力；成本分摊方面，实现资金成本逐笔转移，实现成本和收益相匹配；定价方面，全额 FTP 引导产品合理定价。FTP 价格对全行每笔资产负债业务发生作用，能够及时将市场信号传导至每笔业务，所有业务与 FTP 信号点对点直接接收，精确显示每笔业务的机会成本与机会收益。FTP 是利率市场化后外部产品科学定价最重要的基础。

（3）中国银行内蒙古自治区分行在进行定价管理时，对于存款产品定价要根据 FTP 收益水平，综合考虑其他可能发生的费用和成本，在确保一定目标利润的前提下，根据客户综合贡献度进行差异化定价。

6.2 连发 60 亿元金融债：剖析工银金融租赁公司的资产负债综合管理

工银金融租赁有限公司（以下简称工银租赁），成立于 2007 年 11 月 26 日，注册地在天津滨海新区。工银租赁的融资租赁业务主要集中在交通运输、仓储和邮政业，电力、燃气及水生产和供应业，水利、环境和公共设施管理业，租赁和商务服务业及采矿业等行业。公司前五大行业租赁资产合计占公司租赁资产的比重保持在 90% 左右，其中交通运输、仓储和邮政租赁资产占比最高，面临一定的行业集中风险。2015 年至 2018 年 6 月末，资金市场收紧，工银租赁负债缺乏中长期资金来源，以短期流动融资为主，30 天以内到期的融资规模较大。

6.2.1 公司简介

工银租赁是国务院确定试点并首家获中国银监会批准开业的银行系金融租赁公司，是中国工商银行的全资子公司；目前注册资本 180 亿元人民币，是国内注册资本最大的开展业务的金融租赁公司。工银租赁的成立在工行（中国工商银行）打造业务多元化、经营综合化、服务专业化的中国最大银行的道路上再次写上浓墨重彩的一笔。公司依托中国工商银行的强大实力，以国际化的视野、市场化的机制、专业化的品质，提供各类租赁产品及租金转让与证券化、资产管理、产业投资顾问等金融产业服务，致力于打造国际一流的金融租赁企业。

工银租赁坚持“专业化、市场化、国际化”的发展战略，定位为大型专业化的飞机、船舶和设备租赁公司。依托中国工商银行的品牌、客户、网络和技术优势，建立了较为完善的金融租赁产品和服务体系。截至 2018 年 6 月末，工银租赁总资产 1 816.87

亿元，总负债 1 567. 36 亿元，其中应收融资租赁款净额 978. 62 亿元，股东权益 249. 51 亿元，资本充足率为 14. 61%，不良资产率为 0. 79%。2018 年上半年营业收入 14. 68 亿元，净利润 9. 63 亿元。2018 年全国 18 家租赁公司的业绩表现情况见表 6 - 8。

表 6 - 8　　2018 年全国 18 家租赁公司的业绩表现情况

公司名称	注册资本/亿元	总资产/亿元	2017 年年末总资产/亿元	资产增长率/(%)	净利润/亿元
工银租赁	180. 00	3 416. 90	3 148. 94	8. 51	14. 51
交银租赁	85. 00	2 185. 65	2 072. 43	5. 46	13. 52
国银租赁	126. 42	2 099. 82	1 870. 99	12. 23	11. 18
民生租赁	50. 95	1 754. 62	1 782. 89	- 1. 59	—
招银租赁	60. 00	1 720. 47	1 554. 15	10. 70	11. 01
建信租赁	80. 00	1 511. 75	1 380. 13	9. 54	7. 60
兴业租赁	90. 00	1 363. 19	1 349. 25	1. 03	8. 20
华融租赁	59. 27	1 258. 11	1 320. 00	- 4. 69	8. 30
光大租赁	37. 00	692. 81	646. 73	7. 13	2. 30
中国外贸租赁	51. 66	640. 42	634. 01	1. 01	3. 27
华夏租赁	60. 00	639. 52	604. 60	5. 78	4. 01
浦银租赁	50. 00	571. 69	522. 52	9. 41	3. 41
江苏租赁	23. 47	567. 76	496. 69	14. 31	6. 43
中信租赁	40. 00	502. 97	517. 65	- 2. 84	2. 93
农银租赁	30. 00	476. 79	415. 88	14. 65	0. 69
苏银租赁	30. 00	348. 30	300. 37	15. 96	1. 59
皖江租赁	46. 00	327. 29	447. 62	- 26. 88	2. 10
贵银租赁	20. 00	170. 35	—	—	0. 63

资料来源：零壹租赁智库。

工银租赁的母公司是中国工商银行股份有限公司，成立于 1984 年 1 月 1 日，并于 2005 年 10 月 28 日，整体改制为股份有限公司。2006 年 10 月 27 日，成功在上交所和香港联交所同日挂牌上市。截至 2017 年年末，工银租赁已获得包括中国工商银行等五大行在内的超过 70 家金融机构近 4 200 亿元的授信额度；截至 2019 年，公司同业拆借限额达到 180 亿元，并获得了银行间市场外币拆借业务资格，公司融资空间得到了进一步拓展。

工银租赁的企业特点是：以探索中国金融租赁业发展的新方式，探索中国工商银行综合化经营的新路径为使命；以打造国际一流金融租赁企业为目标；以专业化、市场化、国际化为发展战略；以创新发展、稳健经营为理念；以强大的品牌、学习的团队、创新的文化、科学的管理、卓越的客户为核心资产；以天高海阔、物聚人和为企业文化。

6.2.2 公司主营业务

工银租赁是国内首家银行系金融租赁公司，其业务规模、盈利水平及资本实力均在银行系处于领先地位，业务类别包括融资租赁和经营租赁。自成立以来，工银租赁形成了航空租赁、航运租赁、设备租赁三大业务板块。实施“专业子公司 + 专业产品线”的发展战略，加强航空、航运业务的专业发展，打造设备租赁业务特色产品线；发挥租赁核心功能，将租赁业务纳入全行业务体系，实现资产结构持续优化等多重目标。

以下是三大业务板块情况的详细介绍。

（1）航空租赁。截至 2017 年年末，工银租赁通过海外平台开展的航空租赁业务覆盖超过 30 个国家和地区，拥有 70 家航空公司客户。已形成了齐全的飞机租赁业务种类，业务模式有融资租赁、经营租赁、资产包收购等。此外，2017 年工银租赁与中商飞（中国商用飞机有限责任公司）签署 55 架 C919 订单，目前国产飞机订单总数达到 130 家，成为国产飞机最大客户。

总体来看，工银租赁经过 10 年的发展，在国内资产规模、盈利能力、创新能力和市场领导力方面处于领先地位，其中拥有和管理的飞机 670 架。工银租赁中航空租赁实力较强，又因为飞机租赁物变现能力强，这就有利于航空租赁业务规模的持续增长及信用风险控制，从而在资产配置上做到鱼与熊掌兼得。

（2）航运租赁。工银租赁是国内船舶和海工租赁行业的领军企业，其海工和船舶租赁资产涵盖海工平台、海工辅助船、海工工程船、豪华邮轮等高技术、高附加值资产。公司的航运租赁业务模式主要包括直租、售后回租、联合租赁等，涉及的租赁标的物覆盖散货船、集装箱船等主要门类，租赁期限一般为中长期。

总体来看，工银租赁是目前国内最具影响力的船舶融资租赁机构，开发了许多新的航运租赁模式，如保税租赁、人民币跨境租赁等新型服务模式，以更好地应对全球市场动态，充分利用庞大而多元化的资产组合，推动航运金融业务迈向国际化。这与飞机租赁物变现能力强相比，其集中资产配置在中长期，有利于分散期限，合理利用资产资源。

（3）设备租赁。工银租赁的设备租赁模式主要包括直租、售后回租和厂商租赁，行业包括能源电力、轨道交通、高端设备、基础设施、广电、旅游、医疗等，创新发展了厂商租赁、中小企业租赁等业务模式。截至 2017 年年末，工银租赁有超过 4.4 万台/套大型设备。此外，工银租赁是唯一一家跟中国铁路总公司合作的租赁公司，并与中国铁路总公司旗下的子公司合作开展业务。设备租赁是长期业务的代表，与飞机租赁物变现能力强相比，资产的时间周转期限长，变现能力相对较弱。

6.2.3 盈利、偿债能力的分析

（1）盈利能力。工银租赁营业收入主要包括融资租赁业务利息收入、手续费及佣金净收入和经营租赁净收入。截至 2018 年 6 月末，营业收入为 14.68 亿元，其中经营

租赁净收入 9.14 亿元，手续费及佣金净收入 2.17 亿元，利息净支出 0.48 亿元，实现净利润 9.63 亿元。公司 2015—2017 年以及 2018 年 1 ~6 月的营业收入构成情况见表 6 –9。

表 6 –9　　工银租赁营业收入构成情况　　单位：千元

指标	2015 年	2016 年	2017 年	2018 年 1 ~6 月
利息收入	6 107 948	570 180	5 478 831	2 559 734
利息支出	5 174 972	4 393 293	5 212 278	2 607 803
利息净收入	932 976	1 356 887	266 553	–48 069
经营租赁收入	2 185 802	2 869 387	3 367 676	1 675 489
经营租赁成本	883 853	1 188 520	1 402 314	761 562
经营租赁净收入	1 301 949	1 680 867	1 965 362	913 927
手续费及佣金收入	416 333	416 023	808 218	288 122
手续费及佣金支出	282 858	345 968	123 112	71 523
手续费及佣金净收入	133 475	70 055	685 106	216 599
投资收益	60 882	300 144	214 031	17 842
公允价值变动损益	248 547	–157 707	–178 659	—
汇兑收益	28 853	200 595	–253 657	68 461
资产处理收益	—	48 721	–78 007	—
其他收益	—	—	465 367	299 714
营业收入	2 706 682	3 499 562	3 086 096	1 468 474

资料来源：零壹财经。

（2）偿债能力。从负债结构来看，借入资金是工银租赁的负债主体，工银租赁 2015 年至 2018 年 6 月末借入资金余额分别为 1 482.67 亿元、1 261.92 亿元、1 144.28 亿元和 1 236.83 亿元，占负债总额的比例分别为 90.40%、88.41%、78.83%、78.91%。

截至 2017 年，工银租赁借款余额 1 144.28 亿元，占负债总额的 78.83%。其中，短期借款占 82.02%，长期借款占 17.98%。可以看到短期借款的比例达到 80% 以上，对于工银租赁来说短期偿债压力太大，而长期借款的比例不足 20%，该比例对于租赁公司来说太小了，没有很好地利用其公司特性与业务特点。工银租赁负债明细见表 6 –10。

表 6 –10　　工银租赁负债明细　　单位：千元

指标	2015 年	2016 年	2017 年	2018 年 6 月末（未经审计）
借入资金	148 267 358	126 192 328	114 427 543	123 682 518

续表

指标	2015 年	2016 年	2017 年	2018 年 6 月末（未经审计）
卖出回购金融资产款	7 193 120	8 597 497	22 357 274	25 104 271
预收款项	2 992 921	2 282 245	2 177 075	2 314 824
长期应付款	3 369 593	3 726 560	3 117 446	2 948 411
应付职工薪酬	226 454	228 395	190 288	206 700
应交税费	355 077	480 281	308 731	415 142
应付保证金	296 892	264 869	261 549	244 004
其他应付款	1 302 195	966 405	2 312 164	1 819 921
负债合计	164 003 610	142 738 580	145 152 072	156 735 791

资料来源：工银租赁内部资料整理。

2015—2017 年，工银租赁负债率分别为 88.95%、86.25%、85.51%，资产负债率呈下降趋势。工银租赁偿债能力与流动性指标见表 6－11。

表 6－11　　工银租赁偿债能力与流动性指标　　单位：%

指标	2015 年	2016 年	2017 年	2018 年 6 月末
资产负债率	88.95	86.25	85.51	86.27
流动性比例	9.45	89.54	15.09	9.09

资料来源：工银租赁内部资料整理。

6.2.4　资本充足率与业务集中行业明细

从资本充足率来看，2015 年至 2018 年 6 月末，资本充足率保持良好，分别为 11.70%、14.22%、14.70% 和 14.61%，见表 6－12。

表 6－12　　工银租赁的资本充足率

指标	2015 年	2016 年	2017 年	2018 年 6 月末（未经审计）
资本净额/亿元	213.29	238.89	256.84	266.26
核心一级资本净额/亿元	202.75	227.55	244.87	249.67
风险加权资产总额/亿元	1 822.62	1 679.79	1 747.39	1 809.29
核心一级资本充足率/(%)	11.12	13.55	14.01	13.70
资本充足率/(%)	11.70	14.22	14.70	14.61

资料来源：工银租赁内部资料整理。

工银租赁的融资租赁业务集中程度较高。公司五大行业租赁资产合计占比达到 90%左右，面临较大的行业集中风险，具体见表 6 – 13。

表 6 – 13　　工银租赁的融资租赁业务概况

行业	2015 年		2016 年		2017 年		2018 年 6 月末	
	金额/千元	占比/（%）	金额/千元	占比/（%）	金额/千元	占比/（%）	金额/千元	占比/（%）
交通运输、仓储和邮政业	57 661 217	52. 23	49 343 902	49. 17	57 030 450	53. 17	51 299 766	50. 84
电力、热力、燃气、水生产及供应业	25 036 129	22. 68	17 009 185	16. 95	12 750 633	11. 89	15 077 973	14. 94
水利、环境和公共设施管理业	8 489 011	7. 69	11 215 367	11. 18	15 711 425	14. 65	14 753 349	14. 62
采矿业	7 272 334	6. 59	6 302 352	6. 28	6 599 775	6. 15	5 468 935	5. 42
制造业	4 032 501	3. 65	2 187 022	2. 18	1 476 836	1. 38	1 284 728	1. 27
租赁和商务服务业	3 024 676	2. 74	6 069 361	6. 05	7 349 002	6. 85	7 483 936	7. 42
金融业	1 091 687	0. 99	2 279 008	2. 27	1 762 077	1. 64	1 906 871	1. 89
文化、体育和娱乐业	1 020 479	0. 92	2 414 609	2. 41	2 217 661	2. 07	2 096 108	2. 08
建筑业	956 179	0. 87	2 131 105	2. 12	1 418 361	1. 32	791 162	0. 78
农、林、牧、渔业	758 140	0. 69	—	—	—	—	—	—
信息传输、信息技术服务和软件业	605 954	0. 55	709 846	0. 71	489 299	0. 46	361 813	0. 36
卫生、社会保障和社会福利业	454 061	0. 41	686 161	0. 68	463 842	0. 43	386 351	0. 38
总计	110 402 368	100	100 347 918	100	107 269 361	100	100 910 992	100

资料来源：工银租赁内部资料整理。

总体来看，工银租赁的融资租赁业务存在客户集中风险，对短期银行借款依赖度较高，存在一定的资产负债期限错配问题，需要借助金融债发行来改善工银租赁的负债期限结构。

6. 2. 5　2019 年开年以来连发 60 亿元金融债券事件

工银租赁对这 60 亿元金融债券不是一次发行的，实际上是分两次发行的，前后发行时间相差 1 个月左右。

首先是第一次 30 亿元金融债券的发行，见表 6 – 14。工银租赁于 2019 年的 1 月 21 ~ 22 日发行 2019 年度第一期金融债券，发行金额 30 亿元，期限 3 年，发行利率为

3.45%。经联合资信评定，金融债券及公司主体信用等级均为AAA。在这之前工银租赁的债券情况是2018年注册不超过100亿元人民币金融债券，2018年第一期金融债券已发行40亿元。

表6-14　　工银租赁的金融债券

债券名称	2019年工银租赁的金融债券（第一期）	债券简称	19工银租赁债01
债券代码	1922001	债券期限	3年
计息方式	固定利率	发行日	2019年1月21~22日
计划发行总额	30亿元	实际发行总额	30亿元
发行价格	100元/百元面值	票面利率	3.45%
主承销商	中国工商银行、中国银行、交通银行、招商银行、上海浦东发展银行、招商证券、光大证券、中信建投证券		

资料来源：工银租赁内部资料整理。

工银租赁称，本期债券募集资金主要用于补充公司中长期资金来源，优化公司资产负债结构，降低公司流动性风险，提升公司竞争力和市场影响力。2月25日，工银金融租赁有限公司发布公告，拟面向全国银行间债券市场公开发行2019年第二期金融债券，发行规模为30亿元。此前，工银租赁已于1月16日发行第一期金融债券，规模同为30亿元，发行利率为3.45%，期限为3年。

第二期金融债券分为两个品种，品种一为3年期固定利率品种，发行20亿元；品种二为5年期固定利率品种，发行10亿元。3年期计划发行利率区间为3%~4%，5年期计划发行利率区间为3.3%~4.3%。两期债券均采用单利按年计息，不计复利。

工商银行担任两笔金融债券的牵头主承销商及簿记管理人，中国银行、交通银行、招商银行、浦发银行、招商证券、光大证券及中信建投证券担任联席主承销商。经联合资信评估有限公司综合评定，两笔金融债的信用级别及公司主体信用级别均为AAA级，评级展望为稳定。而这一次，根据公司的募集说明书，这笔债券募集资金的用途为补充公司中长期资金来源，优化公司资产负债结构，降低公司流动性风险。

从两次金融债券发行的事件始末可以了解到，这两次发行债券的目的一致。而为什么发行金融债券呢？

第一，我们之前在进行盈利能力以及偿债能力分析、资产负债比率分析时就已经揭示过，由于短期负债的大量占比，工银租赁公司在近期有较大的偿付压力。而长期债券的使用比例不到负债的1/5，作为一个金融租赁公司，确实是没有充分利用到长期债券。最后对于中期债券的利用更是少之又少，因此这两次发行债券，中期债券占比最大。

第二，作为国内首家银行系金融租赁公司，工银租赁依靠母公司的品牌优势，在专注飞机、船舶市场的同时，着力开发能源电力、轨道交通、装备制造等重点领域的大型设备市场。因为在业务上的拓展，所持有的资产也随之进行相应的调整。再者，工银租赁的应收融资租赁款主要分布在交通运输、仓储和邮政业，电力、热力、燃气及水的生产和供应业，水利、环境和公共设施管理业，采矿业，租赁和商务服务业等，截至2018 年 6 月末，上述集中度最高的前五个行业总占比为 93.24%。由于工银租赁融资租赁业务集中程度较高，面临较大的行业集中风险，工银租赁通过这两次的金融债券的发行，对其负债期限结构进行调整，这有利于资产行业作出相应调整，从而降低行业风险集中度。

以上体现了工银租赁对于资产与负债的理解，以及对这两者之间关系的把握。资产与负债并非是相互独立的，两者之间存在内在的必然联系，即资产负债综合管理。

6.2.6 资产负债综合管理

20 世纪 70 年代末，西方商业银行资金管理转向资产负债综合管理，也有的表述为相机抉择资金管理（Discretionary Fund Management）。银行经营管理理论又一次出现了重大转变，资产负债综合管理理论产生了。该理论的基本思想是从资产和负债两方面综合考虑，对应地进行分析。根据银行经营环境的变化，协调各种不同的资产和负债在利率、期限、风险和流动性等方面的搭配，进行最优化的资产负债组合，以满足盈利性、安全性和流动性的要求。在现代商业银行经营管理中，银行家们日益注重这两个部分的必然联系，并运用现代技术加以综合管理。实质上，商业银行的资产和负债作为一个整体是不可分离的，它们是一套资金的两种表现形式，这种联系可以从以下四个方面来证明。

（1）从资金来源角度考察，表现为负债，从资金运用角度分析，则又表现为资产。

（2）从这两部分的关系来看，资产与负债是相互制约和促进的。负债是资产的基础，即只有在相当数量存款的基础上，银行才能从事放款、投资和其他业务；而放款也能进一步创造派生存款，可见资产业务又扩大了负债业务，资产创造了负债。

（3）从银行的经营决策角度看，在保证银行盈利的前提条件下，对存款支付的利息水平取决于银行资产实现的收益大小，负债的支出并不能凭空确定。

（4）从资产期限上看，银行的资产安排若多选择长期的贷款或投资，则要尽可能吸收长期的定期存款，若负债的期限均较短，资产的长期结构安排则是不稳定的。

显然，资产期限结构受负债期限结构的制约。上述各种联系说明，商业银行无论注重资产管理还是负债管理，都不应离开另一方面而孤立进行，正确与科学的方法是把这两部分视为一个整体，并置于相同的目标之下，在同等的经济环境之中进行全盘综合考虑，使两者自然地融合在一起，从而达到资产与负债的最佳配合，这就是资产负债综合管理的基本思想。资产负债综合管理的思想到实际运用资产负债综合管理的方法历经20 多年，而随之形成的资产负债相匹配原则主要包括以下几个方面。

（1）规模对称原则。银行的资产规模与负债规模要相互对等、平衡。资金来源制约资金运用，以供给制约需求，这是传统经营理念，银行的功能现已表现为信用创造。

（2）结构对称原则。资产的各期限项目与负债的各期限项目相互对称、统一平衡。长期资产由长期性负债和资本金支持，短期资产由短期负债支持，其中的稳定余额部分可用于长期资产。

（3）速度对称原则。银行的资金运用应由银行的资金来源的流通速度决定。例如，资产的平均到期日与负债的平均到期日之比大于1，表示资金运用过度；小于1表示资金来源过多，没有充分利用。资产增长速度与负债增长速度之比AA/AD大于1，表示资金运用过度；小于1表示资金来源过多，没有充分利用。

（4）目标替代原则。银行的“三性”要相互替代和补充，“三性”目标要结合起来综合平衡，以实现总效用的最大化。流动性是银行平衡收益性和安全性目标的一个杠杆支点。如果银行的目标是追求高收益（当然意味着高风险），那么“支点”就应向右移动，银行流动性下降；如果银行的目标是追求低风险高安全（当然意味着低收益），那么“支点”就应向左移动，银行流动性提高。

（5）资产分散化原则。即银行资产种类和贷款的客户要多样化（针对借款客户经营业务的行业性质），适当分散，以降低经营风险。资产负债综合管理理论吸收了资产管理理论和负债管理理论的优点，从资产和负债二者均衡的角度协调银行经营管理过程中的安全性、流动性和盈利性三者之间的矛盾，使经营管理理论日趋科学化，进而产生了多种具体的管理措施。

工银租赁是中国工商银行的全资子公司，以及综合经营平台的重要组成部分，在资本金补充等方面得到大力支持。同时它也吸取了银行资产负债综合管理理论所长，依托中国工商银行的品牌、客户、网络和技术优势，建立了完善的金融租赁产品和服务体系，并发展成为具有自身特点的租赁业务体系。

6.2.7 租赁业务的其他相关思考

工银租赁2018年的营收增速、净利润增速均居千亿级金融租赁公司首位，实现净利润32.2亿元，同比增长63.3%，经营租赁资产规模均超千亿，看到其保持良好增长的同时，我们也应该思考如何让租赁公司保持长远发展。有关租赁业务的部分，要确认投资这家公司的目的是什么：是要租赁的资产，短期上资本市场套现，还是做成长期的业务平台，还是需要当作其他的金融通道工具？整体来说，金融行业比拼的应该是长久价值传承，当然就包括了长远发展的生命力。所以，租赁业务的第一要义是要活得久，要保持长远发展，就需要有自己独立的或者垄断的产品和行业。

当然，融资租赁行业是一个永远缺钱的行业，对资金有着天然的渴求，但是从业务的角度来讲，未来面临的不是缺钱的问题，而是缺人的问题。任何事情都是人做出来，金融业要有人才能将事情做好做顺。所以，租赁业务的第二要义是解决人的问题。如果没有人，就没有规章，没有制度，就没有风控体系的建立，就没有业务模式的建立，就没有未来的类金融公司。所以，金融行业，尤其是类金融行业，尤其是租赁行业，第二要义便是人才团队的建立和维护。现在经济大环境处于新常态中，这时真正想从事实物租赁的有长远目光的投资者，就应该用心组建合适的团队，摸索属于自己的模式，逐步建立自己的业务及风控体系，要等到经济转型成功，错过的就是转型带来的市场发展及长久的利益。

解决了方向性的问题和人才的问题，租赁业务的第三个问题来了，那就是要量身定做适合自己的衣服。并不是所有的租赁公司都可以去做某个行业某个产品，而要根据自己的资金实力和团队优劣来确认自己所要选择的行业和产品，而且行业和产品要合势、趋大势，要有前瞻性。租赁本身相对于担保、信托、小额贷款而言，更容易做成规模、做成模式、做成平台。租赁较容易产品化、行业化、规范化、平台化、规模化。但是如不选择合适的行业和产品，控制不好前段的风险，对中小租赁公司而言，将是致命的。

参考文献

[1] 梁荣栋．金融租赁公司发展现状及信用风险展望 [J]．债券，2019 (2)：61－66.

[2] 梁荣栋，周磊．国有大型商业银行发展现状及信用风险展望 [J]．债券，2018 (11)：58－62.

[3] 李坤．金融租赁公司市场流动性风险防范 [J]．合作经济与科技，2016 (15)：120－121.

[4] 张建印，赵勇．股东背景对金融租赁公司的影响及监管对策 [J]．河北金融，2017 (12)：32－33.

[5] 谭人友，徐鹏．中国金融租赁行业面临的问题及优化路径 [J]．对外经贸实务，2017 (4)：7－10.

[6] 王应贵．我国金融租赁公司经营现状、发展模式与重点风险控制 [J]．武汉金融，2017 (10)：26－31，36.

[7] 王筝．金融租赁公司风险管理体系构建初探 [J]．中央财经大学学报，2015 (3)：47－54.

[8] 杨大楷，杨辉，杨晔．我国融资租赁发展的历史、现状及趋势分析 [J]．农村金融研究，2015 (12)：7－13.

案例使用说明

一、教学目的与用途

(1) 适用课程：企业经营管理、财务报表分析、金融、金融工程、金融机构融资租赁。

(2) 适用对象：金融、金融工程等财政金融专业以及工商管理专业等本科生，金融专硕、MBA 等高年级学生。

(3) 教学目的：本案例展示了工银租赁在公司内部运用资产负债综合管理等原理进行自身资产负债结构、比例优化的整个过程。主要目的分为以下方面：第一，了解银行系的金融机构租赁公司。工银租赁的成立在工行打造业务多元化、经营综合化、服务专业化的中国最大银行的道路上再次写上浓墨重彩的一笔。公司依托中国工商银行的强大实力，以国际化的视野、市场化的机制、专业化的品质，提供各类租赁产品以及租金转让与证券化、资产管理、产业投资顾问等金融产业服务，致力于打造国际一流的金融租赁企业。第二，了解租赁公司的资产负债综合管理。无论注重资产管理还是负债管理，都不应离开另一方面而孤立进行，正确与科学的方法是把这两部分视为一个整体，并置于相同的目标之下，在同等的经济环境之中进行全盘综合考虑，使两者自然地融合在一起，从而达到资产与负债的最佳配合，这就是资产负债综合管理的基本思想。第三，了解金融租赁业务的内容。工银租赁是国内首家银行系金融租赁公司，其业务规模、盈利水平及资本实力在银行系处于领先地位，业务类别包括融资租赁和经营租赁。自成立以来，形成了航空租赁、航运租赁、设备租赁三大业务板块。实施“专业子公司+专业产品线”的发展战略，加强航空、航运业务的专业发展，打造设备租赁业务特色产品线；发挥租赁核心作用，将租赁业务纳入全行业务体系，实现资产结构持续优化等多重目标。第四，租赁公司要保持长远发展的生命力。首先，要活得久，活得久就需要有自己独立的或者垄断的产品和行业。其次，便是人才团队的建立和维护。用心组建合适的团队，摸索属于自己的模式，逐步建立自己的业务及风控体系。最后，要根据自己的资金实力和团队优劣来确认自己所要选择的行业和产品，而且行业和产品要合势、趋大势，要有前瞻性。第五，就是对财务报表的分析。财务报表反映一个公司在一段时间内的经营情况，仔细对比查看其中的指标，可以窥探到企业的秘密，从而了解把握整个企业的大致情况。

二、启发思考题

（1）银行系金融租赁公司的产生来源是什么？

（2）工银租赁公司的业务内容是什么？

（3）工银租赁公司的资产与负债的情况如何？近两年的财务报表情况如何？有没有重大的事情公告？

（4）2019 年连发 60 亿元金融债券的主要明细内容是什么？其目的又是什么？

（5）案例背后揭示行业怎样的资产负债管理情况？

三、分析思路

（1）分析银行系租赁公司的来源及企业特征。

（2）抓住租赁公司的主要业务情况，以及各业务的占比情况。

（3）分析工银租赁的资产负债情况，特别是资产的类型、负债的类型与期限。抓住最近两年的融资事件情况与业务拓展情况。

（4）分析 60 亿元金融债券发行的具体情况，特别是发行的债券期限、利率等，还有发行金融债券的目的。

（5）案例引发的思考：行业需求与亟待解决的问题。

6.3 中国人寿保险股份有限公司的资产负债综合管理

2018 年 3 月 1 日，中国保监会官网披露，为进一步防范保险业资产负债错配风险，加强资产负债管理监管，提升保险公司资产负债管理能力，保监会发布了《保险资产负债管理监管规则》(以下简称监管规则)。2018 年 3 月，中国银监会和中国保监会合并，监管环境更加规范化。这一系列的变化将给寿险行业的经营带来积极而深远的影响。首先，寿险企业的资产负债管理将从自发行为转变为必须遵守规范准则和标准模式，从而极大促进全行业资产负债管理水平的提升和优化；其次，寿险企业在经营中将更加重视资产端和负债端的互动和沟通，综合利用投资、精算、财务和风险等各领域专业人才的优势，形成合力，不断提升资产负债管理的整体能力等。

资产负债管理，于机构而言，可改善产品定价与资产管理“两张皮”等问题，从而影响经营模式的转变；于行业而言，有利于回归保险本源和引导保险资金“脱虚向实”，发挥长期稳健的风险管理和保障作用，更好地服务实体经济；于监管而言，可前瞻性地掌握保险公司的期限错配、利差损、流动性等风险情况，有利于加强事前管理和过程管理，弥补监管短板，提升监管效能。

而目前我国寿险业在风险管理、偿付能力方面涉足比较浅，一是整个保险业处于发展的初期；二是起步晚，许多寿险产品并未马上面临严重的给付危机；三是在一段有限期内，“以新账补旧账”的模式似乎可以弥补部分过去利差损失带来的不利影响。中国人寿是我国最大的寿险公司之一，分析该公司的负债和资产，得出一套合适的资产负债管理模式，可以供其他寿险公司参考借鉴。

6.3.1 保险业目前存在的问题

1. 杠杆举牌行为蕴含巨大风险

2015 年下半年，众多保险公司纷纷开始大规模增持二级市场股票、举牌上市公司，2015 年股票和证券投资基金配置比例高达 15.18%，上市公司市值较大，举牌所需耗费的资金量巨大，因此许多保险公司在参与举牌时，均使用“险资 + 杠杆”的模式。利用“险资 + 杠杆”的模式举牌上市公司，并没有违规之处，但其蕴含着巨大的风险。首先，保险机构利用券商资产管理计划、有限合伙基金及股票质押等金融杠杆工具，将保险资金规模迅速扩大并举牌上市公司，杠杆的维持将依赖于被举牌公司股价的上涨。一旦国内二级市场震荡、被举牌上市公司股票价格下行，风险将在层层资金链条中传导，进而造成流动性风险、引发市场恐慌。其次，保险公司激进地在二级市场上进行举牌收购，往往是其开展大规模高结算利率的万能险业务、积累了大量高成本负债下的无奈之举。若被举牌公司股价走势不理想，投资收益无法有效覆盖保险资金成本，可能会影响保险公司的正常经营。因此，杠杆举牌行为作为一种激进的投资行为，其无违规之处，但其蕴含的巨大风险却不容忽视。

2. 违约事件频发，债券类资产的安全性有所下降

自 2014 年 3 月中国债券市场发生实质性违约以来，我国债券市场上信用违约事件层出不穷，且多集中于煤炭、钢铁等传统行业。据 Wind 数据库统计，2014—2017 年，

我国信用债市场共有59家债券发行主体发生违约，涉及的违约债券116只，违约金额高达792.25亿元。

债券是保险机构的重要配置资产，2016年年末，我国保险资金配置于债券类资产的比例高达32.15%。另外，保险机构也是债券重要的机构投资者之一。而一旦发生债券违约事件，保险机构的大规模投资资金无法得到按时偿付，可能引发保险资金流动性风险，进而影响保险公司的正常经营。

3. 险资运用收益率波动幅度较大

美国和德国分别坐拥全球及欧洲规模最大的保险市场，保险业务发展成熟，保险资金投资经验丰富，因此其险资运用情况具有较大的代表性和参考性。数据显示，2010—2014年美国和德国寿险业投资收益率均在4%～5%这一区间内小幅度波动，总体较为稳定。

相比之下，近十年来我国险资运用收益率波动幅度较大。2007年我国险资运用收益率高达12.17%，2008年我国险资运用收益率低至1.91%，而最近十年我国平均险资运用收益率为5.70%。

保险机构作为一类特殊的金融机构，不仅要保证其自身持续高效的发展，还肩负着维护社会稳定、促进经济发展的重大任务。因此，在讨论险资运用收益率问题时，重点不应只放在收益率数据的绝对值上，还应关注险资投资收益率是否稳定。若险资投资收益率剧烈波动，可能会造成保险机构出现短期亏损，进而引发市场对保险机构保障能力的怀疑情绪逐步蔓延。

在实务中，险资的投资收益率与险资的配置紧密相连。因此，实际进行配置时必须结合不同的政策及市场环境在多类投资标的中均衡配置，平滑投资收益率。既不能盲目追求收益而配置过高比例的股权投资等高风险资产，也不能一味保守而购买大量债券使险资长期被低效率使用。

国内保险公司多以负债管理为主，忽略了资产配置的风险，从目前的问题来看，保险业在资产配置上同样面临着巨大的风险，面对如此多的问题，中国人寿如何完善自身的资产负债管理模式呢？

6.3.2 中国人寿保险股份有限公司简介

1949年10月中国人民保险公司成立，是国内最早的保险公司，同时是目前中国最大的寿险公司，1999年更名为中国人寿保险公司。2003年，中国人寿保险公司成功改制重组为中国人寿保险（集团）公司，独家发起成立中国人寿保险股份有限公司。2003年12月分别在纽约和香港上市，成为2003年全球最大IPO。2007年1月中国人寿在上海上市，成为第一家在3地上市的金融保险企业，公司注册资本为人民币28 264 705 000元。

中国人寿是中国领先的个人和团体人寿保险、年金产品、意外险和健康险供应商，公司控股中国人寿养老保险股份有限公司，参股中国人寿财产保险股份有限公司，并逐步涉足其他保险相关领域。目前，中国人寿的主营险种涉及个人保险、团体保险、健康险、分红险、年金保险等，同时经营意外险、大病保险等，是中国保险公司分支机构最多、销售团队最大的保险公司，与此同时中国人寿在不断开拓销售渠道，从传统的个人营销、团体营销向银邮渠道发展，以多样的销售渠道和人性化的服务为百姓提供各种风险保障。

6.3.3　中国人寿保险股份有限公司的负债业务

1. 保险公司的保险资金来源

研究保险资金来源并对保险负债进行分析，可以更为充分地了解保险公司负债的特点。根据保监会的明确规定，保险资金是指"保险集团（控股）公司、保险公司以本外币计价的资本金、公积金、未分配利润、各项准备金以及其他资金"，如图6.1所示。

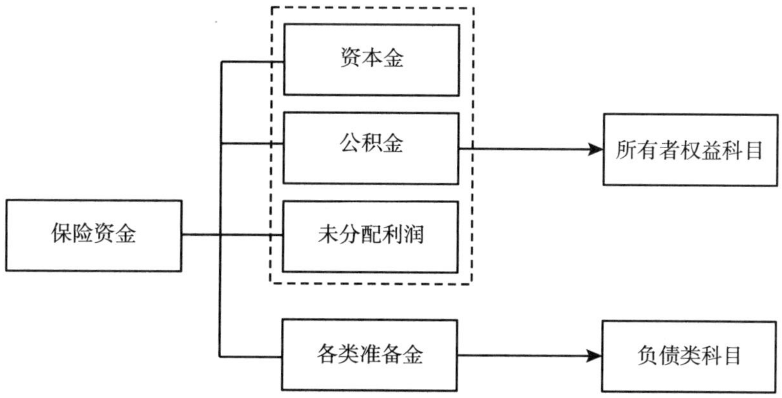

图6.1　保险资金的构成

资本金是保险公司的总股本，本质上为保险公司的自有资本。而这部分自有资本绝大部分情况下不会用于赔付，只有在发生特大型的保险事故、需要支付巨额赔款且其余可用于赔偿的资金都已经耗尽时才会将其用于赔付。资本金的增加，需要保险公司董事会、股东大会的审议通过以及保监会的批准，且增加资本金审核周期较长，因此资本金的供应相对来说较为稳定；公积金，是保险公司在保险经营之外所形成的资本增值、资产溢价收入，通常用于增加资本金；未分配利润是保险公司未经分配的利润，未来可用于弥补亏损或转增资本；准备金是指保险公司通过一系列精算假设、对未到期的保险责任所提取的赔付准备，用于赔偿随机发生的保险事故，本质上为保险公司的负债。

保险公司的资本金、公积金及未分配利润等所有者权益科目相对来说较为稳定，所以研究保险资金的来源，主要研究各类准备金的来源。在实务中，保险公司通常在开展保险业务、取得保费收入后，以合同约定及保险精算假设为基础，计提不同类型的保险责任准备金。即各类保险资金，主要来源于保险公司开展多种保险业务取得的保费收入。

2. 中国人寿保险股份有限公司的负债分析

保险属于典型的负债经营行业，保险机构的资产负债率普遍较高。中国人寿（601628. SH）的资产负债率从上市以来均高于85%且逐年稳步上升。因此，对保险负债的特点进行分析，是保险机构进行资产负债管理的基础。

而对保险公司负债的管理主要是对相关准备金和保户储金及投资款的管理。从2018年中国人寿保险股份有限公司的年报中可以看到，其负债中占比最高的是各项准备金，高达76.6%，其次是保户储金及投资款，占8.8%，见表6－15。

表6－15　2018年中国人寿保险股份有限公司主要负债项目占比

主要负债	金额/百万元	占比/（%）
衍生金融负债	1 877	0.0649
卖出回购金融资产款	188 932	6.5304
预收保费	46 650	1.6124
应付款项	166 849	5.7671
保户储金及投资款	255 425	8.8287
未到期责任准备金	11 432	76.5966
未决赔款准备金	14 805	
寿险责任准备金	2 082 425	
长期健康险责任准备金	107 369	
递延所得税负债	—	—
其他负债	17 346	0.5996
独立账户负债	9	0.0003
负债合计	2 893 119	100

资料来源：中国人寿保险股份有限公司2018年年度报告。

3. 中国人寿保险负债种类及期限

保险公司在计量保险合同准备金时，将具有同质保险风险特征的保险合同组合作为一个计量单元。见表6－16，通常情况下，对于非寿险（包括产险、意外险、短期健康险等）合同，其保险合同期限通常较短，需计提未到期责任准备金及未决赔款准备金；对于寿险合同，需计提寿险责任准备金，若该合同具有理财性质，还需计提保户储金；对于长期健康险合同，需计提长期健康险责任准备金及保户储金。

表 6－16　　　　中国人寿保险股份有限公司各类险种所需计提的准备金

险种	未到期责任准备金	未决赔款准备金	寿险责任准备金	长期健康险责任准备金	保户储金
意外险	√	√			
短期健康险	√	√			
长期健康险				√	√
寿险			√		√

从表 6－17 中披露的数据可以看出各类准备金及保户储金的期限特点。未决赔款准备金，是指该公司为非寿险保险事故已发生、但尚未结案的赔案提取的准备金，包括已发生已报案未决赔款准备金、已发生未报案未决赔款准备金和理赔费用准备金。这部分准备金是由于保险事故已经发生而计提，预计于一年内进行支付，因此属于短期负债；未到期责任准备金，是保险公司为尚未终止的非寿险业务保险责任提取的准备金。由于非寿险业务通常期限较短且保险责任未到期，所以预计现金流出将在一年以内发生，且未经折现的流出额要小于其账面价值，因此未到期责任准备金也应属于短期负债；寿险责任准备金以及长期健康险责任准备金，其在计提时均考虑了折现率，那么未经折现的未来现金净流出往往要大于其账面价值，且大部分现金流流出时间预计都在 5 年以上，因此寿险责任准备金和长期健康险责任准备金属于中长期负债；保户储金及投资款，由于具有投资理财的性质，需按期支付投资收益或经营分红，即短期内会有资金净流出，但金额较小，预计绝大部分资金流出将发生在 5 年以上，因此保户储金及投资款也属于中长期负债。

表 6－17　　　　中国人寿金融负债预期现金流情况　　　　单位：百万元

年份	负债科目	账面价值	未经折现的合同和预期现金流入/流出			
			1 年内	1～3 年	3～5 年	5 年以上
2016	未到期责任准备金	10 492	(7 326)	—	—	—
	未决赔款准备金	11 538	(115)	—	—	—
	寿险责任准备金	1 762 932	(41 277)	64 222	5 781	(2 898 258)
	长期健康险责任准备金	63 024	16 819	33 014	29 307	(331 136)
	保户储金及投资款	195 694	(1 587)	(3 414)	(3 312)	(259 902)
2017	未到期责任准备金	12 289	(8 820)	—	—	—
	未决赔款准备金	13 778	(1 377)	—	—	—
	寿险责任准备金	1 915 324	22 881	186 850	17 556	(3 395 755)
	长期健康险责任准备金	83 742	16 036	35 055	29 553	(411 787)
	保户储金及投资款	232 488	(1 530)	(2 997)	(2 689)	(388 317)

续表

年份	负债科目	账面价值	未经折现的合同和预期现金流入/流出			
			1年内	1~3年	3~5年	5年以上
2018	未到期责任准备金	11 432	(7 955)	—	—	—
	未决赔款准备金	14 805	(1 480)	—	—	—
	寿险责任准备金	2 082 425	192 943	172 011	(5 652)	(3 794 136)
	长期健康险责任准备金	107 369	27 106	50 159	43 033	(597 603)
	保户储金及投资款	255 425	(1 309)	(1 029)	(1 142)	(629 315)

资料来源：中国人寿保险股份有限公司年度报告。

从以上分析可知，中国人寿的中长期负债占比最高，且保险合同准备金在负债中所占比例均高于75%，说明其保险产品以风险保障型产品为主，风格较为稳健。

6.3.4 中国人寿保险股份有限公司的资产业务

1. 资产配置情况

2014—2018年，中国人寿保险资产配置情况见表6-18。其中，固定到期日投资包括定期存款、债券、债权型金融产品和其他固定到期日投资；权益类金融资产包括股票、基金、银行理财产品和其他权益类投资。数据显示，中国人寿保险资产主要配置于固定到期日金融产品，均高于77%。

表6-18　2014—2018年中国人寿保险资产配置情况

年份	固定到期日投资		权益类投资		投资性房地产		现金、现金等价物及其他	
	金额/百万元	占比/(%)	金额/百万元	占比/(%)	金额/百万元	占比/(%)	金额/百万元	占比/(%)
2014	1 804 584	85.90	236 033	11.23	1 283	0.06	59 054	2.81
2015	1 777 169	77.69	411 626	17.99	1 237	0.05	97 768	4.27
2016	1 920 114	78.26	421 396	17.17	1 191	0.05	110 849	4.52
2017	2 094 276	80.76	409 540	15.79	3 064	0.12	86 373	3.33
2018	2 407 222	77.51	424 669	13.67	9 747	0.31	264 152	8.51

资料来源：中国人寿保险股份有限公司年度报告。

由于保险机构需要随时准备对可能发生的保险事故进行赔付，因此需配置一定比例的高流动性资产，银行存款则凭借其高水平的流动性及安全性成为保险机构必不可少的投资标的。债券由于其长期稳健、流动性强、安全保值的特点，在险资配置中占据着重要位置。但2013年8月以来，保险监管机构逐渐放开寿险保单预定利率上限，造成险资成本逐渐提升，传统债券类资产的收益率已难以满足保险机构的投资需求。因此固定到期日投资配置比例从 2014 年的 85.9% 下降至 77.51% 。综合来看，在资金成本压力下，我国保险机构配置于银行存款及债券的比例虽然有所下降，但总体占比仍超过 75% ，这说明我国保险资金在运用策略上依然保持稳健。

2. 资产运用收益情况

上市保险公司在衡量投资收益率时，通常会使用净投资收益率和总投资收益率两个指标。这两个指标的分母均为总投资资金，只是分子所包括的内容有一定差异。其中，净投资收益率的分子仅包括各类投资资产的息类收益，主要有债权型投资利息收入、存款利息收入、股权型投资股息红利收入、贷款类利息收入、投资性房地产净收益等。而总投资收益率的分子不仅包括息类收益，还包括投资资产买卖价差收益、投资资产减值损失及交易类金融资产的公允价值变动损益。这两个指标从不同的角度对险资投资收益率进行描述，净投资收益率反映的是以真实且稳定的现金流为基础的收益，总投资收益率则包括了股债的买卖价差盈亏及浮盈浮亏。

图 6.2 分别描述了 2011—2018 年中国人寿保险公司的净投资收益率和总投资收益率。总体来看，中国人寿净投资收益率受市场利率情况影响较大。2011—2014 年，净投资收益率一路上行，主要是因为在保监会逐步放开对资金运用范围监管的背景下，险企投资非标资产的比重加大，从而拉动净投资收益率上行；2015—2018 年，国内利率不断下行，多类资产收益率不断下行，尤其是保险公司配置较多的银行存款、非标资产、债券等受低利率环境影响较大，因此这一阶段，中国人寿的净投资收益率逐年下滑。而总投资收益率由于主要受股票和债券的二级市场的影响，因此其波动幅度相对较大；2011—2015 年，中国人寿的总投资收益率稳步上升，2014 年至 2015 年上半年，股票二级市场迎来牛市，上证指数从 2 200 点一路飙升至 5 000 点以上，因此中国人寿的总投资收益率达到近六年的高峰；2016 年下半年，股市崩盘、债市下跌，大幅度拉低了中国人寿的总投资收益率。

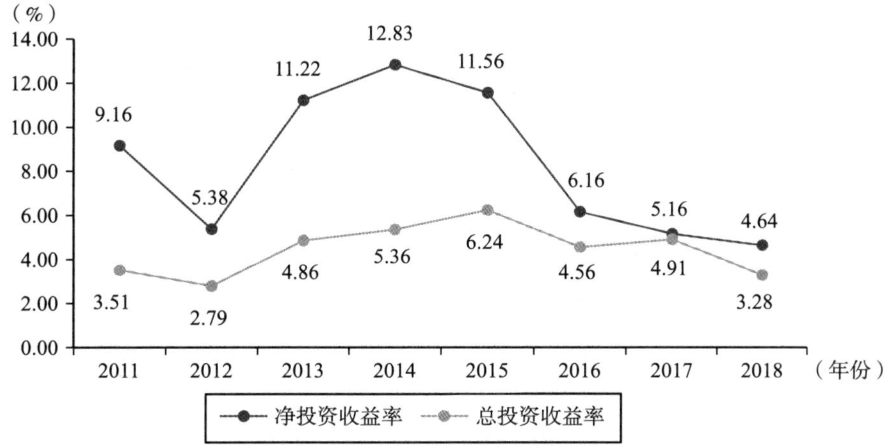

图 6.2　中国人寿的净投资收益率及总投资收益率

影响保险公司投资收益率的主要因素为配置资产的种类、性质及相应的比例。在同样的市场环境下，不同的投资风格决定了配置资产的种类及各类资产的占比，继而产生不同的投资收益率。在实践中，保险机构应当将净投资收益率与总投资收益率结合起来考虑，既要注重短期的、稳定的回报，也要关注长期的、含有风险溢价的收益率。

6.3.5 中国人寿保险股份有限公司负债结构对保险资产配置的影响

1. 中长期负债比例较高，保险资金可投资期限较长

保险属于典型的负债经营行业，主要负债科目为保险合同准备金和保户储金及投资款，这两项负债合计占负债总额的75%以上。而经过上述对中国人寿各类负债的预期现金流分析可知，保险机构五类重要的保险负债中，仅有未到期责任准备金、未决赔款准备金属于短期负债，而其余的寿险责任准备金、长期健康险责任准备金和保户储金绝大部分将在5年之后到期，因此均属于中长期负债（其中保户储金存在部分短期偿付压力）。且中长期负债在五类负债中占比较高。中国人寿披露的2016—2018年年报数据显示，其三类中长期负债占上述五类保险负债的比例分别为98.92%、98.85%和99.40%。中长期负债比例明显较高，短期偿付压力小，使险资相较于其他投资资金而言，可投资期限更长，可配置资产的选择范围也更广。

2. 保险负债成本总体偏低，险资投资收益压力不大

自从2013年保单合同预定利率市场化以来，国内各大保险公司新开发的传统寿险产品，其预定利率大概为3.5%~4.025%。寿险公司刚性负债成本（客户所获得的保证部分收益）偏低，非刚性负债成本（客户的非保证收益，与保险公司的经营及投资业绩挂钩）在行业中属于中等偏下水平，因此总体来看，保险负债成本总体偏低，保险资金投资收益压力不大。只有负债成本得到控制，保险机构才能在进行险资配置时避免盲目追求投资标的的收益率，充分考虑保险资金的安全性和流动性。

6.3.6 中国人寿保险股份有限公司的资产负债动态管理

目前国内大多保险公司采取负债管理的模式，通过借鉴国外发展较为成熟的资产负债管理模式，以及对公司负债业务、资产业务的分析，中国人寿现采取了动态的资产负债管理模式。首先，中国人寿通过开展多种保险业务，取得保费收入。在负债端，通过保险合同约定以及一系列保险精算假设，计提不同类型、不同期限的保险负债即各类责任准备金；在资产端，中国人寿将这部分保险资金配置于银行存款、股票、债券及房地产等不同期限、不同风险及不同收益率的资产（见图6.3）。一定时间后，中国人寿须将已到期或已实现预期收益率的资产进行出售，用以支付保险赔款、投资收益或经营分红。支付保险赔款的速度、获得的投资收益率以及经营分红的多少又会反过来影响中国

人寿的负债业务。在实务中，中国人寿获取保费收入、进行险资配置、支付保险赔款及投资收益等活动并非在特定时点集中进行，而是处于一个更为复杂的、各阶段资金流相互交错的动态平衡状态。

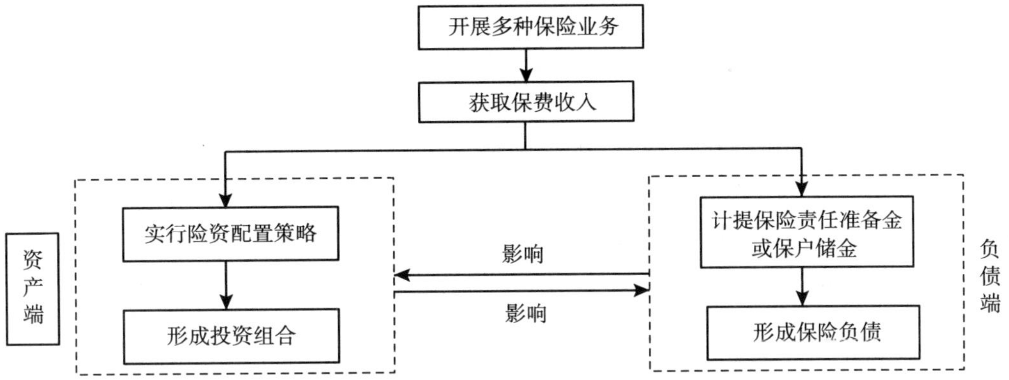

图 6.3　中国人寿保险公司的资产负债

参考文献

[1] 郑馨．保险公司内部控制的建设和完善 [J]．纳税，2020，14 (3)：271 – 272.

[2] 郑瑞娟．保险公司资金管理的内部控制 [J]．财会学习，2019 (27)：254，256.

[3] 王迪．中国人寿保险公司财务报表分析 [J]．现代营销 (信息版)，2020 (1)：4 – 5.

[4] 徐雯哲．基于杜邦分析体系的中国人寿保险公司财务绩效评价研究 [D]．武汉：华中科技大学，2018.

[5] 胡凤雅．寿险公司综合绩效评价研究：基于嵌入经济增加值的平衡计分卡方法 [J]．重庆科技学院学报 (社会科学版)，2016 (1)：89 – 92.

[6] 林洪义．论保险公司财务内部控制体系 [J]．中国乡镇企业会计，2018 (7)：232 – 233.

[7] 钦梅．保险公司财务管理风险分析及应对策略 [J]．中国总会计师，2017 (4)：42 – 44.

案例使用说明

一、教学目的与用途

(1) 适用课程：主要适用于金融机构经营管理课程，也适用于金融监管、金融市场、金融学等课程。

(2) 适用对象：金融学、金融专业硕士。

(3) 教学目的：虽然自中华人民共和国成立以来，便努力完善保险制度，发展至今，雏形已初步建立，但与美国、北欧等保险制度较为完善的国家和地区相较，仍有较大差距。国外一些大型保险公司及金融机构都设计了一套适合自己公司的资产负债管理体系，国内的保险机构都采用比较混乱的管理体系，中国人寿保险股份有限公司作为国内最大的寿险公司，发挥着“领头羊”的作用，有必要制定一套合适的资产负债管理体系。通过本案例，希望可以达到以下教学目的：①理解、掌握资产负债管理的概念、原则等知识；②理解、掌握中国人寿保险股份有限公司的资产、负债的主要构成、特点等；③能够通过案例了解中国人寿保险公司的资产负债管理模式，包括对其他保险公司设计合适的资产负债管理模式。

二、启发思考题

（1）保险业的资产负债管理目前存在哪些问题？

（2）中国人寿保险股份有限公司的负债业务主要包括哪些项目，其特点是什么？

（3）中国人寿保险股份有限公司的资产业务主要包括哪些项目，其特点是什么？

（4）中国人寿保险股份有限公司的资产负债管理模式是怎样的？

（5）对于中国人寿保险股份有限公司的资产负债管理模式，有哪些更好的建议？

三、分析思路

（1）梳理中国保险业的发展历史，各个时间点保险业发展的特点，不同时期资产负债管理面临的主要问题，重点讲解目前的问题。案例中只列示了几点问题，可以提前布置作业，让同学课前搜集相关资料。在课上可以采取适当提问的方式，将课下搜集的资料进行分享讨论。

（2）对中国人寿保险股份有限公司的负债和资产业务进行重点讲解，其资产负债包括的类型、具有的特点，适当配以 PPT 或者视频的形式，以图片和表格的形式展示，有利于同学理解掌握。

（3）对中国人寿保险股份有限公司的资产负债管理进行详细讲解，负债是如何影响资产配置的，资产又是如何动态地影响负债端的。然后向同学提出最后一个问题，“对于中国人寿保险股份有限公司的资产负债管理模式，有哪些更好的建议”，可以采取小组讨论的形式，小组轮流对中国人寿的资产负债管理模式提出更好的建议。

第 7 章　金融机构中间业务管理案例分析

7.1　招商银行 NBA 联名信用卡营销策略分析

信用卡等新型支付工具的出现，提高了社会资金的使用效率，方便了人们的生活。信用卡是商品经济高度发展的产物，发达的信用经济和现代科技是信用卡快速发展的基础。随着近年来信用卡业务的发展，在百家争鸣的大环境下，招商银行信用卡的竞争优势日益明显。

2003 年被卡界称为“中国信用卡元年”，具有循环信贷功能的信用卡发卡量从 155 万张增长到 544 万张，增长率为 251%。2004 年信用卡的发行增量呈井喷态势，各家商业银行纷纷推出自己的信用卡产品。经历了多年的攻城略地、争抢信用卡市场后，招商银行在信用卡市场上的竞争力逐渐显露，形成了日益强大的竞争优势。

7.1.1　公司简介

招商银行成立于 1987 年 4 月 8 日，是中国第一家完全由企业法人持股的股份制商业银行，于 1995 年 7 月推出银行卡——“一卡通”。2002 年，招商银行开办信用卡业务，其运作完全按照国际标准进行，实现了信用卡的一体化、专业化服务；12 月发行了我国首张符合标准的“一卡双币”信用卡。招商银行无疑是中国信用卡市场的先行者。自信用卡业务创办以来，招商银行信用卡始终秉承“因您而变”的服务理念和创新精神，积极开拓市场。从率先推出“刷卡买机票，送百万航意险”，到首家推出“境外消费，人民币还款”业务；从领先同业开展了信用卡免息分期付款业务，到在业内率先推出“短信交易提醒”和“失卡万全保障”等，招商银行不断进行着信用卡功能和服务的创新。2011 年，招商银行在发卡种类、数量及信用卡服务等方面实现了 11 项“第一”；2012 年荣获中国最佳呼叫中心大奖。截至 2016 年年底，招商银行累计发卡量近 8 000 万张，信用卡年累计消费突破 2 万亿元人民币，人均消费近 6 万元，境外刷卡额稳居同行业第一；业务内容也不断丰富，招商银行掌上生活 App 下载量已突破 1 亿，绑定用户超过 3 000 万，日活跃用户近 400 万。

招商银行能在信用卡业务领域取得今天这样的成绩，其营销方式功不可没。面对众多商业银行的竞争，信用卡营销模式显得尤为重要，而招商银行营销模式的不断创新、不断改革为其成功奠定了坚实的基础。

7.1.2 案例回放

随着信用卡市场需求逐渐多元化，招商银行实施目标客户群体精准定位，根据个性化特点进行产品设计和市场推广。一直以来，招商银行信用卡备受青年群体喜爱，招商银行信用卡的外观设计主要推出时尚元素，招商银行为了迎合目标客户群体，相继推出了 Hello Kitty 信用卡、哆啦 A 梦粉丝信用卡等多种粉丝卡。而早在 2007 年，招商银行便洞察 NBA 强大的品牌号召力，联合 NBA 发行了亚洲首张 NBA 双币信用卡。2016 年 9 月 30 日，招商银行信用卡再度携手 NBA 隆重推出 NBA 系列联名信用卡，依靠品牌之间的深度联合，为广大篮球迷们打造了专属产品及权益。2016 年，在 NBA 热度不断发酵的形势下，招商银行信用卡又为球迷独家打造 NBA 球队联名信用卡，囊括 NBA 联盟全部 30 家球队，受到了球迷的大力追捧。

NBA 凭借其品牌强大的号召力，成为招商银行信用卡在体育领域优质的合作伙伴。2016 年 9 月底，招商银行推出了 NBA 联名信用卡，首批除了推出上赛季打进 NBA 总决赛的“NBA 克利夫兰骑士卡”和“NBA 金州勇士卡”外，还同时推出“NBA 孟菲斯灰熊卡”“NBA 夏洛特黄蜂卡”“NBA 菲尼克斯太阳卡”“NBA 纽约尼克斯卡”等，如图 7.1所示。

图 7.1 NBA 联名信用卡系列

这次卡面的制作采用了最新的 3D 及浮雕工艺，画面立体有质感。所以，卡片核发后，无论是否激活使用，都要支付50元的工本费。不过，活动期间（2016年12月31日前）新户申请首张主卡可以免手续费。

招商银行此次推出的NBA联名信用卡，除了拥有极高的颜值，其专属权益也足够吸引人：从2016年9月底至2016年12月31日，申请并成功核发NBA联名信用卡新户主卡持卡人，在卡片核发两个自然月内，刷卡达标就可通过掌上生活App领取正品NBA运动双肩包或运动手拎包一个，更有1 000招商银行积分可以选。达标的条件是：核发卡片两个自然月内，使用该卡任意交易3笔，每笔消费达188元，或任意单笔分期总金额满500元的分期交易，或任意一笔招商银行掌上生活绑卡后还款招行信用卡交易，或任意一笔Apple Pay支付。另外，持有NBA卡的小伙伴可在掌上生活App“卡片精彩”板块，拥有自己的NBA专区，查看并享用丰富的权益。

7.1.3 形势分析

1. 外部宏观环境分析

（1）政治法律环境。企业社会责任的履行对实现企业社会价值、提升核心竞争力、降低信贷风险、构筑良好品牌形象有重要的积极作用，应该提升到可持续发展的核心战略层面来认识。招商银行始终坚持以客户为中心，朝着“力创股市蓝筹股、打造百年招银”的目标不断前进。招商银行是中国第一家完全由企业法人持股的股份制商业银行，作为大型的股份制商业银行，更应该履行社会责任，其大致包括以下六方面内容。

①国家总体发展环境：国家稳定，经济发展迅速。中国是具有自身特色的社会主义国家，在建设社会主义现代化国家的康庄大道上迅速前行，2013年党中央狠抓经济建设和社会主义市场经济的发展，将给金融业带来更大的发展机遇。

②政治环境：国家对金融业的监管较严格。由于政府谨慎对待金融开放步骤，导致了目前我国银行业的市场化程度不高、经营模式单一的格局。不仅存贷款利率必须以中国人民银行公布的基准利率为纲，银行只能单向浮动，而且国际收支经常项目下的结售汇制度、金融项下的严格管制以及中国人民银行对于外汇市场的干预，也大大限制了银行的业务发展空间。2007年，花旗集团非息净收入占比高达42.5%，而我国非息净收入占比最高的招商银行仅达到17.2%。然而，从发展趋势上看，我国金融业开放的脚步正在逐步加快，这也就意味着我国银行业未来十年甚至数十年的发展空间将相当大。

③银行业监管机构：各种监管职能从中国人民银行分离出来，2002年以前的该项职能主要由中国人民银行履行。而2003年银监会成立后，则将银行监管的职能从中国人民银行分离，成为我国银行业的监管主体，而中国人民银行从此便专心致力于货币政策的制定与实施。当时银监会监管的内容主要包括行业准入、对商业银行业务的监管、产品和服务定价、运营要求、资本充足率、信贷风险和公司治理与风险控制等方面。

④监管方式：银行业监管体系逐渐完善。在监管方式上，我国银行业“非现场监管信息系统”于2007年正式运行。银行业金融机构须根据自身类型的不同在月、季、半

年和年的不同频率上向银监会上报财务报表，包括基础报表和特色报表两类。前者重点反映银行业金融机构的基本业务情况和主要风险状况，后者则主要反映各类银行业金融机构专项业务的风险以及各类别机构的自有业务。由此，以现场监管和非现场监管为核心的银行监管体系正式建成。

⑤法律：我国银行业监管法规日益完善。我国银行业目前适用的监管法律法规主要包括《中国人民银行法》《中华人民共和国商业银行法》《银行业监督管理法》以及根据这些法律制定的各种规章制度。

⑥关注社会困难群体，扶危济困，积极建设社会事业。

（2）经济人口环境。世界经济经历了2008年的大萧条之后，开始走出萧条，缓慢地复苏。到2013年复苏的速度开始加快。可以说中国的经济发展近两年处于上升态势。随着居民财富的增加，银行业的资本来源也越来越广泛，银行业发展面临新的机遇。招商银行自觉执行国家宏观政策，把国家金融发展和自身发展相结合，大力调整生产结构，积极转变发展方式，以自身发展方式的转变，促进我国经济发展方式的转变，努力为促进经济发展做出贡献。2010年，招商银行正式推出服务于创新成长型企业的“千鹰展翼”服务计划，该计划旨在每年发掘数千家具有成长空间、市场前景广阔、技术含量高的中小微科技企业，向其提供综合化金融服务，使其快速成长并加快其进入资本市场的步伐，成为中小企业的“雄鹰”。自2011年起，作为连续六年支持科技部火炬中心全国创新创业大赛的唯一商业银行合作伙伴，招商银行与8 000余家参赛企业开展了深度合作，并已为1 500余家参赛企业累计提供了超过200亿元的贷款资金支持。一直以来，招商银行为企业的发展提供了良好的金融服务平台。

（3）社会文化环境。2002年，招商银行实现了信用卡的一体化、专业化服务。招商银行信用卡客户服务中心，早在2004年度中国呼叫中心运营与客户关系管理大会上就被评为“年度中国最佳呼叫中心”，是国内金融行业的唯一获奖单位。截至2016年年底，招商银行信用卡累计发卡8 031万张，流通卡数4 550万张，市场占有率领先同行业。招商银行信用卡被业内专家誉为国际信用卡发展史上的一个奇迹，目前已被哈佛大学商学院编写成MBA教学案例。招商银行信用卡卡片种类多，样式新颖、漂亮，吸引人，目前卡通系列以及青年版系列发卡量名列前茅。

早在2007年，招商银行信用卡就联合NBA发行了亚洲首张NBA双币信用卡，引起了广泛的关注。时隔9年，招商银行信用卡再度携手NBA，反映出双方对彼此品牌及影响力的充分认可。不同于之前，招商银行NBA联名信用卡集合所有球队，分别以球队标志性颜色为卡面背景色，醒目区域印球队队徽，并采用最新的3D logo的单一卡片，此次招商银行NBA联名信用卡将以系列卡片的形式上市。在广泛搜集球迷意见后，招商银行NBA联名信用卡首批推出6张球队卡——“NBA金州勇士卡”“NBA克利夫兰骑士卡”“NBA孟菲斯灰熊卡”“NBA夏洛特黄蜂卡”“NBA菲尼克斯太阳卡”“NBA纽约尼克斯卡”。之后，招行信用卡还陆续推出联盟其余24支球队的主题卡，以满足更多球迷的办卡需求。采用浮雕工艺，让画面更加立体、设计感更强，这样有针对性的卡面设计，更易唤起NBA球迷对招商银行NBA联名信用卡的认同感，建立与招商银行信用卡品牌之间的情感连接。

（4）技术自然环境。自 2011 年以来，中国人民银行按照“凝聚共识、谋求合作、统一标准、共同发展”的工作思路，积极研究规划移动支付标准体系，形成《中国移动支付技术标准体系研究报告》并正式对外发布。在此基础上，最终形成中国金融移动支付系列技术标准，并于 2012 年 12 月正式发布。中国金融移动支付系列技术标准涵盖了应用基础、安全保障、设备、支付应用、联网通用 5 大类 35 项标准，满足了当前和今后一段时期内我国移动支付发展的技术需求，有利于提高我国移动支付安全管理水平和增强技术风险防范能力，为业务拓展、产品创新和与国际市场接轨预留出广阔的空间。另外，监管层开始加大对金融机构 IT 应用的监督、规划和指引的力度，近年来相关的文件层出不穷，并且越来越细致具体。监管层对金融机构在信息化建设方面将起到重要指导作用，甚至可能影响到金融行业 IT 应用的方向。

科技的发展与创新，推动了金融服务 10 年的高速发展。如果要看金融基础设施建设发展有多快，支付体系这 10 年的发展可谓是一个缩影。10 年前，央行推出国库会计核算系统；2005 年央行大、小额支付系统在全国的推广，国库资金的划拨，已基本实现“零在途”；2010 年，央行网上支付跨行清算系统建成。此外，全国支票影像交换系统的运行以及电子商业汇票系统的建成运行，推进了我国支票汇票的电子化。目前工商银行、中国银行等大型银行正在力推银行卡从磁条卡升级为融 IC 卡，以提高卡片的安全性和方便性；而招商银行 NBA 信用卡也紧随科技金融的步伐，使用具有较强安全性的芯片。

2. 行业分析

（1）行业增长状况。经过 20 多年的发展，初步形成了辐射全国、面向海外的机构体系和业务网络。截至 2016 年 7 月 8 日，招商银行在 120 余个城市设有 125 家分行及 1 297家支行，1 家分行级专营机构（信用卡中心），1 家代表处，2 330 家自助银行，在香港拥有一家分行（香港分行）。截至 2014 年 3 月，中国信用卡累计发行 4.14 亿张，该数据在 2013 年年底是 3.91 亿张，相当于每个家庭拥有 1 张信用卡，人均拥有 0.29 张信用卡，信用授信总额为 4.57 万亿元。我国信用卡发卡量逐年增长，信用卡市场业务逐步拓展，已然出现了向信用经济方向发展的势头。

（2）行业竞争状况。我国信用卡市场生产集团——各发卡行都发行信用卡，且各款信用卡之间在功能上各有特色，属于有差别的同种产品，而各信用卡产品之间因为其功能大同小异，又可以相互替代，如工商银行的信用卡和招商银行的信用卡。首先，信用卡市场中，每款带有自身特点的信用卡都是唯一的，每个发卡行都有自己的回佣商户，通过与商户的合作，推行在特定场所刷卡积分等活动，从而维护信用卡持卡者，即稳定住自己的市场份额。其次，由于各银行推行的各款信用卡极为相似，这就意味着每一款信用卡在发行使用中都会遇到其他信用卡的竞争，在其市场份额的占有上可能会出现弹性，这就使得信用卡市场中又具有了竞争的因素。再次，信用卡市场中，各发卡行的发卡规模 定，因而进入、退出信用卡市场比较容易，比如招商银行曾经发行过

young 卡并在发行了一段时间后取消发行该卡。

招商银行获得了“中国最佳本土银行”“中国最佳私人银行”“最佳信用卡产品品牌携程旅行信用卡”“中国最佳呼叫中心”等荣誉。此外，尼尔森研究报告显示，招商银行信用卡已成为最受中国消费者喜欢和中国消费者最经常使用的信用卡品牌。正是其“葵花”文化决定了以服务为突破口，以服务树口碑，以口碑立品牌，形成了招商银行巨大的品牌优势。

3. 竞争对手概括

从银行系统整体的竞争格局来看，工商银行以绝对优势居于首位，中国银行紧随其后，农业银行、交通银行这几大老牌国有商业银行一直占据着国内银行的大部分市场，但近些年随着许多私营银行如中信银行、浦发银行、广东发展银行等的逐渐壮大，老牌商业银行的市场份额在逐年下降。而许多港、澳、台地区及国外知名银行如标准渣打银行、汇丰银行等的投资，使得各大商业银行的竞争压力加大。

但各个银行决策层似乎都把精力放在了如何扩大在中国市场的份额，而对客服系统的关注度不高。因此，如果招商银行能率先完善客服系统，以此争得这个竞争优势对扩大市场份额是至关重要的。

4. 顾客分析

招商银行 NBA 联名信用卡制作采用了最新的 3D 及浮雕工艺，画面立体有质感，充分展现了自我个性。

相对于社会其他群体，大学生具有不同的消费特点，即无固定收入，但是消费额逐年提高。不同来源的调查数据表明，目前国内大学生信用卡市场占有率仍小于 30%，随着竞争加剧，一方面，每年大批大学新生入学使得这一市场蕴涵巨大潜力，开拓新客户永远是商业银行在大学生这一细分人群里的战略重点；另一方面，信用卡经营者要动态地追踪和维护已持卡大学生，向他们提供适应其不同的个人生命周期需求的更贴切的金融服务。

5. 企业内部环境分析（SWOT 分析）

（1）优势分析。

①良好的公司治理机构。招商银行作为我国真正意义上的由企业法人持股的股份制商业银行，根据国家相关方面的规定完善了股东大会、董事会、监事会等相关制度，建立了较为完善的公司治理结构及机制。

②服务与品牌优势。招商银行的“葵花”文化生动地诠释了招商银行“因您而变”的服务理念。招商银行四次被《亚洲银行家》授予“中国最佳零售银行”奖。

③多样化的创新。自招商银行推出国内首张一卡双币全球通标准信用卡开始，不断寻求创新。

④主动抓住机遇。招商银行准确把握历史机遇，率先推出“一网通”服务，在国

内率先推出网上银行业务。

（2）劣势分析。

①银行业同质化现象严重。市场复杂、客户分散、需求多样，是零售银行业务的基本特征。

②营销渠道单一。目前招商银行在保留银行分行渠道和网络渠道营销的同时，率先引入了直销渠道，与发达国家信用卡的营销渠道相比仍显得过于单一。

③资产实力较弱。招商银行于 1987 年成立，起步较晚，其实力与五大国有银行相比有较大的差距，不利于发挥规模效应。

④机构网点不足，限制业务拓展。

⑤忽视信用卡知识的普及。

（3）机会分析。

①现在国内各大主要银行基本采用电话客服、服务信息公布等传统模式，银行开创出新的服务模式，对客户来讲具有很大的吸引力。

②现代网络技术普及率大大提高，网民数量急剧增长，利用网络作为客服交流平台具有更广阔的空间。

③现代银行系统竞争日趋激烈，谁能拥有方便快捷的客服方式就更能吸引广大消费者，使更多的潜在顾客成为银行的真正顾客，使之成为其忠实顾客。

④银行客服系统的完善将带来更多的潜在收益，能够提高公众对银行的客服满意度，塑造银行的品牌形象和社会形象，对银行来讲是一次机会。

（4）威胁分析。

①银行业同业竞争加剧。除了传统的中、农、工、建、交五大国有控股银行外，城商行、农商行、新型金融机构等如雨后春笋般涌现，并在一定程度上受到政府政策扶持。

②优秀人才抢夺更加激烈。

③银行卡刷卡手续费下调。

7.1.4　营销战略分析

1. 竞争战略分析

市场上任何一种产品或者服务，很少是由一个企业单独提供的，也就是说企业总会与或多或少、或强或弱的竞争对手较量，去争取较大的市场份额，因此企业应该时刻关注对手，并且要设法战胜对方。当前，我国金融业面对入世后的全方位、多层次竞争的新形势，合作营销，合纵连横，比以往任何时候都显得更为重要和迫切。事实上，银行与银行之间、银行与证券保险公司之间的各种形式的合作正呈现出不断升温态势。在今后的金融市场竞争中，必将会有各种新的合作营销形式出现，这无疑会使金融企业在竞争中取得最佳综合效益，有利于促进金融市场的稳定，有利于维护金融消费者和投资者的利益。近年来随着股份制商业银行如中信银行、浦发银行、广东发展银行等逐渐壮大，老牌商业银行的市场份额在逐年下降，同时港澳台地区及国外知名银行进行竞争，使得各大商业银行的竞争压力加剧，但是各银行决策层似乎只关注市场份额，而忽视了客服系统。如果招商银行能够在客服系统领域占领高地，对于扩大竞争优势至关重要。

2. 市场细分分析

目前，我国国内生产总值的增长速度每年保持在9%左右，城镇居民的家庭可支配收入也在逐年增加。再加上父母对孩子关爱倍增，生活费逐年上涨，更增加了现代大学生的消费能力。据相关资料调查显示，大学生每学期的平均消费金额为5 000元左右，平均年消费额在1万元以上。

巨大的消费能力使得大学生成为信用卡的主要发行对象，对大学生信用卡市场的有效开发，必然会给商业银行的信用卡业务带来巨大的利润。

如何在市场竞争中突出自己的辨识度、吸引消费者关注，是每一家银行发卡之初都必须面对的挑战。截至2018年年末，我国信用卡累计发卡量已达到6.86亿张。各大银行信用卡中心的营销战略也已逐渐确立起来。招商银行在营销上另辟蹊径，在树立金融行业互联网营销新高度的同时，其差异化经营无疑将引领国内信用卡市场告别粗放式圈地时代，真正走向精耕细作时代。

3. 目标市场的选择分析

（1）锁定大学生群体，实现精准化营销。作为信用卡的领先者，招商银行信用卡早在2007年便洞察NBA强大的品牌号召力，联合NBA发行了亚洲首张NBA双币信用卡。2016年，在NBA热度不断发酵的形势下，招商银行信用卡又为球迷独家打造NBA球队联名信用卡，囊括NBA联盟全部30家球队，受到了球迷的大力追捧。目前，大学生群体是运动的主力，将信用卡与NBA相结合，无疑是在打造专属权益，开展粉丝营销，同时尝试多元化的跨界合作，“圈粉”有道的同时也在不断提升品牌影响力，如图7.2所示。

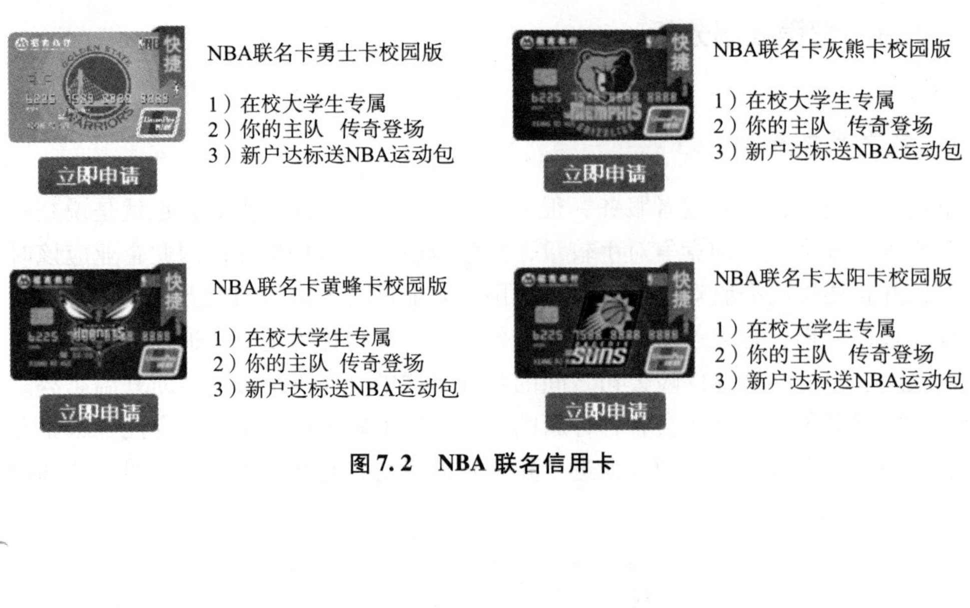

图7.2 NBA联名信用卡

（2）瞄准粉丝族群。据此前一份针对5 880万年轻人生活方式的报告显示，目前我国年轻群体已经形成以ACG（Animation、Comic、Game，动画、漫画、游戏）人群、美食党、健身爱好者、追星粉丝、时尚达人为主的族群。他们有态度，懂得分辨，敢于追求，又不盲目热爱，在催生新的消费形式的同时，也在改变传统品牌营销观念。

一直以来，招商银行信用卡深谙年轻人生活之道，围绕品牌年轻化战略，针对不同族群粉丝推出了多样系列卡产品。除了聚焦体育迷的NBA联名卡，在动漫、游戏、娱乐等多个领域也有布局，已推出Hello Kitty粉丝信用卡、大话西游联名信用卡、秦时明月联名信用卡、SNH48联名信用卡、ELLE联名信用卡井柏然版等。

（3）主动跨界营销，与异业优质IP合作。据业内人士分析，如今信用卡行业都在追求品牌差异化、发力年轻客户群，作为业内领先者的招商银行信用卡无论是在产品打造，还是在营销战略上，始终以满足用户需求为宗旨，并积极尝试多元化的跨界合作模式。

除了卡产品，招商银行信用卡近年来还积极涉足泛娱乐营销，通过与影视、音乐，动漫、游戏等领域的优质IP展开异业合作，与用户分享招商银行信用卡产品信息及品牌主张，如与热门电影《大鱼海棠》深度合作，成为首家进驻ChinaJoy的金融机构和信用卡品牌等。2016年9月，招行信用卡又与“来呀！音乐节”跨界合作，给用户带来了意想不到的福利及专属体验。此外，无论是ONE PIECE航海王中国巡礼展，还是英雄联盟电竞比赛，其中都有招商银行信用卡的身影。

4. 市场定位分析

市场定位是指银行设计自身及产品的形象，并在目标顾客心目中确立与众不同的地位。清晰的市场定位有利于建立招商银行及其金融服务的市场特色，使顾客了解其与其他商业银行之间的差异，便于挑选对他们最为适合的银行。同时，准确的市场定位也是银行制定市场营销组合策略的基础。在当前银行业务种类、创新产品、目标客户甚至经营理念、经营战略“同质化”现象严重的情况下，要取得营销成功，推行差异化市场定位至关重要。

进行市场定位首先要对市场进行细分，根据客户对金融服务需求的差异把整个市场划分为若干个子市场，而后按照市场与银行资源一致的基本原则选择那些有足够容量而且有盈利可能的子市场作为自己的目标市场。最后，银行要为自身以及产品在目标市场中进行定位。银行进行市场定位的方式很多，包括产品定位、品牌定位、区位定位、业域定位、位次定位、特色定位、重新定位等。

7.1.5 营销策略与实施分析

1. 产品策略分析

（1）网络在线客服。在线客服系统是一种即时通信软件平台的统称。相比其他即时通信软件（如 QQ、Skype 等），它可实现和网站的无缝结合，为网站提供和访客对话的平台；网站访客无须安装任何软件，即可通过网页进行对话。

（2）网络论坛。论坛又名网络论坛 BBS，全称为电子公告板（Bulletin Board System）或者公告板服务（Bulletin Board Service），是 Internet 上的一种电子信息服务系统。它提供一块公共电子白板，每个用户都可以在上面书写，可发布信息或提出看法。它是一种交互性强、内容丰富且及时的 Internet 电子信息服务系统。

（3）建立三方交流群。银行可以利用腾讯的 QQ 群来收集网银客户信息，使他们都能成为群里的一员，把他们的档案集中管理，便于以后查询使用。建立 QQ 群的主要目的是吸引更多的潜在用户，尤其是热衷于网上购物的大学生客户，商户可以发布打折信息，招商银行自己也可以就特定的客户精准地投放理财产品。

2. 定价策略分析

（1）便捷易用。只要进入招商银行网站，填写基本信息，即可成为个人网上银行客户。从此不用跑网点排长队，不再发愁错过营业时间，足不出户即可享受 7×24 小时全天候个人金融服务。站内功能设计人性化，无须学习即会使用，如图 7.3 所示。

图 7.3　网上银行注册

（2）安全可靠。提供国际最先进的招商银行网银盾和动态口令等安全产品，并提供短信通知、身份认证、限额控制、多重密码验证、银行后台实时交易监控，预留防伪信息验证、私密问题设置等服务，以及国际最先进的软、硬件网络技术，保障信息传输的安全性，重重保护客户的资金安全。

（3）经济实惠。网上银行申请免费，省去奔波成本；使用免费，办理业务的手续费相比柜台均有不同程度的折扣和优惠（如转账汇款、申购基金等）。

（4）增值服务。增值服务有机场贵宾体验、增值保险、海外紧急救援、道路紧急救援、高尔夫球场礼遇、医疗服务、联名优惠等。

3. 渠道策略分析

（1）差异化营销。差异化营销是指面对已经细分的市场，企业选择两个或者两个以上的子市场作为市场目标，分别对每个子市场提供针对性的产品和服务及相应的销售措施。

（2）体验营销。体验营销是指企业通过采用让目标顾客观摩、聆听、尝试、试用等方式，使其亲身体验企业提供的产品或服务，让顾客实际感知产品或服务的品质或性能，从而促使顾客认知、喜好并购买的一种营销方式。

（3）E-mail 营销。垃圾邮件的臭名昭著，似乎使 E-mail 营销成了鸡肋，然而，只要运用得当，发送电子邮件仍然不失为一种简单有效且成本低廉的营销手段。由此在商业活动中遵循一些基本原则，系统地规划、使用电子邮件开展市场营销也可以达到理想的效果。若要达到这样的效果，银行必须注重邮件的内容和样式，如何依据企业文化和企业产品定位，提供有吸引力的邮件内容和精美的页面创意设计。

（4）概念营销。概念营销着眼于消费者的理性认知与积极情感的结合，通过导入消费新观念进行产品促销。目的是使消费者形成对新产品及企业的深刻印象，建立起鲜明的功用概念、特色概念、品牌概念、形象概念、服务概念等，以便顺手牵羊，增强企业的竞争性实力。

银行可以在做电视广告时传达一种网上客服系统方便快捷的概念，形成一种导向型的强势思想，然后灌输给观众，让观众形成期待，从而时刻关注该系统。

（5）强势品牌。品牌营销是运用各种营销策略使目标客户形成对企业品牌和产品、服务的认知过程。品牌营销从高层次上就是把企业的形象、知名度、良好的信誉等展示给消费者，从而在消费者的心目中形成对企业的产品或者服务品牌的形象。

4. 促销策略分析

根据企业战略管理理论和市场营销管理理论，结合银行营销的特点和实际情况，商业银行营销体系的设计过程包括以下五个阶段。

第一阶段，银行营销理念制定阶段。主要目的是确定营销思想，并将其转化为全体员工的思想，进而上升为企业文化。

第二阶段，营销状态分析。主要是对银行的内外部环境进行系统分析，收集所有相关数据，对商业银行的优势、劣势及所面临的机会和威胁进行评估。

第三阶段，营销战略制定阶段。主要是通过市场细分，对各次营销机会进行评估，选择对本行有吸引力、最有利的细分市场作为目标市场，并进行市场定位，确定本行及产品在客户心目中的形象和声誉，包括市场细分、目标市场选择和市场定位三个步骤。

第四阶段，营销组合策略制定阶段。主要是根据本行的营销战略制定内部营销、传统营销、创新营销三大要素的营销策略，包括内部营销策略的制定、传统营销策略的制定、互动营销策略的制定三个步骤。

第五阶段，建立与上述目标相适应的高效营销组织体系，包括营销组织机构的设置及激励机制、管理办法等。

参考文献

[1] 黄梦琪．我国商业银行财务绩效研究：基于因子分析法的实证分析［J］．金融与经济，2015（3）：45－50.

[2] 刘锦姝，张杰茹．我国商业银行综合经营绩效评价体系重构与测算：基于行业异质性的分析视角［J］．长春理工大学学报（社会科学版），2019，32（6）：70－75.

[3] 高萍．浅析招商银行信用卡营销环境：基于SWOT分析［J］．新经济，2014（8）：38－39.

[4] 陈静．互联网消费信贷背景下的招商银行信用卡竞争态势及策略研究［D］．南京：南京大学，2017.

[5] 彭惠新．金融科技为招商银行信用卡营销打开创新之门［J］．中国信用卡，2017（6）：26－28.

案例使用说明

一、教学目的与用途

（1）适用课程：金融机构经营管理、市场营销学和营销管理，也可以将本案例作为商业银行经营与管理课程的辅助案例。

（2）适用对象：高年级金融专业本科生、工商管理硕士（MBA）、金融专业硕士和管理类研究生。

（3）教学目的：本案例主要分析招商银行NBA联名信用卡营销策略，中国银行业面临严峻的挑战，众多银行、金融机构纷纷争夺信用卡市场份额，而招商银行在如此激烈的竞争中，能够瞄准目标客户群体，不断创新，完善自己的营销策略，保住标准信用卡第一的市场地位。招商银行信用卡营销策略成功的运用，对其他银行以及金融机构提供有益启示和借鉴。具体分为以下5个目标：①学会将营销的基本方法运用到实际案例中，本案例采用了宏观分析和企业内部分析相结合的方法，同时也运用了营销战略分析方法，还采用了基本的营销分析方法，如采用SWOT法对招商银行进行具体的分析。②学会如何辨别潜在客户，加强对市场的细分，以及了解不同群体的需求是营销的出发点也是关键点。③根据客户的需求为他们提供合适的细分产品，招商银行信用卡的多种分类就是针对客户市场的细分。④掌握如何加强客户关系的管理，强化忠诚营销，提高客户的忠诚度。⑤紧跟潮流的趋势，把握先机，主动跨界营销，与其他行业优质IP合作。

二、启发思考题

（1）招商银行为什么要将信用卡分为多种系列，其目的是什么？

（2）招商银行为什么时隔九年还要再度与 NBA 合作，推出 NBA 联名信用卡？

（3）试分析招商银行自身的优势和劣势。

（4）招商银行信用卡营销方面还存在哪些缺陷？

（5）相比其他商业银行，招商银行信用卡营销方面存在哪些优势？哪些劣势？并对招商银行信用卡营销策略进行改进？

三、分析思路

（1）对招商银行进行简单的介绍，以及招商银行再度与 NBA 携手，推出了 NBA 联名信用卡系列并简单地回顾。

（2）对形势进行具体的分析，主要是从外部宏观环境分析、行业分析、竞争对手分析以及企业内部分析进行具体的分析，重点突出招商银行目前在信用卡市场处于优势的地位。

（3）结合招商银行的营销战略分析，从竞争战略、市场细分、目标群体定位以及市场定位，突出招商银行 NBA 联名信用卡的精准定位。

（4）结合招商银行 NBA 联名信用卡营销策略，具体分析 NBA 联名信用卡的产品策略、定价策略、渠道策略及促销策略。

（5）通过 NBA 联名信用卡的营销策略的分析，反映了招商银行在信用卡市场之所以名列前茅，是因为招商银行能够精准定位并抓准时机。

7.2　山东省农村信用社中间业务发展战略研究

随着金融改革的不断深入和金融业务的快速发展，中间业务作为新的利润增长点越来越受到各金融机构的重视。中间业务以其独有的对资本无需求、风险低、盈利高、服务性强等特点而备受各商业银行的青睐，已成为银行业竞争的新领域。面对新的机遇和挑战，农村信用社应审时度势，抓住机遇，创新服务品种，大力发展中间业务，提高市场竞争力。农村信用社应抓住时机，加快业务转型，本着“以市场为导向，以客户为中心，以效益为目标”的经营原则，加大对机构网点、科技管理、人才信息等的开发与利用，推进中间业务的拓展与创新，实现业务经营和收入来源的多元化，更好地服务农村发展和农民增收。

本案例以此为选题，密切结合山东省农村信用社的经营管理实际，深入分析山东省农村信用社中间业务发展所面临的内外部环境，并针对如何促进中间业务发展、提升市场竞争力，制定相应的发展战略，以为山东省农村信用社中间业务的良好发展提供科学指引。

7.2.1 现状分析

1. 山东省农村信用社简介

山东省农村信用社成立于1958年，经过多次改革和发展，服务项目已经基本完备。进入21世纪后，开始实行农村金融深化改革，山东于2003年被确定为深化农村信用社改革试点省份之一。2004年，山东省农村信用社与农村合作银行共同成立山东省农村信用社联合社，它是对山东省农村信用社、农村合作银行行使管理、指导、协调和服务职能的金融机构，其管理模式如图7.4所示。

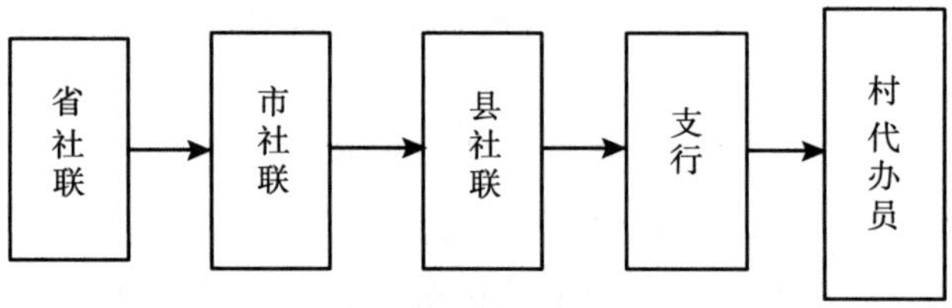

图7.4 山东省农村信用社管理模式

山东省农村信用社直接与农户进行业务往来，是山东省农村金融机构中向农村提供经济服务的主要机构。

2. 山东省农村信用社中间业务发展现状

（1）山东省农村信用社中间业务的发展背景。

①山东省农村发展情况。山东省总面积达15.79万平方千米，南北距离约437千米，东西距离约721千米。截至2020年10月，山东省辖16个地级市，共58个市辖区、26个县级市、52个县，合计136个县级区划；截至2020年8月，全省辖693个街道、1 012个镇、57个乡，合计1 822个乡级区划。2019年，常住人口城镇化率为61.15%；森林和湿地保护力度加大，新建1处国家级森林公园；渔业资源修复养护力度加大，农田水利建设扎实推进，农村生产生活条件持续改善；农村自来水普及率达到92.0%，新建农村户用沼气池12.3万户。

②支持“三农”政策法规概述。长久以来，有关农村的问题一直是中央高度关注的问题。解决“农业、农村、农民”的“三农”问题，是我国全面实现小康社会、顺利进行社会主义现代化建设的关键所在，是我们国家发展经济的关键所在。农业是国家发展的基础，解决好农业问题才能保证国家的长久发展。农业的积累支持，是国家进行工业化建设的关键。农业的稳定和进步，是整个社会稳定和进步的关键。实现农民的小康，是实现全国人民小康的关键。农业丰，则基础牢；农村稳，则社会安；农民富，则国家昌。

2005 年，中国共产党第十六届中央委员会第五次全体会议通过的“十一五”规划明确了“加强‘三农’工作，稳定发展科技农业，大力推进社会主义新农村建设，是全面落实科学发展观、建立社会主义和谐社会的必然要求，是加快社会主义现代化建设的重要任务”。而在 2008 年，中央更是将农业问题确定为主题，提出要大力推进农村基础设施建设，深化农村经济体制改革，促进农村经济转型升级，改善农民生活条件，不断提高农民生活质量。2009—2011 年更是逐年加大农村支持力度，加快农村经济发展。

（2）山东省农村信用社中间业务的主要类型。截至目前，山东省农村信用社共推出了 5 大类 26 小类中间业务。

①代收代付类。代收代付类中间业务包括代发财政性补贴、代发工资、代收水电费、代收烟草费用、代缴网通话费、代缴联通话费、代缴移动话费、代收地税和代收国税。

a. 代发财政性补贴。近年来，山东省各级政府相继出台了一系列财政涉农补贴政策，对支持农业生产、促进农民增收、推进社会主义新农村及和谐社会建设发挥了重要作用。但是，目前涉农补贴发放工作还存在环节过多、滞留延压、兑付不及时等问题，影响了惠农政策效益的发挥。2006 年 12 月，山东省建立财政涉农资金一本通发放制度，所有涉农资金均一户一折一号，通过农村信用社发放到农户手中，不准补贴抵扣农户的任何应缴款项。纳入一本通制度管理的财政涉农资金具体包括：粮食直接补贴资金，柴油、化肥等农业生产资料补贴资金、大中型水库移民后期扶持资金、农村最低生活保障资金、农村计划生育奖励扶助资金、村干部报酬财政补助资金、分散供养农村五保户财政补助经费以及各级政府对农民的其他补贴资金等。

b. 代发工资。代发工资是指农村信用社受机关、企事业单位或其他经济组织的委托，通过转账方式，将其员工的薪金收入在约定的时间划转到员工在农村信用社开立的银行卡或活期储蓄存折账户的一项代理业务。这项代理业务既满足客户发放工资的需要，同时又方便客户员工存取款。

c. 代收水电费。代收水电费是农村信用社营业网点代理收取自来水集团的自来水费、电力公司的电费的一项代理业务。通过这项代理业务客户持自来水费或电费缴费通知单，到营业网点柜台直接缴费。

d. 代收烟草费用。代收烟草费用是农村信用社与烟草公司合作推出的一项代理业务。该项代理业务缴费便利，方便烟草经销商户与烟草专卖局的款项往来。

e. 代缴网通话费。代缴网通话费是农村信用社营业网点可办理代收固定电话话费的一项代理业务。客户在各营业网点柜台缴纳话费时，需填写缴费单，由客户将客户固定电话号码、用户姓名、联系方式填写清晰，然后持缴费单直接到柜台办理。

f. 代缴联通话费。代缴联通话费是农村信用社营业网点可办理代收联通手机话费的一项代理业务。客户在各营业网点柜台缴纳话费时，需填写缴费单，由客户将客户联通手机号码、用户姓名、联系方式填写清晰，然后持缴费单直接到柜台办理。

g. 代缴移动话费。代缴移动话费是农村信用社营业网点可办理代收移动手机话费的一项代理业务。客户在各营业网点柜台缴纳话费时，需填写缴费单，由客户将移动手机号码、用户姓名、联系方式填写清晰，然后持缴费单直接到柜台办理。

h. 代收地税。代收地税是信用社与地税机关合作开办的代理业务，主要指企业以自愿为原则，在信用社营业网点开立账户，在申报纳税前存足不少于应纳税款的存款，由信用社按照税务机关传输的核定应纳税额信息直接划转入库的一种代理收税方式。该项代理业务缴税便利，协议扣税，按月缴纳。

i. 代收国税。代收国税是信用社与国税机关合作开办的代理业务，主要指企业以自愿为原则，在信用社营业网点开立账户，在申报纳税前存足不少于应纳税款的存款，由信用社按照税务机关传输的核定应纳税额信息直接划转入库的一种代理收税方式。该项代理业务缴税便利，协议扣税，按月缴纳。

②支付结算类。支付结算类中间业务包括山东一卡通、银行汇票、银行承兑汇票、银行本票、支票、委托收款、汇兑、托收承付。

a. 山东一卡通。山东一卡通项目是山东省政府推出的一项便民项目，是本着服务于民、便利于民，积极推动城市信息化建设的原则，推出的全省跨行业、跨系统、跨城市使用的小额支付卡；应用范围涵盖公交、出租、高速公路、旅游、公用事业缴费、便利性服务等小额支付领域以及适合 IC 卡应用的未来新兴行业，并率先在济南和临沂实现一卡通的互联互通。

b. 银行汇票。银行汇票是由出票银行签发的，由其在见票时按照实际结算金额无条件支付给收款人或者持票人的票据。银行汇票票随人走，钱货两清，使用灵活，适应性强，信用度高，安全可靠。银行汇票可以背书转让，银行见票付款，余款自动退回，根据实际采购金额办理支付，多余款项由银行自动退回账户。现金汇票可以挂失，单位和个人均可使用银行汇票。山东省农村信用社银行汇票在山东省内使用，全国农村信用社银行汇票全国通用。

c. 银行承兑汇票。银行承兑汇票是由出票人签发并由其开户银行承兑的票据。银行在指定日期无条件将款项支付给收款人或持票人，主要用于延期付款的结算。银行承兑汇票可以背书转让，可以办理贴现，承兑期限最长 6 个月。在信用社开立基本账户或一般账户，依法从事经营活动的法人或其他经济组织可以签发并申请银行承兑，银行承兑汇票全国通用。

d. 银行本票。银行本票是指由银行签发的，承诺本银行或各支行在见票时保证无条件支付规定的资金给持票人的票据。银行本票见票即付，填明“现金”说明的银行本票，用于现金支取。银行本票可以转让，现金银行本票丢失可以挂失止付。银行本票一律记名，金额起点为 1 000 元，单位和个人在同一票据交换区域内均可使用银行本票。

e. 支票。支票是由出票人签发的，委托办理支票存款业务的银行见票时无条件支付指定金额给收款人或持票人的票据，分为转账支票和现金支票两种。支票由出票人自行签发，适用于各种款项结算，灵活方便。支票一律记名，转账支票可以背书转让。转账支票只能用于转账，现金支票只能用于支取现金。在信用社开立支票存款账户的单位和个人均可申请购买签发支票。现金支票只能在开户信用社使用，转账支票全国通用。

f. 委托收款。委托收款是收款人委托信用社向付款人收取款项的结算方式。客户可凭已承兑商业汇票、债券、存单等付款人债务证明办理款项的结算。现在，委托收款结算款项的划回，信用社全部使用电划方式。单位和个人凭托收凭证和有关债务证明在同城、异地均可使用委托收款结算方式。

g. 托收承付。托收承付是根据购销合同由收款人发货后委托银行向异地付款人收取款项，付款人承诺向银行付款。托收承付适用于国有、集体所有制企业购销货款的异地结算。收付双方重合同、守信用。使用该结算方式的收款和付款单位有条件限制，如供销合作社、国有企业以及经营状况较好，并经开户信用社审核通过的集体所有制工业企业。收付双方使用托收承付方式必须签有符合《合同法》的购销合同，并在合同上订明使用托收承付结算方式。托收承付结算每笔金额的起点为 1 万元。但新华书店系统可凭系统内的订货单、发货单或购销协议办理托收承付结算，每笔金额起点为 1 千元。信用社按照《支付结算管理办法》，对不履行合同的企业，给予结算制约、代扣赔偿金等制裁措施，为履行合同提供保障。

③代理保险类。

a. 代售保险。近年来，山东省农村信用社与省内多家保险公司建立了业务代理关系，代理保险业务发展迅速。业务范围包括代售保单和代收续期保费。其中代理借款者人身意外保险业务是代售保单业务最主要的品种，它是保险公司基于农村信用社的信贷业务而开发的一种新的保险品种，借款者在贷款时自愿缴付保费，一旦发生意外造成身故或残疾，由保险公司代其向信用社偿还贷款。

b. 代收保险费。代收保险费是指银行接受收款单位和付款人（客户）的委托，将付款人在银行账户（单位为结算账户，个人为银行卡或活期储蓄存折账户）的资金按当期付款人应缴纳的金额在约定的时间划付给收费单位的资金结算产品。

c. 代付保险金。代付保险金业务主要用于保险金、红利等的领取。代付是银行为客户提供的一种主动划款服务，其优势与特点体现在客户与保险公司之间资金往来的安全性与快捷性。以系统自动处理的方式进行资金交易，避免了人工环节，有效地防范了风险；一般情况下，批量业务的处理可以做到当日到账，无论对保险公司还是对客户，都保证了资金的有效利用。

④咨询顾问类。咨询顾问类中间业务目前只开设了现金管理业务。现金管理业务是指银行或金融机构推出的一种中间业务产品，此种产品的目的在于帮助客户进行投资理财活动，以减少客户的闲置资金。在现金管理业务中，银行将包括首付款、投融资、咨询服务等业务整体打包并进行不同组合，从而产生不同类别的业务产品，以符合客户的不同需求。

⑤其他类。其他类的中间业务主要开设了农信银系统。“农信银系统”全称是涉农资金支付结算信息服务系统，是应用现代化计算机网络和信息技术开发的，根据全国农村信用社、农村商业银行、农村合作银行支付结算业务的需求，将信息服务和支付结算业务一体化，为所有入网机构提供异地支付清算和信息服务功能。

7.2.2 山东省农村信用社中间业务存在的问题

1. 中间业务发展规模小

虽然经历一系列发展和改革，山东省农村信用社中间业务规模仍较小，收入占比低。形成这种局面的原因是多方面的：第一，由于其根本业务点在农村，外加历史营销的一些问题，业务开展较为缓慢，工作效率较低，存在风险较高、收益较少的问题；第二，因为基础设施不健全，使得金融服务品种较为单一，相比大型商业银行，山东省农村信用社在中间业务方面存在较大差距，难以解决新时期内大量的中间业务，特别是粮食补贴发放方面。中间业务品种较少，业务水平不高，由此带来的收入在总利润中占比较低。一方面是由于山东省金融体制不完善，改革不到位；另一方面也是农村基础设施建设不完善所致。虽然近年来，山东省农村信用社一直努力提高服务水平和质量，但仍不能满足新形势下农村人民的需要。

2. 中间业务品牌认知度低

山东省农村信用社最近才推出银行卡业务，但此种类型的银行卡仅相当于普通的存储卡，功能单一，在综合业务方面只支持 POS 机结算和 ATM 交易。农村信用社业务产业链层次较低，收益范围较窄、收益水平较低；而网银、手银等高层次业务仍未推出，相对于同行业的产品来说缺少特色服务。还有它的信息系统建设不完善，尚未推出对有关业务进行统计查询的功能。例如，跨行存取款交易手续费、按业务类型计算交易笔数等功能仍无法实现。

3. 中间业务服务手段落后

近年来，山东省农村信用社投入了大量资金用于信息化建设，营造服务网络，提高服务质量；但相对于其他商业银行来说，服务方面仍有一定差距。中间业务的后台支持系统，主要包括中间业务支撑系统、综合业务（核心业务）系统和客户关系管理系统，如图 7.5 所示。

山东农村信用社服务手段落后主要表现在以下几点。

（1）系统建设较为缓慢，不能综合分析业务数据。山东省农村信用社的综合业务系统的各分管单位是市级单位，市级单位之间没有直接联系，缺少将各市级单位统一起来的服务网络，造成各市级单位分别处理各自的综合信息，而要将全省的信息统计起来则十分烦琐。目前，此种信息分散处理的局面造成了不少问题。

①不能真正实现“以客户为中心”的经营理念。分散化的数据处理，不能够建立起客户信息库，使得无法综合分析客户的特点和需求。各市级部门独立分析各自数据，数据容量较小，代表性不强，不能真正实现对客户需求的分析，从而不能真正建立起“以客户为中心”的经营理念。

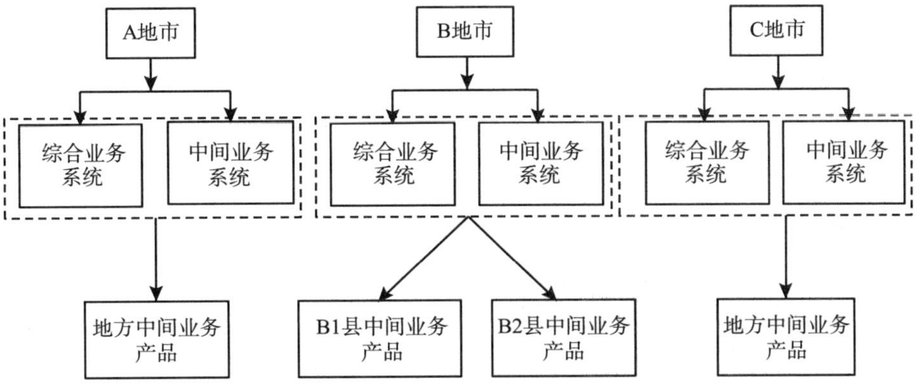

图7.5 山东省农村信用社信息系统

②不能及时准确挖掘潜在利润。各市级部门收集到的数据是多方面、多层次的。数据分散化，不利于对复杂信息进行多层次、多角度分析；不能有效地实现资源共享，直接导致中间业务相关数据的散乱，不能及时挖掘潜在利润。

（2）系统开发较为落后，新分销渠道接入困难。根据图7.5可知，山东省农村信用社的管理平台是以市级农村信用社为管理单位，各单位系统的维护、升级等也由各自处理。不能形成统一的省级管理中枢，各市级单位之间的分散经营管理，导致山东整个农村信用社系统内部缺乏合作，系统建设力量薄弱，不能发挥农村金融中流砥柱在产品研发方面的优势。从市级管理单位来说，新接入营业网点需要进行程序管理升级，就需要对各单位系统进行一次大规模升级改造，导致系统开发量成倍增长。随着农村金融机构的深入改革和农业结构的逐步调整，农民用户需求呈现多样性，更给农村信用社信息系统建设带来更大挑战。

（3）尚无客户关系网络，缺乏特色专项服务。相比其他银行来说，农村信用社尚未建立客户关系网络，不能进一步细化客户类型，针对不同类型客户提供符合各类需求的专项服务，及时为客户提供最新的金融产品。

4. 中间业务风险不断加大

由于中间业务具有低风险、盈利稳定的特点，具有资质的各金融机构纷纷进入中间业务领域，谋取一分利润。四大国有银行和地方支持性银行推出中间业务的时间较早，业务经验较为丰富，相应的规定和制度较为完善，已经占有相当的市场份额。山东省农村信用社进入此领域，无疑要经历一场激烈的市场竞争，中间业务风险不断加大。

7.2.3 加快山东省农村信用社中间业务发展的重要性

在我国金融市场中，中间业务发展空间较大。加快中间业务发展，对山东省农村信用社拓展金融产品种类，提高金融服务水平，完善资产复杂结构，不断满足客户的需要，持续增加利润，强化市场竞争力，参与建立完善的金融市场体系和可持续发展的社会具有十分重要的意义。

1. **保持利润持续增长的需要**

自2001年以来，我国金融市场快速发展，股票市场和证券市场改革不断深化，各类企业纷纷以上市方式进行融资以扩大企业规模。企业的这种融资方式属于直接融资，部分摆脱了单纯依靠银行贷款来发展业务的模式。这就减少了银行的部分客户，贷款利润相对减少。为了保持和增加银行的利润空间，应对金融市场的变化，提高资本收益率，应该拓展中间业务领域，推进中间业务发展。研究各类金融产品，将农村信用社的单一经营向多元经营转变，成为金融产品的“超级市场”；从经营资本向经营信息转变，从赚取利息差向赚取服务费的盈利方式转变。

2. **规避市场风险的需要**

自2009年提出要不断深化金融体制改革，建立市场化利率的观点之后，利率不断变化。再加上2008年金融危机的影响，净息差发生较大变化。以资产负债为单一经营模式的银行业务，面临的市场风险很大。为保持农村信用社的健康平稳发展，必须进行业务调整，改变单一模式的经营方式，确保收入的稳步提高。

3. **应对同业竞争的需要**

山东省农村信用社处在一个复杂的金融环境之中。上有四大国有银行的挤压，下有外资银行的对抗，中间有新兴股份制银行的竞争，市场份额竞争激烈。近年来，各类银行又加大了业务发展力度，不断增设营业网点、扩招银行人员、加强信息网络建设、升级信息管理系统，不断研发新型金融产品，扩展业务广度和深度，积极参与省内金融市场竞争。面对如此局面，山东省农村信用社更需要在中间业务方面下足功夫，深入研究客户需求，细化业务类型，拓展中间业务发展空间，以应对激烈的市场竞争。

4. **山东省农村信用社战略发展的需要**

要实施综合化发展战略，一方面，要遵照中央、省政府工作指导，认真保质保量完成各项涉农补贴任务；另一方面，要实施多种经营，要扩大总体业务规模，大力发展中间业务，转变业务发展方向，实现由赚取利息差向赚取服务费转变。在目前加大宏观调控力度，市场状况多变的形势下，单一的经营方式带来的问题尤为突出，风险偏大，银行业经营方式转型的要求更加迫切。就目前来说，如何深入拓展中间业务，创造新的利润增长空间，成为山东省农村信用社目前的重要研究方向。

7.2.4 山东省农村信用社中间业务发展的SWOT分析

SWOT分析方法是依据企业的发展目标，充分分析能够影响企业发展的重大内部因素和外部因素，并根据一定的标准对这些因素进行综合评价，判断出企业发展的优势、劣势、机会、威胁。

1. 山东省农村信用社中间业务发展的优势

山东省农村信用社与其他商业银行相比，存在很多优势，具体有以下几点。

（1）网点众多，服务能力强。山东省农村信用社是承担国家惠农政策在山东金融服务的主要机构之一，其网点遍及山东省内各个农村地区。到2011年年末，山东省农村信用社拥有网点6 000多个，市级机构17处，包括14家办事处和3家市联社；县级机构116处，农村基层网点覆盖所有乡镇，服务人员接近60 000人。山东农村信用社是山东金融机构中营业网点最多、分布最广、服务人员最多的金融机构。这是发展中间业务最大的优势，能够将农村信用社的业务最大限度地推广到省内的各个地区。

（2）基层联系密切，人脉基础牢固，资源丰富。山东省农村信用社是地域性的金融服务机构，广泛扎根在山东人口众多的这块金融市场上。而且，山东农村信用社基层员工大多生长在农村，对农民的生活和文化了解得较为深入。再加上基层的代办员本身就是农村居民，与本地农村居民联系较为密切，对本地农民的消费习惯更为了解。这就构造了一个扎实的农村人脉网络，能够更有效地掌控农村居民的消费信息和金融产品需求。

（3）与政府联系密切。作为主要的支农金融机构之一，多年来，山东省农村信用社及分支机构与当地政府建立了良好的合作关系，这种关系有利于了解政府方面的金融态度，在国家政策的引导下发展中间业务。在2004年农村信用社归省政府管理之后，农村信用社各机构与当地政府的联系更为密切。

2. 山东省农村信用社中间业务发展的劣势

与商业银行相比，山东农村信用社的发展劣势可以综合为以下几点。

（1）资本实力不足。山东省农村信用社是地方性金融机构，在其产权结构中县级机构是法人单位。相比于其他金融机构，山东农村信用社的资本实力较为薄弱，这将限制它的业务深度和广度，也会降低其风险防范能力。

（2）工作人员数量庞大，素质较低。山东省农村信用社的从业人员数量较多，在金融机构中，是省内从业人员最多的金融机构。这一方面是它的优势，另一方面也是其劣势。庞大臃肿的人员队伍不利于人员管理和利润率的提高。而且，庞大的从业人员队伍存在人员素质普遍较低的问题。在农村信用社工作人员中，专科以下文化程度的人员占有相当比例，并且管理层中专业的金融人才并不多。特别是更为专业的产品研发人才更为稀少。员工数量多、素质较低问题成为限制农村信用社拓展中间业务的重要因素。

3. 山东省农村信用社中间业务发展的机会

在我国经济体制不断改革的背景下，山东省内的金融环境不断变化，也为农村信用社拓展业务空间、发展中间业务提供了机会。

（1）山东省农村经济快速发展。山东省是东部沿海省份，经济基础较好，而且伴随着新农村建设的春风，山东省不断加快农村改革，推进农村经济结构调整，农村经济稳定快速发展。这就为农村信用社发展中间业务提供了广阔的市场空间，是其发展中间业务的良好基础。

（2）近年来支农政策的倾向。建设社会主义新农村，加大“三农”支持力度，提高粮食直补，加大民生投入等政策的频频出台，农村经济稳定发展、农村收入稳定增加，这些都为农村信用社发展中间业务提供了良好的机遇。

（3）农民金融业务需求增加。在农村经济稳定发展和农民收入稳定提高的背景下，农村居民的资产配置形式也趋于多样化，在传统金融服务需求的基础上，农村居民也增加了对中间业务的需求。例如，财政涉农补贴涉及所有农户，需要常年发放，业务量巨大。而且，随着通信、水电等各个行业的迅速发展，其业务也覆盖到农村地区，实行信息化管理，这又涉及了大量的代收代缴业务。

4. 山东省农村信用社中间业务发展的威胁

中间业务产品市场竞争加剧。随着国家降低了农村金融市场的准入门槛，山东省农村信用社面临更多的不确定性和业务竞争压力。自2007年之后，中国农业银行首先将其业务向县域和农村转移；其后，邮政储蓄银行建立，加入农村金融市场的竞争中。这些因素都将影响农村信用社包括中间业务在内的业务市场份额。随着金融体制改革的加快，其将面临更加激烈的市场竞争。

5. 山东省农村信用社中间业务发展SWOT分析结果

综合分析结果，得到SWOT分析结论，见表7－1。

表7－1　　山东省农村信用社中间业务发展SWOT分析结论

优势： ①网点众多，服务能力强； ②基层联系密切，人脉基础牢固，资源丰富； ③与政府联系密切	机会： ①山东省农村经济快速发展； ②近年来支农政策的倾向； ③农民金融业务需求增加
劣势： ①资本实力不足； ②工作人员数量庞大，素质较低	威胁： 中间业务产品市场竞争加剧

对山东省农村信用社中间业务的发展进行战略规划时，根据SWOT分析结果应遵循以下原则。

（1）ST策略。依靠自身乡镇和县城网点的优势，建立以基层为重点的现代营销战略。

（2）SO策略。依靠支农政策，取得政府支持，建立差异化竞争策略。

（3）WT策略。针对农村信用社人员庞大、素质低和外部竞争加剧等各种问题，要克服内部弱点和避免外部威胁，建立制度创新战略。

7.2.5　山东省农村信用社中间业务发展战略实施的保障措施

1. **转变观念，将中间业务发展提升到战略高度**

中间业务产品具有收益规模较小、利润效果不明显等特点，这些造成基层农村信用社对发展中间业务的积极性不高、信心不足。虽然最近几年来，省农村信用社部门意识到中间业务的广阔市场前景，但是由于存在认识惯性，观念上始终认为资产负债业务才是业务发展中的最重要领域，未能够将中间业务的发展纳入发展规划中的重要环节，只是顺势而为让其自然发展。中间业务发展缺乏总体规划和激励机制，这将会影响农村信用社整体业务水平的持续提高。山东省农村信用社要实施中间业务发展战略，首先要从观念上进行转变，使得上下各部门都认识到中间业务发展的必要性。为此，要做到以下几点：从单一经营向多元化经营转变；从赚取利息差向赚取服务费转变；从被动经营向主动经营转变；从传统金融产品向金融衍生品转变；从人工化向自动化转变；从低效率向高效率转变；从坚守体制向体制创新转变；从客户求人到服务客户转变等。从认识上改变对中间业务忽视的态度，以最终实现业务领域的利润增加。

2. **广泛建设营业网点，促进中间业务深入基层**

在现有营业网点的基础上，对营业网点进行装修布局和改造升级，提升农村信用社形象。在大城市建设品牌形象店，争取部分高端客户，打造农村信用社城市网点的核心竞争力；在中小城市努力提高服务质量，争取中高端客户，形成农村信用社中小城市经营网络；在县域领域、城乡接合部和广大农村区域，发挥农村信用社亲民特点，深入基层，抓好基层客户这一根本。ATM 自助取款机等机器设备是营业网点的重要补充，既节省了人力、空间，还能够 24 小时为客户服务。POS 机有助于减少营业窗口，节省大量人力物力资源。因此，要做好自主服务设备的安装管理，同时应通过建立和扩大 ATM、CDM、POS 机、电话银行、网上银行、自助银行等网络或是电子化业务渠道。倡导银行卡交易环境，提高银行卡发行量。完善新网点接入系统，发展适合农民的小额贷款，方便农民生活的网银和转账服务，多元化推出中间业务产品，提高综合营销能力。

3. **健全组织机构，完善考评激励机制，强化有效管理**

农村信用社中间业务涉及范围广泛，又具有批量化的特点。一方面根据中间业务的定义，是指除资产负债业务之外的所有业务，涉及农、林、牧、副、渔的方方面面，业务范围复杂而广泛；另一方面，其中间业务又多数为农村农业所研发，是方便农户的产品，具有批量化的特点。所以，对中间业务，需要建立一个统一的领导中心，对中间业务这块进行统一规划、统一协调、统一管理，确保中间业务在整体上稳定有序地进行。

为此，山东省省级农村信用社联合社可成立全省农村信用社中间业务管理部门，对全省下辖农村信用社进行统一管理。首先，省级管理部门提出全省农村信用社中间业务发展的长、中、近期发展目标。省级主管部门的下辖部门依据省级主管部门指示，分别制定市级、县级农村信用社中间业务发展的长、中、近期发展目标和实现路径。同时，省级部门对市级工作进行培训和指导，市级部门对县级部门进行培训和指导。而县级农村信用社是农村信用社工作的第一阵地，任务重、工作压力大。为此，省市级管理部门应该给予县级部门更多的自由权利，方便第一战线的工作顺利进行。其次，应建立健康有效的工作激励机制，保障县级农村信用社第一战线工作人员的积极性和工作效率，奖惩结合，提高业务水平。

4. 不断加大中间业务科技投入力度

科技是第一生产力，无论在哪个领域，这都是颠扑不破的真理。根据现代商业银行发展中间业务的经验教训，要加大科技投入力度，建设高效率的信息管理系统平台，丰富山东省农村信用社的科技手段和管理方式，保证中间业务安全进行。

首先，要制定电子信息发展的总体规划。在对目前山东省农村经济进行全面考察的前提下，衡量农村信息化需要能力，进行农村信用社电子信息化建设。密切关注科技发展动态，制定信息化建设的近期、中期及长期目标。将科技建设投入列入发展规划，制定每年科技投入比例，保证信息化建设能够长久持续下去。

其次，各级单位和部门明确在信息化建设中的位置和任务。省级农村信用社科技部门注重中心网络的扩容工作，抓好系统安全稳定运行的要点；市级部门按照省级部门指示，做好信息化建设的维护和升级工作；县级部门要根据农民对信息化系统所反映的问题做系统总结，及时反馈到市级部门，从而使问题能得到及时解决。

最后，还要加快网络监控和维护平台系统的建设，使得信息化部门及时解决出现的问题，提高运行和维护电子信息网络的能力。还要进一步制定电子业务网络运行的工作章程，对各部门员工进行信息化培训，提高员工的整体业务水平。

5. 加强中间业务发展的风险防范

随着中间业务品种的增多，中间业务发展风险也逐渐增大。从控制可控因素入手，建立全面风险管理的观念，防范中间业务风险的发生，努力使风险处于可控范围内。要建立全面风险管理的观念，要对农村信用社中间业务发展的风险进行分类，包括市场风险、信用风险和操作风险等，努力做到量化风险程度，以全面风险管理的技术和手段，进行风险评估。并根据农村信用社本身中间业务产品的特点，改进风险管理的方法，优化风险管理系统和流程，提高风险管理能力。

要做好经营、管理、监督的明确分工，做到分工有序、权责分明地进行管理工作，降低风险水平。为此要明确经营部门、管理部门、监督部门的职责，各部门践行各自的职能。经营部门主管业务，凡是涉及客户关系的都由经营部门负责，努力提高农村信用社经营能力和业务规模；管理部门负责管理各部门的工作，以及协调各部门分工配合；监督部门负责监督各部门的职能行使情况和自我监督，并将各员工的工作计入绩效考评之中。

最后，农村信用社是扎根于基层的金融机构，基层营业网点是农信社业务的第一战线。所以，要切实做好县级领域内农村信用社网点的管理监督工作。为此，要探索创新基层管理制度，明确基层营业网点的职能范围，搞好和广大客户的关系。要设立农村信用社管理小组，协调好基层网点和各级管理机构的关系，及时解决基层网点出现的一些问题，为基层工作人员营造一个良好的内部环境。

6. 完善人才培训制度

在山东省农村信用社人才队伍中，缺乏从事中间业务的专门人才，这已经成为其中间业务拓展的主要障碍之一。在中间业务领域，需要能够准确判断国内国际经济形势，并且对银行、证券、保险等行业有全面的掌握，能够全面发展的金融人才。而这种人才恰恰也是金融行业非常缺少的。相比较而言，国外专业的金融机构中都有一支这种专业性高技术人才的精英队伍。所以，农村信用社在建立专业性人才队伍时，首先要把握我国的客观情况，利用多方式、多手段培养富有潜力的青年人才。其次，要对业务水平高、工作能力强的青年才俊进行有意识、有针对的培养，通过国内培训与国外交流相结合的方式，提高人才的理论素质和实践经验。最后，要扩大招聘范围，面向社会、高校和科研院所招聘一批理论水平和实践经验都较为丰富的专业人才，充实中间业务人才队伍。

参考文献

[1] 刘军．证券公司期货中间介绍业务规范管理研究［D］．上海：华东理工大学，2013.
[2] 何肖钢．C 证券公司期货中间介绍业务的管理研究［D］．大连：大连理工大学，2014.
[3] 朱颖．中国券商财富管理转型研究［D］．上海：上海外国语大学，2013.
[4] 邹豪．XX 证券公司财务风险管理研究［D］．济南：山东大学，2013.
[5] 宁侠．我国证券公司风险管理控制研究［D］．天津：天津财经大学，2014.

案例使用说明

一、教学目的与用途

（1）适用的课程：金融机构经营管理、战略管理和金融机构风险管理。

（2）适用的对象：高年级金融专业本科生、工商管理硕士（MBA）、金融硕士和管理类研究生。

（3）教学目的：①覆盖知识点。金融机构经营管理课程中战略发展的 SWOT 分析；中间业务发展的可行性分析；农村信用社中间业务的组织形式；农村信用社的发展背景。②能力训练点。金融机构经营管理课程中通过分析信用社对发展中间业务的需求，明确在资本市场环境中开展中间业务的发展思路，掌握重新规划组织结构的内容和步骤；基于案例中内外环境的分析过程及结果，通过讨论对整个案例进展进行深入解析与评判，培养学生在复杂环境里的综合分析能力和决策能力；如何设计金融机构业务创新和经营管理模式。③观念改变点。在金融机构经营管理课程中规划的管理理念，即规范是拓展市场的基础因素；失去过程控制的目标管理往往难以成功，尤其是很难支撑机构的长远战略发展，过程控制可以不由人来执行，但一定要在制度中设计；机构的业务与企业内部和外部环境以及整体构成框架的成熟度密切相关。

二、启发思考题

（1）农村信用社是典型的纯项目驱动还是项目与作业双重驱动？

（2）从中间业务发展的角度，山东农村信用社的中间业务改革是一种什么项目组织模式，改革起到了什么作用？

（3）中间业务的变革措施能够解决农村信用社快速发展中产生的问题吗？这次改革可能会带来什么样的不利后果？

（4）如果你是山东农村信用社的管理者，会如何设计信用社的组织结构，又会采取什么措施来保证机构的稳定发展？

三、分析思路

（1）对比分析山东农村信用社两次组织变革的战略调整背景。可以从信用社改革中面临的环境和制定的战略比较入手进行分析。中间业务发展带来了哪些思考，挖掘第一次组织变革实施之前机构面临的机遇和内部存在的突出问题。为了解决这些问题，山东农村信用社所采取的战略定位转变，进而为了保证新的战略目标的实现，公司必须进行一系列组织变革，其中，最关键的就是组织结构的变革。紧接着，对比分析第二次组织变革实施之前企业所处的外部环境和运行中存在的问题，山东农村信用社在作出组织变革决策时所考虑的关联问题，最终促使机构确定组织变革方案的关键因素依然是其对机构战略的选择。最后，针对山东农村信用社面对的内外风险，全面分析此时信用社的外部环境和内部环境，把握机构的战略导向和组织变革的背景。

（2）分析如何通过组织变革实现战略与组织结构的匹配。梳理两次组织变革实施的主要内容，抓住市场开发主体、组织管理层级、目标管理与过程控制、项目管理在公司中的地位、企业利润中心及其权利和责任的界定等问题，分析伴随战略转变这些问题的不同表现，探讨如何通过组织结构的重新规划来实现这些内容的转变。要将组织与战略匹配的要素通过讨论梳理出来。最后，结合山东农村信用社的战略定位开放式讨论第三次组织变革的内容和途径，并对其中各主要问题的处理进行说明。

（3）引导思考组织变革引起的组织管理问题及其解决方案。从业务变革中总结归纳影响中间业务变革成功的重要条件，可重点从协调机制的调整、薪酬体系的改革、各部门职责的明确以及项目经理角色定位的变化等方面展开讨论。最后，启发思考在变革中的相关组织管理问题及解决方案。

7.3　国泰君安证券公司中间介绍业务风险管理

证券公司的中间介绍（Introducing Broker，IB）业务的风险管理贯穿各个业务环节。证券公司 IB 业务最早诞生于美国，由于在美国证券投资者与期货投资者的重合度达到了 90% 以上，因此 IB 业务在美国得到了极大的发展。其最主要的特点在于美国的金融业是混业经营，这样证券公司与期货公司的合作具有一定的广度和深度，对于风险监管的要求很高，一旦出现极端现象，可能导致十分严重的后果。鉴于中国目前的监管情况和期货法律法规，这种模式无法保证投资者的合法权益，并不可行。

7.3.1 证券公司中间介绍业务与股指期货介绍

1. 证券公司中间介绍业务及其发展

（1）证券公司中间介绍业务。证券公司的中间介绍业务，简称业务，是指具备资格的机构或个人，接受期货公司的委托，介绍客户给期货公司，并收取一定佣金的业务模式。目前国内相关办法规定，证券公司可以通过全资拥有或者控股一家期货公司，或者与一家期货公司被同一机构控制，且该期货公司具有实行会员分级结算制度的期货交易所的会员资格，才能开展业务，并且不得再接受其他期货公司的委托。

（2）证券公司中间介绍业务的发展。目前，经济发达的国家和地区大多开展了 IB 业务模式，虽然其模式并不相同，但都促进了当地期货市场的发展。国内的 IB 业务发展较晚，从 2007 年 4 月 15 日《期货交易管理条例》发布后才正式以法规形式确立其存在，2007 年 4 月 20 日《证券公司为期货公司提供中间介绍业务试行办法》即明确了证券公司开展 IB 业务的认定条件、业务范畴、业务规则、监管制度等内容。2010 年 3 月，证监会开始了第一批 IB 营业部的验收工作，规定开放的 IB 营业部不得超过证券公司所有营业部数量的 20%，近 900 家证券营业部获得业务资格。2010 年 8 月，证监会继续第二批营业部的验收工作，截至 2010 年年底，大部分的证券公司都可以开展期货中间介绍业务。目前，第 3 批 IB 营业部的申请相对之前更为简单，不光是一线、二线的大城市可以开展业务，越来越多三线城市的证券营业部将获得 IB 业务资格，因此如何更好地发挥营业部的作用显得格外重要。

2. 股指期货

如果期货中间介绍业务是证券公司和期货公司展开合作的基础，那么股指期货就是证券和期货业务连接的纽带。股指期货是股票价格指数期货的简称，也可以称为股价指数期货，或者简称期指，是指以股价指数为标的物的标准化期货合约，双方约定在未来的某个特定日期，可以按照事先确定的股价指数的大小，进行标的指数的买卖。

股指期货由于不同于股票的取一做多机制，呈现出许多优点，如交易灵活、占用资金少、T+0 交易等。股指期货不仅具备股票的特性，而且还兼具期货的特点，如股指期货具有股票指数的价格发现功能，通过对冲交易可以实现资产的风险转移等。投资者应用股指期货时，主要满足以下几个方面的需求。

（1）规避证券市场中的市场性风险。在股票市场出现单边下跌的行情时，应用股指期货可以实现对现货的风险对冲，实现套期保值。特别是对于资产量较大的客户，只需要一部分头寸的保证金即可实现风险的转移，而不需要通过卖出股票而完全地回避风险，这样还可以减少集中卖出的冲击性成本，从而增加客户的收益。简单的做法是客户计算出自身股票与沪深300指数之间的相关性系数，通过对自身持有股票资产的计算，推算出需要在股指期货市场中卖出的期货头寸，从而证券市场中股票的头寸与期货市场中做空的头寸相互套保，实现风险转移。

（2）形成更多的投资组合策略。除了规避证券市场的系统性风险，股指期货兼具的期货特性对于投资者还有更多的应用，套利就是其中的一种。套利是期货市场中特有的概念，指的是通过同一标的物的现货市场和期货市场之间的价差进行交易，赚取价格差异的收益。套利交易具有风险小、相对收益高的特点，因此适合那些风险偏好程度低的投资者，这也完善了不同投资者的投资组合。股指期货套利交易最基本的就是股指期货的当月合约和沪深300的成分股之间完全套利，这样的风险最低，适合刚入门的投资者。对于证券公司而言，投资者参与股指期货的套利交易，也是间接对证券市场的参与，这也有利于证券公司的经纪业务的创收。

综上所述，期货IB业务是证券公司开展期货业务的业务渠道，而股指期货是期货业务量中占比最大的品种。由此可以看出，金融期货是两者的纽带，抢占金融期货市场先机是证券公司开展IB业务的目的，金融期货将成为证券公司新的利润增长点。

7.3.2 基于国泰君安证券公司开展IB业务的风险

IB业务是在证券公司和期货公司两个不同主体之间开展的，因此在两者深入合作的同时，也会比各自的主营业务风险点多。为了探究国内证券公司如何开展期货IB业务，分析国内证券公司期货IB业务的开展过程、经营范围以及潜在的风险。IB业务的风险来源主要分为三大类：证券公司自身的风险、证期合作模式的风险、投资者自身的风险。

1. 国泰君安证券公司和期货公司介绍

国泰君安证券公司是国内排名前三的综合类证券公司，现拥有金融业务的全牌照，可以开展证券经纪业务、期货经纪业务、资产管理业务、投资银行业务、销售交易业务、境外证券业务等。

国泰君安期货公司是国泰君安证券的全资子公司，注册资本金5亿元，具有商品期货经纪业务资格、金融期货经纪业务资格、投资咨询业务资格，是国内首批获得金融期货全结算业务资格的期货公司，是中国金融期货交易所的一号会员，下设11家期货营业部。在股指期货上市的2010年，实现税前利润8 159万元，日均客户权益43.49亿元，股指期货交易份额累计全国排名第一，客户权益、利润在上海地区排名第一，手续费收入排名第二；股指期货开户数约占全国的6.8%，位列全行业第一。因此，国泰君安证券是股指期货上市以来发展IB业务最成功的企业之一，研究其发展方式具有一定的代表性。对其IB模式的优势与不足的研究，对证券公司的IB业务发展有一定的借鉴意义。

（1）国泰君安证券中间介绍业务的开展机会。自世界金融危机以来，中国证券市场的持续低迷导致证券行业整体利润下滑。为了应对宏观环境的变化与挑战，国泰君安证券积极转型，以财富管理为出发点向一流的投资银行进军。而财富管理中期货便是其中必不可少的一环，特别是在市场行情持续低迷的时候，期货中间介绍业务便显得更为突出。一方面，2015 年国泰君安证券提出以收入为导向，对营业部的主要考核便是业务收入，期货业务收入作为证券营业部收入的新的增长点，激发了营业部开展期货业务的兴趣，为国泰君安证券开展期货业务创造了机会。另一方面，证券营业部的客户面对市场下跌，也有投资转型的新思路。传统的股票市场已远远不能满足客户资产保值升值的要求，通过股指期货对冲证券市场风险已经变成投资者主动找寻的工具。另外，套利、程序化交易等新投资方法也成为投资者的主动需求，这也为国泰君安证券中间介绍业务的开展创造了机会。

（2）国泰君安证券中间介绍业务的开展基础。国泰君安证券由原国泰证券有限公司与原君安证券有限责任公司通过新设合并、增资扩股于 1999 年 8 月 18 日组建而成。经过十余年的业务发展，国泰君安证券开展期货中间介绍业务相对于其他证券公司有较大的优势。首先，截至 2015 年，国泰君安证券拥有 193 家营业网点，证券客户总数达到了 520 万户，客户资产约 7 010 亿元。许多省份的国泰君安证券营业部在该省的市场份额都排名第一，拥有一大批层次高、素质优的客户，这是国泰君安证券开展期货中间介绍业务的客户基础。其次，国泰君安证券研究所于 1996 年成立，是行业内成立最早的研究所之一，其研究报告是证券行业内许多投资者的理财必读资料。现在国泰君安证券研究所共有员工 131 名，涵盖 29 个细分行业，研究人员达到 121 名。除了对各行业的研究分析，国泰君安证券研究所还在宏观、策略、债券、衍生品、金融工程以及上市公司等方面都有建树，在许多领域均获得了各类客户的认可并获得了多个证券行业研究大奖。最后，国泰君安证券拥有全业务牌照，国泰君安证券可以满足客户股票经纪、证券承销、资产管理、直投业务、财务顾问、境外业务、基金管理、研究投资咨询业务等方面的业务需求，期货业务也是其中的亮点。通过国泰君安证券的平台，可以为客户提供一站式服务。完善的组织架构与特色的服务体系也是国泰君安证券开展期货中间介绍业务的基础。

（3）国泰君安证券中间介绍业务的组织框架。国泰君安证券指定了公司分管经纪业务线的副总裁直接对接 IB 业务的管理。国泰君安证券零售客户部负责与期货公司对接 IB 业务的日常工作，零售客户部成立了一个由 5 位专职人员组成的期货中间介绍业务小组，期货公司成立了 IB 业务服务部，对接证券公司的期货中间介绍业务小组与具有 IB 资格的证券营业部。两者之间定期召开证期联席会议，分享 IB 业务开展的成果，探究 IB 业务的创新发展。国泰君安证券合规监察部将在 IB 业务开展过程中全面负责内控管理，其中包括报备证监会的材料、期货从业人员的资格、期货客户、风控过程、期货客户投诉处理等方面，并根据 IB 业务的开展情况完成合规检查报告，定期向上海监管局报送。国泰君安证券信息技术部应与期货公司信息技术部共同制定《中间介绍业务相关信息系统管理制度》，构建期货中间介绍业务的信息技术系统，规定部门内部的职责分工，定期对 IB 营业部的信息技术系统进行测试，检测期货交易的安全与速度。为了更好地防范风险，应划分不同的信息技术系统风险等级并给出应急预案。各 IB 营业部也指定了信息技术专员负责营业部期货信息技术系统的日常运维，配合证券公司与期货公司对期货信息技术系统的申请、测试、安装、维护与升级。

2. 证期合作模式的风险

由于业务是在证券公司与期货公司之间产生的，因此两者之间的合作模式会产生一定的风险。

（1）IB 业务开展前，证券公司选择期货公司合作而产生的风险。我国证监会明确规定，证券公司需要通过购买期货公司股权的形式控股期货公司，才能开展 IB 业务。我国开展 IB 业务的证券公司绝大多数是期货公司的母公司，共享客户资源与营业利润，是统一的金融集团。因此，证券公司在收购期货公司时必须注意期货公司的经营状况。如果期货公司自身存在风险管理能力不足、业绩排名落后、运营效率低下的情况，证券公司很可能在收购后就面临治理的问题。在期货中间业务合作中，期货公司需要建立健全公司经营管理体系，搭建安全高效的信息技术平台，与证券公司业务合作中各自应有完善的内部控制制度。期货公司自身经营的优劣也将影响期货 IB 业务的开展进程与效果。业务对接人员的合作也将间接影响业务开展的情况。

（2）IB 业务开展后，证券公司通过证期合作的模式而产生的风险。证期合作的模式中需要对 IB 业务的开展细则进行规定，其中既有双方的权利也有双方的义务，如期货公司既有对 IB 端的客户进行服务的义务，也有获得 IB 端客户佣金分成的权利。

①期货公司服务能力对证券经纪业务的风险。证券公司要开展 IB 业务必须与一家期货公司签订合作协议，通过期货公司开展期货 IB 业务，同时证券公司也可以成为期货交易所的自营会员。一方面，证券公司可以利用自有资金参与期货交易；另一方面，证券公司可引导其股票客户参与期货交易。因此，如果证券公司选择的期货公司客户服务能力不足，系统不稳定，则会导致介绍给期货公司的 IB 端客户在期货交易中出现交易风险，这会直接影响到证券公司的客户利益，给证券经纪业务带来极大影响。

②证期合作中分成比例对证券业务的风险。证期合作中会对客户的佣金收入按照一定比例进行分成，这根据每家证券公司和期货公司的实力与权利义务而有所差异。分成比例过高使得期货公司得到的 IB 业务收入低，而失去服务 IB 端客户的积极性，不合理的分成比例无法有效促进 IB 业务，使双方的合作如同鸡肋。为使 IB 业务健康长足地发展，公司合作中应考虑制定较为符合两公司实际的分成比例。

③证期合作中灰色地带合作对证券公司的风险。证期合作之间存在证监会没有明确规定可行与不可行的部分，这就是法律监管的灰色地带。比如证券公司 IB 端的居间人合作形式，为了规避相关机构的管制，一些证券公司将 IB 端的中间人挂靠在期货公司名下，再将佣金收入以其他名义支付给中间人，这会给期货公司和证券公司同时带来法

律的合规风险。

④与 IB 端相关的合作。为了更好地服务客户，证券公司会定期地展开投资者教育活动，在开展活动时会邀请公司内部讲师或者行业资深专家与客户进行交流。通过投资者教育活动，客户可能会认识授课的专家或者其他客户，经过一定的交流后也可能产生一定的合作。客户与专家之间的合作出现问题导致亏损时，客户会通过证券公司寻求解决方案，给经营管理带来风险。

3. IB 端客户的风险

期货交易由于高杠杆、T+0 的特殊交易制度，风险较证券交易要大很多。而 IB 端的客户大多来自证券投资者，如果其在交易环节未能充分地向客户揭示风险并阐明期货的交易制度，客户在进行期货交易时出现亏损是常见的情况。面对交易的亏损，可能会有部分投资者无法接受，并与证券公司发生纠纷，产生风险，主要有以下几种情况：①遭遇期货持仓强平；②交易软件出现障碍；③多收客户手续费。

综上所述，证券公司开展业务合作有许多的风险点需要防范，任何失误都会给公司带来风险隐患，以至于产生经济赔偿风险。

7.3.3 基于国泰君安证券公司开展 IB 业务的风险控制

期货中间介绍业务相对传统的证券经纪业务风险管理点更多，世界金融发展的历史上就不乏因为期货业务而倒闭的大型金融集团。1995 年 2 月，巴林银行就因为其新加坡分公司期货部对日经 225 指数期货的巨额交易亏损而关门歇业。所以，证券公司做好风险控制工作显得格外重要。IB 业务的风险控制可以在不同的主体单位进行，以下主要从监管机构、证券公司与期货公司三个方面进行分析。

1. 监管机构如何控制 IB 业务风险

国内的证券期货市场监管机构主要由证监会、证监会各地派出机构、中国期货业协会、交易所与保证金监控中心构成。证监会与其派驻机构主要从行政监管方面对证券、期货经营机构进行管理，中国期货业协会与交易所主要从证券、期货行业自律方面进行督促，而保证金监控中心从客户资金安全方面进行监控，这 5 家单位相互配合又相互制约形成了我国“五位一体”的监管体系。1999 年国务院出台了《期货交易管理暂行条例》，并配套了《期货交易所管理办法》《期货经纪公司管理办法》《期货业从业人员资格管理办法》《期货经纪公司高级管理人员任职资格管理办法》等，这些法律法规规定了证券公司开展 IB 业务的范畴、设立条件、人员管理等，对风险管理起到了一定的引导作用。

2. 证券公司如何控制 IB 业务风险

证券公司开展业务可以进行招揽客户、协助期货公司开户、服务所在 IB 端客户等方面的业务，针对每一项具体业务，都应该有控制风险的对策。

（1）招揽客户环节的风险。证券公司 IB 端的业务人员为了完成公司下达的期货任务指标或是为了争取更多的佣金收入，可能会在招揽客户环节中出现风险，这主要有以下几种可能。

①招揽不适合进行期货交易的客户开户交易。

②夸大期货交易的赚钱效应以招揽客户。

③在规定不允许主动招揽期货客户的地区公开广告营销。

④为了争取期货客户，与公司其他的 IB 端进行不正当竞争。

这些行为可能给证券公司带来一定的法律风险，或对期货行业造成不良影响。面对招揽客户环节的风险，首先，证券公司应该加强对 IB 端专职人员的业务知识培养和诚信教育。让 IB 端专职人员掌握期货知识与风险意识，可以通过集中培训或者网络教育的方式，或者参加中国期货业协会的相关业务知识培训。对于公司内部的招揽客户竞争，应制定明确的规章制度禁止此类行为，设立统一的手续费模版，将手续费率与客户的交易量和资金量紧密挂钩，限制 IB 端专职人员的手续费调整权限，从而避免手续费的不良竞争压力。

（2）协助开户环节的风险。证券公司可以协助期货公司的开户工作，主要包括 IB 端专职人员核实客户的身份、上传客户的详细资料、提供规范的期货经纪合同与备份开户资料等方面的工作。开户是一项烦琐细致的工作，特别是对于股指期货开户，往往需要几个小时以上的时间才能完成，其中客户需要签署和填写的表格就达到 10 份以上，因此特别容易出现大大小小的问题，主要包括以下内容。

①客户材料不全或者材料不完整。

②开户材料上端专职人员遗忘签字。

③开户材料中的签署时间不一致或者前后不合理。

④客户开户材料中提供虚假材料未被查出。

⑤上传客户资料给期货公司时资料不清晰。

这些问题虽然都是小事，但只要客户交易出现问题，都会给证券公司带来风险。

证券公司在协助开户的工作中，应该加强 IB 端开户专职人员的业务培训，通过理论教学与实践教学同步确保开户人员明晰开户要点，避免任何低级错误。在客户开户的过程中，除了开户员工还应设置复核人员，对客户资料与开户文件反复核实，减少错误。IB 端负责人在开户材料签字时必须在材料齐备以及开户人员确认后才能签字，不得事先对开户材料签字授权。由于股指期货开户中需要加盖交易结算章的日结算账单，因此对于交易结算章，IB 端也应该由专人管理，并明确印章的使用流程与丢失责任，避免使用不当或权利滥用。

（3）客户服务环节的风险。证券公司会给予期货客户一定的服务，包括客户出入金、委托交易、结算交割与突发事件等方面的服务。每个方面都有自己的风险点，风险控制方法也各不相同。

①客户出入金：期货客户开通银联关系之后必须对出入金的初始密码进行修改，才

能进行入金操作。资金安全是客户对于金融交易最为看重的方面，一旦资金方面出现问题将会给证券公司带来巨大的风险。

②委托交易：因为相关系统出现故障，客户的指令下达出现延时或者不能成交，从而产生不利影响。因此，IB 端必须保证信息技术系统硬件和软件的正常使用，以避免客户交易不畅给证券公司带来风险。

③结算交割：期货每日无负债结算制度是指期货交易所对其会员和客户的交易盈亏进行每日计算，其结果将作为收取交易保证金或追加保证金的依据，证券公司必须落实 IB 端专职人员的业务能力，专职人员应该特别注意企业客户或大资金量客户的头寸，提前与客户讲清结算或交割的机制，及时提醒客户在结算或交割中可能出现的风险，以避免给客户、公司造成损失。

④突发事件：面对客户因为突发事件的投诉，证券公司应该及时做好客户安排工作，再与期货公司协调如何解决客户纠纷。在发生突发事件时，应该第一时间发出邮件或是电话通知客户相关情况，交易所的行情故障或者手续费调整应转发交易所的通知，并根据相关通知对客户酌情调整。

3. 期货公司如何控制业务风险

期货公司为证券公司的客户提供了期货交易通道、结算交割、咨询产品等方面的服务，因此是 IB 业务开展中风险控制的核心。由于期货公司作为客户的交易通道，直接掌握客户的交易信息、持仓变化、保证金风险等，可以第一时间发现客户风险，从而协助证券公司对客户进行风险控制，保护大多数投资者的利益以使期货市场稳健运行。

期货公司控制 IB 业务风险主要从两个方面考虑：与证券公司签订 IB 合作协议以及 IB 营业部开展 IB 业务的流程工作。

（1）与证券公司签订合作协议。证券公司与期货公司合作开展 IB 业务时需要签订合作协议，以确立双方的权利和义务。但是两个不同的主体之间一定会存在信息不对称的问题，这会导致双方决策人在利润分成比例、风险共担比例等方面作出不合理的判断。一旦出现大的风险事故，证券公司或者期货公司可能会面临较大的经营风险，为经营管理埋下风险隐患。作为期货公司，应该主动公开其业务经营情况与公司存在的经营风险，以公平、公正的态度签订证期协议，不对自身的问题进行隐瞒。在签订证期协议后，也应该主动和证券公司联系，及时更新其近期经营状况，在出现经营风险后更改证期协议相应条款，最大限度减少证期协议所带来的风险。

（2）IB 营业部开展 IB 业务的流程工作。期货公司是证券营业部客户实现期货价值的通道，而证券营业部只是起到了辅助客户开户、交易、服务的作用，但是由于客户大多数时间都是与营业部 IB 业务人员联系，所以在 IB 业务人员办理客户申请时，会涉及许多的中间环节，这些中间环节如果过于复杂会对客户造成影响。这里的主要环节存在开户、风控、客户服务等方面，比如开户环节需要证券营业部的 IB 业务人员先对客户基本信息进行审查，再把客户的资料传送给期货公司总部的开户部门，开户部门接受资料出现问题或者大量的开户工作积压会导致客户开户延误；风控环节中期货公司风控部门需要先联系证券营业部IB专职人员，IB专职人员再通知客户，一旦无法联系到客户或者行情急速逆转，客户都会遭遇强制平仓，从而带来风险；客户服务中证券营业部可能会接到客户无法下单或者交易不畅的问题，因为自身无法解决而必须寻求期货公司的帮助，传输过程中客户可能会因为时间延误无法及时解决而造成损失。因此，期货公司应简化中间过程并且培养专业的团队直接对客户服务，类似于设立专门的客户服务热线电话或建立专门的业务交流群，使客户找到专属的客户经理。增加沟通效率可以减少可能的风险，IB客户风控提醒频次一般高于期货营业部，故要求服务及时性更高。

7.3.4 开展IB业务风险管理的结论与建议

1. 我国证券公司IB业务风险控制的结论

我国发展IB业务仅仅只有9年时间，许多证券公司在开展IB业务时还有许多问题，一些证券公司甚至还没有开展IB业务的资格，因此本案例阐述了开展IB业务时各个环节的风险点——证券公司、证期合作与期货客户三个方面。证券公司本身涵盖了业务制度不健全、信息技术系统、从业人员资质不足等风险。证期合作模式中，证券公司在选择期货公司和具体的合作模式时都可能造成风险。IB端客户交易时，由于投资理念、手续费、信息技术系统等多方面的不足而造成风险。为了应对证券公司开展IB业务时的各种风险，从监管机构、证券公司与期货公司三个不同主体出发，分别阐述了应对风险的方法。

第一，监管机构应加强对证券公司期货中间介绍业务的监管，并利用好投资者保护基金保障客户权利。第二，证券公司在招揽客户、协助客户与客户服务环节都应做好风险控制工作，严防每一个环节风险产生。第三，期货公司在签订期货中间介绍业务合约时应规定好协作协议的权利与义务，在风险产生时可及时应对。在对接期货客户开户、交易、风控等工作时，应简化流程，加强人员培训，减少出错率。

2. 我国证券公司业务风险控制工作的建议

结合国泰君安证券开展期货中间介绍业务时在风险控制方面的经验，提出三点可行性建议：一是对员工、客户加强教育，减少日常工作中的失误；二是给客户提供针对性服务，减少客户交易中的亏损；三是完善公司各类管理制度与流程，从风险源头把关与控制。

（1）为员工、客户提供专项培训。为了规范证券营业部开展期货中间介绍业务的工作，加快工作速度，提高工作效率，证券公司应为新开展期货业务的证券营业部员工开展员工培训，为具备期货业务资格的证券营业部定期进行员工培训，同时提醒专职人员参加中国期货业协会组织的专项业务培训，以及通过一系列的投资者教育工作，提升

IB 端的期货客户交易水平。

（2）客户分级分类，提供针对服务。经营机构应把客户按照资产情况和交易习惯进行分类，比如资产超过 500 万元、100 万元、50 万元等或者把手续费贡献在制定的标准之内或者根据客户交易风格区分套保、套利、程序化交易或者高频交易等。从多个方面与角度提升公司的整体服务能力，尽量减少各类风险的发生。

（3）制定完善合理的规章制度流程。任何一项业务都应有完善合理的制度流程，以保证在业务开展过程中有章可循、有法可依，杜绝由制度欠缺造成的业务风险。从人员、流程、风险管理、业务拓展等多方面完善公司制度，并适时根据市场情况予以改进和修订，以适应业务快速发展的需要。

参考文献

[1] 刘军．证券公司期货中间介绍业务规范管理研究［D］．上海：华东理工大学，2013.
[2] 何肖钢．C 证券公司期货中间介绍业务的管理研究［D］．大连：大连理工大学，2014.
[3] 朱颖．中国券商财富管理转型研究［D］．上海：上海外国语大学，2013.
[4] 邹豪．XX 证券公司财务风险管理研究［D］．济南：山东大学，2013.
[5] 宁侠．我国证券公司风险管理控制研究［D］．天津：天津财经大学，2014.

案例使用说明

一、教学目的与用途

（1）适用课程：金融机构经营与管理、金融机构风险管理等。

（2）适用对象：主要为金融专业硕士研究生开发，适合有一定理论知识与实践工作经验的学员学习。此外，也可用于财政金融学院各专业本科生。

（3）教学目的：本案例通过介绍证券公司 IB 业务的发展历程，以国泰君安证券公司 IB 业务的风险控制流程为具体案例，由浅及深地提出我国证券公司开展 IB 业务风险管理的结论与建议。通过剖析我国证券公司 IB 业务发展的进程，供案例使用者学习了解证券公司 IB 业务的内涵。

二、启发思考题

（1）什么是证券公司中间介绍业务？

（2）什么是股指期货？

（3）我国证券公司中间介绍业务的发展概况如何？

（4）国泰君安证券公司开展 IB 业务的优势有哪些？

（5）证券公司开展 IB 业务存在哪些风险？如何防控？

三、分析思路

案例分析的基本思路是将案例相关情景材料通过教师事先设计好的提问逻辑引导和控制案例讨论过程。因此本案例分析设计的本质是提问逻辑的设计，案例的决策点是案例分析的关键路线，决策点后隐藏的决策知识要素和决策规则是教学目标。

本案例主要包括以下决策点。

（1）目前我国证券公司 IB 业务发展处于什么阶段？

（2）证券公司发展 IB 业务在哪些环节容易出现风险？

（3）如何防控 IB 业务开展过程中的各种风险？

（4）如何设计开展 IB 业务的组织框架？

第 8 章　金融机构市场营销策略管理案例分析

8.1　海通证券的业务及市场营销模式

海通证券股份有限公司（以下简称海通证券）的前身是上海海通证券公司，于1994 年改制并发展成为全国性的证券公司。公司总资产近 6 000 亿元，净资产近 1 200 亿元。2001 年年底，海通证券整体改制为股份有限公司。2005 年，公司成功托管甘肃证券和兴安证券，实现低成本快速扩张；同年公司成为创新试点券商。海通证券 A 股于2007 年在上交所挂牌上市并完成定向增发。2009 年，海通证券成功收购香港本地老牌券商大福证券，更名为海通国际证券，国际化发展战略迈出了坚实的第一步。2012 年，海通证券在香港联合交易所挂牌上市，实现 A + H 股两地上市。2013 年，海通证券成功收购恒信金融集团，成为第一家涉足融资租赁业务的证券公司。2015 年，海通证券完成 H 股定向增发，注册资本金增至 115. 02 亿元。同年，先后成功收购日本来福吉亚公司、葡萄牙圣灵投资银行，并将后者更名为海通银行，进一步提升了海通证券的国际知名度和品牌影响力，海外布局进一步完善，国际化战略继续深化。

海通证券始终将创新业务作为发展的重要支柱，始终是创新业务市场的引领者。在国内较早获得众多创新业务资格，如融资证券、证券资金管理、约定购回式证券交易等。公司投资银行业务服务专业、创新能力卓越、销售定价能力卓越，市场影响力较高。海通证券在国内较早开办新三板做市业务，属于首批获得该资格的证券公司。海通证券致力于打造海外发展的业务平台，积极推动境内外业务联动，将“走出去”战略作为发展的重要支撑点。公司积极推进金融控股集团建设，其业务涉及多个领域，其中以证券为核心，公司已发展为多领域全能型券商，在众多领域享有盛名。

8. 1. 1　海通证券的业务介绍

过去 30 多年，海通证券经过稳健持续的经营发展历程，采取“集团化、改制上市、国际化”三步走战略，有效控制了市场风险，稳居国内券商第一梯队。从 1988 年成立、1999—2005 年的兼并收购、2005—2007 年的改制上市，到 2008 年走向国际化，海通逐渐形成了强大的综合业务实力，其业务区域分支遍布全国。公司在全国 50 多个城市设立了营业部和证券服务部，业务涉及证券承销、代理、自营、投资咨询、投资基金、资产委托管理等众多领域；在全面实现全国性机构网络布局的同时，公司加大地区业务合作和推动力度。

海通证券基本建成了以证券为核心，业务涵盖期货、私募股权投资、基金和融资租赁等多个业务领域的金融控股集团。公司拥有私募基金子公司海富产业、海通开元及海通开元旗下 6 家二级私募股权投资管理子公司（海通吉禾、海通创新、海通新能源、海通创意、海通并购和海通新创），打造了国内 PE 投资领域的知名品牌。公司拥有海通资产管理、海富通基金和富国基金等专业资产管理子公司，资产管理总规模突破 1 万亿元。公司成立海通创新证券投资公司，打造另类投资的专业平台。公司控股子公司海通期货稳居期货行业市场前列。海通恒信业务遍布全国 400 多个城市及境外租赁市场，已成长为一家独具特色的融资租赁公司。

海通将围绕国内一流、国际有影响力的中国标杆式投行的目标，坚持以服务实体经济、践行国家战略为己任，全力投身于上海五个中心建设、四大品牌打造，在深化改革中求发展，在持续创新中求突破，为员工创造价值，实现美好生活；为客户创造价值，实现共同成长；为股东创造价值，实现卓越回报；为社会创造价值，实现共同发展。

截至 2018 年年底，海通证券在境内拥有 340 家营业部，客户总资产规模达到 2.3 万亿元，拥有庞大的零售客户群及众多机构客户和高净值客户，经纪业务基础雄厚，交易量逐年上升。海通证券是行业内首批通过人民银行自贸区分账核算单元（FTU）验收的证券公司，柜台市场业务处于行业领先地位，多个资本中介业务规模行业第一。

8.1.2 海通证券的市场营销模式

1. 客户经理模式

任何一个证券公司都需要客户经理，其工作内容就是维护顾客资源并尽可能多地发展新的顾客群体。客户经理除了需要具备相关的证券投资分析方面的知识和实战操作能力，最主要的还是得具备较强的市场和渠道的营销及开发能力，即与客户的沟通和交流能力。客户经理通过协助客户开立证券账户，为客户解决交易过程中的问题，以及向客户提供各种投资咨询等来实现服务，客户可以得到相关的投资研究分析报告，根据这些分析报告来决定投资决策。客户在进行证券交易时，证券公司根据约定向客户收取相关的手续费，客户经理通过与证券公司签订的合同获得一定比例的费用提成。海通证券对客户经理的管理模式分为两种：依托公司研发团队的客户经理管理模式和单一的客户经理管理模式。

（1）依托公司研发团队的客户经理管理模式。营业部将客户经理分成几个团队，团队由客户经理组成，并且设立一个团队长，他们都是基础的营销人员。研究团队来自公司总部，主要负责向营销团队提供证券市场最新的行情分析和当天最新的咨询报告、股票投资分析，还有未来大市的趋势判断和个股后市涨跌预期的分析报告。该种模式下也有两种营销方法：一是“证券超市”营销模式。它指的是：像大家平时逛的超市一样，把各色各样的产品归类以后放在一起，琳琅满目地展示在消费者的眼前。让消费者在一个轻松愉快的氛围下选择自己想要的、适合自己的证券产品，这种模式让客户更容易“货比三家”。从消费者方面看，这种营销方法是有利于消费者的，可是在一定程度上也会给整个证券市场带来不好的影响。如果证券公司把所有的证券产品都分类呈现在消费者的眼前，让证券购买者更容易“货比三家”，这种营销方法很容易垄断消费市场，因为对消费者而言实在是太有益、太方便了。因为一般与消费者接触的都是证券营销人员，因此客户需求与证券公司的经营之间会因为中间人的存在而产生分离，导致证券公司和消费者之间有屏障，也隔离了。所以这种“证券超市”的营销方式打破了消费者与证券公司之间的隔离，对于证券公司和消费者来说都是有利的。二是“证券连锁”的营销模式。它指的是，目前证券公司大部分业务主要依赖营销人员，而证券营销人员是介于证券公司与证券客户之间的中间人，一般与消费者接触的都是证券营销人员，消费者对证券产品的了解和认识也都是通过他们得到的，与证券公司之间的互动很少，很容易因为一些素质不够高的证券营销人员自身的误解以及吃回扣等行为，消费者对证券公司有偏见。要想打破这种僵局就必须建立更多的销售门店，完善证券售后服务，建立起良好的用户口碑。

（2）单一的客户经理管理模式。单一的客户经理管理模式通过客户经理团队或个人来完成开发、维护客户的任务，总部的研发部门不再提供研究报告，客户经理主动与潜在客户或者已开发的客户进行沟通和接触，继而开发新客户，并指导客户进行交易。目前各大券商包括海通证券都是运用这种单一的客户经理管理模式，与“2. 经济人模式”比较相似。

实际的营销工作中，客户经理管理模式主要还是依靠关系户。这里的关系户是指客户经理在进行营销时遇到的消费者、营销渠道、合作伙伴、亲朋好友等。实际上无论是证券营销还是其他行业的营销活动最主要的内容就是要跟发展得来的客户维系较好的关系。证券客户经理一般会有一批忠实的客户，并且通过老客户的交际圈认识新客户，并开发新客户进行证券投资。所以，客户经理日常除了尽可能多地开发新客户，也需要花时间去了解老客户真实的需求。所以海通证券为客户经理制定了一套客户沟通制度，除此之外，客户投诉流程也很明确，回访制度也做到了标准、规范、合理。这一整套的客户沟通和投诉、回访制度简而言之包括以下几点内容：①客户经理和证券公司的其他员工要在顾客前往证券公司时或者致电证券公司之前就有主动并较为频繁的沟通，让顾客感受到公司对他（她）的重视程度；②让客户经理保持每天至少与客户沟通一次；③鼓励客户经理做到定期拜访重点客户；④做到通过沟通，从而更加了解客户，提高与客户的黏合度。这一套流程做完之后会得到一个结果；管理者通过上述一系列的步骤以后，最终找到沟通带来的效果是非常有必要且最重要的一个过程。只有多沟通，海通证券才能对顾客有更多的认识，才能为顾客提供更适合、更好的服务。如何投资，满足客户各项需求也是客户经理和经纪人需要提供给顾客的服务。其中，可以采取以下两种营销方法：一是媒体营销。指的是公司及证券营销人员通过一些媒体如互联网、广播、电视等对证券产品及公司情况进行展示、推广。证券行业和市场日趋稳定，必须推陈出新，找到适合现代人消费理念的营销方法。比如，建立微信公众号，在公众号上介绍公司和证券产品的信息，同时通过美化、优化公众号界面，日常签到领取红包，向好友推荐公众号有奖励等方式吸引更多的消费者关注公众号，关注的人越多，其对证券相关知识和公司的证券产品的信息了解得越多，这样自然而然地证券公司就会有更多、更大的消费群体。二是电话营销。指的是证券营销人员通过直接给证券消费者打电话的方式来推广和介绍公司情况及证券产品的具体情况。根据资料显示，国内大多数证券公司已经开始采用这种营销手段，海通证券公司也有电话营销的营销分支。

2. 经纪人模式

证券经纪人的职责是为海通证券招揽营销客户，建立和维护各营销渠道，做好后续服务等工作。经数据统计，从整个证券市场来看，每年经纪人新增的客户资源近五分之四为新兴投资者，潜力巨大，开发空间不容小觑；证券公司中的证券产品交易量有一半甚至超过一半都是经纪人的顾客群带来的；这里经纪人的转托管客户不到10%，经纪人可以很好地促进证券行业引进新客户，就该角度而言，经纪人是证券行业的中流砥柱。所以，证券公司要提高业务交易量或自身在整个证券市场的业务占有率就需要进一步增加经纪人的数量，这样才会实现长期的大幅增长。

2009年，中国证监会发布《证券经纪人管理暂行规定》，标志着我国券商对非正式员工身份的经纪人给予了合法地位。海通证券同年获批开展经纪人执业的资格，近几年整个海通证券在不同渠道共招收3 000多名证券经纪人。这些经纪人有来自刚毕业的高校学生，也有具有较好社会资源的成熟人士，总体来看，开发的顾客群体的投资能力都比较强，相关投资意识也比较高。公司的营业部也是公司获取客户资源的重要渠道，经纪人除了自己开发的客户，也会通过营业部提供的客户渠道来开发新顾客，同时，即使经纪人并不算作营业部的编内人员，也会为维护顾客而提供适量的咨询和服务。因为经纪人不算作营业部的编内人员，所以也无法享受到证券公司提供的相应的员工福利，如“五险一金”等。因此，证券公司既可以获取经纪人发展客户而提供的服务，也会较大程度地削减公司的营业成本。另外，因为公司与员工之间的法律归属不存在，所以就没有法律风险。营业部会定时定点地对经纪人进行统一培训。从海通证券目前的制度来看，由公司或者营业部统一为这些经纪人的客户提供咨询服务和后台支持工作，海通证券各营业部也会根据经纪人名下顾客群体的数量以及质量而付30%～50%的佣金提成，顾客投资业务量越大，经纪人得到的佣金越多。

经纪人营销模式具体实施：营业部可以将经纪人分成不同的团队，同时选定经纪人团队长，然后每个团队选好一个目标市场进行营销，制订相关的营销策略和实施计划，与其他经纪人分工协作，在目标市场对潜在客户实施营销活动。经纪人应在营销过程与客户的沟通中留下潜在客户的联系电话或者微信、QQ、新浪微博等其他重要的联系方式，同时尽可能地多采集一些客户的其他重要资料，如客户的投资原因、家庭情况、收入水平等，注意整理归纳顾客的个人投资档案，以明确后期的营销切入点及方式和沟通方法等。这种营销策略的关键在于首次与客户进行初步的接触后，经纪人对这些客户进行持续地跟踪和回访，积极与客户保持联系，再选择比较合适的机会再一次接触客户，最终成为一次成功的营销。同时，营业部应该经常性地对入职的证券经纪人进行定期岗前营销培训，鼓励他们到大型超市或者写字楼、人流大的商铺主动做陌生拜访营销工作。陌生拜访对沟通技巧的要求很高，一般新的证券经纪人没有营销和沟通的经验，也没有人脉积累，因此，在开发陌生人顾客群体的过程中会备受挫折而且成效微弱，但是，要尽快熟悉证券营销的方式，跟客户打成一片的最好最直接的方法就是让新兴经纪人多多对陌生的顾客群体进行营销推广，一是可以促进经纪人个人沟通技巧的提高；二是克服经纪人的心理紧张、怯场现象，可以大幅改善经纪人的心理素质。

针对非现场客户群体，各营业部主要与各大银行或者其他金融机构、政府单位等合作。银行是证券公司的最佳合作伙伴，因为两者的结合点是第三方存管业务，银行是证券公司最重要的客户来源渠道之一。在实行第三方独立存管的改革后，客户在证券公司的证券资金账户与其在银行储蓄账户之间建立了转账机制，客户不需要将资金存放至证券公司，而是将资金存入客户选择的银行，在需要把资金投入证券产品时，可以直接通过银行转账的方式把资金转入个人的证券资金账户，既提高了证券投资的效率，也减少了客户拿现金转入自己的证券资金账户的风险。通过第三方存管制度，证券公司和银行构成了相辅相成的双赢关系。同时证券公司将经纪人派发到银行驻点，这样经纪人可以借助银行大厅，直接开展针对银行目标客户的营销活动，以便高效地获取客户的投资资料；而银行每年也有自己的存款金额的要求，每一个证券投资者在进行证券投资时都需要缴纳一定数量的交易保证金，在确保证券投资者会正常进行证券投资的前提下，公司可以将这一部分交易保证金转入投资者的个人存款银行中，加快银行存款任务的达成，实现海通证券和银行二者的“双赢”。所以，银行和海通证券都极度重视与对方的合作，海通证券在合作中获取投资者资源，银行在合作中完成存款目标，这也是其网点众多的缘由，各个小区周边都有商业银行的营业网点即营业厅，所以人流量能够得到充分保证。在经营方面，存款与股票等证券产品均是金融产品，这也为银行与海通证券合作提供了内在动力。海通证券积极把握与银行的第三方存管业务合作的机遇，积极与众多商业银行组成合作伙伴，其合作方式多为双方派遣工作人员参与到对方公司的工作中去，而海通证券派到各个商业银行的工作人员均为证券经纪人。此举出于以下两个方面的考虑：一是采取就近原则，在距离营业部较近的网点派驻经纪人，方便对客户进行营销和开户。二是考虑客户资源分布，主要在城区市中心，如在市中心和新城的银行网点派驻经纪人，可以接触到更多客户资源。海通证券还专门聘请各行业资深营销大师，对驻点的经纪人团队进行营销技巧培训，培养一支出色的经纪人营销团队。另外，证券客户只要进行证券投资都必须缴纳交易保证金，而不管是在哪个证券公司进行投资。但是，证券客户只要能够进行证券投资，都会有闲置资金储蓄在各个银行中，所以在银行和证券公司合作的局面中，一方面，证券公司的收益要大于银行的收益，另一方面，证券公司需要交易保证金的第三方存管来保证证券公司和证券投资者双方的利益，各个证券公司也开始使用各种渠道和手段以获取与更多银行的合作。

3. 投资顾问团队营销模式

按照规定，海通证券的投资顾问大多数是专业类的院校毕业，大都毕业于经济或者相近专业，在进行投资顾问岗位招聘时，一般要求具备硕士及以上学历和两年以上的证券从业经验。营业部层面的投资顾问人员一般具有两年工作经验。但是仍有一部分的证券营销人员素质不高，许多产品需要消费者自己去发现再购买，而不是证券营销人员进行推广，有资料表明，上海市的证券营销人员共约四万人，虽然他们之中最高学历为本科乃至硕士、博士，但是还有一部分只有大专学历，从业之前也对证券行业和相关知识知之甚少，仅仅是靠简单的一两周的培训来提高从业者的证券素养。在后期的销售证券产品的过程中，在自己不甚了解的情况下很容易误导消费者购买并不适合自己的产品。

证券投资顾问主要以营业部自身的存量客户为服务对象。对于营业部存量客户，各证券公司的规定都不一样，但目的都一致，都是在了解客户的资金储备情况和投资想法之后，向客户介绍其最需要的产品以及相关资讯。在维护已开发客户方面，营业部通过各种渠道将产品和服务提供给客户经理和经纪人，其中也不乏有自己主动来营业部的客户，客户经理和经纪人名下的客户是通过营销介绍开发过来的。由于客户经理和经纪人对自己开发的客户一般比较熟悉，沟通起来也更容易，因此，此类客户都是由专人沟通的。可是，现行的营销模式使得经纪人还是以营销为主、服务为辅的模式，所以相对而言服务的专业性较弱，为了保证营业部投资咨询服务的质量，营业部不仅对客户进行辅导服务，同时也对客户经理和经纪人进行专业性辅导和服务支持工作。

从另一个角度来看，这种经营模式会最大限度地支持前台的营销业务，中前台相互支持，海通证券称这种模式为大前台。另外，为了更好地开发客户，对于潜在的客户，公司会给予一定的投资顾问服务体验试用期，客户可以进行一定期限的试用，从而更加有效地开发客户。而且，海通证券的证券经纪人和客户经理还会在进行某一个证券产品的推销时，向消费者介绍公司的其他系列产品以及与推销的产品用途和范围相近的其他公司的某个产品。也就是在销售过程中，同事之间相互介绍、推荐，争取达到整个公司的共赢和两类产品的共赢。

4. 服务产品化模式

服务产品化就是将投资顾问服务产品化的模式，它是投资顾问模式的升级版，具体是将服务对象分类，对不同服务内容进行分类，并依据不同分类定制不同的服务价格，也就是将服务产品化、价格化。目前海通证券公司的产品服务就已经包括了这些主要的内容。营业部层面没有自己的投资调研团队，投资顾问不能给消费者提供具体的服务。另外，证券公司直接与消费者联系，直接向消费者介绍公司的产品，也减少了证券营销人员这项人力资源投入，十分方便、有效。海通证券公司主打的投资服务品牌是“彩虹理财计划”服务，它囊括了四个系列的投资顾问产品，这些产品按照客户资产量的大小进行分类服务，具体介绍如下。

海通证券的“快赢助手”主要是针对 10 万 ~30 万元资产规模的客户推出的，支持市场资讯信息以及标准化的操作咨询，总部投资顾问平台通过手机短信发送给客户。

海通证券的“敏睿智囊”是针对 30 万 ~100 万元资产规模的客户推出的一款服务，侧重于实战品种选择和深度咨询服务，同样由总部投资顾问平台以手机短信方式发送给客户，并定期地提供风险预警、公司电话会议纪要、机构研报等服务。

海通证券的“贴身管家”是针对 100 万 ~500 万元资产规模的客户推出的，属于中高端的一项服务，包括高端投资报告会等特色服务，营业部投资顾问在了解相关产品后，通过电话和短信方式为客户提供投资品种以及投资买卖时机的选择等服务。

海通证券最高端的产品——“尊享财富”是针对 500 万元以上的高净值客户推出的，由首席分析师和策略分析师以及资深投资顾问为客户提供投资标的深度跟踪服务，并为客户提供参加上市公司调研及全国性高端股市沙龙的机会。

海通证券“彩虹理财计划”产品内容见表 8 - 1。

表 8 - 1　　海通证券“彩虹理财计划”产品内容

产品		服务内容		接收方式
快赢助手——快捷的交易通道 + 全面的资讯与咨询服务	A 类	交易通道 + 即时行情资讯服务	为您提供网上交易、手机证券、电话委托等多种交易通道服务；即时网上行情、手机证券行情及资讯	行情及交易软件
		客户持仓提示	对您持有重仓股有关的重要信息，如增发、配股、重大合同等重要事项进行提示	手机短信
		新股秘书	向您提供当日新股发行及申购信息	手机短信
		资金流向参考	通过对每日市场、行业及异动个股资金进出情况进行统计，关注主力资金动向，把握短期交易机会	手机短信
		基金投资组合	为您提供激进、稳健和保守风格的基金组合，每月更新维护，提供符合您口味的基金品种	手机短信
		债券市场周报	每周对债券及货币市场运行进行评述，帮助您挖掘国债、企业债、可转债等债券投资机会	邮件或海通证券网站
		海通证券研究所研究报告	及时获得海通证券研究所最新最全的宏观、策略、行业、公司、金融工程等研究报告	邮件或海通证券网站
		彩虹视点	对当天市场趋势、行业及个股投资机会进行揭示，帮您及时把握市场动态	手机短信
		技术选股	通过多重技术指标选择短期上涨机会大的个股组合，为注重短线投资的您提供参考	手机短信
	B 类（A 类的所有服务）	行业精选	从行业角度选择阶段性重点看好行业或有重大政策驱动的行业投资机会，帮您把握行业性机会	手机短信
		主题精选	及时揭示有重大政策驱动及利好的主题性投资机会，帮您把握主题投资机会	手机短信
		彩虹金股	为您提供最佳风险收益比的投资机会，预期上涨空间大、确定性强的精选个股	手机短信

续表

产品		服务内容		接收方式
敏睿智囊——精选实战咨询	A类	彩虹早班车	提供全球主要股指、原油、黄金、汇率昨日走势以及今日影响股市的要闻	手机短信
		风险预警提示	对有重大市场风险、行业风险、个股风险等利空进行点评，建议您采取相应的操作策略，降低损失	手机短信
		机构研报速递	提供其他机构最新强烈建议买入的投资标的，开阔您的投资视野	手机短信
		机构电话会议纪要	对机构有关宏观、策略、行业及个股等电话会议最新信息进行归纳，了解机构最新观点	邮件或海通证券网站
		彩虹定期报告服务	分别提供每日、每周、每月彩虹A股投资策略报告和港股周报，对大势、行业及个股进行分析，帮您深度了解市场环境和投资机会	邮件或海通证券网站
	B类（A类所有服务）	最新公司调研快讯	提供海通证券精选的最新公司调研成果，享受第一手资讯，时效性强	手机短信
		ETF套利交易终端	为进行套利的您免费安装交易终端，通过一定的指导，您可以进行ETF自动化套利交易，赚取稳定收益	专人安装
		风格组合	为您提供保守、稳健和激进三种风格的投资组合，该组合个股兼顾短期和中期上涨机会，实战性强，能够全面满足您的投资需求	手机短信
贴身管家——一对一深度咨询服务	A类（快赢助手和敏睿智囊所有服务）	股指期货期现套利交易终端	期现套利系统能够较为及时有效地捕捉股指期货期现套利机会，程序自动交易，操作简单快捷	专人安装
		GARP数量化选股及交易系统	通过海通证券数量化选股模型，为您提供中长期投资组合，以赚取稳定超额收益，每月提供最新组合交易清单，通过海通证券提供的算法交易系统实现自动化低成本建仓	邮件或海通证券网站
		定制个性化服务	您可向投资顾问定制相关品种的研究服务	客户提需求
		《彩虹月刊》杂志	每月的彩虹俱乐部会刊涵盖股市、基金、信托、保险等理财资讯，是您深度了解理财市场的重要参考	邮寄
		高端投资报告会	每年不定期参与公司及其他机构举办的高端投资报告会，获取机构最新研究成果及看法，开阔您的视野	邀请或客户提需求
	B类（A类所有服务）	一对一账户跟踪管理服务	营业部专属投资顾问对您的持仓进行深度解析并及时风险预警，发现机会快速提示具体买点卖点，并每月出具书面账户诊断报告，全面提升您的盈利能力	电话、邮件、手机短信等
		市值管理服务	优先为您安排参与公司投行项目增发、大宗交易撮合等服务	电话沟通
		新财富首席最新观点	提供各行业新财富最佳分析师对行业的最新观点及重点公司推荐	电话交流

续表

<table>
<tr><th colspan="2">产品</th><th colspan="2">服务内容</th><th>接收方式</th></tr>
<tr><td rowspan="3">尊享财富——高端个性化贴身服务</td><td rowspan="3">贴身管家所有服务</td><td>一对一账户跟踪管理服务</td><td>总部及分公司专属财富管理顾问对您的投资操作持续跟踪服务，第一时间推荐投资机会，深度解析投资标的，及时进行风险揭示。定期出具书面账户诊断报告，帮助您持续改进投资绩效</td><td>电话、邮件、手机短信等</td></tr>
<tr><td>区域及全国高端理财沙龙</td><td>每年不定期举办高端客户理财沙龙，与知名基金经理面对面交流，拓展您的投资视野和交际范围</td><td>邀请或客户提需求</td></tr>
<tr><td>上市公司调研</td><td>和专属财富管理顾问一起调研上市公司，或由财富管理顾问为您的重仓股进行专项调研，深入了解投资标的，增强您投资的确定性</td><td>邀请或客户提需求</td></tr>
</table>

对于产品服务的收费模式，海通证券设计了各产品组合的佣金率区间，由各个营业部根据自己地区的实际情况确定各产品的具体佣金率，分公司所辖营业部则由分公司统筹确定。对于采用固定费用制的收费模式，海通证券没有制定统一的收费标准，由各个营业部自行决定是否采用该收费模式，分公司所辖营业部则由分公司统筹确定。对于采用管理费用制的收费模式，由海通总公司统一制定管理费率，客户签约不同级别的财富经理，适用不同的管理费率。

海通证券管理费见表 8－2。

表 8－2　海通证券管理费

财富经理	管理费
总部投资总监	资产规模的 2.5% 作为管理费
总部财富管理顾问	资产规模的 1.8% 作为管理费
分公司首席财富管理顾问	资产规模的 1.8% 作为管理费
分公司高级财富管理顾问	资产规模的 1.5% 作为管理费

海通证券的投资顾问业务收费模式中的固定费用制指在约定好的时间内为客户提供投资咨询服务，收取固定的费用作为投资顾问费用的模式，比如海通证券彩虹俱乐部提供月度投资策略，海通证券投资顾问的 B 类产品。管理费制的营销渠道包括营销人员的驻点方式和地点以及可能开发到客户的所有区域以及开发方式，融入了以传统营销要素为基础投资顾问服务的营销，强调了服务和沟通等要素。上述四款服务产品是依次深入的，每一款产品都分成 A、B 两类，并且每一款产品都涵盖前一款的产品和服务内容，B 类涵盖 A 类的所有产品和服务内容。这些产品和服务为客户提供最新的研究咨询以及其他市场的信息，还有具有实战效果的咨询服务，为证券投资者提供最优质、最全面、最安全的服务。

服务产品化模式是投资顾问团队模式的“升级版”，其优点是具有强大的生命力，更能行之有效地将产品介绍出去，服务能提升客户的忠诚度，更好地提升品牌形象；其缺点是出现的时间比较迟，所以目前的发展还不是很完善，还没有在更多的证券公司中应用，需要在日后的证券营销中进一步健全和完善。

尽管服务产品化模式更符合客户的要求，贴近客户的需求，但该模式目前仍处于初级阶段，仍有很多待解决的问题，比如服务产品的设计是否合理，是否存在不可抗力或者无法预测的风险，服务产品能否覆盖所有的普通投资者，是否所有的客户都能接受服务产品化，这些都是在做服务产品时需要进行持续探索和实践的。其次就是产品的推广问题，毕竟是一种新型的营销模式，能否被接受，从业人员如何能够更专业地推广都是亟待解决的问题。因为服务的产品众多，客户了解和理解需要一段时间，有些客户可能觉得产品过多，显得烦琐，不太愿意接受，还会降低客户的体验度。

标准化的服务产品生产流程、可选择的明码实价服务清单和市场化的交易机制在实践中要进行动态的优化和完善。要在对客户需求调研、客户投资行为分析以及产品体验优化等方面进行持续地跟踪和研究，才能得到一份满足客户需求的“服务清单”。产品后续评价体系有待进一步完善，尤其是产品避险能力及收益能力的评价需要加强；为保障各市场参与方的利益，各市场参与方的合作与分配结算机制及流程急需优化改进。同时，建议做到收费和服务透明化，把“双同原则”在各个分支机构全面落实，在海通证券网站及营业场所公示执行服务标准与佣金收取标准，在客户开户环节约定好服务内容和收费标准，促使客户充分了解交易费用的构成和获得专业服务需要付出的成本，使客户明明白白消费。实现全行业明码实价，实现专业服务的比拼是行业未来的竞争核心，而不再是以前通道费用的竞争。

8.1.3 海通证券市场营销战略规划的影响因素

1. 宏观环境因素

（1）宏观经济环境。国民社会购买力同经济环境正相关，经济环境越好，国民社会购买力就越强，证券市场就会越繁荣，营销活动成果就会越多；反之则会导致市场低迷，业务量下降。证券行业同其他行业一样，有其行业周期性。证券行业的盛衰与各行各业的经济起伏息息相关。当市场经济环境好的时候，投资机会就会增加，资本流向证券市场，证券营销就要努力挤占市场，扩大市场份额；当经济环境不景气，市场普遍低迷的情况下，证券营销就要及时缩小规模，减少成本投入。市场的购买力水平是影响证券营销活动的直接经济环境。

消费者的个人收入不仅用于消费支出，还会有一部分用于储蓄。因此，消费者的购买力还会受储蓄和信贷的影响。海通证券应深入调查了解消费者的储蓄情况，尤其是储蓄目的的差异。海通证券的营销人员应根据消费者的储蓄动机和差异，细分市场和客户群体，制定不同的营销策略，为消费者提供最优质的证券产品和服务，最终达到使消费者投资证券产品的目的。除了上述的消费者收入水平、消费者支出模式及消费结构、消费者储蓄情况会改变证券业的营销模式和方法，全行业的产业结构也会在一定程度上影响证券公司的营销决策。证券营销也会随着国家经济增速的改变而有所调整，并且呈现正相关的关系。我国目前正处于经济发展的高速增长期，在政策方面和法律规范方面也有一定的优势，前景非常广阔。海通证券应对经济发展的不同阶段进行客观分析，对营销策略进行不断调整。

（2）法律政策环境。法律的作用主要是为证券公司规定经营活动的行为准则，而政治就像一只无形的手，对证券公司营销活动的方向进行不断的调控。两者相互依存，相互影响。证券市场繁荣昌盛离不开国家政策的支持。国家若把经济增长作为国家的发展重心，就会激发企业扩张的意愿，因此使得企业有更高的贷款要求，进而促进证券公司业务的发展。国家的金融政策主要是央行的信贷货币政策和利率政策，利率政策是直接影响证券市场的。当市场利率降低时，人们会更倾向于证券投资，从而推动证券市场的繁荣昌盛，改善证券公司的营销环境；反之，市场利率升高就会对证券公司的营销工作产生不利影响。政府收入增加或政府支出增加，也会对证券市场的发展产生不同的影响。税收增加会限制证券市场更好更快地发展，但是，国家对证券行业投入更多资金，证券市场则会吸引更多的人投资，从而促进市场的繁荣和稳定。

国家的政治环境是否稳定也会影响证券公司的营销活动。政治环境的良好与和谐稳定就像一针“强心剂”，使得广大的证券投资者有信心有意愿去加大投资，只有证券投资的业务量不断增长，证券市场才能不断发展。国家安定团结，经济稳定发展，国民的心理稳定，购买力也会稳定，对风险性投资就会持有积极态度；反之，若政局动荡不安，经济发展会被制约，投资风险加大，国民情绪不稳定，对市场缺乏信心，这会直接阻碍证券业的发展。综上所述，海通证券营销策略的制定并得到良好实施离不开国家政局的稳定。

（3）科技环境。随着社会经济的发展，科技也逐渐成为发展的第一动力。互联网的广泛使用以及智能电子设备的普及，使得海通证券迎来了一系列的创新，也为证券市场的发展注入了新的活力。科技水平的提高在很大程度上改变了金融业务和服务的功能，为海通证券实现规模化效益创造了条件。同时，新科技也带来了新的市场机会，海通证券借助新渠道及新促销活动将产品和服务介绍给客户，对于客户来说接受传统产品和服务也比以前容易很多。技术进步使得海通证券营销的潜在市场不断扩大。

目前海通证券的证券交易以网络交易为主，几乎已经完全取代了以前的现场和电话委托交易。证券营销机构应加大对非现场潜在客户的开发与服务，有效利用先进的网络通信技术与客户沟通交流、建立联系，同时也应该培养相关技术服务方面的人才，抢占市场先机。互联网的发展使得证券行业的发展不再受到空间的制约。例如，现在大多数的证券公司都不再把重心放在线下顾客的开发上，而是选择通过互联网和电子设备进行线上客户的开发，并通过视频、图片、PPT 等把公司的经营理念和证券产品的详细介绍都直观地展现在客户面前，同时有专门的客服人员负责消费者的在线提问和咨询。科技环境的不断发展，使信息化覆盖全球，海通证券的主要精力应着重放在如何提供差异化产品上，因为今后的证券公司不仅仅是出售单一化的股票、债券、基金等产品，证券公司产品的核心价值将体现在见解独特、分析正确、渠道稳定、客户盈利模式有效上。综上所述，海通证券应跟上科技变革的速度，及时对环境作出正确的判断，从而始终带给客户最接近潮流、最好的消费体验。

（4）人文环境。人文环境对证券公司的市场营销活动的影响是潜移默化的，它不像其他环境那样显而易见，却又每时每刻都对证券公司产生影响。其会对从业人员的世界观、人生观、价值观造成影响，从而改变从业人员的想法、观念和服务态度，进而影响证券公司的各项活动。中国的证券业已经步入一个竞争更为激烈的新阶段，海通证券正在寻找新的生存环境和生存方式。创新是不断进步的源泉，海通证券想要在激烈的竞争中长期生存下去，就必须推陈出新、革故鼎新，深刻了解客户的需求，切实做到服务好每一位客户，这样才能永葆活力。

2. 微观环境因素

（1）金融机构的潜力。在营销过程中，海通证券的治理情况也非常重要，即是否能够有效正常地进行市场和产品的定位以及营销策略的制定和实施。海通证券在长期以来积极实现股权主体多元化，稳妥引入民营资本和外资。公司的产权结构和股权结构是影响证券公司治理的前提。简而言之，证券公司的治理状况对证券公司来说非常重要，治理不善会有损其在行业内的形象和商誉，大伤公司元气，且难以翻身。因此，在海通证券不断进步发展的同时，眼光要长远，日常经营也要谨慎小心，要开发更多的客户，并始终保持客户的忠诚度。

（2）金融机构的市场地位和竞争者的优势。证券行业同行之间既是竞争对手，又需要相互扶持，共同促进行业发展，才能共同获利，达成“共赢”的局面。随着证券行业的发展越来越好，行业得到的利润总数也越来越高，进入证券行业的公司和企业也越来越多，其增速甚至超过了证券行业顾客数量的涨幅，所以证券公司进入的增速也随着企业单独利润数量增长的减缓而减缓。这时国家开始展开宏观调控，促进证券行业客户的增长。另外，此时增速较低的公司也会进一步加大资金投入，以期获取更多的客户并抢占同行竞争者的客户资源，打起价格战、资源战，彼时的证券市场将陷入水深火热的竞争局面，导致市场震荡，全体证券行业的总利润也会因为证券产品价格的降低而减少。

参考文献

[1] 张庆生．海通证券西安营业部经纪业务营销模式的转型研究［D］．西安：西北大学，2012.

[2] 刘舒．申银万国证券营业部营销策略研究［D］．大连：大连理工大学，2013.

[3] 熊超英．方正证券股份有限公司市场营销策略研究［D］．长沙：湖南大学，2014.

[4] 钱宇证券经纪业务营销模式创新：以华西证券紫竹院路营业部为例［D］．太原：太原科技大学，2015.

[5] 郭进．海通证券的营销模式研究［D］．合肥：安徽大学，2018.

案例使用说明

一、教学目的与用途

（1）适用的课程：主要适用于营销管理、金融机构经营管理中的市场营销部分、战略管理等课程。

（2）适用的对象：学习营销管理、金融机构经营管理中的市场营销部分、战略管理等相关课程的学生。

（3）教学目的：帮助学生学习市场营销的战略思维，重新思考企业与顾客边界，研讨市场营销相关理论。

二、启发思考题

（1）海通证券发展成稳健、持续的业务所实施的战略是什么？

（2）如何看待海通证券的市场营销模式？

三、分析思路

（1）本案例以时间线为轴讲述了海通证券的建立、改制、创新到最后走向国际化；介绍了海通证券的整个发展历程。

（2）从市场营销的角度综述了海通证券实施的市场营销模式，讲述了在某些方法上的创新。

（3）总结海通证券的业务板块和营销模式，引发读者的思考，希望能有助于对证券行业的业务及营销的学习。

8.2　华商基金公司的市场营销策略

华商基金管理有限公司（以下简称华商基金公司）旗下管理的产品覆盖了多种基金类型，均取得了较好的投资业绩。公司资产管理规模大幅增长，市场影响力迅速提升，综合实力快速提高，在投资研究、市场开拓、客户服务等方面表现出良好的发展势头，得到了越来越广泛的关注和认同。

华商基金公司作为中国基金业的后来者，却取得了资产管理规模的突飞猛进。该公司成立于 2005 年 12 月 20 日，到 2007 年 4 月才发行第一只开放式基金——华商企业领先股票型证券投资基金，可见其在 2005—2007 年发展得并不顺利，且第一只基金募集的规模也仅有 30.3 亿元。但截至 2018 年 12 月 31 日，公司资产管理规模达到了 417.28 亿元，与创立时相比增加了 10 倍。那么华商基金公司的成功是偶然因素，还是存在着必然因素，该公司成功扩大自己规模所运用的市场营销策略又是什么呢？这些都是值得小基金公司或者新基金公司的市场工作人员思考的问题。

8.2.1 华商基金公司基本情况介绍

1. 公司介绍

华商基金公司于2005年9月19日经中国证监会正式批准开业，并于2005年12月20日完成工商注册登记，是中国证监会批准成立的第50家基金管理公司。公司注册地在北京，注册资本1亿元人民币。目前股本结构为华龙证券有限责任公司持股46%，中国华电集团财务有限公司持股34%，济南钢铁集团总公司持股20%，如图8.1所示。

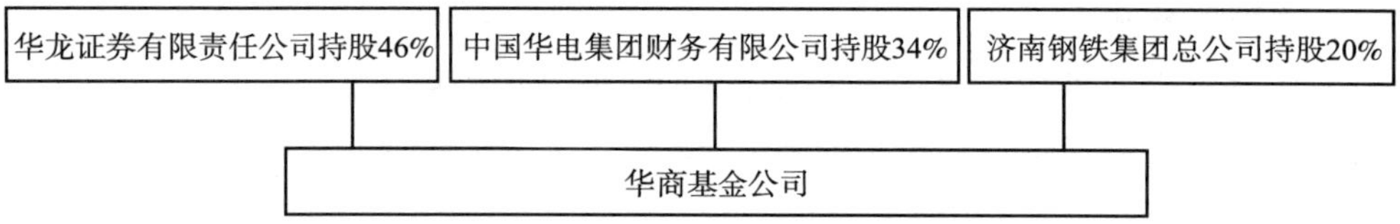

图8.1　华商基金公司股本结构

华商基金公司以“诚为本，智慧创造财富”作为公司发展理念，坚持“以人为本”的发展战略，坚守“基金份额持有人利益至上”的价值准则，努力把华商基金打造成为广大投资者信赖的基金品牌。华商基金公司聚集了国内一批高素质、有经验的管理团队和投资理财专家，大部分具有在投资领域长期工作的经历，全公司硕士以上学历占比达64%。董事会成员9人，其中6人来自三大股东，另外3人为独立董事。其中董事长由华龙证券有限责任公司董事长李晓安担任，副董事长为华电集团财务有限公司总经理郭怀保。公司目前总经理由王峰担任。公司投研团队平均证券从业经历8年以上，其中近半数拥有博士学历，理论基础扎实，投资经验丰富。

截至2018年12月31日，华商基金公司共发行七只基金，资产管理规模达到417.29亿元，资产管理规模在63家基金公司中排第25名。

2. 股东介绍

华商基金公司主要由华龙证券有限责任公司、中国华电集团财务有限公司和济南钢铁集团有限公司三家公司共同控股。

华龙证券有限责任公司是由甘肃省人民政府组织筹建，经中国证监会批准，通过合并重组省内四家信托投资公司的证券业务和证券资产并增资扩股而组建的具有综合类业务经营资格的证券经营机构。2006年度，公司成功完成了增资扩股，注册资本15.53亿元。华龙证券有限责任公司拥有一支高素质的投行团队，在北京、上海、兰州分别设有投行总部，并在北京、兰州、上海、深圳等地设有22家证券营业部和证券服务部，初步构成了辐射全国的业务经营网络。

中国华电集团财务有限公司是经中国银行业监督管理委员会批准设立的财务公司，

总部设在北京，公司在业务上接受中国银行业监督管理委员会的监督指导，依法自主经营、自担风险、自我约束、自负盈亏，具有独立企业法人资格。该公司由中国华电集团公司控股，是华电集团系统内 10 家企业共同参股组建的一家全国性非银行金融机构。公司成立于 2004 年 1 月，注册资本 5 亿元。它是中国华电集团“一体两翼”战略目标中金融一翼的重要组成部分，在推进实施金融运作过程中担当了重要角色，在集团公司金融产业发展中发挥了基础平台、资源后备和业务支撑作用，为保障集团公司改革与发展的资金需求发挥了重要作用。

济南钢铁集团有限公司创建于 1958 年，是著名的大型国有企业，职工 3. 8 万人，资产总额 462 亿元，产品以中板、中厚板、热轧薄板、冷轧薄板为主；2009 年生产钢 1 050 万吨、钢材 1 070 万吨；出口钢铁产品 40. 3 万吨，创汇 2. 4 亿美元，进出口贸易总额 8. 3 亿美元；实现销售收入 294 亿元；先后获得了全国质量管理奖、全国精神文明建设工作先进单位、国家环境友好企业、全国绿化模范单位、中国钢铁工业清洁生产环境友好企业、全国售后服务十佳单位荣誉称号。该公司是济南钢铁集团有限公司控股的上市公司，济南钢铁股份有限公司获得了中国蓝筹公司百强、蓝筹钢铁企业十强、中国上市公司金牛奖百强称号。

3. 基金投资业绩

华商基金公司虽然成立时间较长，但旗下基金多于近两年内成立，因而公司整体仍处于迅猛发展的阶段。2009 年以来，公司投资业绩表现十分出色，特别是 2018 年华商基金公司旗下所有主动型股份开放式基金整体净值增长率为 25. 58%，在全部 60 家基金公司中位列第 1 名。经历过惨淡的 2015 年，公司不断增强投研及风控能力，使公司在近三年中业绩迅速提升，稳居同业前列；在债券型基金方面，2018 年国债指数上涨了 3. 21%，而华商基金公司旗下两只债券型基金整体净值增长了 12. 73%，超越同业平均水平 5. 8 个百分点。

8. 2. 2　华商基金公司的营销环境分析

1. 宏观环境

利用 PEST 分析方法，分析华商基金公司发展壮大过程中面对的各种宏观环境，研究此过程中宏观环境的变化趋势，研究华商基金公司所制定的长期营销策略。

（1）政治法律环境。2003 年 10 月 28 日，第十届全国人民代表大会常务委员会第五次会议审议通过了《中华人民共和国证券投资基金法》（以下简称《基金法》）。该法已于 2004 年 6 月 1 日正式施行，该法以法律形式确认了基金业在资本市场及社会主义市场经济中的地位和作用，构建了基金业发展的制度框架，标志着我国基金业开始向正规化、国际化的方向发展。在更大意义上，这是中国基金业和资本市场发展历史上的又一个重要里程碑。

《基金法》体现了监管机构推动基金市场化，通过创新促发展的管理思路。首先，在对基金资产组合的规定上放松了对具体方式和投资比例的限制，加大了基金产品创新的空间；其次，降低了对投资者在持有几个基金时单个基金份额的比例要求，按照投资者的特性设定不同比例，体现了合理性；最后，降低了对基金管理公司主要股东和基金托管人的条件限制，从而有利于引入更多竞争者。这些规定为基金在投资管理上提供了宽松的法律环境，但是在基金的其他运作环节中，却陆续配套出台了一系列较为严格的细则，包括2004年7月1日起实施的《证券投资基金信息披露管理办法》及相关的三个细则，2004年7月1日起实施的《证券投资基金运作管理办法》和《证券投资基金销售管理办法》；2004年10月1日起实施的《证券投资基金管理公司管理办法》及《证券投资基金行业高级管理人员任职管理办法》等，对基金的销售行为、基金信息的披露、基金发起设立的审批程序以及基金公司高管人员的行为作出了详细规定。可以看出，《基金法》的实施，促进了更为良好的基金法律氛围，A股市场已经向专业化的、符合现代投资组合理念的运作方式转变。

（2）经济环境。2018年，中国国内生产总值同比增长6.6%，比上年同期小幅回落0.2个百分点。四个季度经济分别增长6.8%、6.7%、6.5%和6.4%。规模以上工业增加值增长6.4%。物价走势温和适中，全年居民消费价格上涨2.1%，受蔬菜、石油价格和医疗价格上涨的影响，涨幅比上年同期扩大0.6个百分点。生产领域价格总体平稳，全国工业品生产价格上涨3.5%，涨幅比上年同期回落2.8个百分点，工业价格和居民消费价格剪刀差收窄。就业规模持续扩大，全国城镇就业总量达到4.34亿人，新增就业1 361万人，超额完成全年目标。农民工总量达到28 836万人，比上年同期增加184万人。全国城镇调查失业率稳中有降，维持在5%左右。国际收支基本平衡，中美贸易摩擦对出口和外资的影响还没有显现。稳步增长的经济与温和的通货膨胀，令居民拥有较高的投资热情，这也将有利于证券投资基金行业的成长。

2018年金融环境持续向好，人民币供应量增长加快。年末广义货币供应量（M2）余额为72.6万亿元，比上年年末增长19.7%；狭义货币供应量（M1）余额为26.7万亿元，增长21.2%；流通中现金（MO）余额为4.5万亿元，增长16.7%。截至2018年年末，全部金融机构本外币各项存款余额73.3万亿元，比年初增加12.1万亿元。其中人民币各项存款余额71.8万亿元，增加12.0万亿元。全部金融机构本外币各项贷款余额50.9万亿元，增加8.4万亿元。其中人民币各项贷款余额47.9万亿元，增加7.9万亿元。

2018年证券市场也得到了高速发展，全年上市公司通过境内市场累计筹资10 257亿元，比上年增加5 666亿元。其中，首次公开发行A股347只，筹资4 883亿元，增加3 004亿元；A股再筹资（包括配股、公开增发、非公开增发、认股权证）4 072亿元，增加2 057亿元；上市公司通过发行可转债、可分离债、公司债筹资1 320亿元，增加605亿元。全年公开发行创业板股票117只，筹资963亿元。

随着我国经济的高速发展、人民财富的快速增加，理财需求迅速上升，逐渐发达的市场经济环境使人们意识到，只有通过投资理财将资金价值最大化，才能抵御通货膨胀，理财意识增强让越来越多的人开始接受基金这样国际流行的公众理财工具，而不断增加的需求无疑会成为基金行业发展的原动力。但在长期向好的经济环境下也应该注意到国家经济调控的力度逐渐加大，实施紧缩的货币和财政政策将对基金产品的销售产生不利影响。

（3）社会环境。中国这样一个拥有 14 亿人口的发展中大国，经过 40 多年的改革开放，人民生活总体上已达到小康水平，这首先表现在中国城乡居民收入持续增加。城镇居民家庭人均可支配收入，由 2006 年的 11 759 元增加到 2018 年的 19 109 元，农村居民家庭人均纯收入由 3 587 元增加到 5 919 元。

截至 2018 年年末，全国参加城镇基本养老保险人数 25 673 万人，比上年年末增加 2 123 万人。其中参保职工 19 374 万人，参保离退休人员 6 299 万人。参加城镇基本医疗保险的人数 43 206 万人，增加 3 059 万人。其中，参加城镇职工基本医疗保险人数 23 734 万人，参加城镇居民基本医疗保险人数 19 472 万人。参加城镇医疗保险的农民工 4 583 万人，增加 249 万人。参加失业保险的人数 13 376 万人，增加 660 万人。参加工伤保险的人数 16 173 万人，增加 1 278 万人。其中参加工伤保险的农民工 6 329 万人，增加 741 万人。参加生育保险的人数 12 306 万人，增加 1 430 万人。2 678 个县（市、区）开展了新型农村合作医疗工作，新型农村合作医疗参加率为 96.3%。新型农村合作医疗基金支出总额为 832 亿元，累计受益 7.0 亿人次。全国列入国家新型农村社会养老保险试点地区参保人数 10 277 万人。年末全国领取失业保险金人数为 209 万人。

随着人们可支配收入的增加以及社会保障体系的逐步完善，将有越来越多的人群及资产需要投资，这将令资本市场为之心动和鼓舞，作为面向大众、提供专业理财服务的基金公司更是跃跃欲试。但良好的社会环境仅是发展的外因，基金公司要获取广大社会公众认可，前提必然是努力满足客户需求，为客户贴心服务。作为专业的投资理财服务行业，基金始终需要高素质人才去迎接挑战，企业之间的竞争最终会体现在人才竞争、技术竞争两个方面。中国蓬勃发展的教育业，日益繁荣的中外文化科技交流，为基金行业储备了大量人才，这将成为基金行业高速发展的基础。

（4）科学技术环境。随着社会的进步和经济的增长，科学技术得到了迅猛的发展，网络的广泛运用给消费者提供了一个更加广阔的空间去认识新事物。通过网络，基金公司可以进行网上直销，能够通过网络宣传来吸引更多的投资者。网络营销能够给基金公司减少成本，使其宣传的效用增加。对于投资者而言，通过网络，人们可以很轻松地搜索到想知道的信息，能够在网络上了解基金公司的状况、历史业绩等，从而在没有专业咨询人士的帮助下购买基金进行投资。

随着手机上网的兴起，人们可以随时随地地了解股票、基金的状况，能够用手机进行基金的交易与管理，这给人们带来很多方便，减少了人们因为信息滞后而导致的损失。因此，运用现代科技的优势，基金公司可以拓宽销售渠道，了解消费者需求，也可以发掘潜在投资者。

2. 微观环境分析

微观环境分析主要是对基金的代销机构、顾客和竞争者进行分析，分析华商基金公司面对的产业微观环境，为制定有效的竞争与营销策略服务。

（1）代销机构分析。基金产品是非常典型的信托型金融服务产品，基金公司负责设计、营销、管理基金产品，银行、券商等金融机构负责基金产品的托管、销售，投资者通过各个代销渠道了解、选择基金产品，基金供需各方以信托关系为纽带，保证基金顺利销售、可靠运作。从行业整体来看：

①代销机构的数量。根据中国证监会公布的公开消息，截至 2018 年 12 月 31 日，我国基金代销机构一共有 136 家，承担着几乎所有的基金销售任务，其中银行 43 家，证券公司 92 家，证券投资咨询机构 1 家。从代销机构的结构可以看出，中国基金的销售主要依赖于银行和证券公司，这有别于国外基金的销售。例如在美国，基金销售主要有四个渠道：券商、基金超市、理财顾问、直销。

②代销基金数。根据中国证监会公布的公开消息，在 136 家代销机构中，代销 500 只基金以上的机构有 22 家，其中银行 7 家，券商 15 家，而排在前三名的基金代销公司全部是券商公司，代销最多的是海通证券股份有限公司（共代销了 678 只基金产品）。由此可以看出，排名前 20 位的基金代销机构是基金公司发行基金时首先考虑的公司。

从华商基金公司来看，与华商基金公司合作的代销机构共有 48 家，华商基金公司旗下的几只基金的主要托管人是中国建设银行股份有限公司和中国民生银行股份有限公司，其中华商基金公司的代销银行主要有 13 家，其他 35 家全部为证券公司和第三方销售机构，除此之外，华商基金公司还开辟了网上直销渠道，方便投资者购买。

（2）顾客分析。购买基金的客户按照性质不同可以分为机构和个人两类。机构客户目前主要指有理财需求的保险公司、投资公司和有较多富余资金的生产企业。此外，参照国外资产规模庞大的社会养老保险金、企业年金委托基金公司进行长期专项理财的事实，社保、企业年金将是基金未来最大的机构客户。目前，对中国的基金公司而言，由于机构客户一次性购买的基金金额相对较大，对基金销售业绩有重大影响，因此是重点开发的客户。而机构客户往往利用基金公司热衷推销的迫切心情，充分发挥谈判地位上的优势，向基金公司提出交易费折扣、销售奖励等要求。某些基金公司为了保证新基金产品的首发规模，甚至不惜以零交易成本（无认购费、赎回费）吸引大额机构投资者。正因为基金公司之间对机构投资者的恶性争夺，造成了机构投资者普遍交易成本较低。机构客户凭此频繁买卖基金，以实现特定的财务目的。这造成了基金规模的大幅变动，促成了多年来开放式基金巨额赎回现象愈演愈烈，也增加了基金管理的难度。

相对机构投资者的善变、挑剔，个人客户实际是基金公司最忠诚、最有价值的客户，中国基金公司已逐渐意识到全力开发个人客户的重要性，从基金产品设计到基金销售宣传、基金客户服务等诸多方面倾向个人投资者的趋势已越来越明显。这是因为较高的基金买卖成本限制了个人基金投机交易，个人客户通常对投资期限无特别要求、个人客户比较容易接受基金公司的引导，所以个人客户普遍稳定，容易成为长期投资者。

一般来说，任何投资理财产品都存在或多或少的风险，承担较多风险的产品获得较多收益的概率也相对较大。风险程度的不同是区别基金产品的主要标准，风险喜好（或承受）程度也是区别基金客户的重要尺度。通过研究发现，一般机构投资者的风险承受力与企业的性质、资金来源和用途有关。一般来说民营企业、非上市公司的风险承受力超过国有企业、上市公司；企业自有资金、盈余资金的风险承受能力超过借贷资金、周转资金；金融性的保险公司、投资公司的风险承受能力超过一般生产性、商贸性企业；另外，企业负责人的风险喜好程度也会直接影响企业的风险承受力。个人投资者的风险承受力与个人的个性、条件及家庭状况有关。从个性方面看，有的人愿以高风险来换取高回报，但另一些人宁可寻求投资本金的安全而拒绝冒险。另外，个人风险承受力还取决于以下几个因素：年龄越大，承担风险的能力越低；家庭收入及资产越高，承担风险的能力越高；家庭负担越轻，承担风险的能力也越强。

现以个人投资者人生不同阶段比较典型的投资风险取向为例说明客户分类。

①本金保值型（保守且风险承受力低），投资风格保守，保值为主，兼顾增值。例如已经退休的老年人，不再有固定工作，本金安全对此类客户至关重要，但只靠退休金和储蓄的利息收入，已不能应对物价上涨与医药费支出增加带来的压力，所以获得超过通货膨胀率的稳健投资收益是他们的理财目标，本金保险与收益保证兼顾的货币市场基金正是此类客户的首选。

②保值增值型（风险承受力低），投资风格理智，注重稳健收益，厌恶风险。例如中年夫妇，子女已成年，拥有自己的住房，生活负担较轻，但是渐近退休年龄，除备足应急准备金外，专注规划退休金计划是投资理财的方向，能够保值而且能获得超过一般货币投资收益的保本型、债券型基金是此类客户的首选。

③稳健收益型（中等风险承受力），投资风格稳健，注重中长期收益，可以承受一定风险。例如中年上班族夫妇，已拥有自己的住房和相当的积蓄，但子女即将进入大学，面对一定的经济压力，希望投资获得稳定的收益并着手规划退休金投资计划，此类客户往往倾向于股债平衡型基金，风险高于债券基金，但预期收益也超过债券基金。

④稳健投资型（中高等风险承受力），投资风格主动，兼顾长、短期收益，能够承受较大风险。例如年轻上班族，有年幼的子女，有较强烈的投资意愿，以准备子女教育金或买房置业金，当然也要储备足够的应急支出预备金和自身的退休金。此类客户愿意投资中长期回报较高的基金品种，比如大盘蓝筹股票基金、股票指数基金等，愿意以承担较高风险为代价获取较高投资收益。

⑤积极成长型（高风险投资类型），投资风格积极，注重长、短期高额收益，可以承受长期高风险。例如年轻的白领精英，尤其尚且单身或年轻无子女的夫妇，没有额外支出和负担，已储备足够的应急支出预备金，有 5 年以上的投资期望。此类客户喜欢投资于高科技行业或种子期、成长期企业的高风险股票基金，以谋求长期超额收益。

（3）竞争者分析。基金公司为客户提供的是专业投资理财服务，其公司收入来自提取基金资产管理费，因此资产管理规模决定了基金公司的实力与发展前景。大基金公司在开放式基金的产品设计及发行中拥有较大的优势，这主要是因为他们已经有较多的产品类型以及较长时间的资产管理经验，因此比较容易得到监管机构的信任和市场的认可，而且和银行、券商等销售渠道通过封闭式基金运作，已经积累了相当的关系基础。

在现有的发行基金产品的基金公司中，华夏、嘉实、易方达、博时、南方、广发、大成、银华、华安、富国等基金公司无疑是行业的佼佼者，他们无论是资产管理规模、历史绩效还是公司品牌都是行业领先者；其后是资产规模在200亿元以上、600亿元以下的基金公司，属于行业追随者；再后是刚刚成立或资产管理规模在200亿元以下的基金公司。华商基金公司依靠其旗下7只产品的成功发行及运作，在2018年年底挤入了追随者行列。

处于短暂低迷期的中国基金行业，无论是公司的数量，还是发行的基金产品种类与数量都在迅速增加，但高速的行业扩张并没有带动需求及资产管理规模的同步上涨，在中国个人投资中，能够真正理解基金产品、通晓基金运作规则的还是少数，虽然行业普遍对市场的潜力抱有乐观看法，但滞后的需求无法匹配高速发展的行业，结果就是业内竞争日趋激烈。为了争夺有限的资金资源，所有基金公司在新产品发行期不得不采用强力推销的销售方式，拼尽全力进行广告宣传，全员动员开发客户，最终完成一个新产品的销售过程，费用往往达数千万元。而建立在推销基础上的客户忠诚度往往很低，因此新基金成立后很快就会面临巨额赎回和持续营销举步维艰的困境。

中小基金公司面对日益恶劣的市场环境，除了尽快发行基金产品，尽快做到收入维持生存，别无选择。但基金销售时，实力孱弱的中小基金公司的销售费用预算往往捉襟见肘，在广告宣传、渠道返佣金上根本无法和老公司相比，想要引起公众注意，激发客户购买欲望，只有依靠创新的产品、低廉的收费和公司（或股东公司）过往优良的业绩表现。

3. 华商基金公司的SWOT分析

（1）优势（S）。

①在2018年里华商基金公司旗下的各种类型的基金均取得了骄人成绩。截至2018年12月31日，华商基金公司旗下7只产品，除了处于封闭期的华商策略精选，其他6只产品均取得了正收益。在所有债券型基金中排名第8位。在当前投资者越来越注重基金的历史业绩的情况下，良好的业绩能够吸引更多的投资者。

②拥有一支团结协作、严谨高效的管理团队。目前，公司投研团队平均证券从业经历达8年以上，其中近半数拥有博士学历，理论基础扎实，投资经验丰富。2018年，各只基金取得良好业绩，离不开这些高素质基金经理和投研团队的决策，正因为有着良好的行业经验背景，才能在股市波动中取得良好的成绩。

③建立起适合公司有序运行和基金有效管理的风险控制体系。华商基金公司高度重视公司运行和基金管理的风险控制，把风险控制作为公司可持续发展的基石。经过不断摸索、学习和实践，华商基金公司逐步建立起适合公司有序运行和基金有效管理的风险控制体系。华商基金公司对基金管理进行周密的全程风险控制，包括事前监测、事中监

控和事后监察，把风险控制纳入投资的整个过程之中。华商基金公司自成立以来未发生重大投资失误和违法违规等风险事件。

（2）劣势（W）。

①依赖现有渠道，限制市场扩张。在华商基金公司所管理的7只基金中有5只基金的发行都是依赖中国建设银行的，并且在中国建设银行渠道发行了70%的基金。可以看出该基金公司对于中国建设银行这个渠道较为依赖，这样也就限制了其发展势头，无法把握投资者的实际动态。同时，该公司每年广告投入约为500万元人民币，但是效果不理想，基金销售几乎都是靠渠道做出来的。

②虽然华商基金公司的基金取得不错的业绩，但是公司的基金产品线不够完善，现有产品在结构上也稍欠均衡，公司管理的部分基金的资产管理规模与行业平均规模相比均有一定的差距。

（3）机会（O）。当前的股市处于较为动荡时期，而许多基金的业绩会由于受到股市的动荡而发生不同程度的倒退，导致投资者信心不足。但是在这样的股市动荡期，华商基金公司旗下的几只基金取得良好的业绩，在年终时分别有三只基金进入净值增长前十名，这样好的发展势头为华商基金公司创造了良好的契机，有利于企业规模的发展和基金的成长。

（4）威胁（T）。优胜劣汰是每个行业发展的必然。事实上，基金分化已经出现。新基金发行遇到较大的困难，未来部分业绩不佳、没有品牌的基金公司的规模必然减小。新产品的发行日渐困难，个别基金产品甚至有可能被清盘淘汰。虽然公司目前处在行业的领先地位，但中国股市未来面临很多的不确定性，要保持行业领先难度也会更大。另外，越来越多的海外基金巨头正加紧进入中国基金市场的角逐，可想而知未来基金行业的竞争将更加激烈，华商基金公司如何在这样强烈的竞争中保持自己的行业地位关系到其发展前途。

8.2.3 华商基金公司的营销策略分析

1. 总体策略

华商基金公司成立于2005年9月，在该公司成立之前已先后成立了49家基金管理公司。其第一只产品发行的时间是2007年5月，当时市场上已存在各种类型的基金产品253只。华商基金公司无疑是一位后来者，因此该公司成立之初就确定了进攻型策略。

由于基金公司赖以生存的基础是资产管理规模，如果没有资产管理规模，那么基金公司将没有任何收入。华商基金公司成立之初就确定了产品进攻型策略，即通过发行新基金丰富产品线，进而获取资产管理规模，截至2018年年底，华商基金已发行开放式基金产品7只。华商基金在确定了产品进攻型策略的同时，还确定了市场进攻型策略，即通过签订各类代销机构来提升市场占有率和资产管理规模。截至2010年年底，华商基金代销渠道已达到48家，其中银行14家，证券公司33家，第三方销售机构1家。

2. 产品策略

截至2018年12月31日，华商基金公司共成立了7只开放式基金产品。华商基金公司在产品设计方面采取了进攻型策略，已发行的7只基金产品中，高风险及中高风险的产品数量占比达到了71%，而该公司并没有设计、发行低风险的货币型基金及纯债券型基金，也没有设计、发行以跟踪指数为目的的指数型基金。

从投资业绩上来看，该公司也采取了进攻型策略，截至2018年12月31日，华商基金旗下7只产品，除了处于封闭期的华商策略精选，其他6只产品均取得了正收益。在2017年度，华商领先企业基金以88.43%的收益率在所有混合型基金中排名第8，华商盛世成长基金以108.18%的收益率在所有股票型基金中排名第4；在2018年度，华商阿尔法基金以24.64%的收益率在所有混合型基金中排名第3，华商盛世成长基金以37.77%的收益率在所有股票型基金中排名第1，华商收益增强基金以13.05%的收益率在所有债券型基金中排名第8。在鱼龙混杂的中国基金市场，要让投资者关注进而购买某只基金产品，必须令该基金产品的投资业绩进入年度排名的前十，而要投资业绩进入前十名，在投资方面就必须采取进攻型策略。华商基金公司并没有以获取市场平均收益为目标，而是以进入年度前十名为目标。

综上所述，华商基金公司在产品策略上取得了成功。首先，在产品设计上该公司根据自身的优势设计、发行了5只权益类（股票型及混合型）产品。其次，在投资业绩方面该公司也采取了进攻型策略，让旗下多只产品进入年度排名的前十位。

3. 价格策略

消费者在投资基金时，要考虑的成本主要是三部分，分别是申（认）购费用、基金净值、赎回费用。由于认购时所有基金净值都是1元，且赎回费用都一样，因此认购费成为唯一的变量。截至2018年12月31日，华商基金公司旗下7只开放式基金资产管理规模总计417.28亿元，其中华商领先企业、华商盛世成长和华商策略精选这三只产品的规模就达到了335.4亿元，占华商基金公司总资产规模的80%。因此下面将详细分析这三只产品的价格策略。

通过对华商基金公司旗下三只基金的价格分析可以发现，在认购费率上，华商基金公司进行了精心设计，并采取了歧视策略。首先华商基金公司针对不同的客户群设计了不同的认购费率。其次与其他基金公司的产品认购费相比，发现三方面区别：第一，在高端客户区收取的手续费比较便宜，特别是认购金额在500万元以上的客户，华商基金公司一律只收取1 000元的认购费，如华商领先企业产品发行时，同期发行的其他两只产品都在认购金额500万元至1 000万元区间划分了一个档次，且按一定比率收取认购费，而华商领先企业则认购金额达到500万元就按每笔1 000元收取认购费。第二，对中端客户也进行了区别对待，华商基金公司在设计这部分费率时将50万元至200万元划分了一个档次，其他基金公司的同期产品大多是50万元至100万元划分了一个档次，这有利于吸引金额在 100 万元至 200 万元的客户群。第三，认购费率划分的档次比其他基金公司的产品多，这有利于吸引不同级别的客户认购其产品。例如华商策略精选基金认购费率划分了 4 个档次，而同期其他基金公司的产品只划分了 3 个档次。

4. 渠道策略

通过对华商基金公司的代销渠道进行分析，发现华商基金公司在成立之初采取的是单一渠道策略，之后逐步转换成多渠道策略。在华商基金公司第一只产品发行时代销机构仅有 25 家，其中银行仅有民生银行和建设银行 2 家。而到 2018 年 10 月 18 日，华商策略精选发行时，华商基金公司代销渠道已达到 48 家，其中银行 14 家，券商 33 家，第三方销售机构 1 家。基金托管银行 2 家，分别是民生银行及建设银行，其中民生银行托管了 2 只产品，建设银行托管了 5 只产品。华商基金公司的这种策略为其资产管理规模的成长起到了很大的作用。例如：

华商领先基金成立时首发规模仅有 30. 33 亿元，其中建设银行销量为 10 亿元，民生银行销量为 20 亿元，券商合计销售了 0. 33 亿元；而到华商策略精选成立时该基金首发规模达到了 118. 14 亿元，其中建设银行销量为 25 亿元，招商银行销量为 40 亿元，民生银行销量为 30 亿元，农业银行销量为 16 亿元，其他销售机构合计销售了 7. 14 亿元。

5. 促销策略

促销是指企业通过人员推销或非人员推销的方式，向目标顾客传递商品或劳务信息，帮助消费者熟悉商品或服务，从而引起消费者的兴趣，激发消费者的购买欲望及购买行为的活动。基金促销可以综合运用各种沟通方式和手段，包括广告、公关、销售促进、人员推销等，使投资者在多元化的信息包围中，更好地识别和了解基金产品与服务。

（1）人员促销。华商基金公司现有渠道营销人员 20 名，覆盖了我国大部分省市，这些渠道营销人员在每个工作日都会与机构客户、银行和券商渠道的销售人员进行沟通，并不定期地给银行的理财经理做各种理财培训讲座。同时华商基金公司的渠道营销人员通过理财讲座、新品推介会、网上路演等方式与投资者进行了全方位、广泛、持续的交流沟通。在这些培训以及交流会上华商基金公司还组织了基金经理、研究员与投资者直接交流，通过他们的“现身说法”，帮助投资者增进对公司投资理念和经营思路的理解，判断基金产品未来的成长潜力。

（2）广告。广告是一种高度公开的信息沟通方式，在信息传递速度和到达范围两方面具有独特优势，也有助于建立一个品牌的长期形象。

华商基金公司每年的广告投入费用高达 500 万元，主要投放的媒体有《证券时报》《中国证券报》《上海证券报》、和讯网站及各种电台。该公司除了在证券、财经类报刊登广告，还在拥有广泛读者群的晚报、都市报等地方性媒体上进行了有层次、有梯度的软性文章介绍和硬性广告宣传。

为了能突出基金产品的最大优点，华商基金公司在虎年运用了“老虎”作为形象代言，这使客户能将华商基金公司的产品和其他基金公司的产品区分开，并为此设计了朗朗上口的广告宣传词——爱老虎“投”。

（3）服务。对于基金公司而言，基金促销是一项长期的和持续的工作计划，因此，如何掌握客户的资料和需求，对于基金公司而言相当重要。华商基金公司投资了100万元人民币，建立起自己的客户资料系统，并将每次基金募集活动所带来的客户资料系统存入电脑档案中。同时华商基金公司设立了专职的客户服务部门，建立起一套完整的客户服务流程，提供满意且及时的客服服务。华商基金公司的客户服务模式主要有一对一专人服务、电话服务中心、网上论坛交流、手机短信、语音传真自动服务等方式。

参考文献

［1］吴智洪．华商基金公司市场营销策略研究［D］．北京：北京交通大学，2011.

［2］汤涵婷．我国中小型基金公司市场营销组合研究［D］．上海：上海外国语大学，2013.

［3］李津卉．证券公司销售交易业务营销策略研究：以P证券公司为例［D］．天津：天津大学，2014.

［4］麦嘉辉．JY基金管理公司市场营销策略研究［D］．四川：西南交通大学，2015.

［5］李宇欣．基于客户价值导向型的GDJK公司基金业务营销策略研究［D］．南昌：江西财经大学，2016.

案例使用说明

一、教学目的与用途

（1）适用课程：金融机构经营管理、市场营销、基金投资与管理。

（2）适用对象：主要为金融硕士所设，适合研究生学习。此外，也可供金融经济各专业本科生使用。

（3）教学目的：本案例总结华商基金公司市场营销的最佳实践，围绕该公司在不同情景下进入市场的营销方式、路径变化为主线，分析公募基金公司市场营销策略的优劣势、路径变化与策略调整的相互关系，为中国基金公司选择什么模式进入市场，如何深耕市场提供有益启示与借鉴。具体目标分为以下三个方面：①运用营销环境作为华商基金公司市场营销策略的分析依据，使学生理解随着改革开放的不断深入，我国的政治法律环境不断完善，国内经济环境持续向好，国民生活水平不断改善，居民可支配收入稳步增长，这些都使居民对投资及资产增值的需求增加，进而给基金市场的蓬勃发展创造了良好的环境。这种良好的营销环境，让华商基金公司在不断壮大的基金市场上分得了一杯羹。②运用投资业绩作为华商基金公司市场营销策略的分析依据，使学生理解基金公司发展壮大的前提条件就是拥有良好的投资业绩。华商基金公司作为一个基金行业的后来者，在发展之初就确立了“诚为本，智慧创造财富”为公司发展理念，坚持“以人为本”的发展战略，坚守“基金份额持有人利益至上”的价值准则，并最终把华商基金打造成广大投资者信赖的基金品牌。因此华商基金在投资方面坚持了积极的风格，并最终取得了良好的投资业绩，进而树立了公司的品牌。③运用营销策略作为华商基金公司市场发展的分析依据，使学生理解虽然良好的营销环境及突出的投资业绩对基金公司的发展壮大很重要，但是基金公司资产规模的增长不可忽视的推动力是营销策略。没有成功的营销策略，就没有华商基金公司辉煌的今天。

二、启发思考题

（1）结合市场营销理论，分析华商基金公司进入市场，选择各种营销策略的原因与优劣势。

（2）分析华商基金公司进入市场的营销策略及其路径变化的原因是什么？其背后暗含了什么理论依据？

（3）如果您作为华商基金公司总裁，将如何扩大华商基金公司的市场份额？

（4）华商基金公司进入市场的营销策略及其路径变化对其他中小基金公司有什么启示与借鉴？

三、分析思路

（1）从理论上分析开放式基金的优势和劣势；结合案例讨论华商基金公司进入市场，应选择何种营销策略。

（2）华商基金公司采取现行营销策略的现象与本质原因是什么？

（3）市场营销策略调整的理论依据是什么？

（4）华商基金公司的发展壮大对其他基金公司提供了什么启示与借鉴？

8.3　远东租赁公司融资租赁营销战略

融资租赁业务自进入中国以来，经历了快速发展、萧条和再发展。目前，融资租赁已经成为我国企业除了银行贷款的又一重要融资手段。融资租赁市场庞大，因此融资租赁公司也取得了一定的发展。远东租赁公司成立较早，在融资租赁行业积累了多年经验，加上自身经营较好，自 2005 年以后一直是行业内的佼佼者。2011 年成功上市和增资后更是作为行业知名的租赁公司而快速发展。近几年，融资租赁业务更是飞速发展，2006—2012 年，业务总量由 80 亿元增至 15 500 亿元，国内租赁公司数量也不断增加，截至 2018 年年底国内租赁公司总量约为 2 101 家。可见融资租赁市场竞争日益激烈。在这种新的形势下，远东租赁公司遇到了前所未有的挑战，甚至 2018 年以前新成立的很多公司完全复制远东租赁公司模式，开始抢占远东租赁公司的市场份额。面对如此激烈的竞争，远东租赁公司根据竞争态势，制定合理的营销战略已迫在眉睫。本节主要以远东租赁公司为研究对象，主要研究融资租赁业务的营销战略。首先介绍本节的研究背景，简要说明为何要研究远东租赁公司的营销战略，然后提炼国内外融资租赁营销相关研究，通过概述远东租赁公司营销现状和营销环境，找出其目前存在的主要问题，接着应用 STP 模型，对于中国的融资租赁市场进行细分，为远东租赁公司的融资租赁业务在当前竞争激烈的市场中选择适合的目标客户群体，并对其业务进行定位给出改善问题的营销战略建议，最后对各种改进建议提供简要的实施支持策略，并得出结论。

8.3.1 远东租赁公司营销现状

1. 远东租赁公司概况

远东租赁公司成立于1991年，当时由日本、中国和韩国三国不同出资方共同组建，是一家中外合资、专业从事融资租赁业务的公司。后因为行业发展整合等问题，业务一度低迷，外商纷纷撤出。国内某综合大型集团注资远东租赁公司，远东租赁公司成为一家央企。2001年，远东租赁公司由沈阳南迁到我国金融中心——上海市。凭借着当时一群激情创业人士的梦想和拼搏，在中国融资租赁行业不断地开拓，先后涉足医疗、印刷、航运、建设等多个产业并不断发挥自身的优势，创新服务体系，推动中国融资租赁行业的不断发展。远东租赁公司2011年成功在香港上市，得到了快速发展。一直以来，远东租赁公司在净资产收益率、资产质量和利润率等各方面都是行业第一的角色。在第三方租赁公司中，更是综合实力第一。然而随着市场竞争，未来公司面临巨大挑战。

2. 远东租赁公司营销现状

远东租赁公司作为行业的先驱者，在发展过程中不断总结经验和提高自我，一直是行业的楷模。然而随着公司的不断扩张，外部竞争的日益加剧，公司现有营销体系的优势和缺点也进一步体现出来。综合来看，远东租赁公司营销具有以下现状。

（1）行业中地位概述。远东租赁公司南迁上海后经过不断发展，不断创造行业奇迹。2008年，麦肯锡对其战略的评估结论：领先中国融资租赁行业5年。2009年，国际顶级投资者KKR、GIC和国内一流的投资银行CICC决定投资远东租赁公司。2018年，D&B融资租赁行业分析报告结论：从公司的综合实力来看，远东租赁公司在中国融资租赁行业中将继续保持领导者的角色，引领着行业发展。综合来讲，远东租赁经过几年的快速发展，确实已经成为行业中的佼佼者。2018年更是以行业营业收入第一的业绩横扫了很多背景较好的银行系租赁公司。图8.2是2018年主要租赁公司的营业收入对比。

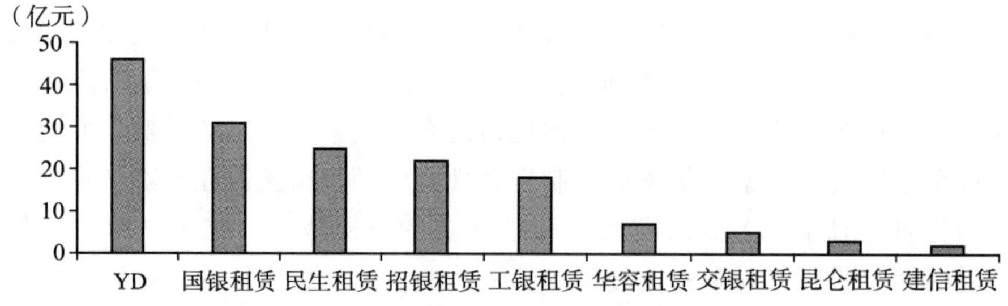

图8.2　主要租赁公司的营业收入对比

资料来源：各公司2018年年报。

（2）远东租赁公司的营销模式。远东租赁公司处于行业发展前沿，在多年的发展和总结下形成了自身的一套体系；打破传统的资金业务的模式，变坐商为行商；在自身涉足的医疗、教育、工装、建设、印刷等各个领域储备了一批综合行业和金融的结合型人才；打造了前台人员营销开发，中台人员审核、协办以及后台人员管理标准流程的操作模式；体系相对健全，流程化程度较高；一直以来是行业内其他公司效仿和学习的楷模。然而随着行业的发展，公司也体现出一定的局限性和不灵活性。随着行业竞争加剧，人员流失较为严重，这些都给远东带来了很大困扰。

（3）远东租赁公司的营销组织与营销人员分析。远东租赁公司根据市场的变化，不断进行行业拓展，建立市场导向的组织体系。借助自身经营和行业失败与成功的案例经验，结合环境和企业实际情况，重点建设了营销部门，企业的管理效率、竞争力和市场绩效由此而大大提高，领先同行业竞争者。远东租赁公司根据自身涉足行业的不同，分为医疗、建设、教育、印刷包装、工装、航运和业务发展部，每个部门相当于一个独立的公司，在自己所处的行业进行业务扩展。而且一个事业部都设有前台营销人员所在的部门，一般称为金融业务部。金融业务部作为营销部门，在公司各个行业事业部下都是负责业务推广的重要部门，在公司占据举足轻重的地位，该部门人员基本占公司70%。远东租赁公司拥有一支庞大的营销队伍，并且随着业务的发展，队伍在不断地扩大。远东租赁公司的营销人员具有以下特点。

①整体素质高，文化程度较高。由于远东租赁公司从事的是金融行业，营销人员是要将资金安全地提供给风险较低的优质客户，需要营销人员具有良好的职业素养和尽职调查能力。因此公司从人才招聘到后期持续的培训都是非常严格的。一个前台营销人员一般要经过笔试和 7 轮左右的面试才能最终被远东租赁公司录取，同时新进入的营销人员大概要经过公司 6 个月的培训和实战才能最终取得业务操作权限。因此远东租赁公司最终能够进行前台营销的员工整体素质比较高。

②员工内部竞争态势一般，员工工作积极性不高，晋升空间相对不足，员工离职率较高。远东租赁公司营销人员中的竞争并不激烈，因为 2018 年之前每一个人都可以完成业绩，并不是与一般公司营销人员的激励体制一样，只要做得好，就会很快晋升，多劳多得，能者居之。每一个人的晋升基本都要经历一个大约差不多的时间和岗位历练。2018 年之前营销人员晋升通道如图 8. 3 所示。

图 8. 3 为远东租赁公司 2018 年之前的晋升结构，在员工原有通道上，一般从一个级别晋升到上一级要一年左右的时间。晋升到 3 星项目经理后可以转管理岗成为大区总监或者向更高星级项目经理晋升。3 星以后晋升需要的时间具有一定的不确定性，因此一个加入远东租赁公司的营销人员前 3 年基本按照公司的要求正常操作业务就可以较快地升级，与此同时工资和其他福利相应上调。而 3 年之后是否能顺利晋升则不一定。所以原有体制下一般营销人员基本就按部就班地工作就可以了，斗志和工作热情一般。但是整体来讲为了晋升，一般营销人员入公司不满 3 年干劲还比较足。而 3 年后晋升为高级或者管理岗的机会毕竟不多，于是很多人选择跳槽，造成公司满 3 年的骨干离职率较高。

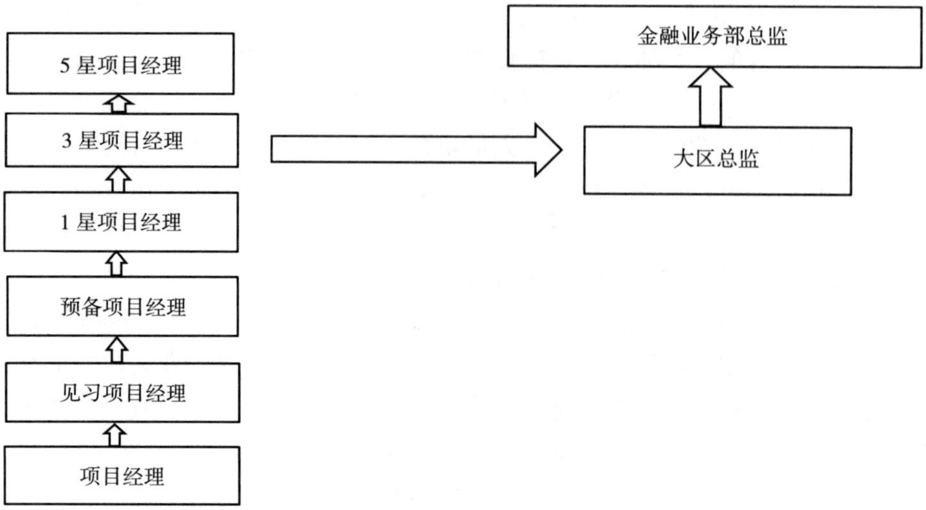

图 8.3　2012 年之前营销人员晋升通道

2018 年下半年公司也意识到体制和晋升问题，于是做了调整。调整后项目经理不再有星级区别，而是对于取得项目经理资格后晋升变为业务总监，按照子行业细分，实行职衔制。调整后人员晋升通道如图 8.4 所示。

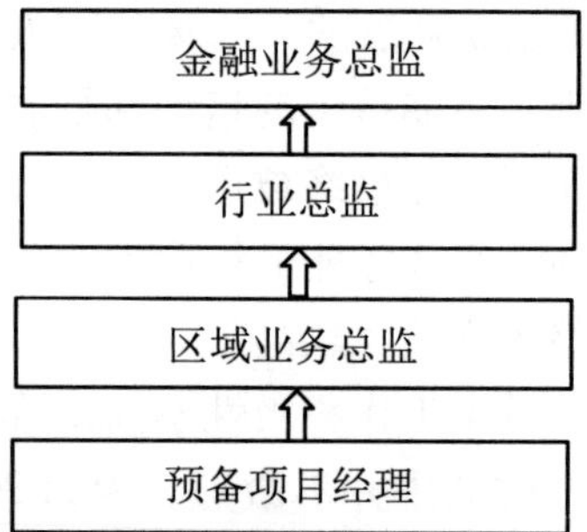

图 8.4　调整后人员晋升通道

这样 3 年以上的工作人员有了一定的晋升空间。但是对于进入公司小于 3 年的项目经理反而少了很多机会，不再有星级晋升，而且是否可以晋升为业务总监，很大程度上取决于上级领导的主观判断。实施职衔制后一线营销人员的工作积极性更是下降，离职率也有所上升。

8.3.2　远东租赁公司营销环境分析

1. 远东租赁公司消费者分析

（1）消费需求分析。远东租赁公司的消费者是企业，企业存在的使命是生存和发展，必须要盈利。而企业的发展离不开资金。因此，企业都希望不断改善自身经营状况，扩大规模。企业发展有时候自身资金不足，在银行贷款无法弥补资金缺口时，尽管融资租赁形式获取资金的成本较高，但是企业作为资金需求的消费者在面对必要的项目或者发展机会时仍然要选择融资。因此对于那些在银行相对贷款不足的中小企业来讲，融资租赁形式获取资金是其未来解决必要资金需求的必然趋势。消费者需求存在多个层次，企业所处行业不同，各自的经营情况、资产负债状况各不相同。所以，要更好地满足客户需求，就要有能力提供各种不同形式的产品。就远东租赁公司而言，有的消费者需要资金额度大、还款年限长；有的消费者则需要资金额度小、还款年限短；有的需要租用设备而非资金的；有的想进行融资却没有租赁物件，或者有的租赁物件不足。企业应该根据消费者的需求特点和自身的实际情况，开发多种产品来满足客户需求。

（2）消费行为分析。由于改革开放和中国经济的不断发展，西方的很多经营理念传入中国。很多现代企业家们思路较为开阔，对融资的观念也有所改变，中国融资环境也逐渐改善。对于很多企业来讲，在经济和金融不发达时期，他们基本只选择银行进行融资。而今很多企业开始选择融资租赁或者信托等多种产品进行融资。融资租赁已经成为目前很多企业融资较为常用的途径。很多企业家思想较为活跃，在把握好的机遇时，通常会采用各种手段进行融资，使得企业把握最佳机遇，快速发展壮大。这些优秀企业家的融资理念渐渐形成了一种融资文化。这种文化潜移默化地影响了很多企业，融资租赁作为一种新兴的产品，为很多企业提供了必要的资金支持，渐渐得到众多企业的认可。

（3）融资租赁消费群体分析。对远东租赁公司所服务的几个行业客户进行分析，发现远东在对客户进行融资授信时重要的参考指标是客户的营业收入，目前所服务的客户群体中营业收入主要集中在60亿元以下客户，60亿元以上的客户在公司合作中客户占比很小，因此这里主要研究60亿元产值以下的主要客户群体。基于营业收入这一指标将消费群体分为微小企业、小型企业、中型企业和大中型企业，各消费群体具有以下特点。

①营业收入小于1亿元的微小企业。这类企业往往因为自身体量较小，在银行很难拿到贷款，或者通过企业负责人个人房产等抵押在银行能获得非常有限的贷款，企业需要发展，需要资金支持，在金融环境不发达时期，他们甚至选择民间借贷，相对而言能给这样企业以资金支持的，融资租赁恐怕是最好的选择。从租赁物件上看，客户如果选择直租项目合作，其购置新设备一般为100万～500万元，因为体量较小，如果不选择和厂家或者代理商直接分期采购，一般会选择融资租赁。如果是单纯融资，该类企业可以做售后回租的租赁物件的原值一般在1 000万元以下。从风险角度考量，这种客户因

为自身现金流较差，可变现资产不多，风险相对较大。

②营业收入1亿~3亿元的小型企业。这类企业相对于微小企业，产值相对较大，企业在大型银行和当地商业银行能获取一定贷款支持，但是贷款利率上浮也较高。其贷款综合成本一般为年利率8%~13%，自用贷款额度一般小于3 000万元，很多这样的企业也能获得政府机构帮助取得贷款，一般是政府用土地进行抵押，通过其他担保公司进行操作，帮贷规模一般为1亿元左右。这类企业相对微小企业发展要稳健，一般会考量资金的综合成本，但是由于他们可以获取的银行贷款有限，一般会考虑融资租赁产品。这类企业有时会选择经营性租赁产品，购买新设备一般会考虑融资。设备价值一般为500万~1 000万元，小于500万元的设备融资可能性较小。单纯从融资的角度看，这类企业在操作售后回租情况下，租赁物件原值一般为3 000万~5 000万元，对于售后回租可操作性较强。从风险角度看，这类客户体量相对还可以，现金流比较稳定，拥有一定的资产，具有一定的短期变现能力，风险对抗能力相对还可以，风险适中。

③营业收入3亿~20亿元的中型企业。这类企业被定义为中型企业，企业的经营管理较为规范，产值规模较大，凭借自身的实力在四大行和其他商业银行均有一定规模的贷款或者授信额度，利率一般在基准利率上浮30个点以下。但是因为银行受国家政策影响，贷款有时候会收紧，这时融资租赁成为这些企业融资的一个非常必要的手段。他们一般对成本比较关心，尽量短期使用资金，付出较小的财务成本。从产品形式上，这类企业选择租赁公司的产品主要是直接资金，主要以售后回租产品和保理产品为主。在租赁物件上，这样的企业可作为租赁物件的固定资产原值一般为一两亿元，相对来讲较为充足。在风险层面上，这类企业因为自身资产状况较好，融资手段较多，现金流较好，短期变现资产较多，风险较低。

④营业收入20亿~60亿元的大型企业。这类企业相对于上述提及的企业，产值很大，在四大行和当地商业银行能获取非常大的贷款支持，贷款利率较低，但是因为这类企业自身资金需求量较大，为了自身发展，银行的贷款不能满足其自身的资金需求。因此这类企业除了主要使用银行贷款还以融资租赁公司和信托等作为企业其他融资手段。融资租赁多是用于银行没有及时续贷或者临时重大项目资金占用等方面。这类客户租赁物件原值一般也是一两亿元，因为单体项目金额大，他们的租赁物件如果在上期合作没有结束的情况下，容易造成租赁物件不足。这类客户基本是国企背景或者地方龙头企业，自身经营管理和投融资方面都非常规范，风险极低。

以上几种消费群体的不同特点见表8-3。

表8-3　　几种消费群体不同的特点

营业收入	银行贷款情况	租赁物件	风险等级	租赁合同额占比/(%)
小于1亿元	贷款少，难贷款	不足或无	高	10
1亿~3亿元	贷款一般，贷款不够用	有一定租赁物件	适中	30

续表

营业收入	银行贷款情况	租赁物件	风险等级	租赁合同额占比/(%)
3 亿~20 亿元	贷款较多，政策影响贷款而选融资租赁	租赁物件较多	较低	40
20 亿~60 亿元	贷款很多，资金需求量大而选融资租赁	租赁物件较多	低	20

2. 远东租赁公司市场细分情况分析

（1）市场细分的方法。一般来讲，可以从以下几个角度对融资租赁市场进行细分。

首先，可按照行业的不同来对客户细分。从国内外融资租赁行业发展的经验上看，目前融资租赁行业在农业科技、食品、能源、环保、医疗、印刷、飞机、办公设备、信息技术融资、工程机械、船舶及工业设备等行业发展较好。其次，可以按照客户的规模不同进行划分，比如按照客户的总资产或者总收入不同来划分，也可以按照市场占用率不同来划分客户的规模。此外，还可以按照客户企业的性质不同来划分，比如民营企业、外资企业和国有企业等。

（2）对融资租赁市场进行细分。如果就传统的产品而言，销售任务的完成在于发现目标客户需求后，客户用钱购买产品，公司实现销售利润。从产品的生产到最终产品销售即完成了一个闭环，产品交易伴随购买行为结束而结束。而融资租赁产品则大不相同，发现客户需求，实现客户融资后租赁，公司和客户的交易并没有结束，而仅仅是一个开始。因为租赁公司作为资金的提供方，在合同期内要收回客户全部融资租赁款，只有完成租赁款的回收，项目才可以结束，而该过程一般需要 1~3 年，甚至更长时间。因此从风险的角度看，融资租赁产品的销售周期长，增加了租赁公司的风险。

对融资租赁产品有需求的客户的发掘仅仅是租赁公司开展业务的第一环节，接下来最重要的是如何在租赁合同期限内，安全及时地回收租赁款。只有租赁款如期全部安全回收，租赁公司才能真正实现利润。租赁公司业务开发过程中的难点不是寻找有资金需求的客户，而是具有良好经营实力和租金偿还能力的优质低风险客户。从某种意义上看，融资租赁类似于风险投资，只不过这里的投资并不是股权投资，而是一种债权投资，收益与安全同等重要。

3. PEST 分析

融资租赁行业在中国的起步相对发达国家较晚，其发展可谓一波三折。但是从国家总体的宏观政策上看，一直是想让该行业健康发展。我国作为一个发展中国家，政局稳定，金融行业快速发展。近几年来，国家出台很多相关政策促进融资租赁行业健康发展。2010 年银监会签发《中国银监会关于金融租赁公司在境内保税地区设立项目公司开展融资租赁业务有关问题的通知》，给予金融租赁公司政策支持，意在促进租赁行业发展。

2010 年 4 月，国家税务总局出台《融资租赁船舶出口退税管理办法》，从税务角度减轻企业负担，鼓励融资租赁。

2010 年 6 月，央行、银监会、证监会、保监会联合发布的《关于进一步做好中小企业金融服务工作的若干意见》中，提出要对融资租赁大力发展，要给中小企业营造好的外部环境，以便开展融资租赁业务。通过对融资租赁业务的监管，使得融资租赁行业进一步规范、健康发展。

2011 年 1 月，央行批准国银租赁、民生租赁和招银租赁进入银行间同业拆借市场，进一步拓宽了租赁公司的短期融资渠道，从国家宏观政策趋势来看，进一步鼓励了融资租赁行业的发展。

2011 年 8 月，商务部和银监会发布的《关于支持商圈融资发展的指导意见》中指出，中小商贸类企业融资难，提出发展商圈融资的意义重大，同时认为适合商圈融资的模式应该推广，提出商务主管部门应该鼓励商圈内比较适合的商贸企业参与融资租赁。

2013 年财税〔2013〕37 号文出台，按照该文件，出租人需要将原来本金开收据，利息开发票变为全额开票。如果按照该政策执行，出租人在回租赁业务上的税负要比原来增加 9 倍多，同营业税的税负比较要增加 24 倍。因此当 2013 年 8 月开始实施这一政策的消息出来后，对于融资租赁全行业来讲，无疑是一脚急刹车。如果这一政策真正实施，对于融资租赁行业应该是一个毁灭性的消息。因为对于现在的市场，80% 以上的租赁业务基本都是回租。也就是很多公司面临亏损或者倒闭。上海市暂时给予原来缴纳营业税的租赁公司 14 个点的退税，以便企业可正常运转。到 2013 年 10 月，国税总局又暂缓了 37 号文，目前在商务部、银监会和龙头租赁公司的共同努力下，出台了征询意见。

从宏观政策上看，国内经济近年来稍有下滑，政策一直是鼓励和促进融资租赁行业发展的。尽管 37 号文给融资租赁公司的主要业务售后回租一个致命打击，但是国家政策的初衷是促进行业健康发展，鼓励资金投入实体经济。

4. 五力分析

（1）新进入者的威胁。融资租赁行业因为受到政策和国内经济等因素影响，近年来发展较快，但是想要真正做大，必定要依托资金规模优势。由规模经济所引起的进入壁垒对国内将要注册的融资租赁公司可能有一定的影响。中国对融资租赁公司的主要准入要求见表 8 -4。

从表 8 -4 不难看出，外资融资租赁公司进入门槛相对较低，这也和当年中国融资租赁公司各类型占比相对应。截至 2018 年年底，金融租赁公司 20 家，内资租赁公司约 80 家，而其余都是外资租赁公司。该行业对资金要求和企业经营管理等都有很高的要求，相对来讲，进入壁垒较高。

远东租赁公司作为该行业领导者，整体资产规模目前有 600 多亿元，净资产约 130 亿元。注册资金在所有租赁公司中排名前三，其实力较为雄厚。因此在新进入者中，真正能与远东租赁公司抗衡进而产生影响的租赁公司并不多。而 2018 年正式成立的 P 公司依托其集团强大的背景，各方面实力均很有竞争力，因此远东租赁公司如今也面临新进入者较为严重的威胁。

表 8－4　　中国对融资租赁公司的主要准入要求

租赁公司类型	法律约束	主要准入要求
金融系租赁公司	《金融租赁管理办法》	出资人应满足下列条件之一： ①中国境内外注册的具有独立法人资格的商业银行——资本充足率满足当地金融机构要求且不低于 8%；最近一年年末资产不低于 800 亿元人民币或等值的自由兑换货币；最近两年连续盈利。 ②在中国境内注册的租赁公司最近一年年末资产不低于 100 亿元人民币或等值的自由可兑换货币；最近两年连续盈利。 ③在中国注册的、主营业务为制造、适合融资租赁交易产品的大型企业——最近一年的营业收入不低于 50 亿元人民币或等值的自由可兑换货币；最近两年连续盈利；最近一年年末净资产不低于 30%；主营业务销售收入占全部营业收入的 80% 以上。 ④中国银行业监督管理委员会认可的可以担任主要出资人的其他金融机构
内资融资租赁公司	《商务部国家税务总局关于从事融资租赁业务有关问题的通知》	①2001 年 8 月 31 日（含）前设立的融资租赁企业，最低注册资本应达到 4 000 万元；2001 年 9 月 1 日至 2003 年 12 月 31 日期间设立的内资租赁企业，最低注册资本金应达到 17 000 万元。 ②具有健全的内部管理制度和风险控制制度。 ③拥有相应的金融、贸易、法律、会计等方面的专业人员，高级管理人员应具有不少于 3 年以上的融资租赁从业经验。 ④近两年经营业绩良好，没有违法违规记录。 ⑤具有与从事融资租赁产品相关的行业背景。 ⑥法律法规规定的其他条件
外资融资租赁公司	《外商投资租赁业管理办法》	①外商投资融资的租赁公司的注册资本不低于 1 000 万美元，注册资本为实缴货币资本（目前政策倾向于扶持注册资本 2 亿元人民币或 3 000 万美元以上的融资租赁公司）。 ②拥有相应的金融、贸易、法律、会计等方面的专业人员，高级管理人员应具有不少于 3 年以上的融资租赁从业经验。 ③有限责任公司形式的外商投资融资租赁公司的经营期限一般不得超过 30 年

（2）现有竞争者。在融资租赁行业内，远东租赁公司虽然处于行业领先地位，但还是有一些竞争对手的。概括地讲，可以将远东租赁公司的竞争对手分为三大类：银行背景的金融租赁公司（如民生租赁、工银租赁、交银租赁等）、厂商系租赁公司（如卡特比勒、中联重科等）、与远东租赁公司性质类似的独立的第三方融资租赁公司（皖江租赁等）。

①银行系金融租赁公司。如表 8－4 中列示，自从新的《金融租赁公司管理办法》实施以后，银监会先后批准了建银租赁、工银租赁、交银租赁等一大批银行背景的金融租赁公司。银行系金融租赁公司凭借自身出资者（商业银行）强大的背景，拥有先天

的资金获取优势，同时其资金成本也相对较低，比如工银租赁刚成立时，注册资本只有20亿元，而对于主要做大客户的工银租赁而言，20亿元资金很容易就会用完，但是其背后有银行支持，银行系租赁公司可以在同行业进行拆借，2018年工银租赁获得各商业银行人民币授信累计735亿元，而同行业拆借的成本也远远低于其他类型公司的资金获取成本。类似工银租赁、交银租赁等租赁公司也具有如此的优势，这就基本解决了租赁公司面临的两大难题：其一，租赁业务是否能做大；其二，寻找充足资金支撑业务发展。然而银行系租赁公司在业务开展上没有技术优势，他们自身对于设备及行业知识的掌握并不多，也没有融资租赁行业的专业经验，基本上将融资租赁作为类信贷业务去开展。

从目标客户群体上看，这些资金实力较为雄厚的银行系租赁公司不约而同地将主要业务放在了飞机、船舶以及其他大型设备上。他们人员规模不大，单体项目金额较大，而且经常通过战略合作的形式签订大额项目。如工银租赁就与海航集团旗下大新华快运航空有限公司正式签署了关于相关飞机的售后回租协议，总价值约10亿元人民币。而远东租赁公司则主要专注某些特定行业的公司，其业务主要集中在医疗、教育、建设、航运、工装、印刷包装等行业。尽管早期涉足了飞机等大型设备行业，但后期随着发展，根据自身特点果断放弃了飞机、船舶等大型设备行业。因此，远东租赁公司与国内的银行背景的融资租赁公司竞争有限。尽管近年来，很多银行背景的租赁公司开始涉足远东租赁公司所布局的行业，但是相对远东租赁公司来讲，银行背景租赁公司的营销团队对行业的理解和认识深度不及远东租赁公司，因此银行背景的租赁公司对企业的评估不及远东租赁公司，与客户的沟通上也不及远东租赁公司。

②厂商系租赁公司。厂商系租赁公司主要是指以设备生产和销售为背景的企业集团依托自身强大的资金实力而设立的租赁公司。这些租赁公司基本上只为自己集团所生产和销售的设备进行融资服务。目前在我国比较有代表性的企业有沃尔沃集团旗下的沃尔沃租赁，主要以路面机械租赁为主；国内比较有代表性的是中联中科。厂商系租赁公司的特点是：开展融资租赁业务主要是为其母公司产品销售提供方便，以增强集团综合竞争力。他们所从事的融资租赁业务较为有限，不同于银行系和其他租赁公司，厂商系租赁公司基本上以直租为主，不会有回租和其他金融产品。与厂商系租赁公司相比，远东租赁公司开展的租赁业务是以盈利为第一目的，而厂商租赁公司的第一目的是促进和优化母公司产品销售，为母公司创造竞争优势，服务于集团。因此厂商系租赁公司对于远东租赁公司的竞争有限。但是单就设备采购客户而言，厂商系租赁公司因为其很早就介入设备选型环节，往往比远东租赁公司具有先天优势。从直租产品上看，远东租赁公司在竞争中肯定处于弱势，但是如果设备采购商除了购买设备需要融资，还想直接融资，那么厂商系租赁公司往往可以将客户推荐给远东租赁公司，从这个角度上看，二者变为了一种合作的关系。

（3）替代品威胁。国内四大行及其他商业银行、外资银行可以直接对企业进行融资贷款，但是融资贷款对企业要求较高的同时一般还会涉及土地和房屋的抵押。而能从银行取得融资贷款的企业一般也不会考虑融资租赁，因为租赁公司的融资成本相对于银行是较高的。而远东租赁公司瞄准的是银行贷款不够用，而且也无法从银行再取得贷款的公司，从这点上看，远东租赁公司替代品的威胁还是较小的。

（4）供应商讨价还价的能力。远东租赁公司作为一家从事融资租赁服务的公司，其上游供应商主要是银行。尽管远东租赁公司的实力较为雄厚，集团背景也比较大。但是相对银行来讲，在资金获取上的议价能力有限。因此供应商往往处于强势地位。这一点其实对整个行业都是类似的。但是相对来讲，将很多体量较小的公司与远东租赁公司进行比较，他们劣势更为明显。如果与银行背景的金融租赁公司比较，那显然远东租赁公司仍不及这类公司。

（5）顾客讨价还价的能力。远东租赁公司所服务的客户基本是中小型企业，因为这些企业规模不大，往往没有很多资产用于银行抵押贷款，同时信用担保也往往是他们在银行融资的一道门槛。通过融资租赁的形式，中小企业可以取得资金支持，而包括远东租赁公司在内的融资租赁公司对中小企业融资评估时，看的不仅是和银行类似的实质资产情况，更关心企业的经营状况、盈利能力和项目的经济利益。作为出租人，租赁公司一般对自己进行融资业务的行业都有比较深入的研究，有专业的研究人员来衡量项目的盈利性，故而对客户的门槛要求相对较低，一般也不需要第三方担保，非常有利于规模不大的中小企业进行融资。如此一来，租赁公司自然在价格上有一定的控制性。

5. SWOT 分析

根据以上 PEST 分析以及五力分析，可以从外部环境和企业内部环境总结出远东租赁公司发展中的机会和威胁以及优势和劣势，简单地概括见表 8－5。

表 8－5　　远东租赁公司发展中的 SWOT 分析

企业内部环境		企业外部环境	
优势	产品创新能力较强； 风险控制能力较好； 人力资源团队相对优越	机会	国家法律政策支持，规范促进行业发展； 经济发达，产业结构升级，促进融资租赁行业发展； 融资与融物结合，表外融资，优化财务结构，有助于中小企业； 行业有一定的进入壁垒； 目标顾客群议价能力相对较弱
劣势	融资能力相对主要竞争对手较差，融资成本相对较高； 业务获取能力相对主要竞争对手较差； 人员流失率严重； 流程效率相对较低	威胁	《财政部　国家税务总局关于在全国开展交通运输业和部分现代服务业营业税改征增值税试点税收政策的通知》对于主要融资租赁产品售后回租增大税赋

参考文献

［1］田永辉．PA 融资租赁公司市场营销战略研究［D］．武汉：华中科技大学，2015.
［2］王一凡．融资租赁业务发展思考［J］．金融经济，2016（16）：133－134.
［3］陈茂林．基于营销创新的融资租赁方案设计分析［J］．企业改革与管理，2017（8）：90－91.

[4] 刘玮奇. 腾远汽车租赁公司市场营销策略研究 [D]. 长春：吉林大学，2018.
[5] 裴玉婷. 我国中小企业融资租赁的现状及创新发展 [J]. 西部皮革，2019 (4)：80.

案例使用说明

一、教学目的与用途

（1）适用的课程：金融机构经营管理。

（2）适用的对象：金融硕士或开设金融机构经营管理课程的高年级金融学专业本科生。

（3）教学目的：①掌握融资租赁的概念，融资租赁的优势、劣势，存在的风险；②了解融资租赁公司的经营模式、盈利模式以及存在的弊端和未来的发展方向；③了解融资租赁公司在市场上面临的竞争和营销策略。

二、启发思考题

（1）融资租赁和经营租赁的区别是什么？各自有什么优劣势？

（2）结合远东租赁公司营销情况，说明融资租赁公司应该如何在其他融资机构的竞争中寻求发展。

（3）评价远东租赁公司营销策略。

三、分析思路

（1）融资租赁和经营租赁的区别是什么？各自有什么优劣势？该问题主要涉及基础的金融市场知识，旨在让学生更深刻地理解融资租赁的概念，其重点在于“融资”二字，这也是金融市场最基本的功能。

（2）结合远东租赁公司的营销情况，说明融资租赁公司应该如何在其他融资机构的竞争中寻求发展。这个问题主要考查学生对融资租赁公司与其他融资机构，如银行、信贷公司存在的优势和劣势，让学生思考融资租赁公司是否应该主动去和银行竞争等问题。主要可从以下几方面解释：融资租赁相对于银行贷款成本更高，但门槛更低，更符合国家对于中小企业扶持的大方向。至于是否应该主动去和银行竞争客户，则是一个开放性问题，可以考查学生对金融市场的理解深度。

（3）评价远东租赁公司营销策略。这是一个综合性的问题，要从不同的角度进行解答，如对营销人员的管理、激励、奖惩机制和升迁机制以及对客户的开发与维护，与银行的竞争与合作方面，以及对不同行业的市场细分等方面进行思考，并分析出其中的优点以及存在的问题，让学生全方面地了解融资租赁公司在营销上的独特之处。另外，可结合其他金融机构、非金融机构的营销策略，加深理解。

第 9 章　金融机构风险管理案例分析

9.1　安信信托风险管理研究分析

信托业早已发展成为支撑经济发展的重要行业。2018 年下半年，宏观经济下行压力增大，中央政策基调由“强监管、去杠杆”转向“稳增长、稳杠杆”，2019 年第一季度以来，“宽货币”向“宽信用”传导效率改善，信托融资需求回暖，尤其是基础设施领域，叠加经济预期改善、前期通道乱象整治缓释风险，2018 年被动收缩趋势逐渐收敛，信托主动投放意愿增强。从整个行业的发展情况来看，信托行业规模的增长态势正在减弱、增速有所放缓。

截至 2019 年第一季度末，全国 68 家信托公司受托资产规模为 22.54 万亿元，较 2018 年第四季度末下降 0.7%，降幅进一步减少；同比增速较 2018 年第一季度末的 16.6%放缓至 -12.0%。固定资产规模为 7 270 亿元，较 2018 年第四季度末增长 1.1%。信托行业风险项目 1 006 个，规模为 2 830.59 亿元，信托资产风险率为 1.26%，较 2018 年第四季度末上升 0.28 个百分点。

2018 年作为《关于规范金融机构资产管理业务的指导意见》（资管新规）出台后的第一年，经济运行稳中有变，外部不确定性增加，企业信用违约风险上升，股票质押业务风险凸显，身处其中的信托业也深受影响。2018 年，信托项目违约事件的发生频次远高于 2017 年，金额也较 2017 年出现较大增长。信托行业的“刚兑”招牌在监管严令禁止和风险事件频发的夹击中已经名存实亡。据媒体的公开信息整理，2018 年，信托业发生的踩雷项目 77 个，涉及金额 296.58 亿元。2018 年信托行业风险事件频发既有客观原因也有主观原因，客观原因是前几年信托业高速扩张，埋下隐患，信托项目兑付高峰期到来；企业的盈利能力下滑，现金流持续紧张；国家推进金融去杠杆进程，使企业面临融资渠道收紧的窘境。主观原因是信托公司的风险控制出现问题：事前调查的失职、事中监控的乏力、事后处置的拖沓等。

面对 2019 年宏观经济下行环境，信托公司应在制度上、公司内部的经营管理、业务营销等方面进行创新。不断规范自身的业务开展流程对内部风险管理和产品的后续管理等方面进行更科学的管理，落实银保监会等监管机关的各项要求，以获得长远的发展。

9.1.1 安信信托经营概况

安信信托（股票代码：600816）是中国唯一在上交所上市的信托公司，主体信用等级获大公国际资信评估公司 AA+评级，评级展望为稳定；是首批被纳入 MSCI 新兴市场指数的中国 A 股公司；2017 年、2018 年度入选福布斯亚洲最佳中小上市企业榜。其经营范围有：资金信托，动产信托，不动产信托，有价证券信托，其他财产或财产权信托，作为投资基金或者基金管理公司的发起人从事投资基金业务，经营企业资产的重组、购并及项目融资，公司理财，财务顾问等业务，受托经营国务院有关部门批准的证券承销业务，办理居间、咨询、资信调查等业务，代保管及保管箱业务，存放同业、拆放同业、贷款、租赁、投资方式运用固定财产，以固定财产为他人提供担保，从事同业拆借，法律法规规定或中国银行业监督管理委员会批准的其他业务，上述业务包括外汇业务。

截至 2018 年年末，安信信托共实现营业收入 20 465.01 万元，归属于母公司的净利润 -183 279.62 万元。2018 年年末，总资产 3 153 620.19 万元，比 2017 年年末增加 641 008.63 万元，增幅为 25.51%，负债总额 1 881 478.25 万元，资产负债率 60%，比 2017 年年末上升 24 个百分点。

9.1.2 安信信托业务概况

1. 安信信托业务的发展情况

安信信托在国家《信托法》《信托公司治理指引》等法律和银监会、证监会的监管之下，开展了多种信托业务。其资产结构见表 9-1。主要的信托种类有股权类信托、证券类信托、融资类信托、艺术品信托、房地产信托、公益信托和另类信托等。目前经营的主要业务包括固有业务和信托业务。固有业务包括固有资金存贷款及投资业务；信托业务主要由其下设的各信托业务部门负责经营，其又分为主动管理型（见表 9-2）和被动管理型（见表 9-3），安信信托以主动管理项目为主。

表 9-1　　安信信托资产结构　　单位：万元

信托资产	2017 年	2018 年
集合	13 840 731.19	14 620 133.74
单一	8 964 803.72	5 884 263.53
财产权	449 597.34	2 863 446.43
合计	23 255 132.25	23 367 843.70

资料来源：安信信托 2018 年公司年度报告。

表9-2　安信信托主动管理型信托种类结构　单位：万元

主动管理型信托资产	2017年	2018年
证券投资类	—	—
其他投资类	9 405 094.24	9 361 209.05
融资类	6 445 954.58	7 057 282.20
事务管理类	—	—
合计	15 851 048.82	16 418 491.25

资料来源：安信信托2018年公司年度报告。

表9-3　安信信托被动管理型信托种类结构　单位：万元

被动管理型信托资产	2017年	2018年
证券投资类	—	—
其他投资类	—	—
融资类	6 523.97	—
事务管理类	7 397 559.46	6 949 352.45
合计	7 404 083.43	6 949 352.45

资料来源：安信信托2018年公司年度报告。

2. 安信信托的业务流程

安信信托从事和开展信托业务，可以分为以下几个阶段：项目立项阶段、方案阶段、合同阶段、方案实施阶段、投后管理阶段、终结阶段等。项目立项阶段主要包括项目的初步立项、立项审批流程这两个时间节点。方案阶段包括方案阶段的业务流程、项目评估咨询、立项审批、法律服务与支持申请阶段，项目方案审批审核阶段。合同阶段主要是指对合同的起草，风控部、合规部进行审查，总经理进行审核批准等过程。方案实施阶段主要包括信托资金的筹集、信托专门账户的开设、信托合同的签署、担保和抵押质押手续的办理、出资等工作的办理。投后管理阶段主要包括业务组进行贷后的管理，资金的划付，信托方案的调整和修改等工作。终结阶段主要包括项目终结的认定、进行信托项目的清算、档案的移交等工作。

3. 安信信托业务经营的特点

安信信托以基于产业的主动管理信托业务作为核心主业，以“实业投行”为战略定位，以产融结合的模式和股债联动的投资方式，灵活运用多种创新金融工具，根据不同产业及企业的特性，致力于在资产端为实业企业提供全方位、个性化的创新金融服务方案，在客户端提供多元化、多层次的投资理财产品，构建连通资产管理与财富管理的桥梁，以客户为中心着力打造信托行业特色的财富管理平台。其固有业务以自有资金服务主业为宗旨，以安全性、流动性、低风险性为投资原则，布局具备成长性的优质金融资产，在获取稳定投资收益的同时谋求协同发展效应。

9.1.3 安信信托风险管理过程

1. 安信信托业务风险管理体系

资管新规提出了严控风险的底线思维，要减少存量风险，严控增量风险。风险管理是未来信托公司核心竞争力的重要组成部分。安信信托也在不断加强合规风险控制建设，提升风险抵御能力。安信信托业务风险管理体系分成合规经营、风险管理和控制及投资监管三个方面。

在合规经营方面，坚持“合规先行和合规创造价值”的理念，完成了行业评级、监管评级自评、信托产品预登记，保障各类业务合规展业，落实各项监管意见并整改，通过培训、考试等方式，在公司营造全员合规的文化氛围。

在风险管理和控制方面，实行单客户集中度管理，进一步完善风险治理结构，通过完善风险考核体系等顶层设计、重管理、重拨备，从底层资产的架构设计等方面，把风险管控的责任落实到人，权责利事先确定，明确问责机制。同时，将风险管理、业务导向等指标纳入激励与考核体系中，建立事务督办单制度，明确责任人、督办人、要求落实的事项、完成时间及效果等，杜绝推责现象发生。

在投资监管方面，一方面，继续严格落实各项监管工作，确保项目资金安全，包括强化项目监管、增加巡检频次、加强对新员工的培训、完善信息系统等；另一方面，根据公司《信托业务流动性风险管理办法》的有关要求，不定期提示在项目监管过程中发现的潜在流动性风险事件，确保项目经营及资金信息及时对称。同时，每日关注各项目可调用自由现金流，实现公司临时需求与交易对手资金优化的双向匹配。

2. 安信信托风险管理流程

安信信托针对经营过程中面临的各种金融风险（信用风险、市场风险、流动风险、操作风险等其他风险）进行风险管理。

（1）信用风险管理。安信信托的信用风险管理主要通过客户准入、客户评级、限额管理、授信管理、大客户集中度管理、授信担保管理、评审要求和流程管理、风险分类管理等手段进行风险控制和防范。信用风险管理主要有以下措施：一是严格客户准入标准，实行黑白名单制管理；二是对交易对手进行集中授信，限额管理；三是每月对大客户的信用集中度情况进行定期监测；四是对授信抵押担保条件进行了严格的规定；五是重新梳理相关业务的评审管理办法和流程，按照项目种类（融资类、投资类）分别评审并统一决策；六是要求加强对交易对手的尽职调查工作，并由风险管理部及法律合规部初审人员到项目现场进行初步审核，提示项目风险、制定并落实风控措施，必要时，会聘请外部独立专家客观、公正地提出专业意见；七是对信托资金的投向在单个法人机构、区域、行业上进行合理布局，避免区域性、行业性的信用风险规模化爆发；八是对交易对手进行动态管理，在资金发放后，业务部门、风险管理部等定期或不定期地进行贷后检查和抽查，形成检查报告，发现问题及时预警、及时处理。

（2）市场风险管理。在市场风险管理方面，安信信托加强对宏观经济走势及金融形势的分析和研判，在支持服务实体经济时，注重对行业政策研究，加大对国家鼓励类行业的投资力度，严格限制类行业的投资；在对具体项目进行尽职调查时，将风控前移，与业务部门一起参与尽职调查；聘请行业专家进行行业知识讲座，聘请咨询机构提供行业研究咨询报告，在投资决策过程中充分考虑信托行业专业意见或建议。在投后管理方面，公司积极地组建自己的产业管理团队，将有经验的产业专家纳入被投资企业的高级管理团队之中，参与企业后期的运营和管理。在退出方面，可为被投资企业提供增值服务，积极寻求被投资企业通过并购、重组、股权转让等多种退出渠道。比如，在房地产项目上，按照监管部门的要求统一开展房地产项目的压力测试，并根据国家对于房地产市场的调控和市场的反映情况，实时地调整测试参数，定期向高级管理层汇报，严防房地产市场的市场波动风险。二级股票市场项目上，主要采用引入投资顾问、净值定期报告制度、盯市、设置预警平仓线等措施，防范市场风险。

（3）流动风险管理。在流动风险管理上，按固有业务和信托业务进行分类管理。

在固有业务方面，安信信托为了加强流动性管理，按照年初的计划安排，对可运用的固有资金的投向（如银行存款、贷款、交易性金融资产、可供出售的金融资产、股权投资等）比例进行调整，留足一定比例（总资产 8% ~10%）的可随时变现的有价证券和银行存款，防范突发的流动性风险事件；同时，通过监控现金余额、可随时变现的有价证券以及对未来 12 个月现金流量的滚动预测，确保在所有合理预测的情况下拥有充足的资金偿还债务；此外，与多家金融机构达成战略合作，必要时给予不同程度的同业授信额度和流动性支持额度，防范流动性风险。

在信托业务方面，要求合理预测并实时监控单个信托项目的现金流入流出情况，对存续信托项目则按月进行流动性风险排查，排查 6 个月之内到期的信托项目的资金兑付压力，对大额到期兑付项目予以重点关注，未雨绸缪，防范信托业务的流动性风险。

（4）操作风险管理。在操作风险管理方面，定期重新梳理内控制度、业务流程，对业务评审、业务签报、合同用印等流程进行了规范，同时，加大了业务操作流程方面的培训力度。在项目投后监管的操作风险防控上，公司风险管理部积极探索扩大投资监管的范围，覆盖主动管理的投资类、融资类、基金类项目及平台公司；改变驻场人员的用工模式；提高选人用人标准，使驻场监管体系走向专业化、标准化、规范化。项目后续管理环节方面，除原先重点关注的资金安全、节点管理、销售管理、成本管理、现金流管理、信息系统电子化、操作标准变化管理之外，增加了客户目标管理、项目经营情况管理、支付操作安全性管理、投资监管员内部稽核，监管手段标准化；信息系统建设方面升级了付款、用印审批系统，付款授权审核，建设投资监管系统，对接客户财务系统，实时掌握项目终端财务数据及运营数据；对监管人员的稽核方式也在原来项目巡检、风控经理深度、全方位风险排查的基础上，增设稽核岗，实行人员轮岗制。按照上述2.0版的投资监管体系，驻场监管人员有了标准化的动作、标准化的流程；驻场监管人员凝聚力、使命感增强，监管总部层面参与项目评审、项目公司重大决策等会议，通过制度设计，实现项目公司高级管理层与公司的目标的统一；实时稽核、巡视驻场管理的标准化动作，用严谨、可操作的制度、流程约束来加强对项目过程管理的整体把控。

9.1.4 安信信托风险管理的对策建议

安信信托的风险管理具有完善的风险管理体系和机制，业务中风险管理措施全面且有效，风险管理中的职责分工明确；也有全过程风险监测体系、完善的项目风险分级应对机制；更有资产端的风险管理和产业布局。针对安信信托现有的风险管理，建议如下：一是完善宏观层面风险管理，比如加大对国家政策、法律法规、社会因素变化的影响力等研究力度；二是完善企业间风险管理，比如加强与银行、同业、券商、基金公司等金融机构合作，建立与地方政府和大型产业集团的合作；三是完善内部风险管理，比如建立健全各项风险管理制度，完善治理机制和内控体系，利用大数据与科技手段完善授信审查过程，加强主动风险管理，全面履行受托责任等。

参考文献

[1] 胡伟．反思与完善：资产收益权信托之检视：兼析安信信托“昆山纯高”案［J］．华北金融，2013（8）：15－19.

[2] 沈雅琴，张强．从安信信托案看财产收益权信托业务的风险及防控措施［J］．杭州金融研修学院学报，2015（4）：15－18.

[3] 陈洪杰．安信信托25项目118亿逾期　踩雷A股一笔勾销逾16亿［N］．第一财经日报，2019－06－10（A08）.

[4] 郭嘉熙．从安信信托纠纷看银信合作的风险与防范［J］．中国市场，2015（22）：53－54.

[5] 杨玉莹，潘自强．属于会计差错更正还是财务舞弊？——基于安信信托的案例分析［J］．中国注册会计师，2019（10）：123－125.

案例使用说明

一、教学目的与用途

（1）适用课程：金融机构经营风险管理、信托业风险管理。

（2）适用对象：主要为金融硕士研究生开发，适合有一定金融基础知识和风险管理理论的学员学习。此外，也供金融学各专业本科生使用。

（3）教学目的：本案例主要以安信信托公司为研究对象，通过对安信信托业务发展现状的分析，研究安信信托的信托风险管理体系和风险管理流程，分析安信信托在风险管理过程中的亮点，以供其他信托企业借鉴学习。具体目标分为以下三方面：①分析信托公司的风险类型和风险来源，以及对其风险管理方法综述，让学员对信托公司的风险和风险管理有一定的理论认识。②对安信信托的经营情况和业务发展进行分析，以便于更好地理解安信信托的风险管理的过程。③针对安信信托现有风险管理中的优秀措施，提出宏观、中观与微观三个层面的风险管理建议。

二、启发思考题

（1）安信信托的风险管理是否对信托行业内的其他公司有良好的借鉴作用？

（2）新资管出台对信托公司的影响到底有多大？对信托业务的哪些方面有影响？

（3）信托业的风险预警机制是否能有效服务信托业务？

（4）信托公司是否需要通过上市进行资本扩张？

（5）宏观经济变动对信托公司发展的影响有哪些？

三、分析思路

（1）信托公司有哪些独特的风险，这些风险来源有哪些？理论上风险管理方法有哪些？

（2）分析安信信托的经营概况、业务发展情况和业务经营特点。

（3）分析安信信托业务风险体系和不同风险类型的风险管理流程，解析安信信托风险管理的内容和特征。

（4）提出完善安信信托风险管理的对策建议，使其风险管理效果更佳。

9.2　包商银行被接管——中小银行要筑牢风险屏障

金融是现代经济的核心，商业银行是金融系统的重要组成部分。商业银行的稳健经营是整个经济体系健康稳步发展的前提。商业银行的稳健经营与风险控制问题也一直是监管部门重点关注的领域。

金融的本质是经营风险。自商业银行成立以来，一直面临着风险控制的问题。2019 年 5 月 24 日，央行和中国银行保险监督管理委员会（以下简称银保监会）联合发布公告宣布对出现严重信用风险的包商银行实行为期一年的接管，引发市场关注。此次监管是近 20 年以来监管机构再度出手整治问题银行。在金融供给侧结构性改革的大背景下，包商银行事件有其特殊性，同时也反映了部分中小银行共同存在的问题，需正视中小银行在发展过程中面临的压力及存在的风险，未来金融监管及货币政策协同发力时，商业银行也要严守合规底线，筑牢风险屏障。

9.2.1　走进包商银行

1. 公司简介

包商银行成立于 1998 年 12 月，是内蒙古自治区最早成立的股份制商业银行，前身为包头市商业银行，2007 年 9 月经中国银监会批准更名为包商银行。截至目前，包商银行在内蒙古自治区内的包头、赤峰、巴彦淖尔、通辽、鄂尔多斯、锡林郭勒、呼伦贝尔、呼和浩特、兴安盟、乌兰察布、乌海、阿拉善、满洲里、二连浩特和自治区外的宁波、深圳、成都、北京设立了18家分行、291个营业网点（含社区、小微支行），员工8 000多人；此外，发起设立了包银消费金融公司，设立了小企业金融服务中心，发起设立了北京昌平、天津津南、江苏南通、大连金州、四川广元、贵州毕节、吉林九台、河南郾城、山西清徐等29家村镇银行；机构遍布全国16个省、市、自治区。2016年年底，包商银行资产总额4 183亿元，各项存款余额1 821亿元，各项贷款余额1 448亿元。

包商银行是中国银监会评定的首批风险最小（二级）的七家城市商业银行之一，监管风险评级连续多年保持在二级水平。近几年，包商银行先后荣获“全国文明单位”“全国小企业贷款工作先进单位”“全国小企业金融服务先进单位”“内蒙古最具社会责任感企业”“内蒙古社会责任最佳公益慈善贡献奖”等奖项。李镇西董事长荣获“2015—2016年全国金融系统企业文化建设标兵”“2015年全国劳动模范”“2012年度社会责任引领人物奖”“2011年度全国五一劳动奖章”等荣誉。中央电视台《新闻联播》《对话》《经济半小时》等节目，以及《人民日报》《经济日报》《光明日报》和人民网、新华社等媒体曾多次深入报道包商银行小微金融服务工作。

包商银行秉承“实现价值、创造大美、不屈不挠、追求卓越”的企业文化，聚焦“民生”产业、“高新特”产业和“大众创业、万众创新”的市场定位，致力于打造“全面的金融服务集成商”。围绕“建设现代化、国际化的好银行”的发展战略，包商银行坚持以创新引领，以“产业链整体价值”为中心，发挥金融的力量，着力推动全产业链金融的实施，重点围绕大农业、文化、旅游、教育、医疗、养老、民生制造业等与百姓生活息息相关的产业，以及高科技、新能源、新材料、特殊产业和特色产业，运用投行思维、链化思维对产业链进行整合、提升、重构，优化资源配置，推行“以产业为依托、以金融为支撑”的业务发展模式，探索为产业链上的中小微企业提供全生命周期的金融解决方案。利用互联网、大数据、云计算等技术手段，大力发展数字银行、电子银行等金融服务，推动线上线下业务融合，进行产品、服务和流程创新，提高服务中小微企业发展的效率。与金融机构合作，创新模式，从“融资”到“融智”，从只向中小微企业提供贷款服务，发展到存款、保险、理财、信息咨询等多功能服务中。

2. 包商银行的发展

1998年，包商银行成立初期资产规模仅有5亿元。据媒体报道，1998年，明天科技就已经出资2 000万元持有包商银行13.9%的股权，明天系在诞生之初就进入这家银行。2002年，李镇西担任行长后，资产规模迅速增长：2002年，资产50亿元，存款45亿元；2003年，资产93亿元，存款68.6亿元；2004年，资产132亿元，存款121亿元；2005年，资产218亿元，存款191亿元。这是包商银行的第一轮飞速发展。

9.2.2　包商银行飞速成长为传奇背后的秘诀

1. 明星小微银行

目前，支持小微企业是银行的硬任务，是政策鼓励的大方向。在小微信贷方面，包商银行成功应用并创新发展了小微企业贷款技术，实现了小微企业信贷业务的迅速扩张。从 2005 年 12 月至 2010 年年末，5 年多的时间里，包商银行累计为 5 万多小微企业客户提供了总额达 164 亿元的金融服务。在 10 年前，包商银行就立志“要做全球最大的小微企业贷款银行”。2005 年 11 月底，国家开发银行、包商银行和德国 IPC 公司签订三方合作协议，引进德国 IPC 技术用于小微放贷。包商银行是中国第一批引入德国 IPC 微贷技术的银行之一，在引入之后对其进行了本土化改造。通过这套技术的分析方法，包商银行在 2005 年小微企业贷款只有 1 万元，2006 年达 1.2 亿元，2007 年达 9.5 亿元，2008 包商银行大大提升了风险管理能力，建立在小微贷款领域的优势。包商银行的数据显示，在两年超过 30 亿元，飞速成长！

2. 小马 bank 和有氧金融：零售业务数字化转型

消费市场的繁荣助推银行服务转型，零售业务已成为商业银行重要的收入来源。数字经济时代，商业银行面临重大挑战。2014 年，国内以 P2P 为代表的互联网金融之风兴起，引发银行业关注。2014 年 6 月，包商银行正式启动数字化战略转型项目，转型策略和方向被明确，国内首家主打互联网智能理财平台的“小马 bank”正式上线，这是包商银行布局互联网金融的第一步，也是中小银行在互联网金融方面的最新尝试。2015 年，包商银行将数字化银行确定为全行发展的四大战略业务板块之一，数字化银行作为“新金融服务新经济”的战略重点受到全行的重视。2015 年 8 月 28 日，国内首家数字银行业务平台——包商银行“有氧金融”正式成立，实现了包商银行在互联网和数字化经济时代对商业银行组织体系和运营模式的创新探索。

3. 改革之路

在运营管理模式方面，包商银行借鉴国内外先进银行事业部制改革经验，结合自身对服务客户效率、效益和质量改善的实际需求，围绕组织架构、制度、团队、文化、习惯全方位打造流程型组织，形成了端到端的客户服务流程，实现了组织扁平化管理，提高了办事效率，提升了服务质量，培育了新的增长点。实施前中后台分离、中后台大集中，前台人员专注于销售和服务，中台人员专注于产品和风险控制，后台人员专注于运营。在商业模式上，董事长李镇西的战略构想（2014）是将包商银行打造成小企业金融服务集成商；在业务模式方面，建立批发、零售两大板块经营体系；在组织模式方面，打造流程性组织；在企业文化方面，实现三个维度的提升。坚持“以小微企业为核心客户”的市场定位，从“微贷专家”成长为“小企业金融服务集成商”。全面的小企业金融服务集成商是包商银行未来战略的核心。近年来，包商银行还从内涵和外延两个维度进行了数字化的转型，既包括核心系统的改造，也包括了数字银行——有氧金融的创新试水。

9.2.3 包商银行被接管的原因

央行方面在答记者问中明确，“包商银行的大股东是明天集团，该集团合计持有包商银行89%的股权，由于包商银行的大量资金被大股东违规占用，形成逾期，长期难以归还，导致包商银行出现严重的信用危机，触发了法定的接管条件，被依法接管”，表明公司治理层面存在严重问题。而包商银行自2016年年报披露后再也没有公开披露过年报，这也侧面反映了其可能存在严重的经营问题。接下来进行具体分析。

1. **盈利能力持续恶化**

2016年包商银行总资产达4 315.8252亿元，股东权益2 979.9986亿元，存款余额1 936.4328亿元（见表9－4），净利润42亿元（见表9－5），经营业绩十分不错。

表9－4　　包商银行2016年年报

指标	2014年	2015年	2016年
总资产/千元	312 864 725	352 595 340	431 582 520
存款余额/千元	169 525 744	177 612 954	193 643 281
贷款余额/千元	94 805 594	121 776 225	156 501 301
经营活动中产生的现金流量净额/千元	11 947 797	3 228 043	25 432 911
每股经营活动中产生的现金流量净额/元	3.05	0.75	5.38
股东权益/元	22 457 143	26 235 096	29 799 986
每股收益/元	0.72	0.77	0.87
每股净资产/元	5.58	5.93	6.11
每股净收益/元	0.72	0.77	0.86
净资产收益/(%)	13.81	14.05	15.11
成本收入比/(%)	43.19	41.83	41.13

资料来源：包商银行2016年年报。

表9－5　　包商银行营业情况　　单位：千元

指标	2016年
营业收入	12 401 725
营业支出	7 086 775

续表

指标	2016 年
营业利润	5 314 949
营业外收入	210 211
营业外支出	18 075
营业外收支净额	192 136
利润总额	5 507 085
净利润	4 210 087

资料来源：包商银行 2016 年年报。

然而据公开信息：近年来，包商银行营业收入、利息净收入同比增速明显下降，分别由 2014 年年末的 25.5%、25.3% 跌至 2017 年 9 月末的 0.5%、-6.3%。截至 2017 年第三季度末，包商银行总资产规模 5 762 亿元，1～9 月营业收入约 90.64 亿元，与 2016 年同期基本持平；而净利润 31.95 亿元，同比下降 13.93%。

资本充足率要求是银行业监管红线，意义重大。表 9-6 中 2017 年 Q3 公司资本充足率、一级资本充足率、核心一级资本充足率分别为 9.52%、7.38%、7.38%，均远低于监管要求的 10.5%，8.5% 和 7.5%。同年 11 月，评级机构大公国际资信便将包商银行的信用评级展望降为负面。

表 9-6　包商银行近年资本充足率

指标	2015 年	2016 年	2017 年 Q1	2017 年 Q2	2017 年 Q3
核心一级资本充足率/(%)	9.33	9.07	8.52	7.33	7.38
一级资本充足率/(%)	9.34	9.07	8.52	7.33	7.38
资本充足率/(%)	12.22	11.69	11.08	9.49	9.52
风险加权资产总额/亿元	2 794.3	3 260.82	3 233.41	3 857.67	3 936.23

资料来源：包商银行 2017 年年报。

图 9.1 反映出，近年来包商银行资产质量逐年下降。自 2011 年至 2017 年年末，不良贷款率已连续上涨 5 年，持续攀升至 1.72%，较 2014 年年末上行 0.35%，关注类贷款占比也快速上升至 4.08%，贷款质量堪忧。另外，数据显示，2017 年 3 月末不良贷款余额已高达 29.78 亿元，不良贷款偏离度（逾期 90 天以上贷款/不良贷款）达 192.21%，处于较高水平，显示大量逾期贷款没有确认为不良贷款，资产质量认定不严格，隐含较大的信用风险。2016 年年末，拨备覆盖率也从 2011 年的 333.26% 降至 176.77%。

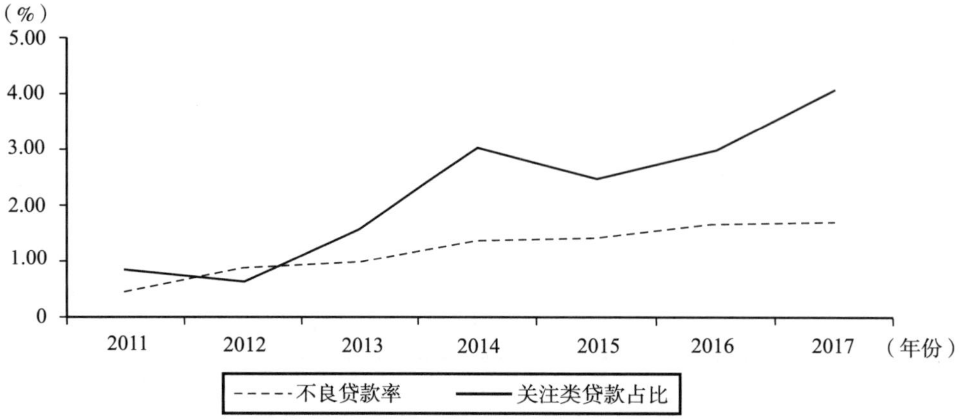

图 9.1　2011—2017 年不良贷款率和关注类贷款占比

资料来源：包商银行 2017 年年报。

2. 对同业资金依赖程度高

依靠同业负债扩大资产规模，同业负债占比重，对同业资金依赖程度高。从包商银行公布的定期报告发现，总资产快速增长，2014 年和 2016 年增速达到 29% 和 22%，最夸张的是 2017 年第三季度末比 2016 年年末已经增长 34%。如此惊人的增长速度背后靠的是什么呢？靠的就是同业负债。与所有的城商行类似，近年来的包商银行也主动扩大负债，以做大资产规模。据《证券时报》最近获得的独家数据显示，截至 2018 年 9 月末，包商银行负债总额为 5 034 亿元，其中吸收各项存款 2 293 亿元，同业负债就（含同业存单）高达 2 211 亿元，同业负债占比接近 50%。据 Wind 数据统计，2014 年，包商银行的同业存单发行规模并不大，只有 170 亿元，但是从 2015 年开始就突飞猛进；2015 年达到 308.4 亿元，接近翻倍；2016 年则达到 791.1 亿元，2017 年则接近千亿规模，达到 997.7 亿元。2017 年大公国际在评级报告中便指出包商银行同业负债规模占比处于较高水平，未来业务调整压力较大。由于债务负担上升较快，受偿债环境承压、财富创造能力减弱和偿债来源脆弱性增加影响，包商银行可用偿债来源对存量债务的保障能力下降。

表 9－7 是 2016 年包商银行公布的年报上显示的包商银行前十大股东，年报中声称前十大股东之间无任何关联，股权非常分散。而在 2018 年 6 月该行发布的公告中称，由于拟引进战略投资者，主要股东股权可能发生变动，故暂不披露 2017 年度报告。而 2018 年 5 月，央行透露明天集团持有包商银行 89% 的绝对控股权，着实令人一头雾水。显然，包商银行的年报存在虚假记载。这也给明天集团违法违规占用包商银行大量资金做了很好的注脚。明天集团作为神秘的金融控股集团，以分散隐蔽持股、掏空上市公司、打造全牌照金融版图著称。据报道，截至 2016 年年底，明天集团鼎盛时期持有共 44 家金融机构股权，涵盖全部牌照。明天集团占据包商银行近九成股份，具有绝对话语权，把银行当作自己的提款机，肆意进行不正当关联交易和利益输送。

表9-7　包商银行前十大股东持股数额

股东名称	持股数额/万股	持股比例/(%)
包头市太平商贸集团有限公司	42 894.50	9.07
包头市大安投资有限责任公司	26 090.63	5.51
包头市精工科技有限责任公司	25 150.46	5.32
包头市百川投资有限责任公司	23 601.05	4.99
包头浩瀚科技实业有限公司	23 506.81	4.97
内蒙古网通计算机有限责任公司	22 956.73	4.85
内蒙古森海旭腾商贸有限责任公司	19 904.50	4.21
包头市精翔印刷有限责任公司	18 340.58	3.88
鄂尔多斯市天泓威科商贸有限责任公司	15 730.00	3.32
包头市康安机电有限责任公司	13 310.00	2.81

资料来源：包商银行2016年年报。

9.2.4　包商银行被接管的影响

本次央行接管包商银行，体现了法治化、市场化原则，对我国银行业长远发展和金融风险防范具有多方面重要意义：有助于防范和化解系统性金融风险，维护金融稳定和社会稳定，进而保护银行存款人和其他客户的合法权益。

1. 打破刚性兑付，银行间市场流动性短期趋紧

包商银行被接管后，为极少数大额对公和同业客户没有提供100%先期全额保障也引发了市场关注，大量银行将重新对同业交易对手库进行清理。部分资质较差的中小银行同业资金融通难度加大，银行间市场流动性短期趋紧。在包商银行被接管后，央行连续开展大额七天逆回购操作，合计净投放3 800亿元，正是为了对冲这一影响，因此短期内不必对市场流动性过分担忧。

2. 纠正部分机构激进的经营模式，优化金融市场环境

我国银行业市场规模、盈利能力居全球第一，近年来中小银行经营管理水平提高较快，总体上风险抵御能力较强。对少数高风险金融机构实施接管甚至强制退出，发挥“优胜劣汰”作用，这给银行业敲响了警钟，有利于加强市场教育，纠正部分机构激进的经营模式，让市场机制发挥真正作用，健全市场纪律，优化银行业竞争环境，提高银行业发展质量，进而更好地服务实体经济和广大客户，促进金融市场和金融体系的整体稳定与健康发展。

3. 中小银行流动性风险管理将进一步强化，金融结构性供给侧改革将有效推进

参考此前我国银行因资不抵债等原因被接管的案例，如海南发展银行被直接关闭，并由工商银行托管全部资产负债；汕头商业银行被勒令停业整顿，后重组为广东华兴银行。央行接管后可精准提供流动性救助，有助于其维持其正常经营和进行整顿，避免信用风险传导和扩散，引发系统性的风险。一方面，中小银行的流动性风险管理将加强；另一方面，在加强监管金融供给侧结构性改革的政策导向下，后续监管对一些风险集中以及经营不善的商业银行将加快整顿或者重组；激发银行业挤出无效或者低效的金融供给，真正践行金融供给侧结构性改革。

9.2.5 建议

1. 不断完善公司治理，警惕“一股独大”风险

此次被接管的包商银行，大股东占据近九成股份，具有绝对话语权，容易把银行当作提款机，通过关联交易大量占用银行资金，形成长期逾期风险。当前，部分城商行和农商行股权相对集中，有的有很强的地方国企和地方政府背景，正常的信贷业务容易受到一些来自股东层面的“压力”或“指导”，容易形成贷款逾期风险。完善有效的公司治理，恰恰是中小银行最根本的核心竞争力，是行稳致远、可持续发展的基石。因此，银行必须不断优化股权结构，防止“一股独大”，主要股东应严格按照法律法规及商业银行章程行使出资人权利，并具备资本补充的能力和意愿，确保银行资本充足。另外，有关监管部门要加大检查和督导力度，对于存在类似问题的金融机构要尽早加以规范。

2. 商业银行应依法合规、审慎经营

依法合规、审慎经营既是银行防控风险的前提，也是稳健发展的基础。因此，银行不仅应避免“跑马占地”式的盲目扩张，杜绝拼规模式的激进发展，还应把防控风险作为重中之重，抓实抓细，除了完善内控制度建设，更应严格管理，发挥各岗位制衡作用，让依法合规真正成为银行的生命线。

比如可以强化外部董事职能。银行的外部董事，其履职意识、履职水平的强弱关系到董事会整体运作效能的高低及防范风险能力的强弱。当前，一些银行选聘的外部董事缺少相应的履职水平和能力，部分外部董事沦为摆设和“签字机器”，起不到防范银行经营风险的作用。对此，应重点选聘懂银行经营管理和懂经济、法律、财务，具有较强履行职责能力和责任心的外部董事。要建立董事与经营层、职能部门的联系沟通机制，定期为外部董事提供报表、相关经营报告（包括风险状况），确保外部董事在董事会闭会期间能够充分了解经营情况，并有针对性地提出意见和建议。此外，还要完善外部董事的薪酬机制，激励外部董事积极参与议事、积极提出建议，使外部董事成为防控银行

经营风险的重要力量。

3. 应明确高风险金融机构的判定标准，进一步探索完善高风险金融机构处置和退出机制

当前，我国金融改革和对外开放取得突破性进展，市场化机制不断完善，社会公众对金融机构破产问题有了新的认知。银保监会主席郭树清在 2019 年 3 月初表示，要研究如何改组改造高风险机构，有的可能会退出市场，有的会兼并，推动金融供给侧结构性改革，金融行业也需要淘汰落后、引进先进的机制。

（1）制定高风险金融机构的判定标准。可以从定量和定性分析两个角度来进行综合评估。定量方面，主要从机构的资本状况、资产质量、预期损失抵补能力、盈利能力、运营效率和经营规模等数据方面客观评估金融机构的经营水平和风险状况；而定性方面，则建议从金融机构的公司治理、内部控制、资产管理、资本及其管理、流动性风险、市场风险、盈利能力、信息系统和地方金融生态等维度进行评价，同时，也要充分参考非现场监管、压力测试、现场核查中发现的“新情况”来进行综合分析。

（2）可以积极借鉴国际先进经验和做法，尽快出台金融机构破产法，为问题机构退出市场奠定法律基础。同时，要采取兼并、重组等多种方式，改组改造高风险机构，推动金融供给侧结构性改革，确保不发生系统性、区域性金融风险。

（3）要完善存款保险体系。2019 年“两会”期间，以及此前央行的年度工作会议，央行都不断强调“充分发挥存款保险作用，做实金融风险监测、评估和处置机制”。包商银行被接管当天，存款保险基金管理有限责任公司也正式成立，注册资本为 100 亿元。此次包商银行被接管应该是中国的存款保险制度第一次真正发挥了作用，也是积累了多年的 800 亿余元的存款保险基金专户资金的第一次被使用。后续可以通过立法来赋予存款保险机构一定的监管职责和对问题机构的破产接管权利。

9.2.6　由包商银行事件探讨中小银行发展路径

包商银行事件有其特殊性，但同时也反映了当前中小银行发展的共性，揭示了中小银行当前面临的困境。总体来看，我国中小银行规模小，风险相对较高；部分银行经营方式激进、定位不清晰、资产质量下降、依靠同业存单套利等。而包商银行事件后，银行业的机构体系、业务布局和产品结构将重新调整，负债成本进一步提升，中小银行必须重新思考其战略定位和发展路径。

在金融供给侧结构性改革的关键时期，中小银行应该制定金融科技发展和数字化转型的清晰规划，借助网络技术、大数据、云计算和人工智能等手段，提升金融服务效率及风险识别能力，提高服务小微企业及民企客户的收益风险比。在这方面做得好的有网商银行。资料显示，网商银行是中国服务小微企业最多的银行。网商银行创造了著名的“310”全流程线上贷款模式，即 3 分钟申贷、1 秒钟放款，整个过程中零人工干预，并通过多维的大数据风控模式，有效降低了小微信贷门槛、控制不良率。在阿里体系的电

商生态、蚂蚁金服体系的支付数据与AI等技术的辅助下，网商银行累计服务的小微客户数量高达1 600万人，约占全国小微企业总量的1/6。这足以证明金融借助科技之力大有作为。通过大数据、网络技术、人工智能减少信息不对称，提高审批和放贷效率，控制不良率，从而降低金融风险，增加更有效、高效的金融供给。

参考文献

[1] 武安华．稳妥有序接管包商银行［J］．银行家，2020（1）：24.

[2] 谢晶晶，王勇州．中小农商行股权管理的必要性［N］．金融时报，2016－12－29.

[3] 肖宇桐，孙英隽．从包商银行事件看我国中小银行发展中的问题［J］．经济研究导刊，2019（33）：101－102.

[4] 黄志凌．问题银行的判断与破产早期干预机制［J］．金融研究，2015（7）：45－59.

[5] 尚航飞．我国中小银行风险管控的挑战与应对［J］．海南金融，2019（12）：63－69.

案例使用说明

一、教学目的和用途

（1）适用课程：金融机构经营管理、金融风险管理、货币银行学。

（2）适用对象：主要为金融专业学生开发，适合有一定金融知识、财务知识的学生和管理者学习。

（3）教学目的：本案例简要总结了包商银行的发展历史以及发展中的闪光点，研究了包商银行被接管背后的原因，围绕着信用风险揭示了包商银行近年来逐渐显露的种种风险，为中小银行在金融供给侧改革的大背景下进行自我整顿和改革、防控金融风险提供意见和参考。

二、启发思考题

（1）包商银行被托管和100亿元存款保险基金的建立，对我国未来的金融体系有哪些影响，又代表着怎样的政策转型呢？

（2）包商银行被接管后是否会增加银行体系流动性压力？

（3）包商银行被接管与1998年海南发展银行倒闭有什么异同点？

（4）包商银行被接管对金融市场有哪些影响？

（5）如果央行和银保监会不对包商银行进行事前风险监管，可能会产生哪些后果？

（6）包商银行被接管对储户有哪些影响？

（7）如何科学构建商业银行风险管理组织体系？

（8）包商银行启示中小银行怎样突破发展困境？

三、分析思路

案例分析的基本思路是将案例相关情景材料通过教师事先设计好的提问，逻辑引导和控制案例讨论过程。因此，本案例分析设计的本质是提问逻辑的设计，案例的决策点是案例分析的关键路线，决策点后隐藏的决策知识要素和决策规则是教学目标。本案例分析的基本逻辑是：首先了解到包商银行近年来资产规模迅速扩大，探究其背后的深层次原因；再加上近两年包商银行一直以各种理由迟迟不公布年报，推测出包商银行管理极有可能出现问题；再由央行接管后透露出包商银行的大股东明天集团占据近九成的股份，引发信用风险，猜测包商银行或已沦为明天集团的提款机；因此查找相关资料对包商银行近年的盈利能力、资本充足情况、资产质量状况、股权结构等进行深入剖析，揭示包商银行的种种风险。最后分析包商银行事件对金融市场、储户的影响，并给予建议。

9.3　西南证券投行业务风险管理案例研究

西南证券公司在国内曾享有不错的口碑和声誉。这得益于其曾经强大的投行团队。不过在人事调整和发展起伏中，其投行业务一度也受到重挫。“重振投行”是近年来证券业观察者对西南证券公司的几大关注点之一。

西南证券公司的盈利模式正发生深刻变革。“从过去依赖牌照的通道业务向以资本中介业务、自营业务和股权投资等为代表的资本业务模式转型。资本实力已成为证券公司提升对实体经济的综合金融服务能力、构建核心竞争力及差异化竞争优势、增强风险管理能力的关键”，上述西南证券公司人士提及。在上述背景下，西南证券公司希望通过非公开发行 A 股股票的方式扩大资本规模、夯实资本实力、优化业务结构、扩大业务规模、实现稳健经营、提高抵御风险能力、增强核心竞争力，为公司进一步发展奠定良好的资金基础。

9.3.1　西南证券公司简介

西南证券公司是一家国有企业，成立于 1999 年，于 2009 年 2 月 26 日在上交所挂牌上市，成为中国第九家上市的证券公司，重庆第一家 A 股上市金融机构，也是唯一一家注册地在重庆的具有保荐资格的、全国综合性证券公司。西南证券公司的业务主要辐射西南、中南、东南、中部和东北地区，41 家营业点遍布国内 19 个经济中心城市，在北京、上海、深圳、成都、重庆 5 地设有投资银行业务部。西南证券公司的经营范围包括：证券经纪业务、证券投资咨询，与证券交易、证券投资活动有关的财务顾问、证券承销与保荐、证券自营、证券资产管理、证券投资基金代销、融资融券业务、代销金融产品业务。经中国证监会核准，公司可以设立全资子公司开展直接投资业务。

西南证券公司原注册资本为 8.5 亿元，于 2006 年其增资扩股方案经中国证监会批准，中国建银投资有限责任公司和重庆渝富资产经营管理有限公司增资 11.9 亿元和 3 亿元，使西南证券公司的注册资本达到 23.36 亿元。中国建银投资有限责任公司注资 11.9 亿元，获西南证券公司 50.9% 的股权，另外，还向西南证券公司提供 8.1 亿元的流动性借款。为此，西南证券公司成为全国第一家由中央政府注资的地方证券公司。

2009年西南证券公司借壳重庆长江水运股份有限公司达到上市目的，重庆长江水运股份有限公司是1993年12月21日经四川省经济体制改革委员会批准，以原国营四川涪陵轮船总公司为主发起人，联合四川蜀海交通投资有限公司、四川省轮船公司共同发起，以定向募集方式设立的股份有限公司。2000年12月14日经中国证监会核准，本公司发行人民币普通A股7 000万股，并于2001年1月9日在上交所上市交易。2009年2月17日，重庆长江水运股份有限公司吸收合并西南证券公司，工商变更登记在重庆市工商行政管理局办理完毕，公司名称由“重庆长江水运股份有限公司”变更为“西南证券股份有限公司”，西南证券公司完成借壳上市。由于西南证券公司得天独厚的条件，受到重庆市各有关部门的大力支持。西南证券公司先后完成改革重组、借壳上市、增发融资等战略性举措，净资产一举突破百亿元，总资产突破两百亿元，实现了超常规、跨越式发展。2010年，公司取得了优良的经营成绩，全年累计实现营业收入19.36亿元，利润总额10.45亿元，经纪业务市场份额增速位列全国15家上市券商第1位，净资产规模位居行业第13位，资本实力接近券商第一阵营，并顺利完成重庆有史以来单笔规模最大的60亿A股市场融资。其中投资银行业务在众多业务中的贡献突出，西南证券公司的投行业务有着连续六年进入中国承销十强的优异业绩，在交通、能源、原材料等领域形成了行业专业服务品牌，在融资额5亿~20亿元的中盘股公司融资领域处于行业领先地位，连续三年再融资排名稳居业内前三名。公司拥有一支精干的专业化投行团队，目前拥有保荐代表人17名。2005年，公司投行团队荣膺“中国优秀投行团队”称号，可谓风光无限。然而，2016年开始，情况发生了很大的改变。2016—2017年西南证券公司相继发生大有能源造假案和九好集团“忽悠式”并购。西南证券公司的股价一路下滑，从最高点每股接近12元降到现在的4.94元。自2016年12月后，占据西南证券公司利润半壁江山的投行业务几乎处于停摆状态，有些部门濒临解散。

9.3.2 西南证券公司投行业务违规案例回顾

2010—2015年，西南证券公司为近百家上市公司提供了IPO、增发、配股、股权分置改革、兼并收购等各类专业化投资银行业务服务。投行业务的平均营业利润占总营业利润的30%，成为西南证券公司最主要的利润来源。西南证券公司连续六年进入全国十大承销商的名单。然而，随着规模和数量的增加，质量却在走相反的方向。2017年，西南证券公司的营业额严重下滑，并且信用等级从A降到C，连降6级。其中大有能源的造假案和九好集团“忽悠式”重组案件对西南证券公司的影响最为严重。

1. 河南大有能源股份有限公司定增案

2012年，西南证券公司作为中间机构承接河南大有能源股份有限公司（以下简称大有能源）准备非公开发行股票的业务。义马煤业集团的全资子公司天峻义海能源煤炭经营有限公司（以下简称天峻义海）于2011年11月27日获得聚乎更矿区一露天首采区采矿许可证。大有能源此次非公开发行股票的目标资产就是义马煤业集团青海义海能源有限责任公司（以下简称义海能源）持有的天峻义海 100% 的股权，而定增的 57.27 亿元中，有 23.8 亿元都是用来购买天峻义海的采矿权的。

2012 年 5 月 28 日，义马煤业集团、义海能源、大有能源、天峻义海联合向青海省资委和青海省木里煤业集团股份有限公司（以下简称木里集团）出具承诺，待大有能源非公开发行股票完成后，在木里矿区整合工作需要时，将矿区露天采矿权转回木里集团。而大有能源却对这一关于核心资产产权的“秘密”协议没有进行丝毫的披露。

2013 年 1 月 7 日，大有能源完成股权收购。根据天峻义海和木里集团签署的协议，大有能源将采矿权以零元的价格悄悄转让给木里集团。义马煤业集团作为大有能源的控股股东，存在策划和指使涉嫌欺诈行为的问题。该案件涉及重大信息披露违法案件。

上述案件涉及重大的违法行为，西南证券公司正是此次案件的中介机构。该案件在 2016 年 6 月东窗事发，被证监会调查。西南证券公司在 2016 年 6 月 22 日早间紧急停牌，进行核查。同时，西南证券公司发布公告称收到证监会的行政处罚事先告知书。

此次西南证券公司被证监会处罚，主要是因为在大有能源定增案件中严重失责。西南证券公司在定增案件中主要责任缺失如下：首先，尽职调查过程的缺失，对于大有能源定增的目标资产了解不清，合规性问题检查不严，对义马煤业集团、义海能源、大有能源、天峻义海联合向青海省国资委和木里集团出具承诺的事情全然不知。其次，持续督导的缺失。对于其中关键资产的核查程序严重不足，大有能源对其主要核心资产——采矿权进行了一系列的“先借、再卖、后无偿归还”的操作。然而西南证券公司并没有发现大有能源这一资产权属的变动。西南证券公司在持续督导时，未对该重大资产的权属变更作出必要的关注和审查。综上所述，西南证券公司在尽职调查方面和持续督导方面发生严重失误，追其根本，是西南证券公司风险管理存在严重的漏洞。

2. 九好集团“忽悠式”重组案

九好集团主要从事后勤服务中介平台业务，为后勤服务供应商和客户提供中间撮合业务。鞍重股份是 A 股上市公司，主要从事煤炭行业，2015 年年底发出公告称九好集团拟借其上市。此后，在 2015 年股市低迷的情况下，鞍重股份的股票在 20 天时间涨幅高达 204.93%。2015 年 11 月 14 日，鞍重股份公布了针对九好集团的并购方案：“资产置换 + 发行股份购买资产 + 配套融资”。

2016 年 5 月 27 日左右，证监会接到群众举报九好集团财务造假。后经证监会调查核实，2013—2015 年上半年的净利润高达 5 111.76 万元、11 146.49 万元和 5 285.09 万元。如此可观的利润背后却隐藏着采用不正当的手段虚增利润的情况。2013—2015 年，九好集团为实现重组上市目的，有组织、有预谋地进行了大规模、系统性财务造假，通过虚构业务、虚设客户、虚签合同、虚减成本、虚构存款等手段达到虚增收入和利润的目的。

由于九好集团属于平台公司，与一般企业不同的是九好集团没有生产、采购和销售环节等实物流，只能通过供应商、银行、合同等渠道核实财务数据。证监会调查发现，在选取的368家供应商中，有100多家公司是虚构的，并且九好集团采用“转圈圈”的方式虚增利润。九好集团从供应商收到的大量服务费收入，实际来自九好集团支付给供应商的资金。利用关联方交易通过第三方平台把资金放在实际控制人是关联方的账户，再转到供应商，3日内再将资金打回九好集团账户。除此之外，九好集团专门请机构负责做假账，掩饰财务漏洞。并通过购买银行理财产品再质押给银行为关联方担保，从而维持银行存款的账面价值。

西南证券公司在此次案件中作为财务顾问，发布的审查意见表中指出不仅对九好集团的服务项目、行业经验、行业地位和经营的成果进行了审核，还核查了公司的发展情况和财务状况，对一系列资产、负债、现金流量进行了监控；并在2015年11月14日出具了《重组预案独立财务顾问核查意见表》。

此次西南证券公司被证监会立案调查，主要是因为其在九好集团案件中严重失责。西南证券公司在案件中主要责任缺失如下：首先，承揽过程的缺失。在利润增长异常、业务模式零散不易审查、置换增长率异常高等情况下，承揽人依然揽下业务。承揽人在专业素养方面存在严重缺失。其次，尽职调查过程的缺失。对九好集团的财务状况、业务模式、盈利方式和供应商的真实性都没有进行核查。如此异常的利润增长，西南证券公司的专业人士并没有发现一点异常。承揽人的专业能力受到质疑。最后，西南证券公司的风控部门和质量控制部门的严重失误。综上所述，西南证券公司投行业务的风险管理的有效性存在严重的不足。

3. 经济后果

在2015年年报中，西南证券公司的投行类业务占到其总收入的比重为16.24%，利润占比则达到了26.93%。而到了2016年，经纪业务受市场影响大幅下滑，投行业务更是成为公司的业绩支柱，但经过大有能源和九好集团两次事件后，投行业务几乎处于停滞状态，对西南证券公司的发展造成以下毁灭性的影响。

（1）利润严重下滑。西南证券公司被迫暂停了IPO和并购重组业务。在这种情况下，很多西南证券公司储存的优良业务也被其他证券公司瓜分了，导致2016年西南证券公司投行业务的营业收入下浮57%，净利润同比下降75%。具体情况见表9－8。

表9－8　2014—2018年西南证券公司利润指标　单位：万元

指标	2014年	2015年	2016年	2017年	2018年
营业收入	367 482.92	849 679.92	363 176.20	306 076.48	274 415.44
营业支出	202 886.47	423 070.22	247 406.42	217 455.75	—
营业利润	164 596.45	426 609.69	115 759.54	88 620.73	—
净利润	134 679.70	354 506.01	91 270.14	69 100.00	21 500.00

资料来源：西南证券公司年报。

（2）信用等级连降6级。信用等级的评定从三个方面进行评价：①证券公司的偿债能力。受利润的影响，预计西南证券公司可用于偿还流动负债的流动资产较2016年下浮40%。②证券公司的声誉。经两次立案调查，西南证券公司的声誉严重受损。③投资者承担的风险。继两次立案调查，西南证券公司的股价一跌再跌，投资者需要承担重大的风险。西南证券公司从2016年的全国证券排名第9，下降到2017年的第21。西南证券公司信用等级从A级降至C级，直降6级，成为被降级最多的券商。这是西南证券公司连续第二年被降级，更是其有史以来最低的一次评级。在近8年的券商分类结果中，西南证券公司除了2010年是BBB级，之后的6年均维持在A级，其中2014年和2015年被评为AA级，2016年降1级至A级，而2017年遭遇评级“滑铁卢”。

9.3.3　西南证券公司投行业务风险管理现状及问题分析

1. 西南证券公司投行业务风险管理现状

（1）西南证券公司的风险管理组织架构。为了有效管理公司的投行业务，保证西南证券公司稳定、良好的发展，西南证券公司在组织架构方面，建立了风险管理委员会、风控部门和质量控制部门等进行一系列的风险管理。

从图9.2中可知，西南证券公司的风险组织结构为股东大会和董事会、风险管理执行部门、监事会，这三个层面对投行业务内部进行控制。由股东大会制定公司的战略决策目标，将这些战略决策目标下达给董事会，董事会再根据企业的整体计划细分公司的战略目标并下达给各个部门。从公司年报中显示的内部控制制度可以看出，风险管理委员会是西南证券公司的风险管理部门，风险管理委员会主要由风控部门和法律合规部门组成。风险管理委员会中的法律合规部门主要对企业的经营业务提供相应的法律协助，而风险管理委员会的风险管理部则负责防控企业的风险。法律合规部门和风险管理部门直属风险管理委员会，主要对企业内部进行审计和检查，确保企业投行业务的合规性。管理层和风险管理部门之间存在比较好的沟通渠道，可以随时向管理层汇报和反映企业目前的情况。监事会是独立于企业其他所有职能部门存在的，主要监督企业正常运营期的各种组织活动。企业的业务部门是最基础的部门，是投行业务具体操作落实的部门。

西南证券公司的风险管理部门的职责是审核公司投行部门的有关工作和活动，主要包括各种材料是否正确、属实，实际的现场情况与报告是否一致。在审计过程中一旦发现问题，则会立即要求其整改，同时实时监控整改过程中的活动。风控部门是企业投行业务的监管部门，风控的工作将直接决定投行业务活动的成功与否。若西南证券公司投行部的成员与风控部的成员，对项目的意见有异议，必须及时反馈到风险管理委员会，由风险管理委员会进行裁判。

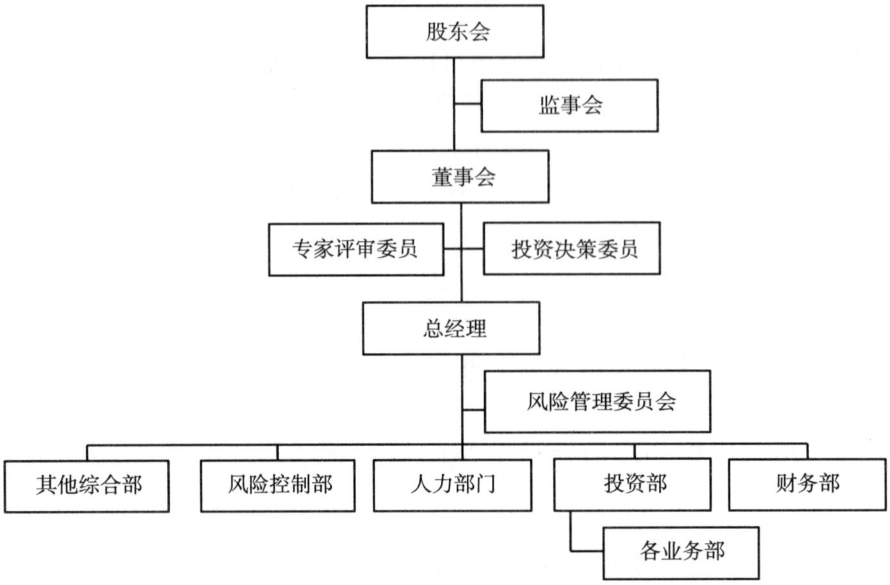

图 9.2　西南证券公司风险管理组织结构

（2）西南证券公司投行业务风险管理流程。投行业务操作较复杂，流程较多，涉及的部门也较多。西南证券公司为了更好地控制各环节的风险，建立了一套针对投行业务流程进行风险管理的制度。西南证券公司投行业务流程如图 9.3 所示。

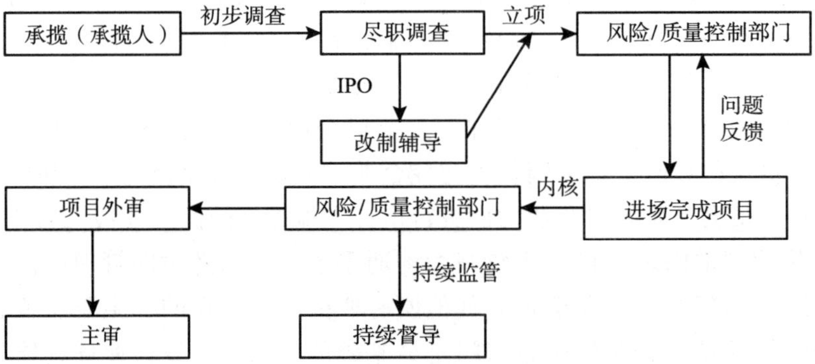

图 9.3　西南证券公司投行业务流程

西南证券公司所有业务中风险最大的业务就是投行业务，所以投行业务过程的每个环节都要严格注意，尽可能将风险降到最低。西南证券公司投行业务风险管理流程具体如下：①在项目承揽环节，投行部门应该先申请立项，然后上报有关部门审批，风险管理部门对具体的风险进行评估，只有这样才能控制投行业务的风险。②对辅导环节进行调查，每个小组成员所负责的工作需要由投行部确定，项目的整体进展由项目负责人控制，投行部的稽核小组负责调查工作和上报项目具体的计划和实施情况。管理部门需要将项目的申报材料和总结报告进行备案。③在项目进行过程中，相关文件必须符合要求，特别是申报材料必须真实且有效。事业部必须对材料进行审核，审核无误后交给管理部门，管理部门还要进行复查，所有审核都一致后再转交给内核小组，内核小组成员对材料进行具体的分析和判断，提出具体的审核意见，管理部门还需要重新审查审核意见。④风险控制执行委员会和决策委员会的所有成员进行最后的审核工作。所有的环节都要确保其审核无误，还应该对所提出的相关意见进行进一步的更新和完善。⑤资本市场部要确定发行上市的时间。相应工作的进展和质量的监管由保荐代理人进行复核，还应该控制具体环节中出现的风险和工作进展的情况。在后期的工作中，仍然需要连续监控企业的实施情况，在必要的时候进行实地考察。主要对以下两个方面进行考察：第一，企业是否按照招股说明书进行后续工作；第二，企业是否在管理和经营状况上有重大变化。一旦发现不符合情况的表现需要立即报告，由相关的监管机构进行调查并监督。

（3）西南证券公司的风险控制系统。西南证券公司通过构建数学模型，模拟了公司在业务发展和市场变化的各种情形，建立了一套"恒生风险控制系统"。该风险系统有预警和分析两种基本职能。

①预警。该项预警是在"T+1"日计算风险指标，对不符合标准的项目予以提示。风险指标由业务规模、业务类型和风险系数组成，业务规模是由投行部手动调整后的结果，业务类型有IPO项目、并购重组、定增业务等，不同的业务类型对应不同的风险基数。原则上来说，没有通过预警系统的项目是不被允许的。

②分析。西南证券的风险控制系统是将以往投行业务的数据和技术人员录入的数据为基础，将一段时间不同项目类型的风险形成趋势模型，从而对投行业务的风险进行分析。

2. 西南证券公司投行业务风险管理问题分析

（1）外部问题分析。我国的保荐制度起步较晚，与外国相比，保荐制度还存在许多方面的不足，而西南证券公司主要受以下几点的影响。

①保荐代理人资格的取得。目前在我国想要取得保荐代理人资格，主要是通过考试取得资格。保荐代理人的责任重大，需要丰富的实战经验而不是简单的纸上谈兵，所以仅仅通过考试取得保荐代理人资格是不太合理的。在保荐代理人资格考试中要求考生掌握较为扎实的银行和金融理论知识，而实际在保荐代理人的工作和推荐的工作中及承揽中要求有注册会计师、律师、金融分析师和评估师等资格，这就和保荐代理人的考试内容大相径庭，也就导致了保荐代理人的自身素质存在一定的差异，可能存在保荐代理人的专业能力无法与实际工作需求相匹配的情况。

②以项目能力为导向。在保荐制度方面，规定保荐代理人一定要在两年内拥有明确的保荐项目，进而为其执业资格提供有力支撑。这种以项目为导向的评判标准，在一定程度上给保荐代理人带来诸多压力和负担，造成证券公司的保荐代理人为了保持保荐代理人的资格，发生舞弊或短期接受项目的行为。在西南证券公司的众多保荐代理人中不乏有一些因为上述原因而不顾风险承揽业务的，最终导致公司和自己被证监会调查。

③保荐机构和保荐代理人职责不明。我国的保荐制度采用的是“双重保荐”责任形式，保荐机构即证券公司和保荐代理人既共同承担责任，又各负其责。虽然在法律上保荐代理人和保荐机构属于平等的地位，但是一方面，保荐代理人受制于证券公司时，在证券公司变相强制保荐代理人保荐时，应该承担责任的是证券公司；另一方面，我国证券市场由于保荐代理人的缺乏，对保荐过分倚重，保荐业务质量和保荐代理人的个人素质直接挂钩。有些保荐代理人更是通过频繁转会避免承担责任，使持续督导流于形式。西南证券公司的大有能源的定增案就是保荐代理人持续督导流于表面的印证。

（2）有关部门监管不足。我国的证券市场还不是很成熟，所以有关部门的监管必不可少。虽然种种制度表明，政府正在加大证券市场的监管力度，但还存在以下不足。

①监管决策的科学性有待加强。证监会在审查相关资料时，都是停留在文字上的复核，对实际情况并没有进一步核查，从而容易导致决策失误。比如在西南证券公司和九好集团的案件中，鞍重股份申报的并购方案中，置换资产增值额达到之前的8倍，如此不正常的数字，证监会最后除了只是要求调整置换资产增值率并没有任何措施，直到有人举报才彻底调查。

②惩戒力度有待加强。在各大案例中，诸如西南证券公司的河南大有能源案件和九好集团案件中，证监会仅仅对保荐代理人和证券公司都是给予了金额处罚，没有行政或刑事处罚，更没有涉及保代人的保荐代理资格和证券公司的资格。这就使得对于这类事件的规范与杜绝发挥的作用度较小。

（3）内部风险管理问题分析。

①企业上下风险意识薄弱。虽然西南证券公司一再强调风险意识，但在实际工作中，风险意识仍然只是流于表面。上到公司的领导，下到员工都不够重视公司的风险管理制度。例如，西南证券公司的个别投行部领导忽视公司的风险管理制度，并且出现为达到自身业绩指标而简化核查程序的事件。

虽然西南证券公司建立了一套风险管理制度，但一套风险管理制度是否有效实施才是最为重要的。如果员工的风险意识薄弱，对制度视而不见，就算再好的风险管理制度也是徒劳。西南证券公司目前的风险管理主要来自外部的监管，对风险意识的树立比较怠惰。这就导致企业上下对风险管理制度、流程控制制度不重视，甚至不配合风险控制部门和质量控制部门的工作的行为屡有发生。

而这种风险意识薄弱，可能来自企业的文化。西南证券公司一直以来追求发展，对各投行部有着严格的业绩指标，个人的薪资直接和业绩挂钩。这种企业文化下，企业风险管理部门和员工急功近利，只注重利润，而忽视风险。西南证券公司与大有能源的定增案件和九好集团的“忽悠式”重组案件的保荐代理人为同一人。而这一位保荐代理人在西南证券公司内部是有名的“明星”保荐代理人。由此可见，西南证券公司整体风险意识薄弱是导致公司被屡次调查的重要原因。

②风险管理流程存在的缺陷。西南证券公司投行业务的风险管理没有形成统一、严格的风险管理流程。虽然对于项目的立项、申报材料等有着相关部门的职责分工，但风

险管理流程仍然存在严重的缺陷。西南证券公司投行业务的风险管理流程分为立项阶段、申请内核阶段、持续督导阶段。这三个阶段的流程存在以下缺陷。

a. 立项阶段的缺陷。西南证券公司立项阶段主要通过承揽人经验、保荐代理人经验、尽职调查、风险控制部门审查这四个方面。这一过程都是一环扣一环，但缺乏有效监督。

➢ 部门经理和保荐代理人承揽项目没有统一标准，由承揽人、保荐代理人凭借自己的经验评估项目。由于承揽人和保荐代理人的收入直接与绩效挂钩，很可能存在短期行为，甚至发生战略性失误导致风险，而西南证券公司却没有在这一环节加以防范。

➢ 西南证券公司对投行部门人员在上岗前没有完善的培训体系。西南证券公司投行部的具体承做人，看似都是高学历人才，但其中不乏一些没有经验的刚毕业的大学生，尤其在新成立的投行部中，除了经理，其他人都是毫无经验的年轻人。在九好集团的案件中，由于其业务范围较特殊，舞弊手段较复杂，导致承揽人在尽职调查中丝毫没有察觉。承揽人的专业技术水平不高导致尽职报告所了解到的情况较为肤浅，且承揽人和保荐代理人在这一阶段并不参与，对具体情况并不了解。

➢ 风险控制部门和质量控制部门缺乏对项目和市场的了解和监督。譬如在九好集团的并购案件中，异常高的利润增长率和置换增值率，而西南证券公司风险控制部门和质量控制部门对此浑然不知，没有考虑到现实实践中存在的问题与隐患。

b. 申请内核阶段缺陷。内核阶段是决定项目是否能成功的重要环节，申请内核如果被证监会所认可，标志着此次项目暂时成功结束。西南证券公司内核阶段主要有以下缺陷。

➢ 西南证券公司申报材料的标准不统一。对项目可行性没有统一的标准，导致申报材料可能无法真实反映项目的风险。

➢ 西南证券公司对进场人员实际工作情况缺乏监督制度。进场工作不同于尽职调查。进场之后需要具体细致地对情况进行具体分析。有一点纰漏很可能造成日后的严重后果。在九好集团案件中，正是因为缺乏对承揽人的实时监督，才会导致供应商造假这一明显的舞弊都没有被发现。

➢ 西南证券公司投行部门内部缺乏风险管理小组。西南证券公司设立了风险控制部门和风险管理委员会，但缺少专门对投行部门负责的风险控制体系。

c. 持续督导阶段的缺陷。虽然持续督导不是所有的投行项目都需要进行的环节，但也是很重要的环节。西南证券公司在此阶段主要有以下缺陷。

➢ 持续督导责任不明确。在西南证券的风险管理制度中，风险控制部门对持续督导负责，而实际工作中由承揽人负责。这就导致了责任不明确，从而相互推卸责任的行为。

➢ 缺乏定期的复查制度。西南证券公司对于发行人的资产的风险系数并不完全了解。西南证券公司仅仅依靠发行人的一面之词，没有复查制度是很难了解清楚的。

综上所述，造成西南证券公司投行业务风险管理流程存在缺陷主要有以下原因：第一，西南证券公司缺乏对于流程的控制和监管。第二，西南证券公司的风险管理流程都是针对一个项目的风险流程，而且都是单项的流程，并没有贯穿整个全局。这样就会导致对于风险把控不准确，管理量大，成本高等问题。第三，西南证券公司对信息的披露不充分，对于信息披露没有完整的质量体系，导致真实情况无法准确地披露。由此导致西南证券公司的投行业务屡次违规，受到处罚。

9.3.4 对策和建议

1. 完善保荐制度及加强外部监管

（1）完善保荐制度。完善保荐制度对证券市场的健康有效发展有重要的意义，目前的保荐制度存在重大的缺陷，导致西南证券公司违规案件屡次发生，所以完善保荐制度刻不容缓。

①完善保荐代理人的选拔制度。一个合格的保荐代理人需要具备良好的诚信记录，同时深入掌握各项金融、财务和法律方面的知识，对行业背景和政策变更都需要有较高的敏感度。因此，在选拔保荐代理人时应重点强调在经历基础上的综合能力。西南证券公司在选择保荐代理人时应该结合本公司投行部的主要业务范围，综合选拔保荐代理人。在选拔中可以将保荐代理人对实际案例分析的能力作为基础参考，同时考察保荐代理人的诚信记录和调查保荐代理人离职原因等。除此之外，西南证券公司应该对现用保荐代理人的诚信和能力进行考核，不符合者应该辞退，从而提高西南证券公司保荐代理人整体的素质水平。

②明确保荐机构（证券公司）和保荐代理人的职责。在法律上保荐机构即证券公司对投行业务对外承担责任，保荐代理人对内承担责任。但西南证券公司在被证监会处罚时，证券公司和保荐代理人承担“连坐责任”。我国的保荐制度可以学习英国的保荐制度——“终生保荐”制度，避免责任推脱，持续督导的“走形式”问题。为了解决西南证券公司内部责任混乱的情况，则应该做到以下几点。

a. 制定相应的规章来明确保荐代理人对保荐单位的招股说明书、并购方案和可转债方案等相关资料的真实性负责，避免推卸责任的现象。

b. 对勤勉尽职的义务制定一个客观的标准，如果对于保荐代理人勤勉尽职的义务仅依赖于主观判断，难以让人信服。可以在相关公司规定中对保荐代理人尽职审查提出最低要求。量化最低要求，有利于明确保荐代理人的责任，加强保荐的有效性。

c. 明确保荐代理人持续督导的责任，避免西南证券公司大部分的持续督导业务都是承揽人一手负责的情况，明确保荐代理人应该对保荐单位的核心资产、董监高等重要信息变动承担监督披露的责任。

（2）加强外部监管。由于我国的证券市场还不是很成熟，所以有关部门的监管必不可少。目前，我国的相关监管部门应该加强以下几点。

①完善法律法规。完善关于投行业务风险管理的相关法律基础。首先，应该建立完善有效的风险管理体系等制度纳入申请保荐资格的条件范围。其次，取消两年内被证监会惩处3次以上的保荐机构的保荐资格。最后，将保荐代理人的责任以法律形式体现，并明确规定保荐代理人未尽责的行政后果。

②发挥行业自律组织的监管作用。目前，证券公司接受的监管，一方面来自证监会对证券公司集中统一的管理，另一方面来自证券交易所和证券业协会的行业性的自律性监管。现实情况中，很多的行业自律性监管没有发挥应有的作用，所以应该通过法律的方式要求相关自律部门加入监管体系并承担相应的责任。

③加强惩罚力度和稽查程度。应建立更为严格的行政处罚制度，加大惩处力度，杜绝有的公司和保代人只追求短期利润，不考虑风险的行为。其次，加大稽查力度和惩罚力度，特定时候可以赋予监督机构行政权力，建立专门的稽查部门。最后，定期复查审核，对以往案件纠察到底，追寻责任人，并加强惩罚力度。

④加强持续督导期间质量控制部门的核查。企业在上市之后，证券公司还需要对其进行持续的督导和监管。但是，证监会和相关监督机构对这一时期的上市公司的监督并不是很重视，他们往往把监督的重点放在那些刚刚上市的公司上。所以，相关监管部门应该通过定期检查或不定期检查等方式进行排查，保证证券公司对上市公司持续督导的真实有效性。

2. 增强公司风险管理意识

对于西南证券公司来说，增强公司风险管理意识会从根本上提高风险管理的有效性。因此，西南证券公司应该从以下几点增强公司风险管理意识。

（1）增强企业投行业务风险管理文化建设。西南证券公司风险意识薄弱的根本原因是西南证券公司的企业文化就是追求利润，所以西南证券公司应该重新制定“风险第一，利润第二”的投行业务风险管理理念，并在实践中做到在合理的风险范围内赚更多的钱。

（2）加强风险意识的培养。加强风险意识的培养对于西南证券公司的稳定发展有重要意义。只有各部门都正确地认识风险管理了，公司整体才能在合理有效地控制风险的同时实现利润最大化。西南证券公司可以通过培训等方式提高企业整体的风险意识，着重培养保荐代理人和投行部成员的风险意识。培养保荐代理人和投行部从业人员把风险意识贯穿到项目的各个环节，最大限度避免再次出现类似九好集团“忽悠式”重组案件中的失误。

（3）培养项目公司的风险意识。项目公司的风险也是证券公司的风险。因此加强项目公司的风险意识是很有必要的。企业在被保荐准备上市之前，必须要接受相应的调查，排查企业上市之后可能出现的运作风险或是现阶段存在的风险。假如上市企业在上市之前没有经过证券企业的正规辅导和风险评估培训而导致上市企业忽视上市风险，或是企业对证券公司有所隐瞒，这些都会直接影响企业今后的上市进程。因此，西南证券应该对准备上市的企业进行风险培训，使被保荐单位的负责人认识到风险的重要性，从根本上降低项目自身的风险。

综上所述，西南证券公司想要摆脱此次信用等级的阴霾，应该不断提升整体员工的风险意识，建立良好的企业文化，加强培养项目公司的风险意识。通过思想方面的教育，把风险管理贯穿到投行业务的全过程。

3. 完善投行业务风险管理制度

（1）成立独立的风险管理机构。西南证券公司内部现有风险管理框架是单项、单维的风险管理架构，从西南证券公司现在使用的风险管理架构来看，风险管理部门仅仅是负责对投行部提交立项的项目进行风险审核，完全没有涉及对风险的事前控制、事后控制的职能。此外，西南证券公司的风险管理体系中，各个部门负责一个流程，体现的是对单一业务流程的管理，而不是全面系统的管理。

因此，西南证券公司应该建立一个多维的、系统性的、独立的风险管理机构。该独立的风险管理机构的职能应该包括以下几点：第一，独立于一般的风险管理部门，直接对接投行部、合规部、董事会，避免层层信息传递失真的情况和节约传递成本。第二，对项目实行事前控制。负责投行业务的风险控制策略的制定工作，运用风险规避、降低风险、风险转移和风险承担等风险管理手段对投行业务进行事前控制。第三，该风险管理机构不单有一个部门的职能，应兼有组织平台、信息技术平台和风险文化平台的职能。综上所述，独立的风险管理机构更加有利于提高西南证券公司的风险管理水平和风险控制的有效性。

（2）建立科学的风险管理决策机制。西南证券公司投行业务理应在各个不相容的部门相对独立的前提下，建立一个风险的决策机制。决策体系是层层递进的关系，尤其是投行业务的总领导和风险管理者的职能不能互相混淆，前者应该关注如何制定投行业务的经营战略，而后者应该将主要的注意力集中在风险政策的制定上，比如确定风险限制指标等。总而言之，要确保投行业务的决策、监督和执行分离，同时不能阻碍信息的交流。

参考文献

[1] 牛仲逸．西南证券：装配式装修渐入红利期［N］．中国证券报，2019-07-22（A08）．

[2] 兰习娥．证券公司理财服务发展创新模式研究［D］．武汉：湖北工业大学，2018．

[3] 杜瑄．关于我国发展网上证券经纪的可行性研究［D］．北京：对外经济贸易大学，2002．

[4] 陈萍，林乐康．基于西南证券“借壳”ST长运看借壳上市［J］．现代商贸工业，2013，25（20）：120．

[5] 吕姗．A证券公司发展战略研究［D］．重庆：重庆大学，2015．

案例使用说明

一、教学目的与用途

（1）适用课程：金融机构风险管理、证券投资、证券公司经营管理。

（2）适用对象：主要为金融专业硕士和会计专业硕士开发，适合有一定工作经验的学员和管理者学习。此外，也适用于工商管理各专业本科生。

（3）教学目的：具体目标分为以下四方面。

①学习、了解如何建立风险管理组织架构，严格授权权限管理。除首先要建立风险管理组织架构外，还要建立对证券投资、衍生产品等高风险业务的授权，须事前提供调查论证、投资规模、风险额度、风险手段、对冲措施等周密的可行性分析报告，以利于决策，并加强对决策执行和权限管理的监督。

②学习、了解监督管理防线，主要由高管层和有关部门对风险控制情况进行追踪、评估和处理，落实问责制度。及时对业务流程、控制措施和制度框架进行改进，实时修订业务操作规程和授权审批权限变更。

③基于证券公司的高风险经营背景，了解如何实现业务结构与风险类型的有机整合，提供证券公司风险管理的合理化建议。

④站在公司的角度分析何为完善的内部控制体系，以及其如何管理公司的风险。

二、启发思考题

（1）证券公司的风险管理方法有很多，目前国际金融界应用比较广泛的是全面风险管理方案。公司全面风险管理方案可以定义为策略、过程、基础设施和环境之间的融合。详述以上四点的具体含义，以及如何做好全面风险管理。

（2）从大有能源定增案到九好集团“忽悠式”重组案，西南证券公司职责失职有什么异同？

（3）如果你是西南证券公司的风控经理，将如何基于业务发展和市场变化的情形，利用好“恒生风险控制系统”？

（4）除证券公司风控部门需规范工作外，如果你是西南证券公司的总经理，应该如何在投行内部建立合规机制？

三、分析思路

首先，沿着西南证券公司因风险管理问题卷入的大有能源定增案和九好集团“忽悠式”重组案回溯，整理整个事件脉络，按照时间顺序，进行情景分析。可梳理出，在大有能源定增案中：

（1）大有能源用定增募集资金中的 57.27 亿元购买了其大股东义马煤业集团下属的天峻义海 100% 的股权。而 50 多亿元中的 23.8 亿元资金则是用来购买矿区露天煤矿的采矿权。其实大有能源控股股东上演的是一出借用采矿权、高价卖给上市公司、融资后无偿归还的戏。西南证券公司作为中介机构承担连带责任。

（2）大有能源宣布完成股权收购之后不久，大有能源悄悄将这一采矿权以 0 元的价格转让给了木里煤业集团。

（3）西南证券紧急停牌。

（4）证监会决定对西南证券公司立案调查，其 IPO 和并购业务被叫停。

（5）公司收到处罚通知。那么在这个过程中西南证券明显存在尽职调查和持续督导问题。

在九好集团“忽悠式”重组案中：

（1）九好集团通过各种手段虚增服务费收入 2.6 亿余元，虚增 2015 年贸易收入 57 万余元，虚构银行存款 3 亿元，将自己包装成价值 37.1 亿元的“优良资产”，与上市公司鞍重股份联手进行“忽悠式”重组，以期达到借壳上市的目的。

（2）西南证券公司被立案调查。在此案中也是存在尽职调查和前期承揽过程的问题。

其次，在案例中提到的西南证券公司的恒生风险控制系统，是与其管理层组织架构和投行业务流程作为风控端口一并被提到。实际上风控的着眼点一直在于人的风险意识控制。最主要的是进行员工风险意识的培训，要将好的风险管理制度用到刀刃上，不能对制度视而不见，使得一套风险管理制度难以有效实施。

最后，在进行课堂总结时，可发散学生思维，课堂讨论更多的政策建议。

第10章　金融机构经营绩效管理案例分析

10.1　Z银行大连分行绩效管理

在我国经济高速增长时期，银行业获得了极大的发展和突破。银行业不断地为国家的经济建设提供充沛的资金支持，确保各项工作顺利进行，而银行业在这一良性循环中获得丰厚的利润，银行自身的规模也随之扩大，对优质人力资源的需求也不断增大，同时对人力资源效率和工作热情的要求也在不断提升。

Z银行的成长历程中，有多个重要的时间节点，这也标志着Z银行的不断发展和提升。1994年Z银行顺应国家政策的调整，率先在国内完成国有化改革，成为首个国有制银行。2004年，Z银行再一次领先于国内其他银行，响应国家的经济调整号召，短短一年时间就完成了股份制改革，并且同年更名为Z银行股份有限公司。2006年，对Z银行而言，是极为重要的一年，在这一年它不仅以惊人的速度完成了所有上市筹备工作，并且6月和7月分别在国内的上交所和深交所同时上市。不仅成为国内首家同时在两个交易所上市的公司，而且也为其他银行完成上市工作提供了标准化的流程参考。

2008年，世界经济危机爆发，全球所有国家都深陷其中不能自拔，但是Z银行在国家政策的支持下，对全球经济进行了科学的分析，对未来的经济发展的总体趋势作出了判断。通过一系列的改革和创新，不仅减少了世界经济危机对其的影响，而且大力推进了银行的国际化进程。无论从银行的规模、业务范围还是最终的银行总收益，都获得了前所未有的提升。

10.1.1　Z银行大连分行人力资源情况介绍

Z银行大连分行是Z银行设立在大连的一级分行，是Z银行在东北地区最重要的分行之一，其机构设置健全，银行业务完整，未来将成为Z银行占据整个东北市场的枢纽站，有着举足轻重的地位。Z银行大连分行经过多年的发展，银行规模有明显的增长，截至2015年，整个分行由九大业务部门及多个支行和营业网点组成，员工数量已经超过3 800余人。不仅能够为大连及周边城市提供全面的金融服务，还能以大连为中心，不断向东北地区辐射发展。Z银行大连分行一直秉承改革创新、科学进取的理念进行发展，不断进行新产品的开发、新业务的拓展、新客户的挖掘，这就要求Z银行大连分行的员工的数量和素质必须要有更好的提升。图10.1所示是Z银行大连分行的组织架构，清晰地展现了Z银行大连分行的部门分布及人员职位情况。

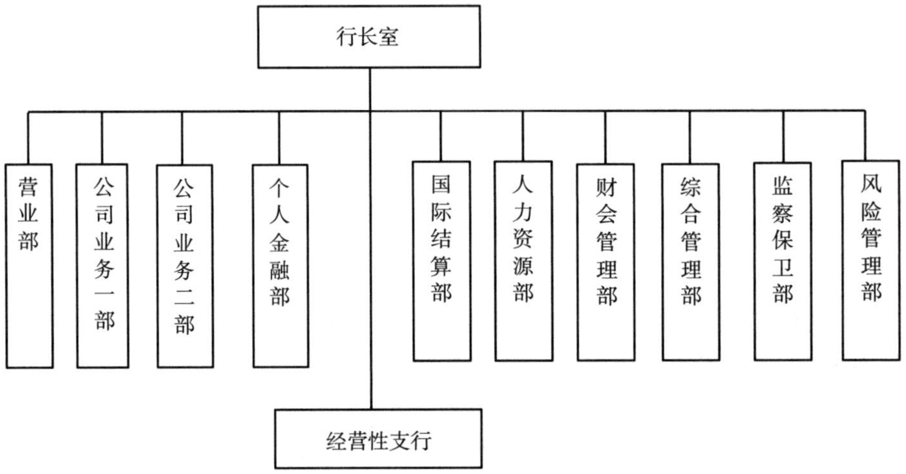

图10.1　Z银行大连分行的组织架构

Z银行大连分行的员工数量已经接近4 000人，是Z银行分行中员工数量较多的分行之一。目前Z银行大连分行的人力资源状况主要有以下三个特点。

（1）员工数量增长速度快。Z银行大连分行的员工数量从2010年的2 800人，在短短五年内增长了1 000余人。这种增长速度不仅在其他银行中，即便是其他生产型企业中也并不多见。由此可见，Z银行大连分行目前正处在高速发展阶段。Z银行大连分行员工数量的增长情况见表10－1。

表10－1　　Z银行大连分行员工数量的增长情况

指标	2010年	2011年	2012年	2013年	2014年	2015年
员工数量/人	2 800	2 900	3 000	3 200	3 450	3 800
增速/（%）	—	3.6	3.4	6.7	7.8	10.1

（2）员工学历高、素质高。目前的Z银行大连分行员工中拥有博士学历的有110人，拥有硕士学历的有900人，拥有本科学历的有2 400人，拥有大专学历的有390人。由表10－2中的数据可以看出，Z银行大连分行员工的整体学历和素质相对较高。

表 10－2　　Z 银行大连分行员工学历分布情况

指标	大专	本科	硕士	博士
员工数量/人	390	2 400	900	110
占比/(%)	10.3	63.2	23.7	2.8

（3）员工年龄分布不均衡。Z 银行大连分行员工的年龄分布不均衡。从表 10－3 中的数据可以看出，银行中 30 岁以下的员工数量比例为 43.4%，而 30～40 岁员工数量最少，仅占 27.6%，40 岁以上的员工数量比例竟然高达 29%。这种梯度的员工年龄分布对 Z 银行大连分行未来发展十分不利，极易出现员工老龄化危机。

表 10－3　　Z 银行大连分行员工的年龄结构情况

指标	21～30 岁	31～40 岁	41 岁以上
员工数量/人	1 650	1 050	1 100
占比/(%)	43.4	27.6	29.0

10.1.2　行业背景介绍

中国金融业发展已经超过一百多年历史，最早的一家银行成立于上海，是中国通商银行。虽然这家银行成立之初专业针对性较强，是中国银行发展史上的里程碑。它的出现填补了中国银行发展的空白，同时也正式拉开了中国金融业发展的序幕。自 18 世纪以来，世界经济经过百余年的发展，全球经济一体化不断扩张和深化，中国金融业也借助世界经济发展的上升浪潮获得了极大的提升，并且逐渐在世界金融界扮演重要的角色，与美日欧等发达国家共同引领世界经济的发展方向。相对而言中国金融业还是一个年轻的行业，有着无限的潜力可以挖掘，因此在不久的将来，中国金融业必然能够在世界金融行业再创辉煌。

中国的银行可以按其性质不同划分为国有银行、政策性银行和地方银行，但是无论哪种性质的银行都为中国金融事业的不断发展作出贡献和努力。近年来国内国际的金融形势发生了颠覆性的变化，中国金融业也面临着巨大的挑战，不仅需要调整自身发展战略，以保证强大的生存能力，同时需要具备更强的竞争能力，从而确保中国金融业在世界金融市场的地位。

中国金融业发展势头很猛，目前主要表现出以下三个特点。

（1）资产增长迅速。中国金融业通过各种途径不断增加其总资产。截至 2018 年，中国金融业总体的外币储量超过了 3 万亿美元，国有银行的总资产也已经突破 40 万亿元，其他股份制银行总资产也已经突破 15 万亿元，而地方性商业银行近年来的发展状况良好，总资产也突破了 5 万亿元，各类银行资产平均增速已经超过了 10%。

（2）收益增长迅速。我国的金融机构，尤其是银行，不仅仅是总资产在飞速增长，随着业务范围的拓展、盈利模式的创新，银行业的总体收益也出现了井喷效应。从2015年开始，商业银行业的总体收益已经基本突破了0.25万亿元的大关，这较2014年提升了30%，其中国有银行的利润率也在15%左右。收益增长迅速代表着中国金融业的发展前景光明，只要能够继续保持科学的发展战略，中国金融业必然能够获得更大的收益。

（3）国际化接轨迅速。世界各国之所以对中国金融业的未来十分看好，除了中国金融业总资本和盈利能力不断增长，最重要的是中国金融业正在通过自身的不断改革和创新，逐渐加快了自身的国际化步伐。无论是金融业务的开展，还是金融新产品的开发、金融全新的服务理念，中国金融业无不积极向国际化接轨，只有加快完成中国金融业的国际化转型，才能保证有更多的国家和客户能够与中国的银行进行合作，同时保证中国金融业长期健康稳定的发展和自身的国际声誉不断提升，才能为中国金融业国际化战略的推行提供动力。

10.1.3 Z银行绩效管理情况

1. 难产的绩效管理体系

2015年对于Z银行大连分行而言至关重要，因为根据总行近年来的发展战略来看，大连及辽宁地区将成为Z银行在东北发展的重点区域，但是因为整个东北地区的经济持续下滑，Z银行大连分行的任务也会较往年更加艰巨。如果不能激发行内全体员工的斗志，积极发挥每一位员工最大的工作潜力，那就很难保证完成Z银行大连分行的各项任务指标。

为了能够达到上述目标，Z银行大连分行的张行长也是绞尽脑汁，希望能够寻找到更好的办法来提升行内员工的工作效率和积极性。如果全行不能团结一心、共同努力，那么要实现2015年的绩效目标谈何容易。为了能够听取多方意见，张行长找来了行内多位部门负责人，期望通过头脑风暴的形式寻找提升Z银行大连分行综合业绩和员工工作积极性的方法。经过一上午的讨论，全行的领导层意见基本达成了一致：国际国内的经济形势已经逐渐趋于理性，并且这还将持续一段相当长的时间，因此，如果银行仍然想保持过去几年的发展势头，就必须从自身能力和态度进行调整，一方面增强员工的综合素质，另一方面激发员工拼搏奋斗的热情。而要做到以上两点，进一步建立和完善Z银行大连分行的绩效管理体系的工作势在必行。因为Z银行大连分行过去的绩效管理手段和方法都是为了当时应对特殊情况而采取的临时性措施，所以已经和Z银行大连分行的实际员工绩效管理工作不再适合，如果再执行下去，非但不会有良好的效果，很有可能还会产生不良的影响。所以Z银行大连分行必须重新考虑，通过科学的方法进行绩效管理分析，从而建立一套行之有效的绩效管理体系。

2. 低效的执行系统

过去人力资源部门主要将工作重点放在了员工招聘、薪酬福利等方面的工作上，在绩效管理方面的工作一直停滞，不仅没有系统的规章制度，就连有绩效管理经验的人力资源管理人员在 Z 银行大连分行人力资源部门也是凤毛麟角。但是既然行长已经发布了命令，王经理就硬着头皮带着几个过去从事过一些绩效管理工作的专员通过学习和整理，花费了整整一个月的时间，终于算是勉强完成了一套绩效管理体系的建设初稿。这套绩效管理制度的初稿一经完成，人力资源部的王经理立刻将其打印出来转交给张行长审阅，张行长虽然主管行内工作，但是因为是金融专业出身，所以对人力资源方面的管理知识还是不够了解，在看到王经理洋洋洒洒十几页的绩效管理方案后，认为这一定也是费了心思完成的，毕竟王经理从事人力资源管理方面的工作也有七八个年头了，带领一个部门完成一套绩效管理制度和方案应该没有问题。在获得了行长的审批后，王经理立刻开始筹备新方案的实施，一方面越早进行绩效管理工作，就能越早地对员工进行监督和激励，保证银行的员工能够更加紧密团结，发挥个人和部门的潜力，为 Z 银行大连分行的事业发展作出贡献；另一方面也可以向其他部门证明人力资源部门的能力。王经理将最初草拟的《Z 银行大连分行绩效管理制度》进行了全面的校验，同时在检查过程中也对一些不够合理的环节进行了修订和完善，随后便进入了绩效管理的实施阶段。时光如梭，转眼 2015 年的 3 月就结束了，按照方案的设计，每个季度人力资源部门都会对季度绩效考核成绩进行公布，这一公布立刻让 Z 银行大连分行炸开了锅。

“这新的绩效管理办法是什么时候开始实施的？”

“这些考核政策和以前的好像出入很大，有谁能告诉我这些制度和政策在哪里能查到，我得按照要求工作啊，要不影响年底奖金可怎么办！”

“现在是哪位领导在负责绩效管理的事情啊？是部门领导负责，还是人力资源部门负责啊？怎么神不知鬼不觉地就把季度绩效考核结果公布了，是谁考核的啊，怎么考核的啊，分数怎么计算的，是不是应该有个人给大家一个说法啊，要不这么稀里糊涂地就获得一个成绩，既感觉莫名其妙，也感到十分不公平啊！”

一时间 Z 银行大连分行中的员工几乎都变成了丈二和尚，完全摸不着头脑。突然之间出现这样一个莫名其妙的绩效考核分数，这让各部门的员工都十分不适应。到底这个分数谁说了算，对年底奖金的影响有多大，对员工未来的职业生涯发展会产生什么影响，Z 银行大连分行的员工们都迫切想要了解。季度绩效考核结果刚刚公布，就出现这种效果，是张行长和人力资源部王经理都始料不及的，起初以为员工在了解自己分数之后首先提出的问题是应该如何进行问题的改进，而现在的情况显然十分糟糕，因为很多员工完全不了解全新绩效管理方案的考核规则和办法，还有的员工对这些绩效管理的设计有一定的质疑，更有甚者是根本不知道有新绩效管理改革这件事。

张行长和王经理本意是希望通过全新绩效管理体系的建立来提升员工的综合能力和工作积极性，但是现在却出现这么多棘手的问题，非但没有达到预期的效果，反而给行内员工内心蒙上了新的“阴云”，看来这新的绩效管理体系真的十分低效，甚至是无效，想到这里，张行长和王经理决定再对相关的工作进行重新考虑和安排。只有真正从员工和银行二者共同的利益出发进行绩效管理体系的完善，才能化解当前的矛盾和危机。

3. *绩效考核引起的风波*

2015 年 6 月刚刚过去，人力资源部门又收到一封辞职信，这已经是该季度的第三封辞职信了。2015 年 Z 银行大连分行的离职率高得出奇，这和经济形势导致 Z 银行大连分行的员工薪酬福利有所下降有一定的关系，但是如果和全新实施的绩效管理制度联想起来，似乎更是这个原因导致的。

人力资源部的王经理打开今天一早送来的这封辞职信，简直不敢相信自己的眼睛。原来这次提出辞职的不是别人，正是王经理在 Z 银行大连分行中关系最好的同事及朋友王书航。王书航年龄比王经理大几岁，来 Z 银行大连分行也比王经理要早很多。如果按照在 Z 银行大连分行的工作年限来算，行内没有几个员工比王书航更久。王书航在 Z 银行大连分行的地位也是举足轻重的，他本科毕业于对外经贸大学会计学专业，随后考取英国的金融学硕士，在英国留学两年后回国择业。为了能够回到大连老家与父母生活在一起，毅然放弃了在北京 Z 银行总行的就业机会，来到了 Z 银行大连分行业务部门工作。因为财务及金融方面的专业功底扎实，所以来到 Z 银行大连分行的表现也相对突出，不仅个人业绩突出，还对业务部门提出了很多可行性建议，使得 Z 银行大连分行在业务流程提升方面多次获得总行的赞许，并且很多方法和流程被 Z 银行在全国多个类似城市推广。正是因为这些令人难忘的成绩，使得王书航很快得到了领导的提拔，在业务部门担任部门经理，负责金融产品营销相关的工作，这一干已经有将近十个年头了。不说在 Z 银行大连分行获得多少回报，但是对银行的感情，王书航都不应该会轻易离开银行啊。王经理自来到 Z 银行大连分行就一直和王书航关系不错，看到这位老同事、老朋友的辞职信，心中不免有些伤感。他决定亲自去和这位一起工作七八年的好朋友谈谈心，看看到底是什么伤了他的心，能做出这么坚定的决定离开 Z 银行大连分行。

第二天中午，王经理便和王书航约定共进午餐，同时一起聊聊工作方面的问题，还没等王经理步入正题，王书航首先向他倾诉了自己对银行和工作的不满，果然不出王经理所料，这些年来王书航一直都能安心工作，怎么会突然提出辞职，这确实和今年新上马的绩效管理工作有着重要的联系……

事情原来是这样的，王书航在 Z 银行大连分行中一直在业务部门负责营销工作，因为工作经验丰富，再加上个人头脑灵活，所以在部门中的个人业绩一直遥遥领先，这是其他员工和领导都有目共睹的，所以无论是在部门内部还是在 Z 银行大连分行经理级别中，王书航的个人绩效考核成绩在全行名列前茅，如果按照这个势头发展，王书航很快就能晋升到副行长级别。但是有些事情并不是一帆风顺的，2015 年 Z 银行大连分行正式开始推行新的绩效管理制度，王书航在第一季度的绩效考核成绩并不理想，他并没有十分在意，他认为是因为自己没有清楚地了解新制度的内容变化，在日常的工作中肯定有表现不佳的地方，所以第一次季度绩效考核成绩不理想也是情有可原，如果日后注意自己的工作方式和工作态度，那么这些问题都应该是可以避免的，绩效考核成绩理所当然应该回归到过去的水平。但是 6 月新出的第二季度绩效考核结果更加令王书航大跌眼镜，非但没有回升，反而继续回落，这让王书航感到十分不解，直接向业务部门负责绩效考核的专员询问情况。通过这位人事专员的讲解，王书航才明白目前的绩效考核工作进行了大量的修改，尤其是在考核维度方面和考核方式上，比如员工绩效考核成绩中有一定比重来自同事和下属的打分。王书航认为自己并不是一个善于通融和圆滑的人，所以在自己下属出现问题时必然严厉批评，并且及时纠正，这样才能保证下属不再重复类似的错误，但是现在的 80 后、90 后年轻员工根本不认为这是在帮助他们成长，反而记仇，在打分时进行报复，这就导致王书航的绩效考核成绩不再那么灿烂。即便个人业绩、部门业绩再出色，因为与其他员工关系的问题，同样可能出现绩效考核成绩不佳的情况，让王书航个人感到十分郁闷。如果这个问题一直无法予以公平的解决，那么必然会影响他个人的职业生涯发展，影响员工之间的和睦，影响 Z 银行大连分行的和谐气氛。

听了王书航一股脑的怨气，王经理感觉他说的也十分在理，因为在绩效考核维度设计方面并没有考虑周全，才会导致今天这种不该发生的问题出现，但是为时不晚。王经理决定先稳住这位 Z 银行大连分行的资深员工，希望他先不要辞职，他一定会抓紧修订绩效管理制度，给他一个满意的答复。

4. 紧急会议

全新的绩效管理制度经过一年的实践，终于要在年末完成它这一年的工作了，人力资源部门根据绩效管理制度的规定，对 Z 银行大连分行的员工进行年度综合考核，结合四个季度的综合成绩和年终考核的成绩，最终为每一位员工评定出年度的最终绩效考核成绩，虽然很多员工对每一季度的考核成绩波动并不十分在意，但是年终整体考核成绩是否达标，绝大多数员工都十分关注。其主要原因是按照惯例，每一年的年终考核成绩会与当年的年终奖金直接挂钩，如果年终绩效考核成绩优秀，自然奖金数量会变得相对可观；如果考核成绩不够理想，年底获得的奖金也会随之减少，所以与自身利益直接相关时，员工所表现出来的重视程度和关心程度也是完全不一样的。尤其是在进行年底综合绩效考核过程中，如果员工认为某些环节评判得不够准确或者给自己的成绩不够公平，员工立刻会向直属领导提出异议，并且要求人力资源部门进行核实，重新给予公平的评定。由此可以看出，只要绩效考核的成绩能够与员工的密切相关的利益相结合，那么员工必然会对此予以重视，相反的如果绩效考核只是一种形式主义的工作，那么不管流程多么科学严谨，最终获得的效果都差强人意。但是 Z 银行大连分行当前的绩效考核结果似乎除了与年终奖金挂钩，并没有在其他方面有所应用，这一点张行长已经有所发现，因此在年底绩效考核成绩公布之前，张行长决定先给人力资源部门召开一个紧急会议，因为有些问题如果当前不解决，过了年之后可能又会被忽略，如此必然还要耽误一年。

张行长提出召开紧急会议，人力资源部门也意识到必然会有重要的精神要传达，所以整个部门都暂停了手上的工作，匆匆整理后就都到会议室。张行长一开始讲话，态度就十分严肃。

“为什么绩效考核结果除了与年终奖金挂钩就什么用处都没有了？”

“为什么人力资源部门投入了这么大的精力进行绩效管理工作，到头来却派不上一定用处？”

“为什么这套方案执行了整整一年时间，整个人力资源部门没有做任何的思考，直到今天一定要逼着我替你们考虑应该如何开展工作？”

张行长连着三个问题，人力资源部门从王经理到其他十几个职员，没有一个能够直接回答的，因为这些问题从来没有被重视，整个部门在新的绩效管理制度实施以来，仅完成组织工作就已经焦头烂额了，根本没有时间对其他的问题进行思考，同时人力资源部门还有其他的工作需要完成，就更没有时间顾及绩效考核成绩的其他用途。

虽然王经理和张行长对这些情况也都清楚，十几个人的人力资源部门要负责近四千人的所有人力资源管理工作，但是现在既然已经发现了绩效管理工作与 Z 银行大连分行未来发展之间的利害关系，如果不能一步到位地将相关的制度、体系都建立好，那么升级后的绩效管理制度仍然只是个摆设，不可能达到预期的效果。张行长之所以大发雷霆主要也是因为觉得人力资源部在绩效管理工作方面的投入产出比令人失望，半个部门用了一年的时间进行绩效管理体系的升级，但到年底获得的绩效考核结果却没有任何用武之地，这样的绩效管理体系不管升不升级都没有实际意义。

张行长在会议上提出，绩效管理体系对 Z 银行大连分行未来的战略发展意义重大，必须更加注重其实际应用效果，只有如此才能更好地团结行内的员工，发挥他们最大的工作效能和潜力，提升员工工作热情和积极性，保证为 Z 银行大连分行创造更多的经济价值。

参考文献

[1] 白禾青.Z 银行大连分析员工绩效管理案例研究 [D]. 大连：大连理工大学，2016.
[2] 汪圆圆.P 公司的绩效管理案例研究 [D]. 大连：大连理工大学，2018.
[3] 沈传明. 中小企业应用绩效管理中的问题和对策 [J]. 现代经济信息，2012 (15)：35.
[4] 兰华东.D 教育培训公司基于战略目标的绩效管理研究 [D]. 厦门：厦门大学，2017.
[5] 张惠英. 兰州通用机器制造有限公司绩效管理体系优化研究 [D]. 兰州：兰州大学，2017.

案例使用说明

一、教学目的与用途

（1）适用课程：金融机构绩效管理、金融机构经营管理。

（2）适用对象：主要为企业管理和金融机构管理开发，适合有一定工作经验的学员和管理者学习。

（3）教学目的：本案例总结了 Z 银行大连分行绩效管理的实际案例，围绕 Z 银行大连分行的员工绩效调整政策，分析了 Z 银行大连分行在员工绩效管理上的缺陷。

二、启发思考题

（1）Z 银行大连分行绩效管理的案例说明了什么？谈谈你的理解。

（2）从十年老员工王书航的申请辞职报告中，可以得出金融机构负责人在经营绩效管理中应承担什么样的角色？

（3）本案例中 Z 银行大连分行绩效管理出现的问题是什么？应该怎么解决？

三、分析思路

（1）Z 银行大连分行的绩效管理体系设计过程中没有明确的目标。在绩效管理体系中第一个环节就是绩效设计工作。因为只有首先使用先进的理论和方法设计出科学且切实可行的绩效管理方案和制度，才能保证后期的具体实施顺利进行，才能保证最终获得的绩效考核结果客观公平。如果在设计阶段就出现问题，那么 Z 银行大连分行使用的绩效管理体系将会形同虚设，发挥不了任何作用。而在绩效管理体系设计最初，必须要注意的就是绩效目标的设定，Z 银行大连分行目前的绩效目标设定得就非常不明确。从案例中可以看出，这次绩效管理体系的升级完全是张行长和人力资源部王经理通过一次会议临时起意推动的结果，但是在会议上众多的管理人员都仅仅认为通过绩效管理体系的改革，能够提升员工的能力、提高工作效率，但是并没有确立这个全新的绩效管理体系在实施后需要达到的预期目标是什么，而人力资源部门也只是根据自身的工作经验进行了相关的制度撰写和规范设计，这种拼凑型的绩效管理体系或许可以完成基本的绩效管理功能，但是是否适合 Z 银行大连分行的实际情况、能否真为 Z 银行大连分行提供帮助，提供什么样的帮助，这些问题都因为没有明确的绩效管理体系设计目标而变得十分虚幻。因此，Z 银行大连分行最需要解决的绩效管理体系设计问题就是设定明确的绩效管理目标，其他的工作和任务才能围绕这一目标展开，做到有的放矢。

（2）Z 银行大连分行的绩效管理体系设计没有遵循合理的原则。绩效管理体系的设计必须遵循一定的原则，这与设计目标有着千丝万缕的关系，不同的目标将会配合不同的设计原则。如果目标设定偏重员工的能力提升，那么绩效管理设计原则就需要从实际的员工专业知识、专业技能方面出发，考核员工实际工作中的优势和短板，从而帮助其加强自身综合素质；而如果绩效目标侧重于银行内部员工满意度的提升、员工工作热情和积极性的激发，那么绩效管理体系的设计原则就需要加强考核的公平、公正和激励性，只有通过对员工的个人工作表现进行公平公正的考核，同时配合相关的激励手段，才能更好地激发员工的工作潜力，为银行创造更高的经济价值，同时也能让其他的员工受到刺激和鼓舞，在行内形成良性竞争。而当前的 Z 银行大连分行因为受到绩效设计目标不明确的影响，设计原则同样十分混乱，根本没有发挥任何作用，所以这同样是绩效管理体系设计中需要重点关注的问题。

（3）Z 银行大连分行的绩效说明媒介稀缺。绩效管理制度完成后，下一步需要进行的就是绩效管理说明。这个步骤实际上在整个绩效管理体系中属于一个连接性环节，没有实际的意义，但是地位却不能忽视。因为如果制定好的规章制度，银行里的员工都对其一无所知，那么该制度的制定就完全失去了意义，不知道游戏规则如何进行遵守，因此绩效说明的作用就是通过各种途径对全新的绩效管理制度进行宣传，让银行内部的员工能够第一时间准确地了解和掌握新制度的核心内容及实施细节。Z银行大连分行的绩效说明环节的首要问题就是绩效说明的途径过于狭窄，这个问题不仅在Z银行大连分行中出现，在很多企业中都会有类似的困扰，当任何一个制度和通知需要面向全体员工传达时，因为员工数量众多，或者分布非常分散，很难一一通知到位，最终导致的结果就是员工根本不知道相关制度的变化，或者对细节情况完全不了解，在具体的工作中也不能按照要求执行。Z银行大连分行的员工将近4 000名，分布在大连市各个支行和营业网点，所以依靠Z银行大连分行目前网站发布通知的形式进行绩效说明，效果甚微，各个支行和营业网点的负责人都能够获悉相关的内容，但是其他基层员工对制度的更新和变化不能全面、及时地了解。

（4）Z银行大连分行的绩效管理说明方法单一。Z银行大连分行不仅绩效说明的途径狭窄，只能通过网站和例会两种途径进行宣传，说明的方法也十分单一和陈旧，就是网络和例会上发放书面的通知，让参加会议的负责人自行对新规章制度进行研读，随后向各支行和营业网点的员工进行传达。除此之外，各基层单位的员工同样可以通过网站自行下载规章制度，自行学习。

10.2　安徽省太湖县资金互助社经营绩效管理

我国是农业人口比重很高的国家，国民经济的发展离不开农业的发展，人民收入水平提高的前提是增加农民的收入。农业要发展，农民要增收，就得发展农村经济，而目前的情况是，我国农村经济发展相对缓慢。造成农村经济发展相对缓慢的原因是多方面的，包括城乡分割的二元结构体制、土地集体所有的产权制度、财政支农缺位和农村金融抑制等原因，其中农村金融抑制问题近年来尤为突出，农村经济的发展离不开农村金融的支持，农村金融体制运行效率的高低关系到农户和乡镇企业能否获得所需的信贷资金。近年来，中国农村对其经济产业升级和结构调整的要求越来越迫切，农村发展对资金的依赖程度越来越高，需求也就越来越大。中国农村金融体系包括农村信用社、农业银行、农业发展银行、农村邮政储蓄、农村商业银行和农村合作银行。实际上，基于具体业务开展情况考虑，我国农村金融机构主要是农村信用社、农业银行和农业发展银行。农业银行与农户无直接关系，现在的主要客户为城镇的企业和其他单位；农业发展银行属于政策性银行，以农产品购销贷款为主要业务而与农户直接关联最多、对农村发展贡献最大的仍然是农村信用社。但是，在农村金融体系中，作为正规合作金融机构唯一代表的农村信用社存在诸多的问题，使其原有的为农村和农民服务的宗旨无法有效地实现。尽管近年来中央推动了以农村信用合作社改革为中心内容的农村金融服务体系改革与创新，可是，改革效果并不理想：一方面，融资渠道不畅严重了制约农村经济的发展；另一方面，被政府限制的草根金融在许多农村地区有日渐繁荣之势，但明显缺少规范和引导。在社会主义市场经济条件下，促进农村信用社的健康发展，是金融工作乃至整个社会经济生活的一件大事，也是迫在眉睫的一件要事。加强农村合作金融的研究，有利于完善农村金融体系，促进农村金融市场的多元化发展；有利于推进农村其他方面金融改革的进行；有利于解决农村资金的供求矛盾，推进农业产业化发展；有利于增加农民收入，促进农村经济全面发展。目前关于中国农村合作金融的研究文献很多，但国内目前的研究和改革重点普遍都放在农村信用社的管理体系上。农民资金互助社是适应市场经济要求的内生性农村合作金融组织。近年来，它凭借信息、效率、成本等优势，数量不断增加，规模不断扩大，一定程度上破解了农民融资难题，也为农村金融发展开辟了新的路径。然而，快速扩张并不能总是保证其经营绩效的提高，失去经营绩效保证的规模扩张极有可能导致经营失败，进而导致金融风险的产生。

10.2.1　安徽省太湖县资金互助社基本情况介绍

1. 安徽省太湖县村级资金互助社发展现状

（1）安徽省太湖县村级资金互助社发展背景。安徽省太湖县区自 2009 年开始实施村级资金互助社试点工作，通过精心组织筹备、实绩考核、竞争确定试点村；健全制度、落实责任，组建责任担当的理事会；强化管理、监督、考核，促进了贫困村资金互助社规范发展。村级资金互助社的发展有效支持了会员发展生产，改善了生产生活条件。村级资金互助社是以“保证资金安全、服务会员发展、实现盈余持续发展”为目标，以“互助共济、自我管理、自我发展”为重点的社团组织。

（2）安徽省太湖县村级资金互助社经营现状。安徽省太湖县区互助资金试点工作由区扶贫办扶贫监审科统一管理，从 2009 年开始贫困村互助资金试点以来，累计试点村共计 56 个，到 2018 年 12 月底实际运行资金互助社 50 个（龙潭镇群星村、荔枝街道小溪村、义和镇高峰村、李渡街道水磨滩村、武陵山乡石夹沟村、白涛乐道村 6 个资金互助社已注销），入会农户 7 503 户，互助资金规模达到 1 586. 86 万元，其中财政互助资金 1 515 万元，会员互助金 71. 86 万元，借款余额 1 227. 65 万元，占用费收入 106. 39 万元，资金互助社盈余 204. 76 万元，累计提取的风险准备金 61. 81 万元，见表 10 – 4。安徽省太湖县资金互助社在运行过程中取得以下成绩。

①发放借款，扶持贫困农户增收。截至 2018 年 12 月 30 日，安徽省太湖县区村级资金互助社累计发放借款 8 194. 97 万元，对农户，特别是贫困户在发展种养殖业等增收农业项目中，起到了较好的扶持作用，切实解决了农户在生产过程中的资金困难。

②促进农民收入增长。根据统计显示，2008 年的全区农民人均收入为 4 168 元，2018 年全区农民人均可支配收入（人均收入）提高到 14 681 元，增长 10 513 元，累计增幅 252. 23%，年均增幅 25. 23%。

③资金互助社得到健康发展。2018 年村级资金互助社 50 个，借款余额 1 227. 65 万元，互助资金使用率达 77. 0%，借款占用费收入 106. 39 万元，资金互助社盈余达

204.76 万元（平均盈余 2.42 万元/个）。累计发放借款 8 194.97 万元；累计提取的风险准备金 61.81 万元，平均每个互助社 1.23 万元，达到互助金总额的 3.9%。

④贫困户产业发展增收。资金互助社小额借款，方便了贫困户借款，促进了贫困户产业发展。

表 10－4　　2009—2018 年安徽省太湖县村级资金互助社发展情况

截止时间	资金互助社个数/个	入会农户数量/人	互助金规模/万元	财政互助金/万元	会员互助金/万元	当年新增借款/户次	当年收回借款/万元	当年借款余额/万元	借款占用费收入/万元	资金互助社盈余/万元	累计风险准备金/万元
2009 年年底	10	1 105	105.53	100	5.53	24.5	—	—	—	—	—
2010 年年底	11	1 170	145.87	140	5.87	117.28	58.21	89.97	4.14	2.76	0.20
2011 年年底	20	2 289	178.17	170	8.17	176.33	154.67	120.13	4.79	3.83	1.20
2012 年年底	47	4 658	950.03	900	50.03	623.71	214.9	528.21	18.96	11.81	4.91
2013 年年底	54	4 790	1 156.83	1 100	56.83	944.41	669.66	801.66	52.21	25.03	11.63
2014 年年底	54	514	1 367.06	1 300	67.06	1 160.35	955.11	1 032.3	70.89	66.78	17.09
2015 年年底	53	6 973	1 525.89	1 460	65.89	1 322.11	1 103.75	1 237.66	90.95	98.71	31.24
2016 年年底	53	5 829	1 554.26	1 490	64.26	1 386.09	1 333.93	1 298.64	98.88	132.52	45.92
2017 年年底	53	6 933	1 524.98	1 460	64.98	1 218.59	1 415.59	1 218.59	105.62	188.35	49.56
2018 年年底	50	7 503	1 586.86	1 515	71.86	1 221.6	1 405.6	1 227.65	106.39	204.76	61.81

资料来源：安徽省太湖县区扶贫办。

理事会是资金互助社的日常管理机构，以理事长为核心管理和使用互助金，管理会员借还款。选好理事长、选好负责人，建立责任担当的理事会，事关资金互助社的生存和发展。在选举理事会负责人方面，安徽省太湖县采用以下方案。

①明确理事会负责人任职条件，指导选举负责人。理事会负责人任职的五个条件：一是会员，责任心强、作风正派；二是长期在家，自愿担任；三是年龄 60 岁以下；四是初中以上文化，在本村有良好声誉；五是负责人之间无直系亲属关系。理事长除此外还需具备一定的经营管理和统筹协调能力。

②发挥乡镇和村委指导作用，会员直选理事会负责人。乡镇与村委会酝酿提出资金互助社筹备组负责人选，当会员总数达 50 人以上，由会员大会无记名投票差额选举会员大会秘书长、理事长、副理事长等资金互助社负责人。得票超过 2/3 的人才能当选理事长。不搞上级任命、上级委任制。

③建立责任制度，落实管理责任。资金互助社《章程》明确规定了理事会、执行组、监督组职责，管理员职责中明确了理事长、秘书长、副理事长等应承担损失借款责任，分别按损失额的 5%、4%、3% 承担会员借款管理责任；明确了会员借还款程序和监督制度，建立起担当责任的理事会。

2. 安徽省太湖县农户融资现状

根据对安徽省太湖县区资金互助社农户的调查，从整体来看，农户的融资需求满足情况一般，获得全部申请的贷款户占所有有贷款需求的农户的比重不到一半；会员的融资需求满足情况较非会员要好，贫困户比非贫困户的融资需求满足情况要好，说明安徽省太湖县村级资金互助社精准扶贫有一定效果。

贷款需求满足情况统计见表 10 –5。

表 10 –5　　贷款需求满足情况统计

农户类别	户数/户	有借款需求的户数/户	获得全部申请的贷款占比/(%)	申请被拒绝占比/(%)	仅获得部分申请的贷款占比/(%)
全样本农户	1 047	351	42.24	34.24	21.52
会员	694	281	48.86	28.79	22.35
非会员	353	70	27.14	50	22.86
贫困户	192	55	54.54	30.91	14.55
非贫困户	855	282	41.13	34.04	24.83

资料来源：根据调研数据整理。

本案例借鉴已有研究，将农户面临的正规信贷配给类型分为借贷型价格配给、非借贷型价格配给、部分数量配给、完全数量配给、交易成本配给、风险配给和社会资本配给共七类，后五类表明农户受到了信贷配给。通过对“贷款是否得到满足”的回答，识别出借贷型价格配给（获得全部申请的贷款）、完全数量配给（申请被拒绝）或部分数量配给类型（仅获得部分申请的贷款）。然后，通过对“为什么没有申请贷款”的回答，识别出非借贷型价格配给（“不需要贷款”“贷款利息太高”）、交易成本配给（“不知道如何申请贷款或申请过程麻烦”“贷款利息太高”“还款期限或方式不符合需求”）、风险配给（“担心还不起”）或社会资本配给（“没有抵押或担保人”）。本案例研究首先对全部 1 047 个样本农户受到正规商业性金融机构信贷配给的情况进行统计，结果见表 10 –6。

表 10－6　　信贷配给情况

信贷配给类型	农村商业性金融机构	
	户数/户	比重/(%)
借贷型价格配给	146	28.07
非借贷型价格配给	182	35
完全数量配给	113	21.73
部分数量配给	71	13.65
交易成本配给	199	38.27
风险配给	99	19.04
社会资本配给	122	23.46
受到信贷约束的总户数	520	100

注：正规金融组织包括农村信用社（农村合作银行和农村商业银行）、中国农业银行、中国邮政储蓄银行、村镇银行、农村小额贷款公司等金融机构。调查中发现，这些金融机构的贷款方式以抵押贷款为主。

资料来源：根据调研数据整理。

由调查结果可知，安徽省太湖县区受到信贷约束的农户中没有选择从正规金融机构贷款的原因多是贷款手续麻烦，贷款利息偏高，还款期限不合理等。资金互助社可以通过熟人社会机制、自我选择机制、同组监督机制和社区规范机制，帮助农户简化贷款审批流程、缩短获得贷款的时间、降低借贷成本和风险，因此研究安徽省太湖县区互助资金是否改善农户的信贷情况十分有必要。

3. 安徽省太湖县村级资金互助社的运行机制

（1）组织结构与管理机制分析。资金互助社的组织机构分为三级：一是最高决策机构——会员大会。讨论和修改《资金互助社章程》，讨论决定会员交纳互助金数额、资金互助社盈余支付方案；选举会员大会秘书长，选举资金互助社理事长、副理事长、常务理事等负责人。会员大会设秘书长 1 名，为会员大会召集人，任期 6 年。二是日常管理机构——理事会。由理事长 1 名、副理事长 2 名和常务理事 2 名组成，从事日常经营和互助金使用管理，开展会员借还款管理，包括审核、发放、清算和催缴借款。理事会任期 3 年。三是办事机构执行组、监督组和秘书组。执行组设执行组长、会计、出纳各 1 名，会计负责保管财物专用章、法人代表章，进行会计核算、清点借款收回情况等工作；执行组长由一名副理事长兼任。监督组设监督组长 1 名，由会员大会秘书长兼任，主要工作是监督组织资金使用情况并办理相关资金业务。秘书组设秘书组长 1 名，由一名副理事长兼任。

（2）风控机制分析。资金互助社运营的核心是在保证互助资金安全，保证借款“放得出去、收得回来、收到占用费”的前提下，坚持以下原则做好会员借还款的风险监控。贷前建立会员信誉调查制度。资金互助社借款是在会员诚信、依靠会员之间互助担保基础上建立的。安徽省太湖县区村级资金互助社建立了以《非营利组织会计制度》为基准的互助资金管理、使用制度和会员借还款管理制度。从会员年龄、文化程度、家庭地位、劳动收入，会员家庭现金收入、主要劳动力收入、是否借过款和借款额度，资金互助社借还款情况等 10 项内容按权重计分，建立百分制信誉调查制度。根据得分情况确定为 A、B、C、D 四个信誉等级。其中 A 级（90 分以上）最好，B 级（80 ~ 89 分）次之，C 级（60 ~ 79 分）一般，D 级（60 分以下）借款受到限制。根据信誉调查评分结果，确定借款额度，控制借款风险。

贷中严格借款的六个程序：一是借款申请，落实会员承诺和权利义务。二是借款调查，执行组长调查会员借款的用途、会员信誉状况、还款能力等，提出借款建议。三是理事会审查。由理事长主持召开理事会，讨论是否借款，并做好会议记录，监督组长和理事长审查签字。四是当面签订借款担保协议。借款会员邀请同一互助小组其他会员为其借款提供担保，当面签订担保协议。五是签订借款约据。由借款会员填写借款约据，确定借款额度、借款期限、约定还款时间，并留存本人身份证或户口页复印件。六是审查发放借款。由理事长审查签字后，发放借款。

贷后自主审查、自主接受监督。资金互助社在理事长领导下，依靠理事会集体研究、理事长全面负责管理会员借还款。在保证借款安全的前提下，自主考察决定会员借款额度和借款期限，接受区扶贫办和区民政局、财政局等部门指导、监督，接受乡镇扶贫部门指导。安徽省太湖县村级资金互助社建立实施了资金互助社盈余核算和借款监督制度。全区资金互助社都建立了会计资产负债核算管理制度，每月底定期核算当月资金互助社资产、负债、净资产、收入和费用成本情况及资金使用管理情况，按月上报“三表两单”（《资产负债表》《业务活动表》《会员借还款》、互助社银行存款对账单、《会计出纳交接单》）。区扶贫办每月定期审查资金互助社“三表两单”，掌握互助金使用管理情况；审查资金互助社净资产和收入支出情况，掌握净资产和盈余变化，及时发现问题，依靠飞信平台及时通报、及时整改；审查会员借还款情况，掌握借款变化情况，及时发现逾期借款和三个月以上未交占用费的会员借款，及时通报、及时催收。

（3）借贷机制分析。安徽省太湖县区村级资金互助社互助资金借贷机制如图 10.2 所示。

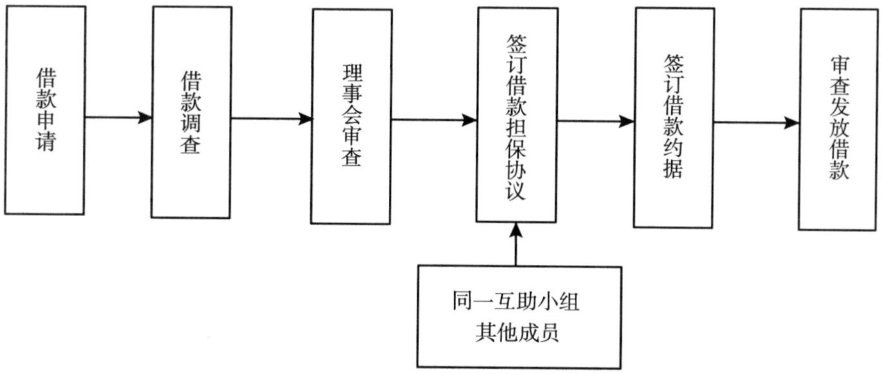

图 10.2　安徽省太湖县区村级资金互助社互助资金借贷机制

资料来源：根据调查资料整理。

农户加入资金互助社，成为资金互助社人员必须同时具备以下四个条件：一是年龄在18～65周岁、具有完全民事能力的本村村民；二是交纳互助金；三是自愿协商并加入一个互助小组；四是小组会员共同签订互助联保协议，履行互助联保责任。在会员借款时，同一小组其他会员为其签字担保，共同担保会员借款安全。

10.2.2 安徽省太湖县资金互助社经营管理分析

农村资金互助合作社的经营模式即基于一定社区（村）、一定经济区域的全部或部分村民和小企业，按照一定规则出资，组成仅限于成员间借贷的信贷基金，满足成员的小额信贷资金需求。本节以安徽省太湖县的资金互助合作社为例，从以下三个方面来分析具体的运行机制。

1. 股权结构

农村资金互助合作社一般设有四种股金：资格股、投资股、流动股和国家社会公共股。例如，太湖县农村资金互助合作社是双向筹集资金，在股权设置上包括农民个人股和集体共有股两类，以财政安排专项扶贫资金为主，试点组村民适当配套。先期将60%的资金于订立协议的当月底前拨付到各个基金共管小组，村民每户交纳一定额度的配套资金。例如，2007年11月底，全县试点组互助合作社本金总计644.32万元。其中，财政扶贫资金519.58万元；试点组农户入股资金122.32万元，为投资股，其他资金（主要是管理费转入）2.42万元。

2. 内部治理结构

以太湖县的银山资金互助合作社为例，组织结构是按社员大会、理事会和监事会的合作模式组建的。其中，社员大会是资金互助合作社的权力机构，理事会是执行机构，监事会是监督机构。决策机制上，在决定重大事项时都遵循一人一票的原则，日常管理则是以个人决策与集体决策相结合的模式。如1 000元以下由出纳自主放款；1 000～3 000元由理事会审批；3 000～10 000元由理事会集体研究，理事长批准；10 000元以上由理事会和监事会集体研究审批。从激励和约束机制来看，理事长按村主任待遇给予报酬；会计、出纳由村干部兼任，由村里发工资。此外，他们还引入一些外部的约束力量，如监事长是经社员代表选举产生的，由镇农经站站长兼任；互助合作社坚持每季度向县银监办、县民政局和镇农经站报账，接受查询和监督。

3. 贷款管理

太湖县农民社员在其股金额度范围内实行信用借款，超过股金额度实行联户担保，即一户借款须由有一定经济实力的若干农户联合担保。如需实物抵押，由基金共管小组自主讨论决定。每户一次借款额度原则上为1 000～5 000元，以小额度保大受益面。借款期限一般为3～6个月，特殊情况下不得超过一年。原则上不对同一农户连续贷款，在全组范围内借款周转三次要覆盖到每个农户，以保证公正、公平。借款户数不得超过缴纳基金总户数的 49%，让多数的非借款者监督少数的借款者；并且每笔贷款业务都要按户主申请、担保人签名、基金共管小组审批、公示、签订合同、发放贷款的程序办理。

10.2.3　安徽省太湖县资金互助社经营管理评价

农村资金互助合作社的经营绩效主要考察的是农村资金互助合作社的经营效率以及可持续发展能力。以安徽省太湖县资金互助合作社为例，从以下四个评价指标对其经营绩效进行评价。

1. 资产规模

资产规模是影响农村资金互助合作社经营绩效的一个重要内部因素。在其他因素保持不变的情况下，资产规模越大，单位资金费用率和现金准备率越低，进而单位资金成本就越低，盈利资产比重就越大，因此经营绩效就越好。以银山资金互助合作社为例，在 1988 年建立之初由太湖县民政局拨款 2 000 元作为启动资金建立，原始股有 371 股（其中个人股 271 股，村集体股 100 股），每股 10 元，共吸收资金 3 710 元。1992 年互助社采取按银行同期、同档存款利息吸收新股 2 000 股，每股 50 元，计 10 万元。截至 2008 年 3 月 11 日，资金互助合作社原始股共 629 股（其中农户 529 股，村集体股 100 股），每股 100 元，资产总额 355. 19 万元，从整个太湖县来看，截至 2007 年 9 月底，全县试点村组数 158 个，占全县试点地区总数的 2. 9%，试点地区农户数 7 341 户，占全县总数的 5. 6%，可以看出互助合作社资产规模不断壮大。

2. 不良贷款率

不良贷款率对农村资金互助合作社经营绩效的提高影响最大，程度最深。不良贷款首先侵蚀其他资产的营业利润，会造成互助合作社资产收益率的下降。其次，当其他资产的盈利都不足以弥补损失时，就开始侵蚀资本金，造成资金互助合作社的亏损。最后，在不良贷款消耗掉全部资本金后，资金互助合作社也就该倒闭清算了。但是基于资金互助合作社是以血缘、地缘、亲缘关系维系的非正式网络存在的，互助社内成员彼此了解，降低了资金供给与需求双方因信息不对称而导致的逆向选择和道德风险，并且互助社采取灵活的抵押方式。

3. 经营管理费用

经营管理费用是影响农村资金互助合作社经营绩效的另一个内部因素。经营管理费用越高，则单位资金成本越高。在收益不变的情况下，利润也就越少。以太湖县为例，遵循借款六程序。基本上做到：小额借款随到随借，大额借款一般不超过 6 小时。与以前农民贷款相比，现在 5 000 元以下的小额贷款，几个小时就能完成，节约了时间成本。又因为一般资金互助合作社都是在本村产生的，是距离农户最近的资金融通机构，节省了交通成本。因此，它的管理费用得到了有效控制，就会相应降低单位资金费用率，提高资金互助合作社的经营绩效。

4. 盈利能力

盈利能力反映了农村资金互助合作社的经营绩效。盈利能力强，说明农村资金互助合作社在信贷项目选择上将信贷资金投入具有效率的农业投资项目上，并且在信贷项目的管理上较好地控制了信贷风险，及时收回了贷款的本息。一是农村资金互助合作社采取的是开放式的经营方式，除股本金（可参与分红）外，股东和本村其他村民均可按银行同期、同档存款利息将钱存在互助社，也就是通过增加负债来筹集更多的资金。随之带来资产总量的增长，并可获得更多的盈利。1992 年，太湖县资金互助合作社采取按银行同期、同档存款利息吸收新股金（只付存款利息，不参与分红）2 000 股，每股 50 元，计 10 万元；按略低于银行贷款利率借出资金 9 万元，当年净收益 4 000 元，实现起死回生。调研显示，太湖县资金互助社 2006 年净收益 3. 12 万元，2007 年净收益 5. 29 万元。二是促进了农民收入的增长，2007 年银山村人均纯收入 3 280 元，高出太湖县全县平均水平 800 元。并且资金互助合作社按当年盈利给股东进行分红时，不但提高了入股社员的生活水平，而且让入股的社员真正感受到互助社主人翁的地位，充分认识到资金互助合作社是农民自己的银行。通过对太湖县资金互助合作绩效评价指标的分析，我们发现农村资金互助合作社的资产规模逐渐壮大，贷款余额逐年增加，不良贷款率低，经营管理费用较低，还具有一定的盈利能力，说明互助合作社财务上具有可持续性。从总体来看，农村资金互助合作社经营绩效显著。

10. 2. 4 安徽省太湖县资金互助社经营管理存在的问题

1. 资金来源严重不足

所有已成立的农村资金互助合作社资金规模都太小，大部分是几万元的存款，太湖县一般一个村民组只有 20 ~30 户，基金规模大概为 3 万 ~5 万元，这样的资金规模仍难适应贫困地区村民组内资金需求，何况一些农户试图进行更大规模的生产经营。在调查中大部分基金采取轮流借贷的方式，虽能减少争议，但市场形势变化莫测，这种做法无助于更多的人更充分地利用市场机会。

2. 内部管理不够规范

目前多数互助社没有建立理事会等组织机构，只有 3 ~5 个管理监督人员，没有固定的营业场所，缺乏专业化的经营管理和风险管理能力。对太湖县农村资金互助合作组织的调查中发现，一些资金互助组织内部管理混乱，财务管理制度不够严格，会计管理制度不健全，贷款发放和回收行为不够规范，预期贷款处理方式不够恰当，内部人控制已露苗头，极有可能像当年的农村信用合作社一样发生异化。

3. 制度环境有待改善

虽然银保监会放宽了农村金融机构准入的条件，降低了准入的门槛，但降低后的门槛对我国农村现存的绝大多数农民资金互助合作组织来说依然很高，达不到《农村资金互助社管理暂行规定》的要求。正是由于没有法律的明确规定，几十家资金互助合作社依法登记的很少。例如，银山农村资金互助合作社因至今未获得合法身份，带来了一系列的问题，如相关业务得不到国家政策和法律保护，如果产生债权债务纠纷，互助社无法维护自己的权益；担心政策有变；经营者没有长期打算；无法在银行开设账户等。没有合理的法律地位不仅成为农村资金互助合作社下一步发展的障碍，更是农村金融改革进一步深化的重要障碍。

10.2.5　安徽省太湖县资金互助社经营管理发展对策

拓宽农村资金互助合作社的资金来源渠道。一是建议中国人民银行将其他金融机构寻找出路的资金以再贷款的形式直接批发给农村资金互助合作社，国家应在货币政策、财政政策上给予支持。这样既能使其他金融机构的资金得到有效利用，又能解决农村资金互助合作社的资金需求问题。二是政府部门应该对农村资金互助合作社减免税收，降低工商管理费，以支持其全面发展。

完善农村资金互助合作社内部管理机制。要坚决贯彻“民有，民管，民享”的基本原则。特别强调民主性、透明性，杜绝内部人控制，防止合作异化。农村资金互助合作社应该向社会公开募集金融财会管理人才，进行日常财务管理；由于农村资金互助合作社实行按资本入股，民主管理，入股农户要参与资金互助合作社的管理，所以要对其培训，以实现资金互助合作社的可持续发展。并且要引入现代企业运作方式，实行民主决策、民主管理、民主监督。

优化法律制度环境。在有效控制风险的前提下，要根据农村的实际情况进一步完善法规，当前最重要的是对《农村资金互助社管理暂行规定》进行修订，并尽早出台《合作金融法》，赋予互助社特殊法律地位并纳入正规金融组织管理体系中，解决大量农村资金互助合作社非法生存的问题。在社员分配红利、股利退出、附加表决权、非农民社员和社会组织借款数额等方面放宽限制，壮大资金互助合作社的资金实力，保证它在统一完备的法律制度框架内运行。

参考文献

[1] 刘凯利，王刚贞．农村资金互助合作社经营绩效研究：基于安徽太湖县案例［J］．郑州航空工业管理学院学报（社会科学版），2010，29（1）：189－191.

[2] 郝立勋．我国农村资金互助合作社组织绩效分析：以吉林省梨树县为例［D］．北京：中国农业科学院，2011.

[3] 徐雪梅. 农村资金互助社发展状况的调查与思考：以吉林省梨树县为例 [J]. 吉林金融研究，2014 (2)：61-63.

[4] 田微. 我国农村资金互助社发展模式的案例分析 [D]. 成都：西南财经大学，2011.

[5] 叶李伟，施佰发. 金融扶贫背景下我国农村资金互助社绩效评价：基于福建省南安市助民合作社资金互助部的调研与案例分析 [J]. 福建论坛：人文社会科学版，2019 (1)：195-202.

案例使用说明

一、教学目的与用途

(1) 适用课程：金融机构经营管理、金融机构绩效管理。

(2) 适用对象：金融经济管理类各专业本科生。

(3) 教学目的：培养和提升学生的绩效思维及洞察力，使其能从企业经营绩效角度出发，审视与把握企业面临的环境挑战及各项经济管理问题；了解经营绩效管理研究的必要性与方式方法；掌握经营绩效管理的基本理论、基本方法和分析工具，学会并利用其解决资金互助社实际运行过程中的经营绩效问题。

二、启发思考题

(1) 结合企业经营绩效理论分析方法，分析安徽省太湖县资金互助社的经营管理范围、方法、效果以及存在的问题。

(2) 结合企业经营绩效管理知识分析安徽省太湖县资金互助社经营管理的发展背景。

(3) 如果您是安徽省太湖县资金互助社的理事长，将如何扩大互助社的规模？

(4) 安徽省太湖县资金互助社的经验对其他互助社有什么借鉴和参考意义？

三、分析思路

(1) 从理论上分析资金互助社的优势和劣势；结合案例讨论资金互助社进入市场，应选择哪种经营、绩效管理方式。

(2) 结合理论分析，发现资金互助社经营、绩效管理的内外部条件。

(3) 资金互助社经营、绩效管理的理论依据是什么？

(4) 资金互助社的成功对其他金融机构有什么启示？

10.3 新华人寿保险公司银行保险经营绩效管理

从中国的银行保险的十年发展来看，其经历了一个从无到有、从小到大的巨大变化，银行保险也成为保险公司业务发展的重要利益源。截至 2018 年 12 月底，我国共有 40 家国内寿险公司新增了银行保险业务，其保险费收入超过 3.8 万亿元，占保费业务总额的 52% 以上，2019 年年末，保险费收入达到 4.26 万亿元，该收入规模已十分庞大，成为世界第三大寿险市场，仅次于美国和日本。

我国目前主要有万能险、投连险、分红险等产品，市场竞争非常激烈，众多市场主体都在争夺产品、费率和网点资源，造成银行手续费、公关费等销售成本不断提升，导致一些短期暂交（存款类）、意外保障类产品的销售也进入了微利时代，但这并不能说明银行保险的发展进入了成熟期，相反，才刚刚进入起始阶段，待市场发展到一定阶段以后，保险就会进入一个相对平稳的时期。

虽然寿险公司的竞争还处于初级阶段，但值得肯定的是，寿险产品数量正日益增长，竞争日益向高端、文化等方面发展。各大寿险公司认识到，客户的维护和管理是所有工作的重中之重，因此，他们对客户的关注度越来越高，对客户的需求越来越重视，产品也更加人性化、更加细分化。市场对寿险公司的产品开发、销售、服务能力有了更高的要求：一是随着中国进入老龄化社会，社会负担比较重，特别是这些老年人群体的基本养老和治病就医的问题越来越突出，对一些重大疾病产品的需求越来越旺盛；二是养老型、长期型、保障型，使老年人老有所养、老有所保的保障产品的需求也在增加；三是客户已不满足目前这种简单的业务需求，他们的需求在不断升级，个性化产品、细分化产品能更加满足不同客户的需求，产品差异化竞争的时代已经到来。

10.3.1　背景介绍

1. 新华保险

新华保险成立于 1996 年 9 月，拥有庞大而精锐的寿险销售队伍，并有近 6 万名内勤员工负责业务支持及管理工作，全国各级分支机构 1 596 个。截至 2018 年，该公司为约 2 800 万名个人客户和近 6 万名法人客户提供了各类人身意外伤害保险、养老保险、健康保险及人寿保险服务。

2000 年，由于成功地吸收荷兰金融发展公司、日本明治生命保险公司、国际金融公司与苏黎世保险公司四家拥有超强实力的外资公司参股，新华保险成功实现了资本扩大及公司的国际化进程。2004 年，新华保险继续保持高于同行的快速增长势头，实现保险费收入 190 亿元，同比增长 10 个百分点，市场份额紧随太平洋保险公司，达到 5.9%。而随着青海、贵州、宁夏、内蒙古四家分公司的正式营业，新华保险实现了全国性整体机构布局，省级分公司达到 34 家。公司总资产达到 400 亿元，成功跻身中国企业 500 强，为冲击市场前三名奠定了基础。截至 2007 年 10 月底，公司总资产超过 1 300 亿元，资本实力持续提高。2007 年 10 月，公司实现保险费收入 254.5 亿元，市场份额稳居市场前列。截至 2018 年，新华保险集团化运营框架已经初步形成，它将以更雄厚的实力、在更广阔的领域为客户提供全面、优质的风险保障和投资理财服务。2011 年，新华保险成功实现 IPO，成为国内首家 A + H 股同步上市的寿险公司。

2. 新华保险的银行保险经营现状

首先为完成基础平台构建，2003 年新华保险分别与中国银行、农业银行、工商银行及建设银行签署了正式的合作协议，2004 年年初，又与交通银行顺利签署合作协议，从而实现了与四大国有银行及主要股份制商业银行合作的全面展开，顺利完成了平台构建的总体布局，为今后的快速发展奠定了良好的基础。

2011 年银保渠道实现总保险费 567 亿元，其中新契约保险费 310 亿元；2012 年银保渠道实现总保险费 522 亿元，新契约保险费 216 亿元。银保业务占新华总保险费的近 60%。

新华保险为适应银行渠道销售的新形势及客户需求，不断开拓各种销售渠道和高新技术，在西安成立电话销售中心之后，又跟进尝试 App 及“e 保通”系统，力求通过新型销售渠道和销售模式建立自身的竞争优势。从整体的角度来看，新华保险银行网点的形象和信誉均在各类金融机构中名列前茅，在公众中具有较好的口碑。利用银行网点代售保险产品的方式，尤其是利用在银行网点展示宣传品的方式可以迅速提升公司的知名度及其整体形象，从而使公众更易接受新华保险所推出的产品和服务。

10. 3. 2 新华保险与银行的各方面合作

1. 新华保险与银行产品设计的合作

银行保险产品设计会影响寿险公司的绩效，可以从产品自身功能及与银行产品进行组合实现优势互补两方面进行。站在产品自身的功能角度，要提供给客户多样化、标准化的产品来满足客户的需求，有较完善的产品体系是最重要的。在对新华保险员工的调查中很多工作人员表示，保险多样化不足，通过银保渠道可选择的产品较少，产品也没有自成体系，这给销售带来了很多困难，也严重影响了银保产品的绩效。在优势互补方面，主要是指新华保险与银行之间可以实现基金、投资及贵金属等多种不同险种与银行的理财产品的捆绑式销售，大部分工作人员认为保险公司在这方面的工作做得还很欠缺，后期需要更好的产品面世，以提升银保产品销售绩效。总的来讲，大多数人对银行保险的产品设计持保留态度，可见后期要改善银行保险绩效，银行保险产品的设计问题应予以重视。同时可以通过银保销售人员提供服务的精湛性、服务队伍的稳定性及服务渠道的多样性三方面提高经营绩效。

2. 新华保险与银行职能岗位的合作

中国银行和保险机构之间的关系是分业经营与分业监管。中国金融业起步晚，发展缓慢，目前我国银行与寿险公司之间基本采取合作模式，首先是寿险公司与银行总公司签订相关高层协议，明确整体的合作框架，签订合同，合同的年限一般为 1 ~3 年；在签订的相关高层协议中不涉及具体的产品和代理销售费用，一般通过寿险公司分公司与省级分行确定具体产品手续费和其他销售细则后签订补充协议，再由市级分行和寿险支公司对网点准入和分配进行深入的协商。根据原则，一个银行分支机构只能有不超过三个寿险公司的产品，所以银行会定期根据各寿险公司分支机构情况，将各自网点资源、网点经营条件重新分配。

银行和寿险公司在合作的过程中，两者之间有着非常明确和清晰的分工，如图 10. 3 所示。银行是保险代理业务的主要渠道，其工作内容主要是负责开发其内部业务管理系统和运营管理，对内部员工和专柜销售人员进行培训，以便熟悉保险方面的相关业务的开展等；寿险公司的主要职责是提供保险产品，它的工作内容是负责保险业绩管理、银行网点的单证发放及回收、保险业务企划营销、产品与业务技能培训及相关售后服务等工作。根据规定，银行对于保险产品的销售是进行直接管理和控制的，只有有保险代理人资格的银行销售人员，才能把保险产品销售给客户，这些银行销售人员的工作内容主要是接受寿险公司提供的培训、转移文件和其他服务，很好地协助关于保险产品方面的银行服务，如保险的销售和满期给付等，为银行作出了巨大贡献。

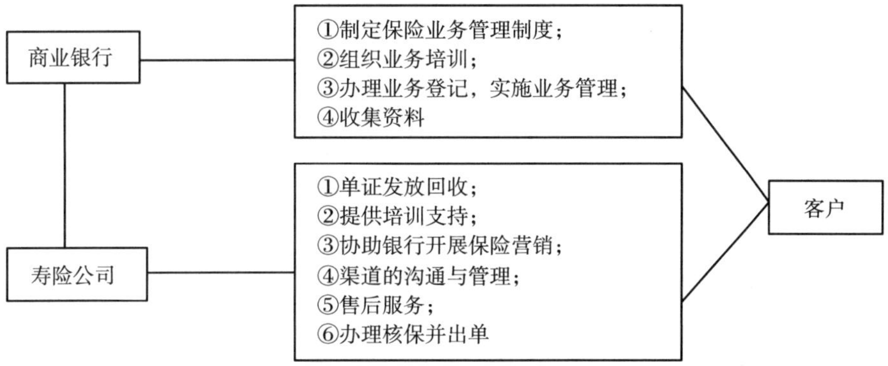

图 10. 3　寿险公司与银行的银行保险业务职能分工

10. 3. 3　新华保险的银行保险管理模式

我国三大寿险公司分别是中国人寿、平安人寿和新华保险。其中，中国人寿的新单市场份额位列第一，而新华保险作为新兴的寿险公司，其新单期交市场具有较强的优势，平安人寿则在银保客户方面占有优势。这三大保险公司各具特色、各有优势、势均力敌。

新华保险虽然成立时间不长，但其核心业务迅速增长，即银行保险市场规模不断扩大，发展迅猛，其经济效益增长较快，主要是不断提升渠道业务价值以及盈利能力，其战略导向为价值的持续增长。

渠道管理对银行保险的发展有十分重要的意义，但新华保险的合作渠道比较单一，只有中国建设银行。在渠道的维护上采取的方法是优化配置企业内部所有的人力资源、管理网点资源，着力培育核心的优质网点，并建立良好、稳固的合作关系，通过“存款换保费”，加深合作关系，扩大业务支持，建立业务杠杆，以实现经济效益最 大化。

新华保险的主打产品为高价值产品，其产品逐步从简单发展到现在的多样化，满足客户多样化的需求，其产品以分红险为主导，以保额分红为卖点，并将卖点融入产品设计和宣传包装中。平安人寿的产品比较丰富，产品线比较长而全，更多地满足细分市场中不同客户的需求，较好地应对了市场的竞争，产品结构合理，定位比较准确，产品对目标客户有非常具体的针对性。其主打产品主要是短期分红产品和万能产品的组合销售，以扩大保险费规模，积累客户资源。

10.3.4 新华保险改善绩效管理的措施

1. 挖掘消费者的潜在需求

（1）考察市场，规划目标。在实际中，大量销售员工在对饱和的市场表示不满的同时，会发现，在许多新的产品、类型、品牌出现时，新的销售机会便会在市场中出现，并且额度会不断地变大，市场如同海绵里的水，只要愿意挤，必然会挤出来的。所以，身为销售员工，必须擅长发现市场产品的分界点，从产品的品牌、外包、款式、用途，或补漏或全新的品类，来满足客户的要求。

（2）顾问式销售。所谓的顾问式销售，即可以站在客户的位置，根据消费者、商家、顾客、市场和下游销售途径，将市场需求规划方案给予客户，告知客户，通过引入某些产品，去解决各个客户需求的疑问，并且客户和员工必须传承互助的“教练”品德，让他们懂得做市场的途径、技能、过程，使顾客没有顾虑，从而使规划可以顺其自然地派送出去。

2. 加强双方文化融合

在寿险公司与银行之间建立互惠互利的合作文化。随着银行保险业的快速发展，银行保险慢慢成为各寿险公司的重要营销途径，并且其也将成为各银行扩大工作内容的新“领地”。对寿险公司而言，银行网点广布，聚集了许多潜在的高质量客户，并且以银行这个平台来营销保险，能降低寿险推销人员逐户推销保险的难度，进而大幅提高业务盈利；而对银行而言，储蓄业务盈利空间渐渐缩小，代办保险业务不但能提高银行的效益，而且能扩大营销范围。

银行和保险公司在协作中银行获得的盈利较保险公司高，因此，银行迫切地需要增进其保险业务的发展，寿险公司应该增进同银行之间的业务协作和交流沟通，从而构建起公平公正且互惠互利的协作关系。

寿险公司同银行合作能够很好地解决以客户整体化的理财要求为中心的文化观念，在互惠、公平的前提下推动合作。充分利用寿险公司丰富的市场销售经验，集投资、保险、储蓄等于一体的功能，将适于在银行推销的产品与银行优秀的诚信体系、众多的网点以及丰富的顾客资源等有效整合在一起，从而达到取长补短、互惠互利的目的。

3. 深化两者的合作关系

行业与保险公司之间的持续合作是保证我国金融行业持久发展的重要条件。第一，银保行业要通过协商，制定合理有效的长期发展战略。在发展战略的框架体系内，两行业之间签订基本的合作协议，利用自身的优势，努力优化市场环境。同时，银行业与保险业之间应当及时地进行沟通，将自己所了解到的市场信息共享，以便为对方制订下一步发展计划提供一定的参考。第二，银保行业的各个管理部门与业务机构应当明确自身的责任与业务范围，创新销售理念与管理思路，按照企业的规定拓展业务，降低销售成本和风险，提高与企业之间的合作效率。

银行总部与保险总公司在签订的合同中，已经明确地规定了合作产品的类型及销售代理费，合作时间一般为 3 年及 3 年以上。省级部门的主要职责是对销售网点进行布局，每年可以根据销售网点的效益对布局作出适当的调整。建立长久的合作关系使银保行业能够保持最大的合作化效益。地市级机构作为对总公司及省级机构所签订的合作协议的具体实施机构，开展业务之间相互合作。

4. 推出功能更加完善的银行保险产品

银行会定期推出一些保险产品，这些产品与银行的理财产品是不同的，也不同于传统的保险产品，在销售对象、销售策略等方面与保险公司的保险产品也有所不同。银行保险产品销售的对象一般为来银行办理业务的客户，而且不同的地区银行推出的保险产品的销售策略也有所不同。所以，针对银行的保险产品，保险行业应当认准当前的形势，推出一系列与银行保险产品有所不同的产品类型，根据客户的需要，设计私人定制型产品，积极地拓展市场，并及时地发现问题，不断地进行完善。

当产品的功能得到保证时，寿险公司必须进一步同银行共同研发新的产品，从而完成产品一体化的进程。产品一体化是保险和银行联合，从而了解和满足客户的要求，供给适合于共同客户的产品，创造新产品功能，提升其价值；推进保险公司和银行服务的一体化，使得老客户在当前的根基上得到保护，从而促进共同客户集群的发展，并为其一体式的新经济模式提供有效保障。寿险公司需要把提供的服务和产品同银行各个客户集群的要求和销售途径的特点牢牢地结合在一起，并通过不同的产品和不同的营销途径来解决顾客的不同需求。

5. 注重培养银行保险销售团队

为完成寿险公司队伍的良好建设，培育银行销售队伍就是重中之重。同先前的个人代理人有所差别，银行的保险业务员供职在联合网点中，有比较固定的供职地点，同时与银行网点的业务员建构完美的联合和诚信关系，从而经银行网点的销售员工来完成保险的出售。

因为银行加入保险的销售及其售后等若干进程，所以同银行保险业务协作中，不但要让寿险公司的销售员工把握好公司与客户间的互助作用，同时更需发挥保险公司与银行、银行与客户间的桥梁和互助作用，因此其对销售人员的整体素质和专业技术要求也是相对高的。客户单一的保险需求是传统销售员工所必须面临的，然而位于银行这一有机整体理财平台上的保险销售员工，则需要满足客户的综合金融服务需求，以及客户多元化的要求，在了解各自业务的前提下，同时必须要求银行保险的推销员熟知同银行有关联的业务的金融知识及与之相应的营销技能，区分不同经济产品所具有的不同作用，了解并掌握银行各个业务的操作方法及流程，清楚与银行相关的设备和单据的使用，通过热情、积极、投入的服务态度赢得银行员工的认可、信任和尊重。

寿险公司在对不同银行渠道人员分配的过程中应从两个方面着手：一是考虑公司自身成本，寿险公司需要给予银行保险销售人员一定的报酬，因此在保险公司上班的员工都有一定的固定成本，假如销售人员在工作中完不成指定的任务，就会对寿险公司的经营费用造成一定的压力，所以，在分配银行人员时，要按照其特点，采取不同的方式，进行合理分配；二是银行的渠道不同，销售人员的素质也不相同，同时对寿险公司要求也不同，因为普通柜面的销售人员的工作量比一般的销售人员的工作量大，所以没有充分的时间向客户介绍保险产品，这样就需要寿险公司的销售人员向普通柜台的销售人员主动提供帮助，向客户认真仔细地介绍和讲解产品，这要求销售人员要有丰富的专业知识和技能。从理论上来说两个网点之间需要安排一个客服来对客户进行服务。

参考文献

[1] 柏一．寿险公司银行保险经营绩效影响因素分析：以新华人寿银行保险为例［D］．石家庄：河北经贸大学，2014.

[2] 李富全．人寿保险企业营销系统用工的绩效管理研究［D］．武汉：武汉工程大学，2014.

[3] 朱梦然．基于新华人寿保险探究人寿保险业务宣传品使用绩效［J］．中国集体经济，2018，557（9）：91－92.

[4] 鲁湘晖．中国人寿保险湖南省分公司绩效管理体系研究［D］．长沙：湖南大学，2008.

[5] 张战．新华人寿河北分公司银行保险业务发展策略研究［D］．天津：天津大学，2007.

案例使用说明

一、教学目的与用途

本案例使用说明是以金融机构经营管理课程中的“金融机构绩效管理”的教学为基础撰写的，如将本案例应用于其他课程教学安排需做相应调整，本案例使用说明可作为参考。

（1）适用课程：金融中介学、公司金融、金融机构管理等课程。

（2）适用对象：主要为金融专业硕士开发，也适用于 EMBA、MBA 等，适合具有一定工作经验的学生和管理者学习，此外，还可供金融学及工商管理各专业本科生使用。

（3）教学目的：本案例描述新华保险为适应银行渠道销售的新形势和客户需求，不断开拓各种销售渠道和应用高新技术。利用银行网点代售保险产品的方式，尤其是利用在银行网点展示宣传品的方式可以迅速提升公司的知名度及整体形象，从而使公众更易接受新华保险所推出的产品和服务，使学生了解金融机构绩效管理，达到分析问题、解决问题和批判性思辨能力提升的目的：①金融机构经营管理对于企业发展的重要意义；②思考怎样实现具体的金融机构绩效管理；③思考保险与银行的互动模式，理解如何在产融互动实现企业持续发展；④绩效的提高是公司发展壮大的重要途径之一。

二、启发思考题

（1）新华保险是如何实现与银行机构合作的？

（2）新华保险在合作过程中得到了哪些帮助？

（3）合作过程中新华保险与银行机构各自承担了什么角色？获得了什么好处？对绩效管理有什么帮助？

（4）未来金融机构绩效管理的方向是什么？

三、分析思路

（1）找出一种银行和保险公司合作的方式，使其更加符合我国金融的市场环境及我国金融监管的要求，通过对银行保险经营绩效和寿险公司银行保险管理存在问题的分析，找出提高企业运营效率和保险管理的方法。

（2）介绍了国内寿险公司的管理现状、管理中出现的困难以及银行保险合作的各种问题，分析得出影响企业绩效的因素，对人寿保险公司的保险业务业绩进行分析。发现消费者需求、寿险公司与银行业务、保险公司与银行、银行保险产品的文化整合之间的关系、合作销售队伍的设计、寿险公司和银行保险业务的表现等因素都将对其绩效产生巨大影响。

（3）对金融机构进行经营绩效管理提出自己的想法。